# 日本企业兴衰史

海江田万里

# 经营正道

## 日本企业兴衰史

黄亚南——著

ZHEJIANG UNIVERSITY PRESS
浙江大学出版社

图书在版编目(CIP)数据

经营正道：日本企业兴衰史 / 黄亚南著. — 杭州：浙江大学出版社，2021.1
ISBN 978-7-308-20738-6

Ⅰ.①经… Ⅱ.①黄… Ⅲ.①企业史－研究－日本
Ⅳ.①F279.313.9

中国版本图书馆CIP数据核字（2020）第213318号

经营正道：日本企业兴衰史
黄亚南　著

策　　划　安苏苏
责任编辑　张　婷
责任校对　卢　川
封面设计　violet
出版发行　浙江大学出版社
（杭州天目山路148号　邮政编码310007）
（网址：http://www.zjupress.com）
排　　版　杭州林智广告有限公司
印　　刷　杭州钱江彩色印务有限公司
开　　本　710mm×1000mm　1/16
印　　张　23.5
字　　数　326千
版 印 次　2021年1月第1版　2021年1月第1次印刷
书　　号　ISBN 978-7-308-20738-6
定　　价　65.00元


浙江大学出版社市场运营中心联系方式：（0571）88925591; http://zjdxcbs.tmall.com

目录
CONTENTS

序章 Foreword

# 研究现代日本企业史的意义

## 1. 经营学史就是经营学本身

### 企业家的困惑

进入本世纪之后，日本有一家神奇的上市企业，股价竟然只有1日元左右，而当时的日经平均股价在1万日元左右，可见这家公司的股价是多么离奇。更离奇的是，这家属于制造业并且在大阪证交所主板上市的企业竟然已经不再生产什么产品，主要业务是对以前销售的产品提供售后服务。而这家上市公司的正式员工只有10个人左右。那么，这到底是什么神奇的日本企业呢？它就是山水电气株式会社。

音响发烧友对山水电气的品牌应该不会陌生，实际上，这家企业曾经是日本音响行业的代表性企业。20世纪80年代，山水电气凭单一音响产品就曾获得超过500亿日元的营收业绩。在当时，山水电气与先锋、建伍三家日本音响企业的产品都是年轻人垂涎的产品。然而山水电气从事业的巅峰跌入破产的低谷，只用了10年时间。是山水电气经营的问题吗？应该不完全是，因为先锋也无法独立存在下去，不得不把全部股权转让给安桥，主业改为车载音响；虽然建伍还在继续生产音响，但公司已经和JVC合并成为一家新公司，主要产品已经变成汽车电子设备——20世纪90年代以前的音响产品被边缘化了。

经营不善造成企业倒闭似乎是理所当然的，但是这三家音响企业的失败并不完全是经营不善的问题。他们也曾经争相推出新产品，争奇斗艳，展开过激烈的竞争，但是，无论如何努力也挽救不了他们自己，因为音响市场迅速地消失了。实际上，企业的倒闭并不都是经营不善带来的，哈佛大学教授克里斯藤森通过对磁盘驱动器等行业的调查发现，有很多非常成功的企业也会几乎在一夜之间遭受失败而破产。那些具有强烈的竞争意识、认真听取客户意见、大胆对新技术进行投资、管理完善的优良企业也会破产倒闭。这是为什么呢？

如果事后来分析的话，可以发现很多问题导致了这种结果的出现，但经营企业的企业家事先应该如何来预测和判断呢？这样的困惑不仅是企业家的困惑，也是经营学家的困惑。

## 百年经营学的追求

那么，有没有办法能够防止类似山水电气的悲剧出现呢？

对于这个问题，很多人都会关心。不仅企业的经营者希望企业持续兴旺发达，而且，企业的员工、投资者以及企业的客户、合作伙伴也都希望如此，因为企业的兴旺也给他们带来了利益。这也是百年前探索企业如何更好地发展的经营学诞生的原因。

然而正如经营学在国内被称为管理学那样，在很长的时期里，经营和管理这两个不同的概念一直被混淆使用。通俗地说，经营是要让企业持续发展、长久存在，而管理是要让企业提高效率、增加产值。实际上，从人们有意识地研究企业开始，经营和管理就有了区别。比如被奉为现代管理学鼻祖的亨利·法约尔在其代表作《工业管理和一般管理》中就已经区别了经营和管理这两个不同的概念。他认为，管理只是经营职能中的一项，而经营是对企业各项活动的总协调。后来，现代管理理论奠基人切斯特·巴纳德也指出，经营就是一个组织适应外部环境的活动，实际上明确了经营与管理的不同。但是早期大家对经营这个概念都有意或无意地忽视了，因为在那个时候，企业是否能存活下去往往不是一个问题，而是一个前提，经营者更需要考虑的是如何让企业获取更多的效益。法约尔的核心思想就是“向管理要效益”，近百年以来，这样的主张影响着人们对企业的认识。而在这方面，被誉为科学管理之父的弗雷德里克·泰勒的定量分析主义不仅催生了福特生产方式以及衍生出来的丰田生产方式，而且为经营学的发展奠定了基础。

但是克里斯藤森却发现，管理良好的企业也会破产，企业倒闭了，管理再有效率也没有意义。实际上在20世纪60年代，经营学的先驱们就发现了类似的问题。世界经济高速发展带来了更加激烈的市场竞争，迫使企业要更有策略地把握市场机会。在这样的背景下，符拉迪沃斯托克(海参威)出生的伊戈尔·安索夫非常及时地在经营学中引进了“战略”这样的概念。结果采用战略概念的企业都取得了不俗的成效，从而使“战略”这个概念也被神圣化。尽管伟大的企业史学家艾尔弗雷德·钱德勒本人并不同意，但他的那句名言“组织从属战略”很快独步天下。似乎有了战略，就有了经营的保证，就能保证企业获得成功。

那么战略到底是什么呢？企业又如何来制定战略呢？哈佛商学院教授肯尼思·安德鲁斯就很清醒地认为，企业各不相同，经营战略也不会有定型的回答，战略只是分析的手段而已。所以，安德鲁斯编著的教科书只是企业的事例集，给企业提供的是方针框架和分析手法，而不是企业可以直接采用的理想战略。当然，这种未成型的说明不仅让企业的经营者感到不满，也让很多学者感到不足。安德鲁斯的学生迈克尔·波特就认为，企业所有的状况都可以用5力分析来定型，而可采取的措施就是3种理想的战略。

波特通过更加细致的数学分析，明确了企业的战略就是选择可以赢利的市场，并且在这个市场上占据比竞争对手更加有利的位置。如果占位失利，那么一切努力都可能付诸东流。就这样，波特以精致的分析和明快的结论肃清了他的老师在哈佛大学的影响，为自己赢得了历史性的地位。但精湛的理论也有明显的缺陷。按照波特的理论，本田应该在赢利的美国摩托车市场占据有利的位置才能成功，但本田并不能生产出足以与美国企业竞争的大型摩托车，所以进军美国市场理论上应该是一个错误的决定。但实际上，本田进军美国市场获得了成功，其原因就是本田根本没有什么进军美国市场的战略。而且，本田还不是唯一的特例，波特发现几乎所有的日本企业都没有战略，但日本企业却取得了许多“世界第一”的业绩。

研究者很快就指出，波特理论中缺乏人的因素，而这一因素才是决定企业盛衰的关键。在学术上，波特的竞争理论属于经营学理论中的占位派。占位派强调的是外部环境，强调企业要在能够赚钱的市场上占据有利的地位，这是制胜的关键。与占位派相对的是经营学理论中的能力派，强调内部因素起关键作用，强调要充分利用现有的优势资源来进行市场竞争。本田摩托车开拓美国市场的事例可以充分说明占位派的理论缺陷，但要为能力派背书似乎也比较勉强。因为批判波特的人也遇到了一个波特一直在批判的问题，就是以什么指标来分析人的因素，所谓的价值共享的管理又如何用统计的手法去把握。不过，这些技术性问题都没有哈佛大学教授克里斯藤森的问题犀利，克里斯藤森质疑，管理良好的企业为什么会破产。这个问题不仅会使能力派陷入窘境，也会使占位派哑口无言，更让企业的经营者不寒而栗。

## 经营学是一种方法论

克里斯藤森借用了经济学家熊彼特的创新理论对他自己提出的问题进行解答，认为管理很好的企业是被创新企业所打败的。熊彼特的创新理论认为经济学的中心问题不是经济学主流所强调的均衡问题。因为经济一直处在动态的不均衡状态，所以敢于摸索新的生产方式的企业家精神才是经济的本质，而实践创造性破坏的革新者才能带来真正的利益。这种别出心裁的理论很难得到经济学界的评价，但在经营学领域却受到了最棒。被誉为“现代管理学之父”的德鲁克曾经说，熊彼特的经济模型是我们的经济政策唯一有效的出发点。通过这样的创新理论，克里斯藤森发现，原有的主导企业囿于如何巩固现有的市场优势而无法顾及市场的变化，他们无法应对市场的消失，也很难创造新的市场，所以，即便是管理再完善的企业也会破产倒闭。

但是了解了什么是创新还是无法解决企业所面临的问题，也就是说，如何来创新呢?

克里斯藤森首先从组织的角度来谋求创新的解决方案。他提出，如果还是以现有的客户为交易对象，那么破坏性革新是根本不可能诞生的，但整个企业都放弃现有的工作去开辟新的客户市场，那也是不现实的。所以最好组织小的机动队，用其他指标进行管理，这样才有可能迅速开辟新的市场。但是，这样的机动队能不能取得成功，还要看有没有具有创造性才能的领导。如果对成功的企业进行调查的话，克里斯藤森的主张全无问题，因为这些成功企业的领导的确都是具有创造性才能的人。但事先要找到一个具备创造性才能的领导并非易事，往往需要不断地尝试。

对创新来说，尝试应该就是到达的路径。如果给创新规定一种途径，那样的创新也就很难说是创新了。后来的经营学研究者纷纷提出不去竞争的蓝海战略，实际上也是对创新的一种补充。对企业来说，需要发现新的市场，并形成能够对应这种新市场的组织能力。对产业价值链的最新研究也为这样的主张提供了有力的支援。产业价值链的重组说明了产业和企业的界线变得模糊，各种功能之间的界线也变得模糊。也就是说，世界变得更加复杂化，企业可以在这种混沌的世界里发现他们的新市场。但早在20世纪60年代，德鲁克就在《断层时代》中指出，就经营学而言，环境的不确定因素早就被看作一种基本条件，最新的经营学理论在这方面并没有突破，强调世界的复杂性只是证明了这些理论无法构建更加完整的理论体系，同时也说明了最理想的战略是不存在的。

问题似乎回到了安索夫引进“战略”这一概念的20世纪60年代，那个时代诞生的权变理论已经说明了每一个组织具有不同的形态，面对不同的情境，需要不同的管理方式。这就是要告诉企业家，面对发生的情况，不可能从现有的资料库找出一个方案来应对，而必须根据面临的情况随机应变。

英国经济学家蒂姆·哈福德认为在今天这样复杂的社会里，原来成功的组织和想法都已经不适用，拥有一个优秀的领导也并不能保证组织的持续发展，而那些严密的模拟和精致的预测也难以用到现实生活之中。那应该怎么办？哈福德的意见是，既然成功的经验和精密的系统在实际中统统派不上用处，那么，原来被认为是没有效率的"尝试"行为反而可能是最有效率的方式。"尝试"意味着失败，这些失败之中孕育着成功的可能性。

而这样的"尝试"有一个前提不应该被忽视，就是要去了解"派不上用处"的成功的经验和精密的系统。这样，企业的兴衰史就不能不看了。

## 2. 日本企业的发展史是绝好的事例

### 完整的兴衰史

除了日本，或许没有任何一个国家能够在半个世纪里演绎完整的企业兴衰史。

当日本在二战战败之后，国土一片废墟，日本企业的积累几乎毁于一旦，不得不从头开始，寻找发展之路。朝鲜战争的爆发，不仅让大多数日本企业得到了第一桶金，还让占领当局[①]改变了政策。在美国的支持下，日本企业得到了起飞的机会。日本企业抓住了战后世界经济复苏的大好时机，以其出色的生

① 在第二次世界大战结束后，根据《波茨坦宣言》，盟军在日本建立盟军最高司令官总司令部（简称GHQ）掌管对日本的军事占领。GHQ保留了日本政府，实行间接统治，大权依然由GHQ掌控。由于盟军事实上由美军组成，其他国家都只是象征性地派遣了占领日本的军队，并没有任何决策权。为了避免误解，本书对占领日本的盟军以及GHQ统称占领当局。

产效率，一路过关斩将，迅速在国际市场上占据了优势。仅仅过了 1/4 世纪，日本企业就取得了“世界第一”的骄人成绩。Made in Japan 从粗制滥造的代名词变成了产品质量的神话，而环顾四周，可以发现并不是谁都能抓住战后世界经济复苏带来的发展机会，正如东京大学桥本受郎教授指出的那样，在美国的帮助下，日本企业以其卓越的学习吸收能力创造了奇迹。

然而，第二次石油危机宣告日本告别经济高速增长时期，日本企业也需要好好考虑在新时期的新战略了。但是，还没有等到日本企业有足够多的时间来适应新阶段的变化，来自美国的压力导致日本泡沫经济的繁荣，很多日本企业身不由己地卷入资本运作的潮流中，等到泡沫经济崩溃，日本企业也伤痕累累。而且日元的升值也使得日本企业失去了成本方面的优势，从而不得不把生产转移到海外。但同时新兴国家的企业开始成长，他们成功地模仿了日本企业的成功模式，使得日本企业丧失了很多竞争优势。然而更关键的是，在世纪之交的时候，世界正从工业社会转向信息社会，出现了历史性的转换。显然日本企业仍然保存了一定的实力，但他们没有能抓住机会，从而陷入了长期的低迷。

也就是说，在短短的半个世纪里，日本企业完整地演绎了从废墟上起飞到高速增长、再从世界第一到颓废低迷的兴衰过程。

### 优势与劣势的转换

对日本企业在如此短的时间内从一片废墟跃居世界第一的原因一直都有研究，最早认为是日本企业利用了廉价的劳动力在国际市场上取得竞争优势，后来认为是日元汇率偏低有利于日本企业的出口，再后来认为是日本的精益生产方式给日本企业带来了竞争优势。到世纪之交的时候，大家终于认识到，磨合才是日本企业的优势根源。

东京大学藤本隆宏教授发现，日本企业在生产过程中各个部门的交流非常密切，不是按照工序机械性地一道接一道生产，而是每道工序大家都可以参与，提出相关的意见，从而及时解决问题，这就是所谓的磨合。日本企业有了这样的磨合方式，不仅缩短了产品开发周期，还提高了生产效率，确保了产品质量，自然也具有了很强的市场竞争力。日本企业之所以强调磨合，是因为先天不足的日本企业无法照搬美国的先进经验，只能因地制宜地对美国式的生产模式进行改造，从而形成了日本自己的生产方式。结果歪打正着，反而结合日本企业的特征形成了自己的竞争优势。而且这样的磨合方式，也是其他国家的企业无法简单地模仿和移植的。

日本企业的员工之间具有很高的信任度，这保证了大家能积极地表达自己的想法，齐心合力去解决问题，而不用瞻前顾后，担心自己的利益受损。同时，员工收入并不和绩效挂钩，而是与企业的整体收益挂钩，年功序列制度也确保了员工应有的收益，而企业的经营者也不能为自己多发薪水。在 20 世纪 90 年代以前，日本大企业的最高经营者在离职时领到的退休金都不能在东京市区买一套住房。正是基于这样的相互信任和利益共享，日本企业才产生了极具竞争力的磨合方式。

虽然很难被其他国家的企业模仿和移植，但是，随着数码技术的发展，这种磨合方式逐步失去用武之地，日本企业所拥有的优势也就变成了劣势。

DRAM（动态随机存取存储器）是美国企业开拓的产品，但是在 20 世纪 70 年代，日本企业通过刻苦的钻研，很快就赶上并超过了美国，独领风骚，占据了这个市场 80% 的份额。客户要求 DRAM 的寿命要超过 25 年，日本企业通过磨合满足了客户的要求。但当个人电脑市场开始蓬勃兴起的时候，25 年的质量保证反而成为维持市场竞争力的障碍，因为个人电脑并不需要超级电脑那样的高端技术，这给了只能生产廉价 DRAM 的韩国企业机会。从 20 世纪 90 年代初开始，日本的 DRAM 行业就江河日下，几乎是直线下滑，日本半导体行业的衰落也成了日本“失去的十年”的代名词。而一直到最后，日本很多半导体研发人员也不能理解，质量保证达到极限的日本产品到底为什么会失去市场。就算他们最终能理解，日本企业可能也无法生产低质低价的产品，这就是日本企业拥有的优势变成劣势的典型案例。在模拟技术转向数码技术的20世纪末，日本企业的很多优势都变成了劣势，从鼎盛期转向了衰退期。

## 日本企业的应对

日本企业对环境的变化是非常敏感的，朝鲜战争爆发后，美国很快调整了对日本的占领政策，不仅对日本开放了市场，还对日本企业提供技术与资金，甚至提供企业的经营技术。日本企业抓住了这样的机会，迅速地扩大他们的市场。不过，日本企业无法复制美式的生产模式，只能因地制宜地对美式生产模式进行改造，从而形成日本自己的生产方式。最为典型的例子就是丰田汽车的"丰田模式"。在日元升值后，日本企业认识到日本国内的生产成本问题很难克服，果断地把生产转移到海外去。日本企业出色地化解了市场上的竞争压力和来自美国的政治压力，这样的成功似乎让日本企业感觉到他们具有攻无不克的能力。

然而，日本企业迷信自己的应变能力，低估了来自美国的政治压力的持久性；迷信日本式经营，低估了海外不同地区的差异；迷信自己的技术能力，低估了模拟技术与数码技术之间本质的不同。因此，在20世纪六七十年代创造了神话的日本企业从90年代开始走进"失去的十年"。当然，日本企业并没有因此而一蹶不振，他们依然在新的环境中摸索着新的发展模式。而日本企业的成功、挫折、再挑战，无一不是启迪后来者的材料。

## 3. 企业兴衰史是企业家顿悟的契机

### 历史还是一面镜子

历史的教训就是大家从来不接受历史的教训。这句话出自黑格尔的《历史哲学》绪论，但这绝不是轻视读史的借口。黑格尔虽然否定机械地把一件事当作另一件事的指导，因为只在这一层面上反省历史并没有真正的意义，但是他坚持认为人与禽兽之所以不同，就是因为人类能够探索理性，也就是说能在事物的发展中把握规律。所以说，历史还是一面镜子，就看怎么去照。

经营学进入德国后，学者们深入探究了经营中的规律，他们想从企业结构和功能中找到关于企业运营的法则性的东西，即价值判断。1898 年，德国创立了最早的商科大学，并就“商科到底是研究什么的”展开广泛的讨论。其结论是，商科对企业的研究实际上是一种个别经济学。到 20 世纪 20 年代前后，经营经济学在德国得到了统治地位，并且还分出了两大派别，一派是以经营的经验为研究对象的经验学派，另一派是分析经营应该有的姿态的规范学派。而前者更进一步分为说明经营经济因果法则的理论学派和研究政策、手法的技术学派。二战之后，采用了近代经济学方法的理论学派占据压倒性优势，但是，近年来受到美国商学院的影响，纯理论性经济学的色彩逐步变淡，更加注重实证研究。这也从另一个角度证明，经营学并不能为企业提供理想战略，只能提供不同的案例与分析的思路。这也说明了历史在很多方面还是具有借鉴意义的。

### 企业家的顿悟

所有的经营学理论都是对企业经营问题的分析，指出这些问题产生的原因，并不是真正的解决方案，因为这些理论还来不及对不确定性的未来进行合理的分析。克里斯藤森的颠覆性创新概念完全可以颠覆任何试图给企业提供一种理想战略的尝试，对克里斯藤森自己来说也是这样。事实上，虽然克里斯藤森发现了创新者的窘境，却没有对如何突破这样的窘境给出完美的解答。后来很多人尝试替克里斯藤森给出更好的解答，为设计和执行颠覆性商业战略提供指南。但那些尝试无一不是增加了一些过去的案例，总结出的依然是过去的经验，而不是一套解决方案。实际上，也不必要奢望经营学家给出一套完美的解决方案，前人的研究已经积累了很多提醒和工具。对企业兴衰史的了解无疑也是一种经验的积累，而真正的解决方案还是需要企业家自己在经营中摸索和构建，过去的经验则是企业家顿悟的资料和契机。

# 第一章 Chapter 1

# 废墟上重建

## 1. 战后的改造

### 解散财阀

第二次世界大战末期,美军的地毯式轰炸让日本东京等主要城市一片焦土，近 90% 的生产设备被摧毁，所以二战之后，日本是名副其实地从废墟上重建起来的。不仅如此，占领当局执行了弱化日本的占领政策，驻日盟军总司令麦克阿瑟在 1949 年 9 月对外宣称，日本战败变成了四等国家，美国是不能让日本重新成为世界强国的。这样的占领政策也让日本的企业制度变得面目全非，战后的日本企业只能在旧企业制度的废墟上重新出发。

1945 年 8 月日本投降，9 月，美国政府公布了对日占领的初期方针。其中规定日本的财阀必须解散，因为美国认为日本的财阀是军国主义的后盾。当时美国总统特使兼同盟国赔偿委员会美方首席代表埃德温·鲍莱指出：日本的财阀作为少数人掌控的同族性法人组织，在日本近代历史上不仅对金融和工商业具有巨大的影响力，而且还能支配日本政府，是最具有发动战争潜力的组织。美国弱化日本的占领政策，就是要彻底地摧毁日本任何可能反抗美国的势力。所以，财阀首先遭到了被肢解的命运，而这样的命运也给日本的企业制度带来了巨大的变化。

美国人这样的认识是有历史根据的。三井、三菱、住友等从明治维新以来的老牌财阀以及在战争期间急剧发展起来的新兴财阀在日本经济中占有非常大的比重，以 1945 年日本战败时的统计来看，三井等十大财阀的资本金总额占日本企业整体资本金的 35.2%，有 1/4 的日本企业都归属四大财阀系统（参见表 1–1）。各个财阀以家族控制的总公司即财阀的控股公司为财阀组织的顶点，通过股权控制着直系的子公司，进行垂直式管理。因此，财阀的所属企业都具有非常强的凝聚力。所以，解散财阀就是美国改造日本关键的第一步。

**表 1–1　1945 年日本财阀资产占日本经济的比例**

| 行业 | 四大财阀 | 十大财阀 |
|---|---|---|
| 金融业 | 49.7% | 53.0% |
| 重化工业 | 32.4% | 49.0% |
| 轻工业 | 10.7% | 16.8% |
| 其他 | 12.9% | 15.5% |
| 全产业 | 24.5% | 35.2% |

资料来源：持株会社整理委員会編『日本財閥とその解体』持株会社整理委員会，1951

注：四大财阀为三井、三菱、住友、安田四大财阀，十大财阀是三井、三菱、住友、安田、鲇川、浅野、古河、中岛、野村、大仓十大财阀。

解散财阀的命令对财阀以及日本政府来说都如同晴天霹雳，他们不断抗辩，不愿意落实解散的命令。当时三菱财阀的掌控人岩崎小弥太就指出，三菱为军国主义提供军需品，那只是遵循了国家的命令而已，而遵循国家命令是任何国民都应该尽到的义务。不过，岩崎回避了三菱财阀就是在明治维新以后依靠政府的关系才迅速崛起的事实。具有三百年历史的三井财阀更是感觉到冤枉，因为他们认为自 1930 年后，三井财阀就被烙上亲美派的烙印，常常遭到日本军部[①]的排挤和压迫。日本战败之后，三井财阀认为自己也得到了解放，没有想到占领当局首先拿来开刀的竟然就是三井财阀。其实这里的原因也很简单，因

① 指日本陆军省、海军省、陆军参谋本部、海军军令部等旧日本军上层组织，明治维新时期制定的大日本帝国宪法规定军部具有统帅权，而军部大臣必须由现役军官担任，并具有独立上奏天皇的权力，这些都确保了军部对政府的独立性。

为三井财阀是日本资产规模最大的财阀。

不过，最先解散的是在金融方面规模最大的安田财阀。在解散财阀的命令下达后不久，安田财阀就自发地解散了。占领当局借机重申希望其他财阀也能自发地解散，否则就会强制解散。在这样的高压之下，日本政府只好与三井、三菱、住友等财阀协议如何来执行解散财阀的命令。11 月初，日本政府向占领当局提交了具体的执行计划。主要内容是：财阀把所有的有价证券以及所属企业的所有权、管理权等交接给日本政府成立的专门机关——持株会社整理委员会①；政府用 10 年内不可转让和兑现的国债作为上述交接财产的相应代价；三井等四大财阀的家族以及财阀控股公司的高管全部离开产业界；财阀控股公司不得对下属企业行使管理权。几经周折后占领当局最终认可了这个计划并让日本政府执行。

从 1946 年 9 月开始，日本政府分批指定了资本金在 500 万日元以上的需要解散的财阀企业的名单（参见表 1–2）。财阀的控股总公司被勒令解散，同时，对财阀的实际控制人以及主要经营干部作了清洗。根据持株会社整理委员会公布的信息，三井等十大财阀家族中 56 人被迫交出所持股份，离开企业。1947 年，日本又有约 2000 名企业的经营干部被赶出企业，其中包括了松下幸之助等人。持株会社整理委员会从财阀家族手里受让了 12.2 亿日元的有价证券，其中有近 6 亿日元作为财产税直接被政府征收，其余由持株会社整理委员会保管后在证券市场上出售转让。购买这些股票的大多为个人小股东。1951 年，原来财阀的股票转让交易基本上结束，持株会社整理委员会在同一年解散，这意味着日本财阀的解散基本完成。

① 持株会社整理委员会在 1946 年 4 月正式成立，是一个处理财阀解体事务的特殊法人。组织上属日本内阁总理大臣，但实际上受到占领当局的控制。1951 年 7 月解散。

表 1-2 解散财阀的指定

| 批次 | 时间 | 企业数 | 主要企业 |
|---|---|---|---|
| 第一次指定 | 1946 年 9 月 6 日 | 5 | 三井、三菱、住友、安田、富士 |
| 第二次指定 | 1946 年 12 月 7 日 | 40 | 大仓、浅野、古河、日产等新兴财阀 |
| 第三次指定 | 1946 年 12 月 8 日 | 20 | 三井矿山、三菱重工业等财阀系企业 |
| 第四次指定 | 1947 年 3 月 15 日 | 2 | 国际电气通信、日本电信电话公社 |
| 第五次指定 | 1947 年 9 月 26 日 | 16 | 大原、林兼、石原、丰田等地方财阀 |

资料来源：持株会社整理委员会编『日本財閥とその解体』持株会社整理委員会，1951

从赶走资本家、解散财阀的控股公司、分散其持有的股票、赶走企业里作为大股东代理人的经营干部等措施来看，解散财阀就是要改变股东对企业的控制权，而这样的改造为战后日本企业的发展带来了深远的影响。

## 拆分大企业

在解散财阀的同时，占领当局开始着手拆分日本大企业。实际上，这些大企业基本上都属于大小不同的财阀。解散财阀主要是改变股东对企业的控制权，而拆分大企业则是从组织上弱化日本企业。这项政策虽然在 1945 年占领日本的初期方针中没有规定，但在同年颁布的有关对日本占领和管理的基本指令中得到了明文规定。1947 年占领当局向日本政府提示了拆分大企业的基准，要求日本政府按照这个基准立法执行，同时还直接发布命令，彻底拆分三井物产和三菱商事，三井物产被分解成 250 家左右的弱小贸易公司，而三菱商事也被分解为 140 家左右的小企业。这显示了占领当局拆分日本大企业不可动摇的决心。日本政府抵抗不了这样的压力，不得不在 1947 年立法并实施了《过度经济力集中排除法》（简称《集排法》），开始拆分日本大企业。

根据占领当局的指令，1948 年 2 月，有 325 家工商业和服务业的企业被认定为按《集排法》规定要拆分的企业。这 325 家企业的实际注册资本金超过 200 亿日元，占 1947 年年底日本全国企业实际注册资本金的 65.9%，如果这些企业都被拆分，毫无疑问会给日本经济带来巨大的打击。不过，由于当时东西冷战已经开始形成，美国对日本的占领政策也逐步发生变化，结果，最终落实企业拆分的只有18家企业（参见表1-3）。

**表1-3 战后拆分的日本企业**

| 拆分属性 | 被拆分企业名 | 备注 |
| --- | --- | --- |
| 拆分后属同行业 | 日本制铁 | 拆分为4家公司，其中八幡制铁和富士制铁于1970年合并为新日本制铁 |
| | 三菱重工业 | 拆分为3家公司，1964年重新合并 |
| | 王子制纸 | 拆分为3家公司，1968年重新合并 |
| | 大日本麦酒 | 拆分为朝日啤酒和札幌啤酒2家公司 |
| | 东洋制罐 | 拆分为2家公司 |
| | 北海道酪农协同 | 拆分为2家公司，1958年重新合并 |
| | 帝国纤维 | 拆分为3家公司 |
| 拆分后属不同行业 | 三井矿山 | 拆分为2家公司 |
| | 三菱矿业 | 拆分为2家公司，1990年重新合并 |
| | 井华矿业 | 拆分为4家公司 |
| | 大建产业 | 拆分为伊藤忠商事、丸红等5家公司 |
| 转让工厂和股份 | 日立制作所 | |
| | 东京芝浦电气（东芝） | |
| | 日本通运 | |
| | 帝国石油 | |
| | 日本化药 | |
| | 东宝 | |
| | 松竹 | |

资料来源：公正取引委员会资料

除了这18家企业之外，1939年为支持战争而成立的特殊企业日本发送电公司也被拆分为9家企业，独立运营。虽然《集排法》最后认定要拆分的企业只有18家，但还有48家企业受到影响而被迫拆分，比如近畿日本铁道等。日本大企业的拆分，弱化了这些企业的实力，降低了他们的市场集中度，促进了国内市场的竞争。在1955年日本取消《集排法》后，只有4家企业完全重新合并，其他企业基本上都保持了拆分后的状态。

为了让解散财阀更具有法律根据，也为了确保拆分大企业的成果，占领当局在1945年11月就要求日本政府早日就反垄断措施立法，并向日本方面提出了一个非常严格的版本。不过，日本政府认为，在疲惫的经济状况下，过于严格的制度无助于企业的发展。在日本政府的交涉下，占领当局降低了要求。到1947年4月，日本政府公布了《关于禁止独家垄断以及确保公平交易的法律》(简称《独禁法》)。从法律上对卡特尔、控股公司、企业高管兼任其他企业高管等独占垄断的各个方面作了禁止的规定，并设立了公正交易委员会，负责对《独禁法》的执行和监督。日本的《独禁法》是基于美国的反托拉斯法而制定的更为严格的法律，被认为是最理想的反垄断法。

如果《独禁法》被严格执行的话，日本企业之间的大规模合并以及相互持股就都不可能出现。但是在混乱的战后，政府也无法对违反《独禁法》的行为予以追究。到1949年，日本不得不对《独禁法》做了第一次修正，允许日本企业在一定的条件下获得其他企业的股权。1953年，日本又对《独禁法》做了第二次修正，取消了关于企业规模方面的规定。虽然初期日本对《独禁法》的运用比较宽松，但《独禁法》的制定还是给日本带来了市场经济的基本规制，促进了市场竞争。作为经济“宪法”，《独禁法》影响了日本企业战后的发展进程。一直到1997年，由于《独禁法》禁止控股公司的设立，日本企业无法用控股的方法成立企业集团。

### 鼓励成立工会

解散财阀，赶跑资本家以及作为他们代理人的企业经营者之后，占领当局鼓励日本企业成立工会。其目的在于让日本企业的员工能够制衡企业的经营者，防止反抗美国的势力死灰复燃。占领当局曾经说过，劳动者以及他们的团体就是防止专制政府复辟的最有力的城防。1945 年 12 月，《工会法》颁布，日本掀起了成立工会的高潮，展开了如火如荼的工会斗争。

二战前夕，日本企业里资本家掌握了绝对的话语权，只有 8% 的日本企业有工会，员工很难申诉自己的权益。日本发动战争之后，日本政府更是勒令解散了这些工会，要求各企业的劳资双方都要参加 1938 年组成的产业报国联盟，协助日本进行战争。1940 年产业报国联盟改组为大日本产业报国会，在日本政府内务省①的指导下，得到了迅速的普及。日本政府要求企业通过这个政府认可的组织迅速消除劳资双方的分歧，尽可能地避免任何会影响企业生产效率的事情发生，因为日本知道本国的国力无法与美国抗衡，唯有竭尽全力才能维持这场战争。日本败战之后，占领当局立刻解散了大日本产业报国会，废除了《治安维持法》，释放了包括共产党员在内的政治犯，废除了工会运动的很多障碍。新颁布的《工会法》规定劳资关系为平等关系，而在战后的混乱中，满身疮痍的企业往往会随时解雇员工。为了保证大家的权益，员工需要组织起来进行斗争。在这样的环境中，很多从来没有参加过工会的企业员工纷纷组织工会、参加工会。从 1945 年年底到 1946 年半年的时间里，日本主要企业都成立了企业内部员工自发组织起来的工会。1946 年工会组织率达到 40%，工会成员超过 400 万人，工会斗争波澜壮阔地开展了起来（参见表 1-4）。

**表 1-4　劳动争议的次数、参加人数和争议形态**

| 时间 | 同盟罢工 | | 同盟怠工 | | 工厂封锁 | | 生产管理 | | 合计 | |
|---|---|---|---|---|---|---|---|---|---|---|
| | 件数 | 人数 | 件数 | 人数 | 件数 | 人数 | 件数 | 人数 | 件数 | 人数 |
| 1945 年 9 月 | 2 | 813 | | | | | | | 2 | 813 |
| 1945 年 10 月 | 16 | 9406 | 3 | 328 | | | 1 | 2000 | 20 | 11734 |

① 1873 年 11 月设立的日本政府中央组织机构，职责范围包括从地方行政、财政、警察、土木工程到国家神道等广泛的国内行政事务，内务省从设立之初就强化了对国民生活的监视，在二战前被称为官厅中的官厅。1947 年 12 月，内务省被占领当局勒令废除。

续 表

| 时间 | 同盟罢工 | | 同盟怠工 | | 工厂封锁 | | 生产管理 | | 合计 | |
|---|---|---|---|---|---|---|---|---|---|---|
| | 件数 | 人数 | 件数 | 人数 | 件数 | 人数 | 件数 | 人数 | 件数 | 人数 |
| 1945 年 11 月 | 21 | 11558 | 2 | 2327 | 2 | 3045 | | | 25 | 16930 |
| 1945 年 12 月 | 33 | 9595 | 3 | 1216 | 2 | 389 | 4 | 6674 | 42 | 17874 |
| 1946 年 1 月 | 27 | 6142 | 9 | 2549 | 3 | 376 | 13 | 29029 | 52 | 38096 |
| 1946 年 2 月 | 23 | 6523 | 10 | 6847 | 5 | 306 | 20 | 15806 | 58 | 29482 |
| 1946 年 3 月 | 32 | 48521 | 9 | 10772 | 7 | 1271 | 39 | 20651 | 87 | 61221 |
| 1946 年 4 月 | 30 | 14762 | 6 | 840 | 4 | 689 | 53 | 34815 | 93 | 51106 |
| 1946 年 5 月 | 42 | 9047 | 8 | 3401 | 3 | 608 | 56 | 38847 | 109 | 51903 |
| 1946 年 6 月 | 29 | 6735 | 7 | 1916 | 7 | 727 | 44 | 18056 | 87 | 27434 |
| 1946 年 7 月 | 48 | 14721 | 17 | 10147 | 8 | 381 | 25 | 2478 | 98 | 27727 |
| 1946 年 8 月 | 61 | 24054 | 18 | 4983 | 11 | 603 | 28 | 23245 | 118 | 52885 |
| 1946 年 9 月 | 39 | 81368 | 28 | 14484 | 11 | 1143 | 37 | 22390 | 135 | 119385 |
| 1946 年 10 月 | 104 | 188958 | 17 | 2633 | 11 | 1133 | 35 | 9138 | 167 | 201862 |
| 1946 年 11 月 | 89 | 76663 | 14 | 3262 | 9 | 922 | 24 | 7663 | 136 | 88410 |
| 1946 年 12 月 | 65 | 61361 | 17 | 23569 | 10 | 1266 | 26 | 8566 | 118 | 94762 |

资料来源：宇田川勝、中村青志編「マテリアル日本経営史」有斐閣，1999

1946 年，工会不仅在确保员工雇佣的斗争中取得胜利，而且还开始要求参与企业的经营管理，关于生产的一些决策都需要得到工会的同意才能实行。工人的积极参与，明显地提高了工厂的生产量。到 1946 年秋季之后，工会就提出了大幅度提高薪资的要求。当时拥有 260 万会员的政府部门的劳工组织也开始要求改善恶劣环境和提高薪资。不过，政府拒绝了劳工组织的要求，当时的首相吉田茂对劳工组织更是采取了蔑视和否定的姿态。于是，政府部门的劳工组织和民间企业的工会组成共同斗争委员会，准备在 1947 年 2 月 1 日全面罢工，并提出了打倒吉田内阁，建立人民政府的口号。不过，这样的要求超越了占领当局所允许的范围，盟军总司令麦克阿瑟勒令工会停止罢工，工会组织只得含汩取消了有可能是日本历史上最大的一次罢工运动，政府部门的劳工组织和共同斗争委员会同时解散。

不过，工会运动并没有因此而偃旗息鼓。在日本经济迟迟不能恢复元气的状况下，日本企业只能采取剜肉疗伤的策略，以合理化的名义解雇员工，有的企业甚至需要解雇近一半的员工，仅 1949 年日本全国就有 50 多万人被解雇。当时丰田汽车就曾摊牌坦言，如果不解雇 1600 名员工，那么企业就无法逃避破产的命运。然而解雇员工的举措触及了工会的底线，工会不得不奋起进行抗争，工会斗争进入了更加激烈的阶段。1949 年东芝和 1950 年日立制作所先后爆发大规模劳动争议，工会组织罢工，封锁工厂，采取了非常激烈的斗争方式。在占领当局和日本政府的支持下，企业经营层毫不退让，日立制作所的社长仓田主税还明确地说，在解雇方面企业是绝不会含糊的。结果，工会组织的这些抗争都失败了。

紧张激烈的工会斗争给企业带来了巨大的破坏，也让很多员工失去了工作。工会斗争失败后工会组织就出现了分裂，产生了站在企业经营层立场上的第二工会。激进的工会领导也受到占领当局的追杀，被迫先后退出了工会。日本的工会不得不放弃了保障全体员工雇佣的这一最高目标，使得斗争趋于缓和。劳使双方[①]在付出了惨痛的代价之后，认识到双方协力能最大限度地满足双方的要求，因而很快达成共识，形成了互相协助的关系，而这样的关系也成了战后日本企业的一种特色。

---

① 原来工会是针对企业的所有者资本家进行斗争的，那时称劳资关系。战后，日本主要大企业的资本家被赶出企业，工会代表企业员工与企业的经营层交涉的关系被称为劳使关系。

## 2. 日本企业的重新出发

### 战争损失的处理

战后的混乱加剧了日本的通货膨胀，东京黑市的物价指数[①]在1945年11月比上一个月上升了22%，12月又上升了14%，到1946年1月进一步上升了32%。物价的飞涨带来了货币价值的下跌，引起了对银行的挤兑。日本政府在1946年2月采取了金融紧急措施，限制银行储户的取款。但是，这样的措施很快失去效果，到1946年10月，物价再次以10%的速度飞涨，上涨态势一直维持到1947年上半年。在这样的状况下，日本企业的生产迟迟得不到恢复，从1945年到1947年，日本的矿工业指数一直处在战前平均水准的35%以下（参见图1–1）。

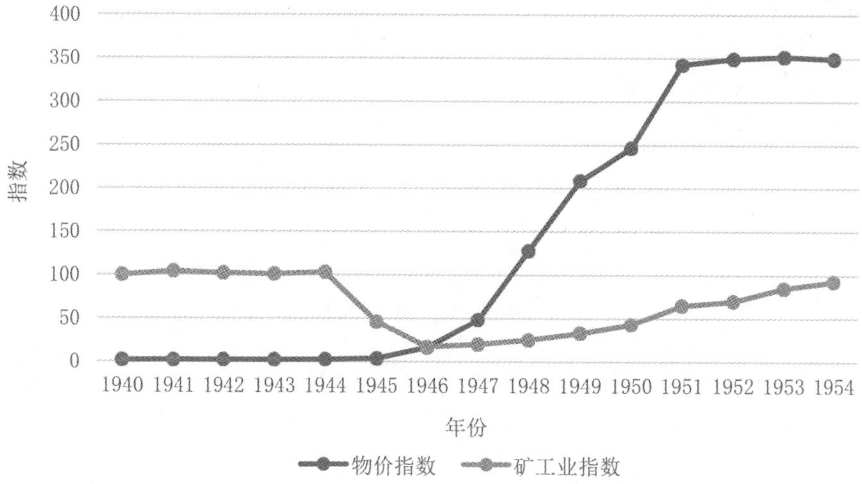


注：物价指数1935年＝1　矿工业指数1955年＝100

**图1–1　物价指数和矿工业指数**

资料来源：日本银行、内閣府統計局

① 作为日本中央银行的日本银行从1945年8月开始统计东京实际物价，后改称为东京黑市物价指数。

因为战争带来的损害以及海外资产的丧失，日本企业积累了庞大的负资产，在战后的混乱时期，生产得不到及时的恢复，企业大都陷入了严重的亏损状态。面对很多企业资不抵债，无法履行还债义务的状况，日本政府准备实施战时补偿政策，即通过战争保险金支付的方式让企业摆脱资不抵债的状况。但是占领当局否决了日本政府的计划，而这一否决意味着 1946 年日本的企业会发生 918 亿日元的特别损失，这在当年日本 4740 亿日元的国民生产总值（GNP）总额中占 20% 左右，日本企业连锁倒闭的局面难以避免。所以，在同一年，日本政府又制定了金融机构以及企业重建的整备法，在确定了金融机构和企业的损失金额之后，再决定企业的存废。同时，设立特别会计企业吸收不能偿还的不良资产，从而解决企业资不抵债的问题。当时有 5114 家企业都在这些法律法规下得到了处理，基本上包括了日本所有的主要企业。

### 倾斜生产政策

对战争损失的会计处理还不足以让日本企业完全解决财务危机的问题，日本政府还必须在急剧通货膨胀的局势下，尽早地重建日本经济。1946 年年底，日本政府在对经济管控的基础上开始实施扶植重点行业的政策。即在各方面物资不足的状况下，集中有限的资源投入到保障经济发展的基础行业，通过这些行业的增产来拉动整体经济的增长。这也被称为倾斜生产政策，是由东京大学名誉教授有泽广巳提出的。有泽认为，政府可以通过计划经济来实行诱导性经济政策，从而刺激企业家精神，促进市场经济的有效运作。在物资短缺和严重的通货膨胀下，国家有计划性地统筹分配物资是经济复兴有效的工具。实际上有泽是参考了苏联的计划经济政策，希望吸纳计划经济和市场经济两方面的优点，建立一种与官僚主义指令性计划经济不同的修正资本主义的计划经济体制。由于倾斜生产政策与大萧条时期美国罗斯福新政有类似之处，所以这个政策得到了占领当局的支持。

吉田内阁在 1946 年年底通过了《1946 年度第 4 季度基础物资供需集合的制定及实施纲要》，开始实施倾斜生产。日本政府认为增加 20% 的煤炭生产，就可以带动工业生产增加 40%。而工业生产的增加又能给煤炭生产提供更多的器材来促进煤炭生产，解决日本经济问题首先要解决煤炭的增产问题。为此，日本政府还对煤炭业工人优先配给粮食，确保煤炭业工人不受粮食短缺的影响。

为了促进倾斜生产政策的落实，日本政府在 1947 年 1 月成立了复兴金融公库[①]，对煤炭和钢铁等重点行业的复兴进行了大规模的融资（参见表 1–5）。同时，政府对煤炭、钢铁以及肥料、煤气和电力等生产必需的物资设定了比较低的公平价格，因为这种公平价格低于生产者价格，所以政府以差价补偿金的财政支出来进行补偿。倾斜生产政策实施后，日本的矿工业生产得到了切实的增长，到 1949 年年初，日本的矿工业生产水平已经恢复到战前平均水平的 80% 左右。

**表 1–5　1949 年全日本金融机构的融资额和复兴金融公库融资额（百万日元）**

| | 全金融机构（A）/ 百万日元 | 复兴金融公库（B）/ 百万日元 | 二者比例（B/A） |
|---|---|---|---|
| 煤矿 | 67250 | 47519 | 70.7% |
| 钢铁 | 21931 | 3526 | 16.1% |
| 肥料 | 16143 | 6119 | 37.9% |
| 电气 | 25422 | 22399 | 88.1% |
| 海运 | 20578 | 13448 | 65.4% |
| 纤维 | 69866 | 4995 | 7.1% |
| 小计 | 221190 | 98006 | 44.2% |
| 融资合计 | 566118 | 131965 | 23.3% |

资料来源：日本銀行統計局

但是，倾斜生产政策在努力提高钢铁和煤炭的生产量的时候，所进行的贷款并没有足够的财源保障，只能依靠滥发货币，这就进一步加剧了通货膨胀。

---

① 1947 年由日本政府全额出资成立的政府长期金融机构，主要融资对象是倾斜生产政策下的煤炭、钢铁和电力等行业中的企业。由于复兴金融公库大量发行复兴债，日本央行也不得不发行现钞，结果激发了日本的通货膨胀。复兴金融公库 1949 年根据道奇计划而停止贷款业务，1952 年把债权债务全部移交给日本开发银行后关闭。

到 1950 年年初的时候，复兴金融公库融资总额已经超过了 1000 亿日元，而这一年日本的财政收入只有 7168 亿日元。从 1945 年 10 月到 1949 年 4 月，日本的物价上升了 100 倍，其中 1947 年的通货膨胀率达到了 125%，这当然与落实倾斜生产方式大有关联。为了吸收浮动的通货，日本政府还紧急让日本的跑马场重新开业，不过，这也解决不了惊人的通货膨胀。

1949 年 2 月，为了抑制居高不下的通货膨胀，稳定日本经济形势，促进日本对外出口，占领当局请底特律银行董事长约瑟夫 · 道奇出任财政金融经济顾问，为日本吉田内阁制定了紧缩经济政策，史称道奇计划。主要内容是缩减价格调整补助金，停止复兴金融金库贷款，优先偿还银行贷款，编制超平衡预算，制定 360 日元兑换 1 美元的统一汇率，缓和各种政府统制，促进自由竞争。道奇计划解决了通货膨胀，稳定了物价，实际上也宣告了倾斜生产政策的终结。但是紧缩性的政策也造成企业成批倒闭、工人大量失业的情况，出现了所谓的“道奇恐慌”。

### 间接融资的盛行

战后，在占领当局的命令下，日本的财阀被解散，财阀所属大企业也被拆分。但是，日本的所有银行却没有被列为改造的对象。这是因为当时财阀企业被解体之后，日本的信用制度面临着崩溃的危险，占领当局希望通过《银行法》在排除银行对企业实际支配的可能性后，保留银行的实力来维持日本的信用体制，避免金融危机给社会带来更多的恐慌和混乱。

尽管战后日本企业的个人股东达到了 70% 左右，但是，日本证券市场并没有像预期的那样兴旺发达，因为日本国民似乎不太喜欢风险很大的股票，他们比较喜欢保本的金融产品，加上在工作时间不能自由炒股等限制，证券市场上的个人股东并不活跃，而且他们能够投进股市的资金也非常有限。从 1949 年到 1951 年，日本的股票市场非常低迷，股价徘徊不前，企业从股票市场进行直接融资非常困难。而且，由于股价低迷，日本企业还不得不采用企业间相互增持股份的方式来保护自己不被外国资本收购，这也使得日本企业很少再考虑从证券市场上直接募集资金。

1949 年，为了解决居高不下的通货膨胀，日本实施了道奇计划，采取了紧缩政策，使得民间企业出现了大面积融资困难的局面。1950 年朝鲜战争爆发后，美军的特别需求给日本企业带来了及时甘雨，但同时也凸显了日本企业资金短缺的窘境。当时日本企业普遍资金短缺，企业的自有资本比例常常达不到 30%，有些还达不到 20%。而由于法人税比较高的原因，日本企业增资成本居高不下，也影响了日本企业在证券市场融资的积极性。结果，日本企业只能进一步依赖银行的融资。

在这样的背景之下，既没有被政策排除，也没有被当作财阀而被迫解散的都市银行就获得了发挥作用的重要舞台。这些都市银行从日本中央银行—日本银行中借出大量资金，向原来同一财阀系统的企业进行重点和集中的融资，给这些企业带来了他们急需的资金，保证他们的发展。在这样的过程中，日本形成了具有特色的主银行制度。

所谓的主银行制度是指企业在融资过程中，虽然与多个金融机构展开业务关系，但往往会让其中的一家银行成为主要交易的金融机构（即主银行）。主银行不仅负责对企业的融资、储存、支票等金融业务，还负责给企业介绍客户、合作伙伴，甚至还会根据企业的经营情况给企业提供经营方面的帮助，包括派遣相关人员帮助企业度过经营危机。在企业需要大量融资的时候，主银行也会出面协调，让其他金融机构参与这样的大型融资。

这样的主银行制度与战争时期的日本经济也有渊源。为了让为军需服务的企业能够得到稳定的融资，1944 年，日本政府制定了《军需融资指定金融机关制度》，强制性要求大企业都必须建立干事银行制度。而当时的政府也协调了 1 ～ 2 家银行去成为企业的干事银行，负责组织和落实对企业的融资。战后，干事银行制度被取消。由于间接金融可以否定股东的地位，所以，占领当局鼓励日本的间接金融，而在间接金融盛行的时期，类似干事银行那样负责给企业大规模融资的银行对企业来说是十分需要的，同时对银行来说，与客户企业建立稳定的长期关系也是非常重要的。企业和银行在这方面形成了一致意见，从而使得类似战前的干事银行与企业的关系再次复活，变成了战后的主银行制度。

以主银行为特色的战后日本的间接金融在日本经济发展中长期发挥了重要的作用。同时，这样的间接金融越是发达，企业的股东对企业的控制力也就越弱化。所以，战前那样的资本家对企业的直接控制在战后也就成为比较稀有的现象。

### 企业所有概念的模糊

占领当局的解散财阀和鼓励成立企业内部工会的政策，实际上也断绝了企业属于资本家的这种思维。这一结果模糊了企业属于谁的概念。

资本家在战前的日本企业里拥有绝对的控制力，当时财阀所属的控股公司通过对股权的所有而控制着伞下企业。三井财阀持有的企业股票占当时日本企业全部股票的 9.5%，三菱财阀占 8.3%，住友财阀占 5.1%，安田财阀占 1.7%，这 4 家财阀所拥有的股票合计为 24.6%。战前，日本企业的股票并不是谁想买就能买到的，而是有严格的限制。1945 年，日本全国的个人股东人数为 165.6 万人，持有的股票数量为 2.4 亿股，其他的股票都为财阀以及其他机构持有。4 年后，个人股东数量达到 418.3 万人，所持股票数量达到 13.7 亿股。个人股东持有的股票数量达到了上市企业发行股票的 70% 左右（参见图 1–2）。从股票的拥有量上来说，资本家已经失去了对企业的控制权。

从岩崎弥太郎在 1878 年创立三菱财阀时制定的宪章中可以看到战前资本家与企业的关系准则，三菱宪章规定：三菱虽然是以株式会社（股份公司）的名义成立的，但实际上就是一个家族企业，所以，企业的一切盈利全部属于社长

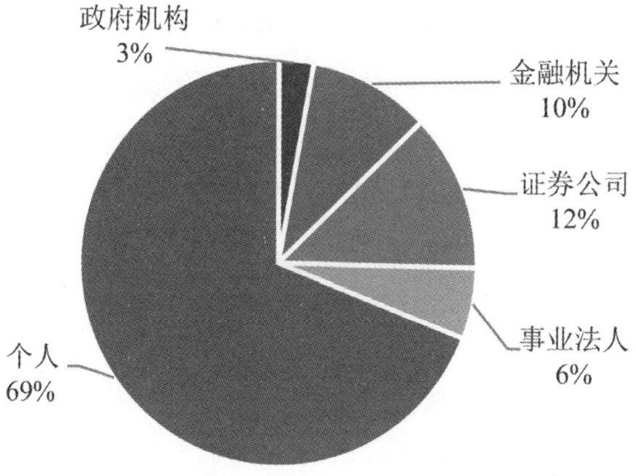


**图 1-2 1949 年日本企业股东分布**

资料来源：全国証券取引所「平成 19 年度株式分布状况調查」，2008

一个人，一切损失也全部归结于社长一个人。员工都是被企业雇用的人，根据业绩领取相应的薪水。这个宪章非常直截了当地指出了企业是属于资本家的，而不是其他任何人的。而战后资本家失去了赖以控制企业的股权，企业也就不再属于资本家了。

同时，战后如火如荼的工会斗争让企业的员工第一次意识到自己才是“生产的主人翁”，产生了当家作主的自豪感。战前日本企业内部的蓝领和白领之间的身份差别也在这个时期基本消失，因为他们必须联合起来与企业经营层进行交涉和斗争。但是，不仅战后刚刚组织起来的工会没有交涉和斗争的经验，就是那些被提拔上来的企业经营层也没有这种交涉的经验，结果，虽然劳使双方有时候斗争得非常激烈，但有时候也能推心置腹地交流。在这样的交流中，逐步产生了以企业为单位的劳使双方协力配合的基础。

与《工会法》同时期颁布的《劳动基准法》确立了 8 小时工作制，禁止了妇女、儿童在深夜的劳动。而《职业安定法》禁止了私人职业介绍所，杜绝了战前人身买卖的残余。这些劳动关联法律的颁布，基本上杜绝了企业压迫员工强制劳动的现象，为日本企业内部形成互相协助的关系奠定了基础。

不再属于资本家的日本企业很自然形成了企业属于全体员工“共同所有”的意识。战前日本企业的经营干部主要是资本家选拔或者派遣而来的。战后，日本企业的股东失去话语权，包括社长在内的企业经营层基本上都是从员工中选拔出来的。被选拔出来的经营干部实际上不需要对股东直接负责任，同时，他们很少持有所在企业的股票，又有任期的限制，无法把企业变成自己的私有物，也缺乏绝对的权威性。所以日本企业在决策方面不得不采用合议制，从而形成了日本企业从下到上的决策机制，扩大了企业员工的参与度。

战后，日本企业充满了这样的人本主义气息。一直到 20 世纪 90 年代，企业属于谁不再是一个问题，日本社会已经形成了企业就是属于企业员工的模糊认识。

## 3. 狼狈的经营者

### 国民生活的贫困

日本战败投降之后，将近650万的日本人从日军占据的亚洲各地撤回日本，其中包括很多复员军人。但是日本根本没有能力妥善安排这些撤回日本的人。战争的破坏让战后日本的生产能力只有战前的 1/3，很多企业都自身难保，造成了大量的失业。即便是没有失业的人也只能拿微薄的生活保障工资，同时还要时刻担心什么时候被解雇。后来虽然生产开始恢复，雇佣的工人有所增加，但是企业的生产效益非常低，还不到战前的一半，员工的实际收入也大幅度减少。与 1935 年相比，1948 年日本企业员工的名目薪资减少了 40%，而实际薪资则减少了 53%（参见表 1–6）。在战后的经济恢复期，日本国民的摄取热量日平均不到 1500 卡路里，而恩格尔系数则接近 70%，生活非常艰难。

**表 1-6 战前战后的劳动经济指标**

| 年份 | 生产 | | 雇用 | | 生产性 | | 劳动时间 | | 薪资 | | 斗争人数 | 工会会员 |
|---|---|---|---|---|---|---|---|---|---|---|---|---|
| | 矿业 | 工业 | 矿业 | 工业 | 矿业 | 工业 | 矿业 | 工业 | 实际 | 名目 | | |
| 1935 | 100 | 100 | 100 | 100 | 100 | 100 | 100 | 100 | 100 | 100 | 100 | 100 |
| 1948 | 104 | 60 | 200 | 133 | 52 | 45 | 80 | 80 | 47 | 60 | 7194 | 1634 |

资料来源：厚生劳动省「昭和 24 年労働経済の分析」

注：1935 年指数 =100

当时，日本政府不得不承认，有很多人只能在黑市找到生活的支点。在上野车站附近出现了专门倒卖美军物资的黑市，叫美国横丁。这个地方到现在还存在，已经变成外国游客经常光顾的低廉商品市场。而搞不到美军物资的人，只好变卖自己的家产，靠一点点地变卖衣服、家具来换取生活费用。生活的窘困，迫使很多非劳动力人口（即 15 ~ 64 岁之外的人口）不得不去找工作来养活自己，这种状况一直到 1950 年朝鲜战争爆发之前都没得到明显改善。

## 提心吊胆的创业者

那么多在贫困中挣扎的劳动者也形成了催生新兴企业的土壤，如后来成为世界性大企业的索尼、本田、京瓷等就是在一片瓦砾中创立的企业。这些企业创业之初，基本上都是小作坊，创业者无法以资本家的姿态出现，而只能和其他员工一样，首先要解决的棘手问题就是如何让企业生存下去。

在日本投降 1 个月后创立的索尼非常具有象征意义。井深大等人从疏散地长野县回到东京，在日本桥白木屋大楼 3 楼的电话交换机机房，创立了日后成为日本代表性企业的索尼，当时的名称是东京通信研究所。他们所在的大楼在战火中变得千疮百孔，玻璃窗上甚至没有一块完整的玻璃，真正可以说是从战争废墟上出发的。1945 年，异常的天气和自然灾害对日本经济打击很大，农业是一个大凶年，粮食产量不足，导致国民不得不到处想办法弄粮食。当时日本国民平均获得的卡路里不到战前的70%，国民健康状况极度恶化（参见图1–3）。可以说，这个战后的混乱期是一个求生存的时期，日本的企业基本上也都是抱着这样的目的开始工作的，刚刚成立的东京通信研究所也不例外。

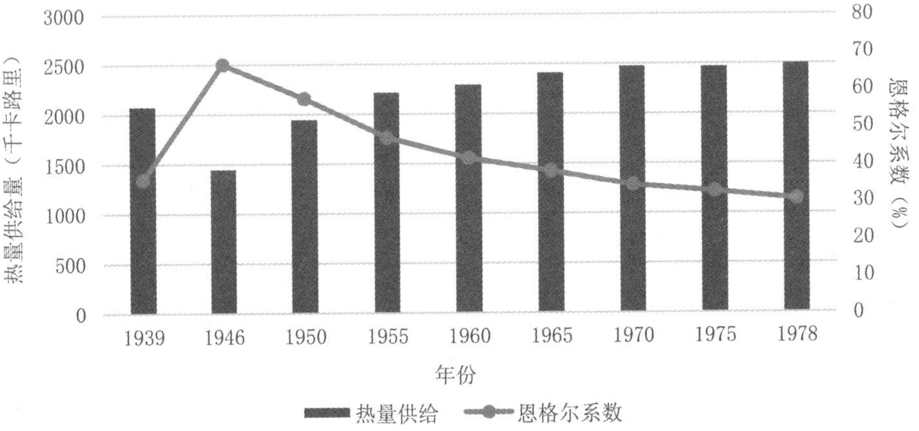


**图1–3 国民平均热量供给量和恩格尔系数**

资料来源：文科省・科技厅「昭和55年版科学技術白書」

东京通信研究所还不是真正意义上的企业，最初发给员工的工资都是从井深的储蓄里拿出来的，而井深等人也并不清楚他们到底要朝什么方向发展。为了让企业生存下去，他们必须找一些事情来做，于是想到了可以发挥自己特长的工作：修理收音机。这项业务非常切合当时的实际，因为战火损坏了很多收音机，而战后大家又迫切想知道国内外的形势。井深他们推出修理收音机业务正好满足了大家的需求，也使得这家刚刚创业的小作坊得以迈出发展的第一步。在修理收音机业务之后，井深他们开始研发自己的产品。考虑到战后军需工厂关门后电力供应的紧张状况有所缓解，东京通信研究所研制了一款家电产品——电饭煲。虽然想法很好但是他们的技术跟不上，他们的电饭煲要么烧出夹生饭，要么烧成粥，基本上派不上用场。好在井深利用他的人脉关系，从日本政府那里获得了真空管电压计的订单，这才让这家小作坊获得了比较稳定的收入。

第二年的5月，东京通信研究所改名为东京通信工业，正式以企业的形式开始了他们的发展。虽然他们拉了前文部大臣前田多门来做社长，但实际上这家小企业并没有那么“多门”。他们的资本金只有19万日元，没有什么机器设备。正如后来索尼的企业史里所说的那样，这家企业有的只是他们的头脑和技术，而若把这些头脑和技术活用起来，是什么都可以做到的。东京通信工业即后来的索尼从一开始就不得不闯出一条自己的路，这样才能生存和发展下去。虽然后来他们梦想成真，但是在当时，这家小企业有太多的问题需要解决。当时他们的热销产品电热毯非常赚钱，但是质量非常差，以致在电压不稳的晚上，井深他们都提心吊胆，生怕生产的电热毯引起火灾。后来占领军征用了白木屋大楼，强迫他们搬家。推土机敲掉东京通信工业所在大楼墙壁的那一天风雨交加，被迫带领大家搬家的井深大专务和盛田昭夫取谛役在那个时候会不会感觉前途迷茫呢？

## 经营之神被点名批判

从日本投降到朝鲜战争爆发，感到前途迷茫的不仅仅是东京通信工业一家企业，实际上很多日本企业都处在战后重建的困难之中，极度的通货膨胀让很多企业陷入经营混乱，连名噪一时的松下幸之助也因企业经营问题而遭到社会舆论的攻击。1949年，松下电器拖欠了2亿日元的物品税，被誉为日本经营之神的松下幸之助成了最有名的税金拖欠王而且遭到连篇累牍的批判。松下在创办松下电器之初就宣布对社会最好的贡献就是要让企业有利润，经营之神当然不愿意背上拖欠税金的恶名。而这时候欠缴税金正说明松下电器在战后的混乱中举步维艰，为了不让企业破产倒闭而采取了无奈之举。

松下幸之助是从生产插座起家的，但是最初的插座没有什么销路，一共5个人的小作坊走了2个人，真是摇摇欲坠。幸亏当时的川北电气给松下发了很多电风扇零部件的订单，这家微型企业才存活了下来。后来松下他们生产出双眼插座，深受市场欢迎，从而彻底摆脱生存危机。当时一般的日本家庭只有一个插座，接上电灯就无法同时用其他电器，非常不方便。双眼插座可以同时使用电灯和其他电器，给大家的生活带来了便利。这种现在看起来非常不起眼的产品在当时算得上是明星产品，堪比日后的彩电、冰箱等大宗畅销产品，被称为大正时期（1912—1926 年）的三大畅销品之一①。很多企业争相生产双眼插座，不过当时大家的技术都不成熟，产品的质量并不稳定。这反而让松下看到了产品的前途，他对产品进行了改良并且以比市场价格低一半的价格推出，很快赢得了日本国内市场。双眼插座成了松下电器的代名词，企业从此开始壮大。在推出拳头产品干电池和收音机之后，松下电器一跃成为日本的著名企业，松下幸之助也被尊为经营之神。后来松下电器还涉及船舶和飞机制造领域。日本败战之后，松下电器因涉及支持军国主义而被占领当局列入需要解散的企业名单，松下幸之助等高管也被开除公职赶出企业。由于企业员工和上下游企业出面请愿和交涉，1 年后，松下重新回到自己的企业。这时候松下电器不再使用战前的“社主”称呼松下，而是改用一般日本企业常用的称呼“社长”，显示了企业观的变化。

1945 年日本战败不久即爆发了恶性的通货膨胀，日本经济非常不安定，而 1949 年实施的道奇计划又矫枉过正，财政紧缩造成了企业资金困难和国民购买力的下降。日本企业生产出来的商品销路不好，更让企业缺乏资金投入生产，很多企业无法渡过难关而纷纷倒闭。白手起家的经营之神对此也是一筹莫展。当时松下电器的资本金是 4000 多万日元，举债超过 4 亿日元，还有 3 亿日元拖欠款。企业连续 3 年亏损，连员工的工资也快要发不出来了，企业到了破产的边缘。在 1949 年的经营方针发表大会上，松下幸之助对公司员工发出呼吁：我们企业如果无法盈利的话，提高员工的生活水平就会变成空话，这家公司也就

① 其他两种是用椰子纤维制作的龟形刷子和劳动时穿的胶皮底袜子。

失去了存在的意义，公司上下应该努力使公司盈利。除了这样悲切的呼吁之外，松下还改组了企业，强化了销售部门职能，同时也解雇了不少员工，然而这样的努力并没有成效。1949 年 7 月，松下电器 12 间工厂不得不缩短一半的开工时间。而松下电器也几乎得不到银行的融资，如果没有 1950 年突然爆发的朝鲜战争，松下电器很有可能会破产倒闭。

## 丰田汽车的创业者黯然退场

在日本投降的前一天，1949 年 8 月 14 日，丰田汽车的举母工厂遭到了美军的轰炸，约 1/4 的工厂被炸毁。空袭后的第二天，战争结束了，丰田汽车可以收拾被炸毁的工厂，重新出发。不过，当时的社长丰田喜一郎认为丰田汽车曾经为日军生产过飞机发动机，属于军需工厂，占领当局可能会禁止他们生产汽车，所以开始考虑企业的转型。显然丰田喜一郎杞人忧天了，占领当局认可丰田汽车是一家民需企业，不仅没有禁止丰田汽车生产汽车，而且也没有把丰田喜一郎从公司里赶出去。这样，丰田喜一郎得以全力以赴重振这家以名古屋为中心的日本代表性汽车企业。只是他万万没有想到的是，虽然占领当局没有把他赶出去，但是他亲手创立的企业却把他赶了出去。

丰田汽车的源流可追溯到日本发明王丰田佐吉创立的丰田自动织机制作所。1929 年，丰田佐吉把他的 G 型自动织机的发明专利转让给当时世界最大的纺织机械企业普拉特兄弟公司，获得了 10 万英镑的专利转让费（最终实际收到的是 83500 英镑）。丰田佐吉的长子喜一郎就利用这笔款项创建了汽车生产部门，根据当时的形势和日本政府的政策，开始生产卡车，接着成功开发出丰田乘用车。1937 年汽车部门从丰田织机中分离出来，正式成立了丰田自动车工业（丰田汽车）。太平洋战争爆发后，丰田汽车成为军用卡车的生产企业，到 1945 年，也成了美军轰炸的重点目标。

在解散财阀的过程中，丰田汽车免除了被拆分的命运。占领当局没有对丰田汽车动大手术，反而希望丰田汽车能够为他们修理各种车辆。截至 1950 年 3 月，丰田汽车为占领军修理了 300 辆左右的汽车，其中主要是凯迪拉克的轿车。由于占领当局禁止日本生产轿车，所以丰田汽车在为占领当局修理轿车的同时，也只能生产卡车。由于丰田汽车很早就建立了销售网络，因此也就占据了日本很大的市场份额。实施道奇计划后，销售不出去的卡车越积越多，这让丰田汽车的资金回笼出现了问题。当时有将近 40% 的销售款无法及时回收，直接影响了企业的经营。同时，由于配给制度的废除，各类材料可以在市场上自由交易，导致钢材价格上涨了 35%。但是汽车的价格却由于各种限制而无法随意涨价，丰田汽车连续数月出现亏损。截至 1949 年 12 月，丰田汽车亏损额达到 2 亿日元左右，而销售额才只有 20 亿日元，这样的亏损导致丰田汽车资金周转困难。如果借不到 2 亿日元的话，丰田汽车将难以为继。经过日本银行的斡旋，银行团愿意提供贷款，但前提是丰田汽车要保证稳定的经营。为此丰田汽车另外组建汽车销售公司，把资金回收的风险拆分了出去。

丰田汽车虽然用银行团的融资解决了燃眉之急，但是企业经营并没有好转。面对持续的业绩恶化，丰田汽车公布了企业重建计划，准备解雇 1600 人，削减在职员工 10% 的工资。但这立刻引来工会的强烈反对，他们不仅组织旷日持久的罢工，还要求丰田喜一郎等高管辞职。丰田喜一郎为了早日平息这次大规模的劳动争议，同意辞职，黯然离开了他一手创办的企业。丰田喜一郎的辞职换来了工会的让步，1950 年 4 月 11 日开始的劳动争议在 6 月 10 日结束了。劳动争议虽然结束了，但是市场依然非常严峻，丰田汽车到底如何发展，谁也不太清楚。当时应该没有人会想到，正是因为及时平息了劳动争议，才让丰田汽车得以抓住朝鲜战争带来的特需，从而获得了迅速发展的基础。

### 权威不足的新经营者

赶走了资本家之后，日本企业需要自行寻找新的经营者参见图（1–4）。

1947年以后，日本企业有2000名左右的常务以上经营干部被迫离开，留下了大量管理岗位的缺口。战前，财阀企业中的经营干部往往是财阀挑选而来的，都具有一定的经营经验，或者得到过相应的训练。当这些经营干部被赶出企业后，企业只能从中下层干部中选拔包括社长在内的经营干部。但这些仓促上阵的新经营者不仅缺乏大企业的经营管理经验，而且缺乏相应的威望，被讽刺为第三等大干部，因为他们既不是资本家的代表，也不是靠实力升迁上来的经营干部，只是运气好而已。

注：企业最高经营者为代表取缔役，通常由社长担任，有时候会长、副社长等也会担任代表取缔役。

**图1-4 日本企业经营层取缔役会（董事会）结构示意图**

1947年8月，年仅44岁的芦田泰三被刚刚成立的工会推举担任了住友生命保险的新社长。根据占领当局的命令，住友生命保险所有的经营干部都被褫夺了公职而被赶出企业，而芦田当时只是一个部门的部长级干部，没有被赶出企业而得到了担任社长的机会。当然这样的人在当时为数不少，三菱电机的社长高杉晋一则是在原经营层被赶走后经过民主选举而被选上的社长。安田生命保险更是把企业全部中底层干部1294人都当作社长的候选人，通过层层选举，最后选出了包括社长在内的经营层。很多日本大型企业的社长都是通过这样的选举或者协商而选拔出来的，而这些被突然选拔上来的经营干部往往没有做好经营大企业的心理准备。

除了从企业内部升职上来的人选之外，也有很少一部分企业的经营层是关联银行派遣过来的。这些银行并不是以股东的身份而仅仅是以关联银行的身份向企业派遣经营管理者，比如野心勃勃的川崎制铁就不得不接受第一银行派来的大森茂树来担任比社长更高一级的会长一职，仅仅因为川崎制铁亟需从银行大量融资。从银行派遣来的很多是社长的候补者，一般过渡几年后他们会接任社长一职。当然也有极个别的企业是从其他企业招聘社长的，比如森康采恩所属企业昭和电工虽然逃脱了被解散的命运，但是其社长森晓还是被勒令离职。在政治势力的斡旋下，昭和电工从日本水素招聘了日野原节三来做社长。

仓促上阵的经营干部都比较年轻。1945 年，当时日本大企业社长的平均年龄都超过 60 岁，但到 1948 年，这些大企业社长的平均年龄降低到了 50 岁左右，而在旧财阀直系企业里还出现了 40 多岁的社长。不过，这些新经营者都具有比较高的教育水平，很多都毕业于东京帝国大学（即后来的东京大学）等著名大学，他们的青春时期正是战前社会比较自由的时期，从这个角度上看，他们也具备了迎接战后新时代的资质。同时，这一批新社长最多也只是担任各地工厂的厂长或者部门经理等职务，属于中层干部，并没有企业整体经营的经验，也没有得到这方面的训练。虽然其中也有一些人本来就处在企业的经营层，但没有担任重要职务，属于高层的辅助性干部。也就是说，在财阀解散后，日本企业新上任的经营干部包括社长在内都缺乏企业经营的实际经验。对他们来说，一下子要肩负企业经营的重任绝非易事。所以很多接任社长的人的心情往往是忧喜参半，诚惶诚恐。他们往往还没有放下祝贺的酒杯，就被棘手的解雇员工等问题搅得日夜不宁。由于这些新经营者缺乏足够的权威，日本企业的决策过程冗长，而且责任不清。

# 4. 战争的遗产

## 国家总动员体制

战后，占领当局对日本企业的改造是希望根除资本家（财阀）对企业的控制，这个目标基本实现了。不过，如果要彻底地斩断这种关系是不可能的，占领当局也没有去做那样的尝试。

1938 年以后，日本陆续制定了《国家总动员法》以及《飞机制造法》、《电力国家管理关系法》等强化国家机器的法律法规，形成了国家对产业控制的经济体制①。在这样的经济体制下，日本政府可以强制性地让企业执行一系列有助于国家总动员的相关政策。当时的日本政府认为加强对经济的统制，是能够提高企业的生产效率的，这种思维一直维持到 20 世纪 80 年代。为了战时依然能维持企业的正常经营，日本政府还推行各种金融政策，确保日本的金融企业不会破产倒闭。这些制度和组织结构在战后并没有被改革掉，而是延续了下来。比如，1940 年的税制改革把直接税制改成了间接税制，日本战败之后也继承了这种税制，直到 1988 年引进消费税。同时，间接金融也因为得到了占领当局的支持而得到了强化。日本的这种金融体制一直到 1990 年才出现变革。

## 战时增产与生产管理

随着日本发动的战争陷入泥潭，日本军部不断要求企业增加产量，日本制造业企业不得不摸索改进生产方式以应对军部的压力。当时，日本企业希望学习美国福特汽车的生产方式，然而当时日本并没有条件引进大量生产的专用机械设备，所以日本企业只能按照福特生产方式的原理，在机械化程度比较低的情况下调整生产工序，努力提高生产效率。当时日本在飞机制造方面尝试引进

① 东京大学教授野口悠纪雄把这种体制命名为 1940 年体制，认为这种体制一直影响战后的日本经济。不过，这种说法在学术界有很大的争论。

流水线生产，并取得了一定的效果。

三菱重工业从 1941 年开始在名古屋飞机工厂试验一种被称为前进作业方式的流水线。这种方式规定飞机安装的一个工序在一定的时间里完成，然后在统一的命令下把正在安装的飞机移送到下一个工序中去。由于飞机机体比较大，工序的分配与机体的移动都出现了一些混乱，名古屋工厂花费了很多时间最终全面实施了前进作业方式。三菱重工业把这样的流水线生产方式向其他企业开放，中岛飞机等其他企业也先后引进了这种流水线生产方式。

这样的流水线生产方式也让日本企业改变了产品的工业设计思想。三菱重工业在生产重型轰炸机“飞龙”的时候，就从设计阶段开始重新分析了分段组装的生产流程，彻底改进了设计思想。原来飞机的制造是先制造机体和两翼，然后再进行舾装。在采用流水线生产方式后，机体和两翼的制造工程被分开，先进行部分舾装，然后再进行组装。同时，在飞机的组装过程中，如果零部件得不到及时的供应，那么整个飞机的组装工作就会停顿，所以流水线生产方式也被引进到零部件生产中。飞机制造还涉及外包零部件生产企业的生产效率问题，因为飞机制造所需的零部件有很多需要外包企业来生产。虽然三菱重工业会定期地组织外包企业开会，就零部件的数量和质量进行协商，但他们也没有多余的能力来帮助外包企业全面提高技术水平。

虽然在战争期间，日本企业为了增加生产量而摸索引进流水线生产方式，但真正能引进这样生产方式的企业和工厂并不多。尽管如此，日本企业引进流水线生产方式的尝试还是取得了一定的成果。应该说，这样的尝试为战后日本企业真正地引进大量生产方式积累了非常珍贵的经验。

### 战时的技术与战后的发展

战争期间，日本不得不集中有限的资源投入到特定领域里为军需服务。这样的投入取得了一定的成绩，这些军工技术在战后被运用到民用产品生产领域，对日本很多行业的发展起到了推动作用。

由于战争时期的封锁，光学测定仪器等产品的进口变得越来越困难，为此，日本政府推行光学行业的国产化政策。这项政策加强了光学武器方面的研发，也为日本积累了精密机械的生产技术。日本光学（即现在的尼康）在战后把战时军需产品的光学技术运用到照相机生产方面，企业得到了迅速的成长。到20世纪50年代，日本的照相机生产技术已经达到了世界领先水平，这也为尼康进入半导体制造设备领域打好了基础。

办公用品企业冈村的前身是日本飞行机株式会社富冈制作所的分工厂，其在战争时期积累了金属加工技术，战后冈村运用这些金属加工技术生产国民生活所需的日用品，使得企业有了重新出发的可能。然后，冈村又使用这些技术为美军生产不锈钢家具，使得企业得到进一步的发展，冈村最终成为日本主要的办公用品生产企业。

类似这样利用战争时期积累的技术来发展的企业为数不少，实际上，日本汽车、家电等行业在战后得到飞跃发展也与战时日本飞机制造业积累的技术和经验有密切的关系。曾经是亚洲最大的飞机生产企业的中岛飞机拥有了很多的技术人员，他们在战后被丰田汽车等企业吸收，使得相关技术在汽车生产领域得到了发挥。而中岛飞机本身也在战后被拆分为富士重工业等12家企业，转行到汽车行业。中岛飞机还有很多优秀的技术人员不得不去生产自行车、拖车，甚至生产一些铁锅、婴儿车等，这对日本家电行业的发展起到了推动作用。

东京光学是在战争时期为日本陆军生产光学机器的企业，日本战败后便失去了主要的客户，很多技术人员也因此而失业。于是以这些技术人员为核心，成立了由15家中小企业构成的日本光学机器工业组合，交流如何利用已有的技术开拓新的民用产品市场。当时日本企业的产品普遍有粗制滥造的问题，但日本生产的双筒望远镜却受到美国人的喜欢，他们纷纷购买日本的双筒望远镜作为礼物带回美国。日本光学机器工业组合得到这样的信息后立刻组织人员向占领当局推销他们生产的双筒望远镜，获得订单后，立刻让工业组合的成员企业分头进行生产。而当时缺乏合适的检测设备，只能靠经验丰富的技术人员严格把关。幸好日本光学机器工业组合的成员企业都有战时生产军工光学机器的经验，所以在生产条件并不好的环境下，依然能够保证产品的质量和交货时间，从而赢得了美国人的认同。在这以后，双筒望远镜逐步成为当时日本主要的出口产品，为日本获取了宝贵的外汇。而东京光学也在生产民用光学产品中得到发展，并在1949年成功上市。

战后，占领当局收缴了日本兵工厂里库存的武器并全部扔到大海里，不过对这些企业的机器设备并没有进行破坏，而是把这些机器设备连同土地和建筑物转卖给了民间企业。这样的措施实际上是给日本企业保留了一定的生产能力，为他们的发展创造了一定的条件。

战争的破坏、占领当局对日本社会的改造，给日本带来了翻天覆地的变化。但是，日本社会的文化传统并没有断绝传承，战争时期日本积累的技术和经验也是战后日本企业发展的一个基础条件。

# 第二章 Chapter 2

## 起飞的条件

## 1. 美国的援助和日本企业的努力

### 占领政策的改变

占领当局最初采取了削弱日本实力的占领政策，同盟国赔偿委员会美方首席代表埃德温·鲍莱在 1946 年的报告中指出：我们绝不会忘记日本对珍珠港的攻击，所以，日本不允许有比被侵略国家国民更高的生活水平，为此，必须把日本的主要生产设备作为战争的赔偿搬到战胜国去。占领当局按照这样的建议，把当时日本约 30% 的生产设备都列进了赔偿清单，按照这个占领政策执行下去的话，日本恐怕只能成为一个以农业为主的国家。但是东西冷战形成后，占领当局改变了占领政策，其标志就是 1948 年 1 月美国陆军部长罗亚尔在旧金山发表的"美国要把日本变成远东兵工厂和防止共产主义堡垒"的那场演说。从这一年 4 月开始，美国加快了促进日本经济恢复的脚步。首先占领当局完全停止了把日本的生产设备作为赔偿从日本搬运出去的做法，这对日本来说等于搬走了妨碍日本经济复兴的最大绊脚石。占领当局还逐步放松对日本经济的各种管制，允许日本进行自由贸易。1950 年，日本的国民生产总值（GNP）还不到美国的 4%，美国准备对日本的经济复兴做进一步的支援。

1951 年，以美国为首的战胜国与日本签署了《旧金山对日和平条约》，恢复了日本的主权。但就在这个条约签署的当天，美国与日本签署了《美日安保条约》，同意美军继续驻扎日本。这实际上是把对日占领从原来以联合国的名义改变成美军单独的对日占领，从而确保了美国对日本的实际控制。在这样的情况下，美国也就放手扶持日本来为他们服务。在美国资金、技术的各方面援助下，加上美国开放了市场，日本企业得到迅速发展的机会，日本经济也得以从 1955 年开始起飞，进入高速增长时期。

## 朝鲜战争带来的特需

在 1950 年上半年，日本经济的重建依然困难重重。虽然日本上下一起努力，希望早日摆脱战败的混乱，但政府的刺激政策加剧了通货膨胀，而紧缩政策又加剧了企业的资金紧张，国内市场依然疲惫，企业的前景很不明朗。1950 年 6 月，在一片混乱中，丰田汽车长达两个月的工人罢工运动结束了，但劳使双方两败俱伤，创业者丰田喜一郎黯然离开公司，而工人被大量解雇或削减工资。这场劳动争议告一段落后，丰田汽车面临的生产环境依然严峻，企业的发展方向一片模糊。然而就在丰田汽车的劳动争议结束半个月后，朝鲜战争的突然爆发改变了这家企业的命运，实际上也改变了日本经济的走向。

1950 年 6 月 25 日开始的朝鲜战争，让靠近战场的日本获益匪浅。奔赴朝鲜战场的联合国军（主要是美军）向日本发出了大量的物资订单，正是这种特需，使日本经济开始急遽复苏。仅在 1950—1952 年，在日本的联合国部队和外国的关联机关发生的特需，就给日本带来了 10 亿美元的收入，如果把到 1955 年为止的各种间接订单也算进去的话，朝鲜战争的特需给日本带来了 36 亿美元的订单。接踵而来的订单让日本企业枯木逢春，立刻呈现出一片活力。日本在这一阶段更新了生产设备，引进了美国企业的大量生产方式，扩大了劳动就业的机会，也获得了重要的外汇资源。由于各个行业都取得了不俗的业绩，带动了日本政府的税收增加，日本得以摆脱战后的经济疲惫，1955 年，日本人均国民生产总值（人均 GNP）已经超过了 1940 年的水平，工业生产指数也恢复到了战前水准（参见图 2-1）。至此，日本政府借 1956 年的《经济白皮书》宣布告别了战后恢复时期。

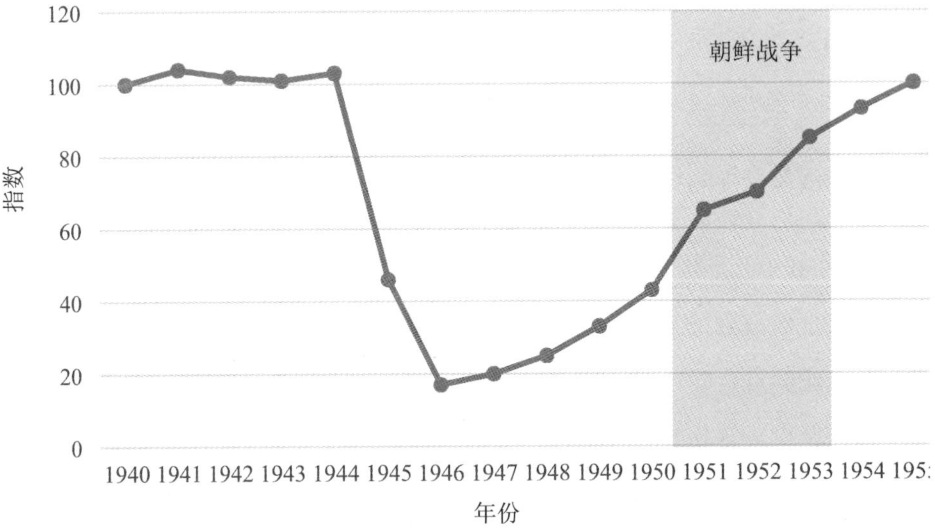


注：1955 年＝100。1950 年日本的化肥和石化生产恢复到战前水平，1951 年日本的造船生产恢复到战前水平，1953 年日本的钢铁生产恢复到战前水平。

**图 2-1　日本工业生产指数**

资料来源：内閣府統計局

松下幸之助在 1953 年的一次讲演中指出：1952 年日本的出口规模是 12 亿美元，进口额达到了 17 亿美元，但国家的收支并没发生巨大的赤字，其主要原因就是朝鲜战争带来的特需。虽然松下幸之助的见解在当时没有确切的统计数据支撑，只是他的亲身体验，但至少这样的特需的确是给松下电器带来了久违的生机。战争除了带来很多军需的订单之外，还带动了民用产品的热销，收音机、电熨斗、电风扇和电冰箱的需求旺盛了起来。松下电器的工厂从休闲状态一下子变成超负荷状态，不得不加班加点地进行生产。而这时候，松下社长暂停了他在闲散期发动的PHP运动[①]，全身心地经营企业。他紧抓销售网络的建设，扩大了松下电器产品的销售。结果没有几个月，松下电器就转亏为盈，并且在朝鲜战争爆发后的当年决定重新开始分红。

当然，得益于朝鲜战争的不仅仅是松下电器等少数企业，大多数日本企业都享受到了这样的恩惠，丰田汽车也不例外。根据丰田汽车官网刊载的《丰田汽车75年史》记载，7月10日，也是朝鲜战争爆发后不到一个月，美军第8军采购部就向丰田汽车发出了采购1000辆BM型卡车的订单，8月底，丰田汽车再次获得2329辆卡车的订单，到1951年3月，丰田汽车从美军那里一共获得了近5000辆卡车的订单。从金额来看，这些订单超过了36亿日元。而在1949年，丰田汽车曾经出现如果得不到2亿日元的融资就会破产的危机，可以毫不夸张地说朝鲜战争带来的特需及时救活了丰田汽车。由于这样的特需，丰田汽车改变了生产计划，把原来月产650辆的产量提高到1000辆，同时要求员工每天加班2小时来保证完成生产任务，本来计划的BM车型向BX车型的变更也被推迟了。

不过，美军发给丰田汽车的这些订单并不是为装备美军用的，而是为装备韩国军队用的。这是因为丰田汽车的生产技术还比较落后，产品的质量还很不稳定，美国军队不敢使用丰田生产的汽车。但这样的集中订单给丰田汽车积累了大量生产经验，为他们日后的发展打好了基础。实际上，朝鲜战争带来的特需不仅在财务方面救活了很多日本企业，还带来了生产技术提升的重要机会。紧迫的战争所带来的大量订单要求日本企业在比较短的时间里完成，这迫使日本企业不得不引进大量生产方式。战前，日本企业虽然也曾经尝试过大量生产方式，但主要还是靠人海战术来应对集中订单，工人的熟练程度往往会直接影

① 1946年11月，被褫夺公职的松下幸之助把松下的经营经济研究所改名为PHP（Peace and Happiness through Prosperity）研究所，该所旨在研究实现国家安定、国民幸福的方法。除了讲演活动之外，还出版了PHP机关杂志对外发行。这些活动被称为PHP运动。后来PHP研究所成为主要出版松下幸之助相关书籍的出版社，2010年10月被株式会社PHP综合研究所吸收合并。

响产品的质量。所以当时日本企业同一家工厂的产品也往往良莠不齐，以致当时日军也不愿乘坐丰田汽车的卡车，生怕这些卡车在战场上突发故障而送命。这种严重依赖熟练工的生产状况一直到日本战败都没有改变。而刚刚战败之后，美国限制日本企业获得先进技术，日本企业也无从进行技术革新。朝鲜战争爆发之后，为了就近获得战争物资，美国才逐步放松了对日本的限制，反而要求日本企业努力确保产品质量都过关。美国还派出技术人员到日本企业直接为产品质量把关，同时向日本企业传授大量生产方式下的质量管理技术。

朝鲜战争的特需就这样给日本企业吸收美国先进技术带来了机会，比如三菱重工、小松制作所等原来的军工生产企业纷纷得到了维修坦克、战车等订单。通过维修美军 M4 谢尔曼坦克等武器装备，日本企业获得了先进的生产技术，填补了战败后技术发展的空白。M4 谢尔曼坦克本身也是典型的大量生产方式集成型的产品，日本企业通过吸收美国的大量生产方式，为日后生产日本的 61 式坦克打下了基础。

虽然有一些日本学者认为不应该过高评价朝鲜战争带来的特需，但是从以上企业的活动中可以清晰地看到特需起到了拯救日本企业的作用。实际上日本政府在 1953 年的《经济白皮书》里不仅承认了朝鲜战争的特需拉动了日本经济上升的事实，还指出日本经济不抓住特需就无法成长的病态。东京大学教授柴垣和夫更是指出：对朝鲜战争特需的依赖带来了日本经济更加依赖美国的结果。

### 引进先进技术

东京大学桥本寿郎教授曾经指出，对战后日本企业发展起到决定性作用的有两个要点，第一点就是美国对日本企业的改造，第二点则是日本企业出色的学习能力。由于战后日本经济条件非常差，日本企业无法照搬美国企业的生产方式，只能通过不断的修正，因地制宜地引进了先进的技术和生产方式，从而使日本企业得到了迅速发展。

第二次世界大战隔断了日本与世界在技术方面的纽带，虽然日本鼓励国内的技术发展，但与世界的技术发展相比，日本国内的技术在很多方面都显得非常落后。从日本商工省[①]工业技术厅战后整理的资料中可以看到日本技术与世界技术之间存在的巨大差距。比如，造船部门日本和美国就出现了30年的差距，钢铁领域出现了20年的差距，就连日本比较拿手的纺织领域也有10年的差距。从生产效率来看，与美国企业相比，煤炭领域日本不到美国生产效率的5%，化工领域只有5%，橡胶领域只有10%，化纤领域不到20%。

日本商工省指出了日本企业在技术方面远远落后于欧美，同时也要求日本企业必须引进欧美的先进技术，学习欧美的企业管理方式。商工省认为日本和美国之所以会出现这么大的差距，是因为美国企业拥有非常先进的机械化设备，很多地方实现了自动化生产，同时，美国企业对工厂的科学性管理也达到了非常高的程度。

对于这样的技术差距，日本企业采取了非常务实的态度，积极从欧美引进先进的技术，连1910年创业以来一直坚持日本国产技术的日立制作所[②]也放下矜持，加入引进外国技术的企业行列。在美国逐步改变对日占领方针后，日本政府和日本企业都开始积极行动起来。1949年日本公布了外汇和外贸管理法，确保了日本企业在引进外国技术时外汇支付的途径，但这也引起了日本企业在引进技术方面的激烈竞争。为了避免激烈竞争造成引进费用的过度抬高，日本政府出面协调，指定行业中一家企业代表日本去商谈。在钢铁方面，日本政府协调后指定日本钢管去和奥地利企业商谈；在合成纤维、合成树脂方面，日本政府指定东洋丽阳（东丽）[③]去和美国杜邦商谈引进尼龙技术事宜。尽管如此，

---

① 1925年日本政府把农商务省分为商工省农林省，1943年合并为军需省，1945年恢复商工省，1949年改为通商产业省。

② 1910年由小平浪平创办的日立，最初是作为久原矿山所日立矿山附属的修理工厂开始创业。1920年，日立从久原矿山所独立，正式成立了日立制作所。小平浪平因为可以试制国产马达而入职久原矿山所，受他理念影响，一直到二战日本战败时，日立制作所都一直坚持日本国产技术。

③ 1926年三井物产出资创立东洋丽阳，生产人造丝（rayon）等化纤产品，1970年改名为东丽。东丽是日本合成纤维和合成树脂的代表性企业，在碳纤维等领域处于世界领先地位。

日本企业还是为引进技术付出了巨额费用。

1951 年 6 月，东丽宣布从杜邦引进尼龙的生产技术，支付给杜邦的一次性专利费达 300 万美元，按当时的汇率折合日元 10.8 亿日元，同时还要向杜邦支付销售额 3% 的专利使用费。当时东丽的资本金只有 7.5 亿日元，年销售额是 9.3 亿日元，可见东丽公司支付的专利费之高。支付了巨额专利费之后，东丽公司 2 年后开始盈利，到 1955 年其他企业得以进入这个市场的时候，丰厚的利润使得东丽已经完全收回了巨额的引进技术费用，而日本的尼龙行业也从此进入了高速发展的阶段。

其他行业在引进技术方面也都付出了巨额投资。截至 1955 年，日本企业支付给欧美企业的专利费累计 250 亿日元，而 1956 年是 120 亿日元，1957 年是 150 亿日元。美国在 1957 年出口技术获得了 1.4 亿美元的收入，而进口技术只有 2000 万美元，可见当时美国企业和日本企业在技术方面的差距。1959 年日本支付给美国的专利费占美国当年出口技术收入的 30%，而这个金额也达到了日本国内企业研发费用的一半。同时也说明美国对日本在技术方面的支持也是非常开放的，力度非常大，这样的支持使得日本企业很快形成了高速发展的技术能力。

随着这些专利费绵绵不断流向美国，大量的技术也不断地被引进到日本。不过，在引进技术的同时，不仅需要专利许可，还需要生产方面的配合。在生产管理方面也非常落后的日本企业还需要向欧美企业学习，而这点日本企业早已有了认识。

### 学习美国的生产管理

战后，日本企业开始积极向美国学习先进的经营方式。“顾客是上帝”这样的口号就是20世纪50年代日本生产性本部[①]的访美参观团从美国带回来的。这些第一次去美国参观的日本企业的经营者们无论在生产方面还是在营销方面都被美国的理论与实践所震撼。1955年，以东芝社长石坂泰三为团长的日本企业访美参观团一行14人，花了5个星期的时间，在美国参观学习。从企业的经营到市场的开拓，从内部人事到股东分红，从资本主义的经济现状到企业与政府的关系，凡是涉及企业经营方面的东西，他们都感兴趣，都要学习。参观团一行回国之后发表的观感给日本企业带来了很大的冲击，很多日本企业也纷纷派出他们的高管前往美国取经。仅1955年，就有15家企业174名企业高管组织参观团访问了美国。其后，访美的日本企业参观团更是络绎不绝，10年里有超过6600人参加各种企业参观团访问美国。这样的盛况被誉为当代的“遣唐使”。这些参观团回到日本之后，纷纷举行各种报告会和讲座，把他们在美国学习的心得分享给更多的日本企业。

为了让日本企业得到更多美国企业的经验传授，日本又利用美国和日本政府提供的资金援助，招聘了很多欧美企业专家来日本为日本企业举办各种企业经营的培训。日本企业也都努力学习，积极引进先进的美国式生产管理。不过，由于美国企业实力雄厚，建有大规模的生产流水线，并储备了大量的零部件，资本实力不足的日本企业无法照搬美国模式，在引进美国式生产管理的时候不得不根据自身的条件进行一些改造，从而逐步地形成了日本企业自己的经营管理和生产方式。

丰田汽车从1949年开始把原来分散的研磨工序集中起来处理，这些工序原来都依赖个人经验来操作，不仅无法有效管理，而且产品质量参差不齐。丰田汽车没有条件照搬美国式的生产流水线，只能通过学习美国工厂的科学管理方式，把那些分散的难以管理的工序集中起来，然后再把那些作业细分化、标准化，

①1955年设立，组织形式为财团法人。日本生产性本部以扩大雇佣、协调劳使关系、公平分配为生产性三原则，积极展开各种活动以促进企业提高生产效率和产品质量。2010年改成公益财团法人组织。

把汽车制造变成一系列标准化作业的组合，因地制宜地形成了适合他们的生产线，这样的科学性管理提高了劳动效率。

学习美国式生产管理还让日本企业在生产方面摆脱了对熟练工的依赖，从而使日本企业得以用现代管理方式管理生产现场。20 世纪 50 年代以前，日本很多企业的工厂生产基本上是依赖包工头组织工人来完成的，包工头和熟练工有很大的自主权，工厂对他们往往无法直接管理。丰田汽车的工厂情况也是这样的，在把作业细分化和标准化后，对熟练工的依赖程度大幅度降低，工厂可以摆脱包头工直接雇佣非熟练工，从而让汽车制造的生产线逐步现代化。

### 开始重视产品质量

日本经济在战后的复兴过程中，产品的出口起到了重要的作用。但是在一段时期内，Made in Japan 还是粗制滥造的低劣产品的代名词。这一方面是由于败战之后的日本物资奇缺，从而造成了粗制滥造的伪劣产品的泛滥，另一方面则是企业对质量管理不够重视，也没有很好的管理经验和方法。朝鲜战争爆发带来了很多特需的时候，日本企业更是重视产量而无暇关注质量，生产出来的产品质量极不稳定，同一批产品中会有不少的不合格产品。当时顾客到商店里购买东西，店员一般都会当着顾客的面一起确认商品是否有问题，在确认之后顾客才会接受商品，可见当时的商品质量是多么不稳定。

日本的产品质量问题也让占领当局感到非常头疼，因为当时质量不过关的日本通信器械常常造成通信的中断。为了解决这个问题，从 1949 年开始，占领当局开始对日本的通信企业做质量管理培训。美国从 20 世纪 20 年代就开始采用统计方式的质量管理，随即英国等国也纷纷引进了这种质量管理方法，但是一直到日本战败，日本企业对统计方式的质量管理还非常陌生，不能体会这种方式的有效性以及质量管理的重要性。在得到占领当局的培训后，日本企业也开始认识到质量管理也是企业经营的重要内容。

了解了质量管理的重要性后，日本企业又开始积极寻求美国的帮助。1950年，在日本科学技术联盟[①]的努力争取下，美国著名的质量管理专家爱德华兹·戴明博士为日本企业进行了培训。为了普及戴明的培训，日本还把戴明培训用的讲义编辑出版。这份讲义受到如饥似渴的日本企业的欢迎，也让戴明获得了一笔不小的版税。不过，戴明又把这笔版税全部捐给日本，鼓励日本企业提高产品质量，日本科学技术联盟为此设立了表彰企业质量管理的戴明奖。该奖的设立进一步提高了日本企业对质量管理的热忱，大家都以获得戴明奖而感到光荣。

为了清洗粗制滥造的恶名，日本工商界也开始强调产品的质量。为了让大家都能注意这个问题，日本规格协会[②]、日本科学技术联盟和日本商工会议所[③]等组织把每年11月定为质量管理月，在日本全国开展了质量管理活动。1949年日本制定了工业标准化相关法律，对质量管理有所规定，这也引发了日本企业对产品质量的重视。日本科学技术联盟在举行质量管理培训的同时，创办《品质管理》杂志，普及质量管理的思想。日本企业也纷纷组团去美国考察取经。这些考察团还把美国通用电器公司质量管理部部长菲根堡姆博士提倡的全面的质量管理（TQC[④]，total quality control）理念带回了日本。

日本企业热忱的学习，形成了企业上下都十分重视质量管理的气氛，而这点是美国式质量管理方式所没有的。在日本企业，即便不是质量管理的工人也会积极主动地参加质量管理活动，当时还出现了一些基层技术人员牵头组织的质量管理学习会。尽管生产任务繁忙，但是生产第一线的班组长们都对在生产现场紧抓质量管理表示赞同并积极成为带头人，这使得现场的质量管理活动得以顺利开展。日本科学技术联盟及时发现了这样的苗头，为了促使更多的现场

① 一般财团法人，于1946年5月成立。以普及科学管理和质量管理为核心，开展教育、研修、表彰以及资格认定、调查、出版等多方面的活动。

② 1945年12月设立，组织形式为一般财团法人。负责制定日本工业以及规格（JIS），发行JIS规格票，出版JIS指南等相关书籍。

③ 1922年成立，前身为1878年涩泽荣一等设立的东京商法会议所，为特别民间法人，成员为日本各地的商工会议所。与日本经济团体联合会、经济同友会并称日本三大经济团体。

④ 全公司品质管理，即从经营者到现场工人再到企业各部门密切联系，共同进行质量管理的一种活动。

工人参加质量管理，该联盟在1962年创办了针对质量管理员和技术工人的杂志《现场和QC》，并附有QC小组登记表等实用工具让大家使用。东京大学工学部教授石川馨担任了这本杂志的编辑长，他在创刊号上呼吁现场的质量管理员形成小组，通过阅读《现场和QC》杂志来展开质量管理活动。他的呼吁得到了大家的响应，很多企业成立了以班组长为中心的QC小组。

QC小组的活动实际上是一种业余活动，活动的目标通常也并不与现有的业务直接挂钩，而是解决员工在工作中遇到的各种问题。所以，QC小组的活动也就不局限于质量管理，还包括如何减少工时、降低成本，甚至还有如何改善作业现场的气氛等。或许正是由于可以解决这些大家都想要解决的问题，所以企业员工都踊跃参加QC小组的活动。他们都想通过参加QC小组解决一些实际问题，从而搞好与上司和同事之间的关系，让自己的工作变得更加有意义。现代工业生产往往非常单调，人与人之间的关系很容易变得冷漠和疏远，而这样的关系对产品质量也会有很大的影响。实际上从20世纪60年代以后，社会对劳动现场的人性压抑有所认识，QC小组在解决这些问题的时候也起到了一定的作用。

## 2．美国的资金援助和世界银行的融资

### 美国的资金提供

从美国占领日本时期采用的解散财阀、拆分大企业的政策来看，美国并不希望日本再次强大起来。但对在一片焦土上准备复兴的日本，美国还是提供了必要的资金援助。

1945 年，盟军占领日本之后，以美国、加拿大、巴西等美洲国家组成的对日支援组织 LARA（Licensed Agencies for Relief in Asia）为日本提供了大量的粮食、衣服和医药品，惠及了 1400 万日本人。从 1948 年开始，该组织还在东京、大阪、名古屋等 6 个城市为 300 多家幼儿园提供午餐，改善了这些儿童的营养状况。从 1949 年开始，联合国儿童基金会开展了对日本营养失调儿童以及遭遇水灾等受灾者的紧急援助,同时也开始对母子福利方面以及残疾儿童展开援助。到 1962 年，联合国儿童基金会给日本提供了相当于 1800 万美元的物资援助。不过，更多的援助还是来自美国。从 1946 年到 1951 年，美国通过 GARIOA 基金和 EROA 基金[①]给日本带来了约 18 亿美元的支援（相当于 2014 年的 12 万亿日元），其中 13 亿美元是无偿支援。

除了资金方面的支援，美国也在日本人的教育方面下了很大功夫。美国用支援日本的资金选派了很多日本人去美国留学，后来这项活动发展成福布莱特计划，延续了数十年，在各个领域为日本培养了很多优秀人才。不仅美国政府出资培养日本人才，美国民间也很热衷对日本的培训活动，他们不仅派专家去日本传授经验，还资助日本人来美国参观学习。洛克菲勒财团和福特财团纷纷出资,通过日本生产性本部选派日本企业界人士去美国参观学习。通过这些活动，日本企业界人士学到了很多美国先进的管理思想和技术，对日本企业的发展做出了很大的贡献。

1950 年美国的 GDP 占世界 GDP 的一半，压倒性的经济实力加上压倒性的军事实力，美国无疑是当时的世界霸主，他们对日本的占领政策以及之后的政策都是为巩固这一霸主地位服务的。由于美国后来采取了扶植日本的政策，战后的日本才得以顺利复兴，所以很多日本人都认为，如果没有美国的支援也就没有今日的日本。可以说，正是美国从资金到人才方面的支援，才使得日本恢

① 第二次世界大战后，美国政府利用陆军预算设立了占领地救济基金（GARIOA：Government Appropriation for Relief in Occupied Area），同时，美国政府从军事预算中拨出部分资金设立了占领地区经济复兴基金（EROA：Economic Rehabilitation in Occupied Areas）。

复了活力。

## 撬动日本经济的高速增长

20 世纪 50 年代以后，美国很快改变了直接给日本提供资金的方式，更多的是通过世界银行的融资为日本提供必要的资金，并通过世界银行的对日融资监督日本的经济情况（参见表 2–1）。对日本来说，世界银行的融资有着非常重要的作用，作为日本经济高速增长象征的新干线建设也是世界银行对日融资的成果之一。1955 年，日本 GDP 只有 48 万亿日元，到 1966 年，日本 GDP 超过了 125 万亿日元，平均年增长率达到 9%，实现了经济的高速增长。如果在此期间没有世界银行的融资，日本要实现经济起飞恐怕是比较困难的。

表 2–1　世界银行对日本融资项目（部分）

| 借款者 | 项目需要资金 / 百万美元 | 借款金额 / 百万美元 | 借款开始日期 | 借款年数 / 年 |
|---|---|---|---|---|
| 关西电力 | 31 | 21.5 | 1953 年 10 月 | 20 |
| 九州电力 | 17 | 11.2 | 1953 年 10 月 | 20 |
| 中部电力 | 14 | 7.5 | 1953 年 10 月 | 20 |
| 八幡制铁 | 15.6 | 5.3 | 1955 年 10 月 | 15 |
| 日本钢管等 | 25.5 | 8.1 | 1956 年 2 月 | 15 |
| 农地开放机械 | 8.7 | 4.3 | 1956 年 12 月 | 15 |
| 川崎制铁 | 48.8 | 20 | 1956 年 12 月 | 15 |
| 爱知用水公团 | 100 | 7 | 1957 年 8 月 | 20 |
| 川崎制铁 | 20 | 8 | 1958 年 1 月 | 14 |
| 关西电力 | 118 | 37 | 1958 年 6 月 | 25 |
| 北陆电力 | 92 | 25 | 1958 年 6 月 | 25 |
| 住友金属 | 83 | 33 | 1958 年 7 月 | 15 |
| 神户制钢 | 36 | 10 | 1958 年 8 月 | 15 |
| 中部电力 | 73 | 29 | 1958 年 9 月 | 25 |

续 表

| 借款者 | 项目需要资金 / 百万美元 | 借款金额 / 百万美元 | 借款开始日期 | 借款年数 / 年 |
|---|---|---|---|---|
| 日本钢管 | 67 | 22 | 1958 年 9 月 | 15 |
| 电源开发 | 103 | 10 | 1959 年 2 月 | 25 |
| 富士制铁 | 75.3 | 24 | 1959 年 11 月 | 15 |
| 八幡制铁 | 117.6 | 20 | 1959 年 11 月 | 15 |
| 日本道路公团 | 131 | 40 | 1960 年 3 月 | 23 |
| 川崎制铁 | 52.6 | 6 | 1960 年 12 月 | 15 |
| 住友金属 | 160 | 7 | 1960 年 12 月 | 15 |
| 九州电力 | 27.7 | 12 | 1961 年 3 月 | 20 |
| 日本国有铁路 | 548 | 80 | 1961 年 5 月 | 20 |
| 日本道路公团 | 212 | 40 | 1961 年 11 月 | 23 |
| 日本道路公团 | 630 | 75 | 1963 年 9 月 | 26 |
| 日本道路公团 | 202 | 50 | 1964 年 4 月 | 25 |
| 首都高速道路 | 88 | 25 | 1964 年 12 月 | 24 |
| 电源开发 | 92.5 | 25 | 1965 年 1 月 | 25 |
| 日本道路公团 | 322 | 75 | 1965 年 5 月 | 25 |
| 阪神高速道路 | 84 | 25 | 1965 年 9 月 | 24 |
| 日本道路公团 | 640 | 100 | 1966 年 7 月 | 15 |

资料来源：世界银行网站 http://worldbank.or.jp/

日本在1952年成为世界银行的成员国后，第二年就获得了世界银行的融资。最初的融资是3项电力项目，属于基建方面。本来由美国华盛顿进出口银行负责融资，但是艾森豪威尔当选美国总统后，改变了原来的融资方针，转而让世界银行负责对日融资。电力是战后复兴的重要基础，1953年得到世界银行的融资后大阪和大阪周边的钢铁、机械、化学药品、纤维等行业都得到了稳定的电力供应，使这些地区的企业得到了发展的保障。

由于电力项目的顺利落实，日本越来越多的企业开始积极争取世界银行的融资。继八幡制铁争取到世界银行融资后，三菱造船、日本钢管、石川岛重工和丰田汽车也都争取到了他们需要的融资，从而顺利地进行了设备更新换代的改造，为后来的高速发展奠定了基础。而川崎制铁更是争取到 2000 万美元的贷款，相当于千叶工厂所需资金的 1/3，没有世界银行的融资，川崎制铁的千叶工厂建设项目就无法上马（详细见第三章）。世界银行对日本的最后一笔融资是在 1966 年对日本高速道路公团的建设融资，金额为 1 亿美元。从 1953 年到 1966 年，世界银行分别向日本 31 个项目提供了 8.63 亿美元的贷款，从而使日本成为得到世界银行融资最多的国家。不过，这些融资虽然最后获得了成功，但其过程却有很多曲折，日本企业为此花费了不少心思。

### 三菱造船的瞒天过海

日本的海运业在二战之前曾经攀升到世界第三位，而日本的造船业也有不俗的表现，所以世界银行非常看好日本的造船业，认为日本的造船业有基础，可以很快复兴起来。

但是战争给这两个行业带来了巨大的打击，海运业方面，战后日本残留的海运商船只有 100 万吨，不到战前的 1/4，造船设施也有 20% 以上遭到了破坏。而且，盟军占领日本之后，限定日本拥有的船舶总吨位不能超过 150 万吨，每年造船量不能超过 15 万吨，每年修船量不能超过 300 万吨。这个方针让日本的造船能力迟迟不能恢复。东西冷战开始后，美国人改变了对日的占领政策，开始放松对日本造船方面的各种限制，日本造船企业又能重新建造 6000 吨以上的大船了。

朝鲜战争的特需也给日本造船业送来了急需的订单，到 1953 年，日本的船舶出口额达到了 345 亿日元，占日本机械类出口额的一半，日本总出口额的 7%。到 1955 年，在日本通产省的出口政策促进下，日本造船业拿到了 91 艘、总吨位 135 万吨的出口订单。但是日本造船业的生产水平已经跟不上订单的需求了，他们急需投入新的生产设备，以确保生产高质量的船舶引擎，同时削减生产成本。日本造船业希望得到世界银行的融资来完成这样的设备更新，三菱造船和石川岛重工最终被世界银行选为融资对象。

三菱造船本来是没有资格成为融资对象的，因为三菱造船的前身三菱重工业很早就被日本政府指定为军工企业，曾经建造了“武藏”号等军舰。战后在解散财阀的命令下，三菱重工业被拆分成东日本重工、中日本重工和西日本重工，朝鲜战争爆发后，日本在美国的默许下恢复了财阀的商号。1952 年，西日本重工改名为三菱造船。如果三菱造船如实说明了情况，也许就会失去这次融资机会。所以，三菱造船故意不提三菱重工业的那段历史，而世界银行依据以往的业绩，给予了三菱造船比较高的评价。另外三菱造船拥有 1.6 万名员工，劳资关系比较和谐，这些都成了可以给三菱造船融资的有利条件。

但就技术而言，世界银行也指出，三菱造船的技术能力还比较落后。好在那个时候三菱已经积极引进了欧美先进的造船技术，从瑞士引进了蒸汽涡轮技术，从美国引进了加热机技术，从德国引进了精制生产技术。这样的技术引进并不突兀，早在 1924 年，三菱造船就曾经引进瑞士的柴油发动机生产技术，经过吸收消化，三菱造船得以生产出自己的拳头产品 MS 柴油发动机，成为当时很多船舶的主力发动机。这样的渊源让三菱造船得到了欧美企业在技术上的支持，加上三菱造船自身出色的消化能力，世界银行认为三菱造船具有建造小型和大型船舶的生产能力，从而可以放心地对三菱造船进行融资。

为了生产更加高效的船舶发动机，三菱造船计划大规模更新生产设备，总共需要 75 种新设备，其中 17 种大型机器设备需要从海外引进，所需费用大约 150 万美元，其他可以在国内购买的机器设备以及关联费用大约为 200 万美元，进口设备的数量不多但费用不少。世界银行为三菱造船进口设备所需要的资金进行了融资，从而确保三菱造船顺利完成生产设备的更新。

通过这次设备更新，三菱造船形成了每年生产 8 套超级柴油发动机的生产能力，可以获得18.2亿日元的营业收入，虽然这个营业收入与三菱造船超过200多亿日元的整体营业收入相比显得很少，但这是船舶最为关键的心脏部分，其影响远远超过营收数字本身。毫无疑问，世界银行对三菱造船的融资，使这家企业得以快速地引进海外的先进生产设备，提高了生产能力，从而及时地抓住了市场机会，为今后进一步发展奠定了扎实的基础。

### 急需扩产的丰田汽车

虽然日本政府更加重视钢铁、造船、煤炭和电力等基础行业，但世界银行已开始把眼光转移到其他下游行业。除了当时急需的造船行业之外，新兴的汽车工业也成为世界银行关注的对象。当时，日本汽车工业方兴未艾，生产技术与世界先进生产技术之间存在很大的差距。很多日本汽车企业纷纷与外资合作，以求尽快引进新技术。通过对日本汽车行业的考察，世界银行最终选定了丰田汽车作为融资对象。丰田汽车日后的发展不仅证明了世界银行融资的意义，也证明了世界银行不俗的眼力。

丰田汽车是在20世纪30年代开始研制汽车的，到1945年为止，生产了大约2000辆卡车和巴士。日本投降后，作为军工生产企业的丰田汽车受到了生产的限制，直到1949年，这些限制才被取消。但没等丰田汽车完全复苏过来，道奇计划带来的金融紧缩政策造成了很多日本企业的经营恶化，丰田汽车也不能幸免。如果没有朝鲜战争的特需，还不知道丰田汽车能不能渡过难关。从1950年到1955年，丰田汽车投资41亿日元更新生产设备，这笔投资款与朝鲜战争特需获得的订单规模相差无几，这也说明朝鲜战争的特需对丰田汽车意义重大。不过这次设备更新，只是帮助丰田汽车确保了月产1000辆汽车规模的生产能力。实际上要完成每月1000辆汽车的生产，还需要工人加班加点，这也意味着丰田汽车现有的生产设备的生产效率还很低，需要进一步投入新的生产设备。为此，丰田汽车计划引进166台国内设备和53台进口设备来充实他们的生产线。而进口设备所需要的外汇接近 1000 万美元（约 36 亿日元），丰田汽车希望得到世界银行的融资来完成这次设备的采购。

1956 年，世界银行开始给丰田汽车融资，让丰田汽车成功地进行了设备投资。这次设备的投资效果非常明显，成功地降低了丰田汽车的生产成本。在卡车生产方面降低了 16% 的生产成本，在轻型乘用汽车生产方面降低了 11% 的生产成本。以 1 年生产 9000 辆汽车来计算，丰田汽车因为这次设备投资每年可以节省 5 亿日元的开销。更重要的是这些设备都能用于轻型乘用车[①]的生产，在当时的日本汽车市场，乘用车的增长速度要比卡车的增长速度快得多，乘用车的市场前途明显好于卡车，所以，降低乘用车的生产成本以及增加乘用车的生产能力都意味着能更容易抓住市场机会，从而确保企业的发展。从这个意义上来说，世界银行的融资对丰田汽车的飞跃发展起到了积极的推动作用。

## 3. 劳使关系的缓和与劳动力的补充

### 从斗争到协同

劳使关系的协调对企业的发展也起到了决定性作用。丰田汽车的创业者丰田喜一郎 1950 年带领当时的经营层辞职，换取了劳动争议的结束。而劳动争议的及时结束让丰田汽车得以全力以赴地迎接朝鲜战争带来的特需，从而为企业的进一步发展打下基础。日本汽车行业双雄之一的日产汽车就是因为没有及时处理好劳动争议，让这个问题在日产汽车发展的道路上拖了后腿。

由于道奇计划带来的萧条，日产汽车的企业方不得不在 1949 年 10 月提出

① 乘用车（passenger car），指非商用汽车，包括轿车、面包车、SUV 等。与此相对的是商用车（commercial vehicle），主要是卡车和巴士等。

解雇 23% 的员工，削减在职员工 10% 的工资计划。这样的计划和当时其他企业基本上相差不大，自然也遭到了工会方面的反对，他们组织了近两个月的斗争。由于工会组织的斗争方式比较软弱，企业得以成功解雇员工。但这次失败却让日产汽车的员工决心积蓄力量，准备下一次斗争，这也注定了下一次的工会斗争破坏性更大。1953 年，随着朝鲜战争的停战，战争带来的特需消失，日本企业再一次面临经营危机，需要大量裁员，日产汽车的工会发动了超过 100 天的大规模斗争，严重影响了企业生产。也就是从这个时候开始，丰田汽车拉大了与日产汽车的差距。到 20 世纪 80 年代，日产汽车的生产量被本田技研超过，跌到了第 3 位。这也说明了劳使关系协调与否关系到企业未来的发展。

日产汽车的工会曾经对 1950 年的劳动争议进行总结。首先，他们认为工会的要求过于偏向政治，这使工会成员之间的意识出现了很大的差异。工会的各个分部无法统一行动，反而被分化瓦解了。课长级的中间管理层过于积极参加斗争也招致社会舆论的不满。更重要的是工会并没有很好地照顾成员的生活，让大家产生了很大的不安和不满。也就是说，当工会斗争偏离了保障工会成员生活这个基本要求后，就无法发挥大家的积极性。

就在工会还在迷茫的时候，企业方乘机解雇了工会的骨干。企业方的高压和长期性的斗争，使得很多工会成员逐步失去了斗争的信心，一部分愿意和企业方妥协的工会成员从原来的工会分裂出来，组成了被称为“第二工会”的新工会。1950 年，日本劳动组合总评议会成立，并召开了第一次全国大会。愿意妥协的新工会受到了占领当局的欢迎，企业方也表示愿意和这些工会交涉，新工会也就逐步取得了工会斗争的领导权。

20 世纪 40 年代末到 50 年代初的劳动争议，给日本企业的劳使双方都带来了惨痛的教训，工会方面认识到了市场经济机制的残酷性，而企业方也认识到罢工斗争给企业带来的创痛，这使得日本企业的劳使双方都有了相互协同的心理基础。不过，这种协调关系最终还是在一场惨烈的斗争之后才确立的。

从 1953 年到 1959 年，三井三池煤矿演绎了战后日本工会最为惨烈的斗争。1953 年，三井三池煤矿工会经过 113 天的罢工，最终迫使企业方撤销了解雇 2700 名员工的决定，取得了罢工斗争的胜利。这次罢工胜利使工会对大罢工充满了信心，也使得三井三池煤矿的经营更加恶化。1959 年，企业方接连公布裁员计划，数千名员工将被辞退。工会随即组织了无限期的大罢工。由于日本最大的工会组织日本劳动组合总评议会全面地支持工会，而日本经济界则支持企业方，所以，这场大罢工也被称为“日本总资本和日本总劳动的对决”。

由于企业方寸步不让，工会被迫长期罢工。参加罢工的工人因此失去了收入，生活越来越困难。一部分工会成员另行组织了第二工会与企业方妥协，而这样的举动带来暴力的升级，出现工会成员被刺杀的情况。法院宣判工会违法占领煤炭堆积场地，警察出动驱赶工人集会，形势对工会越来越不利。而 1960 年出任首相的池田勇人更是下决心要排除三井三池煤矿工会，全面罢工事实上已经维持不下去了。结果这次罢工以工会的彻底失败而告终，同时也宣告了“日本总资本和日本总劳动的对决”以劳工一方的全面失败而告终。而这次巨大的消耗，使得日本企业的工会在一个很长的时期内都无法重新聚集起大规模斗争的力量，从而也使日本企业的劳使关系走向协同化。

### 特殊斗争方式：春斗

三井三池煤矿大罢工结束的时候，日本已经进入经济高速增长时期，日本企业普遍感到人手短缺，很少肆意解雇员工，这就意味着工会为确保雇佣而发起的斗争失去了意义。因此，日本企业的工会把斗争的目标从确保雇佣改为提高薪资待遇。由于激进的工会领导人被迫先后离开工会，工会就在主张与企业方协调的工会领导人的带领下，开始了为提高薪资待遇的斗争。这样的斗争实际上从 1950 年代中期就已经开始了。

日本的财政年度是从每年 4 月开始的，下一年度的各项计划预算都需要在

3 月底以前完成，所以工会和企业方面就薪资待遇问题的交涉也都集中在这段时期内进行。1954 年，首先有煤炭行业工会、私营铁路行业工会、合成化学行业工会、电产行业工会和造纸行业工会等 5 个行业的工会组成了全国性共同斗争会议，与企业方进行春季短期的集体交涉。到第二年，全国金属行业工会、化学同盟和电机劳动联盟也参加进来，形成了 8 个行业的工会共同斗争会议，以集体的力量来与企业方进行薪资待遇的交涉，从而形成了延绵至今的"春季生活斗争"，简称"春斗"。

三井三池煤矿大罢工结束后，日本企业的工会基本上已不再组织这样的全面罢工，而都参加了春斗。这样每年 2 月，日本企业几乎同时与工会进行工资上调的交涉，通常首先从汽车、电机和钢铁等制造性行业开始进行交涉。接下来是铁路和电力等非制造业行业进入交涉。在交涉中，工会也会组织短时间的罢工给企业方施压，由于在经济增长的情况下，企业的业绩普遍比较好，企业方也能满足工会的要求。所以总体来说，春斗交涉的时间都比较短，往往在几天或者十几天内，这些交涉就会结束。代表性大企业的工资上调幅度也会成为很多中小企业以及没有工会组织的政府公务员的工资上调的参考。在接下来的几个星期内，几乎所有的日本企业都按照大企业的交涉结果加以调整，在 3 月底之前完成所有的交涉，这样交涉的成果就能及时反映到下一年度预算中去。

日本经济进入高速增长时期之后，日本企业往往都能满足工会的要求，从 1960 年到 1973 年第一次石油危机为止，日本企业员工的薪资每年都得到了大幅度的提高，这样也使得工会斗争逐步减弱，沟通与协调成了春斗的主要手段。

### 人手不足与劳动力补充

突然爆发的朝鲜战争给日本经济带来了战争特需，而这种特需就像及时雨滋润了很多日本企业。本来日本各地到处都是剩余劳动力，但没过多长时间，日本企业就开始面临人手不足的问题。

在经济状况好转之后，生活安定下来的日本都市居民开始追求学历，初中升高中，高中考入大学的学生越来越多。当然中小企业通常没有能力雇佣高学历的年轻人，而商店街里的小商铺同样不需要雇佣高学历的年轻人，这样，日本全国对初中和高中毕业生的需求日益增长（参见图 2–2）。在东京等大都市，低学历的劳动力全面紧张，企业找不到工厂所需的劳动者。这时候，日本的大企业也进入了大量生产的阶段，生产管理也随之发生重大变化，生产不再依赖具有专门技术的工头和熟练工，没有经验的工人反而成为企业争相招募的对象。商业和工业两方面的需求，吸引了日本边远地区的农村青少年。他们的大规模出现，满足了城市商业和工业的雇佣需求。

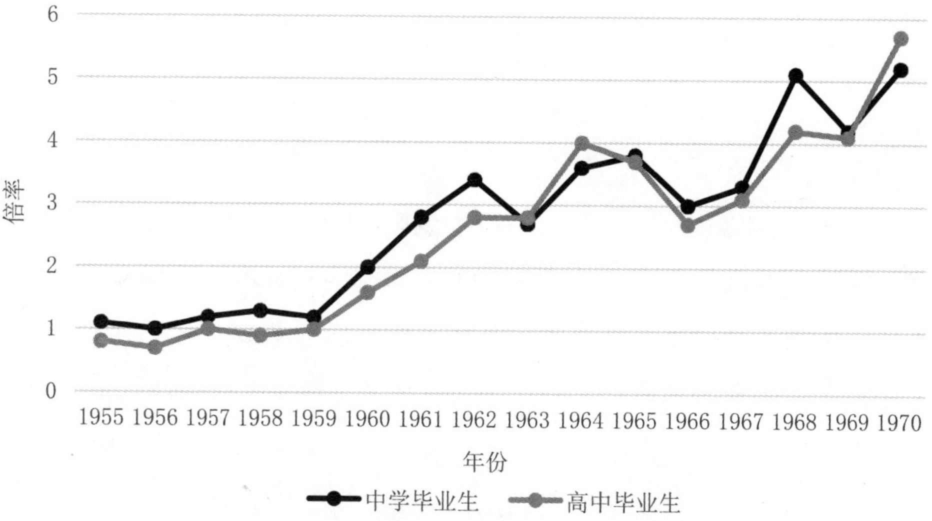


**图 2–2　日本全国初高中毕业生求人倍率推移**

资料来源：厚生劳働省「新規学卒者（高校・中学）の職業紹介状況」

长期以来，日本农村都是由长子单独继承家产，因为生产力非常低，一般的家庭生活都非常困难，如果长子以外的孩子也要分一点家产，可能大家都活不下去。所以，当时农家长子以外的孩子要么去军队当兵，要么给人家做帮工，总之必须离家去谋生。战后，很多农村青少年都去当煤矿工人。但是 1960 年之后，石油的大量进口使日本煤炭业迅速衰退，煤矿工人被迫转向其他行业。由于当时日本经济已经进入高速增长时期，各行业都需要大量的劳动者。从农村来的青少年往往吃苦耐劳，而且对薪资的要求也不高，深受日本大小企业的欢迎。

当时，农村的中学毕业生通常由他们的学校组织乘坐列车一起来大城市就职，在东京的上野车站外，举着旗子来招募新员工的企业雇主也络绎不绝。日本把这样的现象称为“集团性就职”，他们所乘坐的列车被称为“集团性就职列车”。不过，这是一种媒体用语，概念比较模糊，集团性就职列车的第一班是从何时开始的已经难以厘清了。一般认为，1954 年 4 月从青森站发车开往上野站的这班列车就是最初的临时就职专用列车，但是这也不是定论，关西大学的山口觉教授发现，1939 年就出现过从秋田车站到上野车站的少年临时列车，上面满载了 687 个东北少年到东京就职。那还是在战争时期，到了战后，可以查到 1951 年 3 月，从长野站开往名古屋站的“织女星号”曾经满载了一车去纺织工厂工作的少女。

虽然有很多零星的资料显示，集团性就职很早已经出现，但是在人们记忆中留下深刻印象的，还是1950年代中期以后的集团性就职场面。1954年4月5日，有 622 名刚刚从中学毕业的 15 岁少男少女乘坐列车从青森站出发，用了 21 小时到达上野站。他们都是来东京以及附近城市找工作的。为了帮助他们成行，在国有铁路的配合下，青森县政府专门为他们组织了这班列车。少男少女离开农村到大城市就职，可以解决农村的就业问题，所以各地政府也非常重视这样的集团性就职活动，这为东京等大城市输送了大量的青少年人口，仅在 1965 年前后，东京、横滨一带 15 ～ 24 岁的人口一下子增加了 100 多万。集团性就职一直延续到 20 世纪 70 年代中期，基本上与日本经济高速增长时期重合。

1975 年 3 月 24 日，上野公园里春寒料峭，樱花含苞待放 。从日本东北部开来的满载着农村少年的一班列车缓缓地驶进上野车站，这就是集团性就职列车的最后一班列车。大家之所以清楚地记得这班列车，是因为集团性就职列车在日本现代史上有极其重要的地位，从农村来的大量的青少年，正是日本经济起飞的一个重要条件。

## 4. 员工与企业的关系重新确立

### 雇佣关系趋于稳定

从战前到战后的混乱时期，日本企业在业绩不好的时候就会大量解雇员工，但这在 1940 年代末引起了激烈的劳动争议，给企业带来了极大的消耗。1955 年以后，“解雇权滥用法理”被日本社会普遍接受，企业经营者也越来越难以肆意地解雇员工。所以，解雇员工基本上不再是企业调节经营问题时所采用的手段，企业在出现经营困难的时候，通常会采用停止新的招聘、在企业内部通过调整劳动时间或者工作岗位等方式来应对，解雇正式员工的情况越来越少（参见表 2–2）。

表 2–2　日本矿工业和运输业企业雇佣调整手段的实施比例

| 企业调整手段 | 1954—1955 年 | 1957—1958 年 | 1961—1962 年 | 1962—1963 年 |
|---|---|---|---|---|
| 劳动时间调整 | 48% | 55% | 20% | 51% |
| 岗位调整 | 25% | 27% | 30% | 31% |
| 停止采用补充人员 | 10% | 12% | 24% | 23% |
| 削减非正式员工 | 3% | 8% | 15% | 14% |
| 不对临时工续约 | 19% | 30% | 16% | 13% |
| 解雇正式员工 | 17% | 17% | 7% | 8% |

资料来源：经济企画厅「景気調整期の雇用賃金調査報告」，1964 年

同时，日本企业都有比较独特的企业文化，使得受这些企业文化熏陶的员工很难跳槽去其他企业工作。在日本经济进入高速增长时期之后，员工中途跳

槽转职的情况就比较少，劳动力市场的流动性非常小。

这样，从 20 世纪 50 年代后半期开始，慢性的人手不足状态也使得企业基本上没有解雇员工的余地，一般员工都有工作到退休年龄的可能，日本企业形成了稳定的雇佣关系。1958 年，美国福特财团的特别研究员詹姆斯·阿贝格兰博士用 Lifetime commitment 来形容日本企业的雇佣特点，神户大学教授占部都美把阿贝格兰的用词翻译成“终身雇佣”，虽然阿贝格兰本人也不完全赞同，但“终身雇佣”一词还是作为日本企业的经营特点而被广泛接受。

当然,这样的终身雇用制度既不是明文规定的,也不是所有员工都能适用的。只是经济稳定发展的时候，企业都愿意长期雇用员工，似乎形成了终身雇用的习惯。但经济出现问题影响到企业业绩的时候,员工的长期雇用也不会得到保证。

### 摸索新的薪资制度

从日本进入经济高速增长期开始，日本的有效求人倍率[①]逐步提高，到 1961 年，有效求人倍率超过了 1 倍，也就是说，工作岗位的数量超过了找工作的人的数量，从而出现了用工荒的现象（参见图 2-3），日本失业率降低到 1% 左右。在这样的情况下，企业当然不会轻易地让员工离职，而不断增长的企业收益也能让企业在各个方面来照顾员工。

为了吸引人才和稳定生产，日本企业开始重视企业福利制度。比如充实了年金制度，对员工的住房进行补贴，鼓励员工购买住宅等。当时日清纺的荒垣长次郎常务就指出：企业给员工的福利没有必要和国家的福利厚生制度关联在一起，也不能根据员工的贡献大小来规定相应的福利，企业应该给员工更多的福利。这其实就是企业为了吸引和留住人才的一种措施。在这个前提下，日本企业开始摸索更加适合他们需求的薪资制度。

① 求人倍率是劳动力市场上可获得岗位数与求职人数之比，求人倍率上升意味着市场对劳动力需求的提高，景气好转。

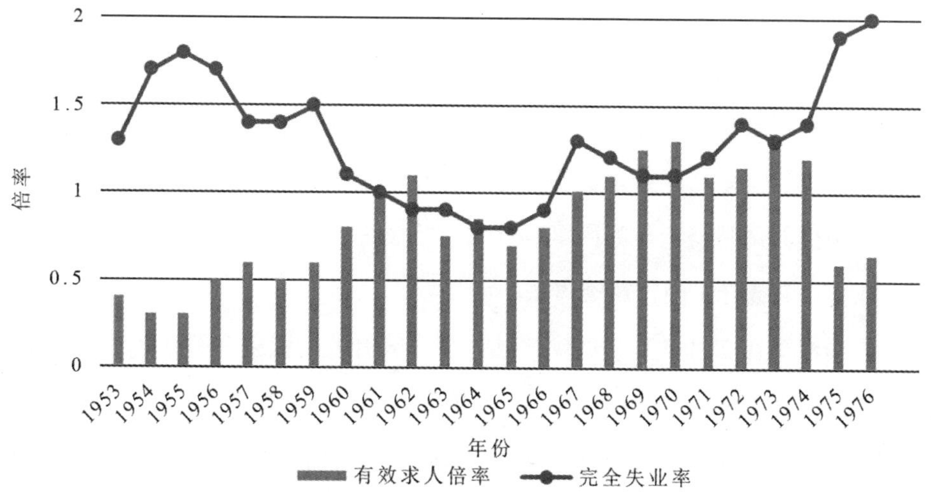


**图 2-3　完全失业率和有效求人倍率**

资料来源：労働省職業安定局「労働市場調査」(有効求人倍率数)，総務庁統計局「労働力調査年報」(完全失業率)

在1946年激烈的劳动争议中，刚刚成立的日本电气行业工会曾经要求实施新的薪资体系。这种薪资体系里最主要的部分是最低生活保障工资，这部分工资占工资总额的68.2%。而根据绩效的能力工资只占19.4%，另外工龄工资为3.7%，其他还有地区性补贴工资等。这种薪资体系在战后经济混乱、物价飞涨的时期，对稳定员工的生活起到了一定的作用。但是这种薪资体系与企业的经营状况关联不大，因而引起了企业经营层的不满。到1950年以后，日本企业纷纷学习美国式的劳务管理方式，以科学管理的名义引进了岗位薪资体系。

在岗位薪资体系下，首先对岗位的内容进行分析评估，确定在企业里的相对价值，最后再确定薪资水平。如果这种评估可以做到标准化、客观化和专门化，同时，企业的薪资水平达到不用最低生活保障的形式也能让员工满意的情况下，这样的岗位薪资体系是可以发挥重要作用的，但当时的日本企业并不具备这些条件，所以日本企业引进岗位薪资体系的同时，也都按照各自不同的条件进行了改革。

东京电力从1955年开始引进岗位薪资体系，在工会的配合下，原来的薪资改成基本工资，经人事考核部门考核后重新决定其薪资水平。为了避免引起员工的不满情绪，新的薪资水平一般不会低于原来的薪资水平，这实际上就使得岗位与薪资的关系并不密切。实际上很多日本企业在引进岗位薪资体系时，也都做了类似的调整，岗位的因素远远没有工龄因素重要，而这样的调整也让很多企业很快就放弃了岗位薪资体系。

丰田汽车在20世纪50年代，也曾经尝试引进岗位薪资制度，但很快就放弃了，主要原因就是对不同部门的工作难以给予确切的评价，这也说明在日本企业中,并没有岗位薪资制度的基础。丰田汽车的现场工人往往要操作各类机器，需要应对很多任务，也就是说要兼任多个岗位的工作。所以，丰田汽车开始摸索自己的薪资制度。

丰田汽车摸索出来的薪资制度是一种职层薪资制度，就是把企业的岗位分成9层13级，薪资按职层发放。各个职层规定有相应的资格和职位，薪资与职位挂钩也与资格挂钩（参见表2–3）。员工没有一定的经验积累就拿不到相应的资格，也就不能担任相应的职位，薪资自然也就不能相应调高。由于职位数量的限制，拿到资格的人并不一定能有相应的职位，但只要有了资格，也能保证其薪资应有的水平，从而也保证了相同年龄的员工在薪资水平上不会出现太大的差别。比如一名普通员工要晋升为班长的话，就必须有7A级相应的资格，而要获得这样的资格，需要一定的工龄和经验。在实际的运用中，对员工的评价往往与他们具体的工作业绩并不相关，而是从组织目标的完成度来考量，员工能不能获得相应的资格并不完全是个人努力的结果，还要看团队的需要。与职位和资格挂钩的薪资制度虽说是基于员工的资质和能力，但实际上还是一种以年功序列为基础的薪资制度。从丰田汽车的发展来看，这样的薪资制度对调动和维持员工的劳动积极性起到了相应的作用。

**表 2-3　丰田汽车的职层制度**

| 职层 | 资格 | 职位 | |
|---|---|---|---|
| | | 事务系 | 技术系 |
| 1A | 上级管理职 | 部长，副部长 | |
| 1B | 上级管理职 | 部长代理，次长 | |
| 2 | 中级管理职 | 课长 | |
| 3 | 初级管理职 | 系长 | 工长 |
| 4 | 初级管理职（主事、技师） | | |
| 5 | 上级指导职（主事辅助、技师辅助） | | 组长 |
| 6 | 中级指导职 | | 班长 |
| 7A | 初级指导职（班长） | | 班长 |
| 7B | 初级指导职 | | |
| 8 | 准指导职 | | |
| 9A | 上级一般职 | | |
| 9B | 中级一般职 | | |
| 9C | 下级一般职 | | |

资料来源：田中博秀「日本的雇用慣行を築いた人達」（「日本労働協会雑誌」第 282 号），1982

## 年功薪资制度的特征

在人手不足的年代，确保年轻的有生力量不出现短缺是各家企业的当务之急，至于这些年轻人有没有能力胜任企业的工作，并不是大问题，因为可以把人招进来之后再去培训。而这样的培训往往可以让员工只能适应这家企业的文化，提高了跳槽的门槛。

通常二十岁前后进入公司的年轻人没有工作经验，什么都需要学习，所以这时候的工资比较低也是理所当然的。到三十岁前后，由于人的生理和心理的成熟，技能经验都会突飞猛进，这时候员工对企业的贡献飞速提高，但他们的工资却不能同样飞速提高。因为工资有其刚性特征，持续上涨的话，谁也不会有意见，但是如果不断下降，肯定要闹矛盾。经过20世纪50年代的劳动争议，日本企业已经不想再在这方面费工夫了，所以工资肯定会持续上升，但幅度会比较小。不过，50岁以上的员工对公司的贡献程度就会逐步降低，年过半百，人的身心都走下坡路，虽然经验更加丰富，但手脚肯定不如以前了。虽然这时候贡献不如年轻时，但是企业却不能以此为理由降低员工的工资。考虑到这样的因素，企业在设计员工工资的时候，就会把年轻时候的一部分应该得到的收入挪到年纪大一点的时候发放。这实际上是一种后期补偿性薪资制度，被称为“人质理论”（参见图2–4）。

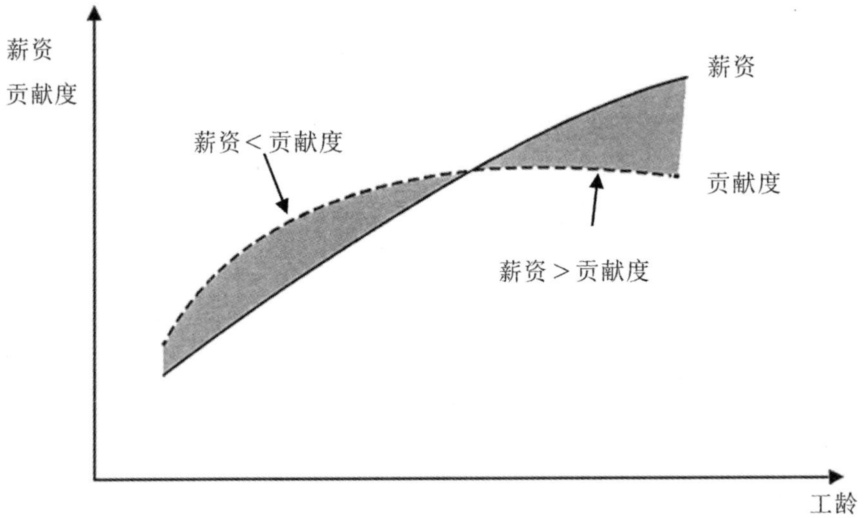


**图2–4　人质理论示意图**

资料来源：加護野忠男、小林孝雄「資源拠出と退出障壁」（今井賢一、小宮隆太郎編『日本の企業』）東京大学出版会，1989

人质理论，说明这种后期补偿性薪资制度与长期稳定的雇佣是相辅相成的。如果员工不是长期在这家企业工作，就无法获得早期贡献应得的全部报酬，对员工来说是一个非常大的损失。同时，企业也害怕早期培训员工付出的成本会随着员工的跳槽而无法回收，所以强制性地让员工在企业内部“储蓄”。当员工年龄增加，对企业的贡献度减少时，他们年轻时被强制的“储蓄”就被拿出来当做薪资发放给他们。这样，在日本企业里就形成了年功序列的薪资制度。

### 激烈的内部竞争机制

长期稳定的雇佣以及年功薪资制度并不意味着日本企业内部都是一团和气的，相反，在保证被雇佣的情况下，日本企业内部的竞争是十分激烈的。造成这种激烈的内部竞争的是日本企业的人事评定制度。

人事评定制度本来的目的，在于为员工加薪和决定奖金金额时提供依据，同时也为员工的升职提供依据。日本企业在战后引进美国的人事评定制度时，依然没有完全照搬，而是根据日本企业的特点做了很大的修改。比如，在引进美国式人事评定制度之初，人事评定结果是要通知本人的，但这项规定很快就被删除了。理由是评定结果公开会让评定者处境难堪，从而导致评定时往往采取宽大的态度，让评定流于形式。

日本企业的人事评定的核心要素是态度、业绩和能力。基本上并不进行职务分析，很多非常重要的评判指标并没有客观标准，比如合作态度、积极性等比较主观的指标，基本上是根据评判者的主观意识来评判的。不过日本企业的人事评定是多重性的，即一般的人事评定通常会有不同层次的评判者进行两次以上的评定，在这些复数的评判过程中，评判结果也会得到相应的调整。同时，最初的评定即便是绝对性评定，到了第二次评定时仍会采用相对的评定来进行调整。相对的评定就是把被评定的对象限定在事先预设的等级中，而这些等级的比例也是事先定好的。比如，S 级被限定为 5%，A 级为 15%，B 级为 60%，C 级为 15%，D 级为 5%。

虽然说人事评定的结果对员工的薪资、奖金和升迁都有关联，但实际上同时进公司的员工之间的薪资没有很大的差别，受到人事评定的影响比较有限，只有奖金会更多地受到人事评定的影响。而受到影响最大的是人事升迁。由于日本企业的人事评定结果是不通知本人的，所以日本企业的员工就需要在很多方面都要争取更好地展现自己，在人事升迁的结果出来之前，谁也不会放弃。也就是说，在稳定的组织结构中，日本企业的员工必须在内部激烈的竞争中展现自己的才能，以期脱颖而出，争取到升迁的机会。

虽然日本企业的人事评定制度也是从美国引进的，但是日本企业结合日本社会的习惯进行了重要的改变，使之更符合日本企业的需要。在这样的人事评定制度之下，日本企业呈现出非常激烈的内部竞争，同时又保持了默契的合作。而正是这样既竞争又合作的机制，确保了人才的选拔，强化了组织凝聚力。

这样，随着战后日本经济的恢复与增长，员工与企业的关系逐步稳定，日本企业各项制度逐步重新建立起来，这也让日本企业在国内外激烈的竞争市场中发挥出越来越强的竞争能力。

# 第三章 Chapter 3

# 努力争上游

## 1. 重回国际市场

### 市场经济与政府的作用

日本投降后，占领当局也管制了日本的对外贸易，日本企业不能自由贸易。在出口方面，先由日本政府的贸易厅用日元购买物资交给占领当局，占领当局再用美元在海外交易。在进口方面，则先由占领当局用美元购入物资，再由贸易厅用日元销售给国内企业。当时并没有设定日元汇率，日本国内和国际的价格也被分离开来，这种管制实际具有贸易补助的功效。

1949 年，占领当局和日本政府共同制定了外汇和外贸管理法，外贸管理权移交给日本政府。在日本政府的管制下，重启了日本民间的对外贸易。同一年，道奇计划制定了日元与美元的固定汇率，即 1 美元兑换 360 日元。1955 年，经过 3 年的交涉，日本终于加入关税及贸易总协定（GATT），重新回到国际市场。

虽然道奇计划的实施让日本政府放弃了对价格的控制和对物资分配等方面的直接管制，但依然保存了对企业的许可制度，从而保证日本政府对企业运营的影响力。日本企业在面临市场的竞争压力之外，还需要面对政府的各项规定。不过，日本企业已经获得很大的自由活动空间，可以在激烈的竞争中各显身手。

在日本经济恢复时期，轻工业产品很快成为日本主要的出口产品。缝纫机、双筒望远镜、照相机等产品受到了欧美市场的欢迎。这些产品基本上也属于劳动密集型产品，由于日本劳动力成本比欧美低很多，这些产品在国际市场上也容易取得价格上的竞争优势。但是，仅仅凭劳动力成本的低廉是无法在国际市场上长期保持竞争优势的，日本企业必须尽快地提高生产效率，生产出高质量的产品才能立足于国际市场。在国民经济中起到牵引作用的行业，如钢铁、机械等则急需整顿改革、对生产设备更新换代以提高生产效率，这也被称为企业的合理化。从这方面出发，日本政府制定了一系列帮助企业合理化的产业政策。

日本政府认为，钢铁、机械、煤炭等行业相互关联，需要整体化的调整，否则资源分散、过度消耗是很难形成国际竞争力的。为此，通商产业省设立了产业合理化审议会，调整相关行业的合理化计划，希望找到摆脱恶性循环的道路。同时，通过银行融资的调控，激发企业努力自我调整，积极争取提高生产效率。日本政府为了鼓励企业积极落实合理化计划，还出台了减免税收、优先分配外汇额度、优先批准引进技术项目等政策，甚至制定相关法律等。这些措施都起到了积极的作用，然而更加彻底的合理化是对产业结构的调整。为了振兴出口产业，日本政府开始注重培育和扶植出口型企业。政府大力扶持钢铁、造船、石油化工、化学纤维等行业，相关行业的企业获得了良好的发展环境。

为了培育日本的汽车行业，通产省一方面从 20 世纪 50 年代初就以外汇管制的方式限制了外国汽车的进口，另一方面，对汽车生产用的机械设备的进口采取免税措施，并通过日本开发银行对日本的汽车企业进行特别融资，帮助日本汽车企业迅速地发展起来。通产省还主导了日本石油化工行业的形成。随着日本国内经济的复兴，合成纤维、合成树脂的市场也开始扩大，很多企业都积极投资石油化工，很快就呈现出白热化的竞争局面。为了让日本的石化行业具有海外竞争力，通产省在 1954 年和 1955 年分别制定了石油化工行业的培育大纲和培育对策，要求日本的石化企业必须具有一定的规模，同时对石化企业提出的合理化方案予以重点培植，以低息融资和税收优惠的方式支持这些企业积极引进机器设备，发展生产。在通产省的直接指导下，日本的石油化工行业形成了少数企业寡占的局面，这也让日本企业在新兴的石油化工领域获得了一定的市场地位。

## 对失去优势行业的调整

但是，并不是所有被政府扶持的行业都有美好的未来。煤炭行业曾经在日本经济中占据重要地位，也是日本政府优先扶持的对象，1951 年，煤炭占日本能源供应的 53%，而当时已经得到进口许可的石油只占能源供应的 15%，其他是水力发电等。

然而市场环境的变化带动了产业结构的调整，煤炭被石油所取代，煤炭行业也逐步失去竞争优势而趋于消失。到了 1963 年，石油的能源供给比例已经超过 51%，煤炭占 24%，降到了第二位。到 1973 年，石油已经占到 77% 以上，而煤炭已经降到 15% 左右。煤炭行业江河日下，煤炭企业不得不多次减员，努力提高生产效率。从 1957 年到 1971 年，煤炭行业的生产效率提高了 5 倍以上，生产量也在 1960 年达到了年产 5500 万吨的最高水平。但在 1960 年，日本政府决定全面开放石油的进口，能源供给的主角从煤炭转为石油已是不可逆转的历史趋势，日本煤炭企业的所有努力也都成了泡影。

日本政府委托倾斜生产方式的提倡者有泽广巳组织调查团，对日本的煤矿进行甄别筛选后，要求大多数煤矿关门。这意味着煤矿工人的失业，因而遭到了煤矿工会的激烈反对。在落实倾斜生产方式的时候，日本政府对从事煤炭行业的人员保证优先供应生活必需品，从而吸引了大量的劳动者，煤矿优厚的条件甚至吸引了大学毕业生到矿坑里挖煤。最多的时候，日本有 800 多个煤矿，有 50 多万人在煤炭行业工作。煤炭行业的衰退，意味着大量的劳动者需要调整到其他行业。日本政府不得已采用国家支援的方式，对那些离开煤矿的工人进行培训，再给他们介绍钢铁、造船、汽车、机械等行业的就业机会。由于当时日本已经进入高速增长时期，与出口关联的企业也需要大量的劳动者，所以几乎所有离开煤矿的工人都得到了新的工作机会。而这样处理煤矿工人转业的经验，也在之后纤维和造船等行业产业结构调整时发挥了作用，从而没有出现严重的失业问题。

尽管有政府的扶持，有企业的努力，但市场环境的变化带来的产业结构调整，还是让日本的煤炭行业走向衰落。20 世纪 70 年代以后，日本各地的煤矿陆续关门，最后只留下了北海道的 1 个煤矿。

## 2. 基干行业的牵引

### 钢铁业的突围

和煤炭行业一样，钢铁行业也是国家经济的基础，在日本还有“钢铁就是国家”这样的认识，所以钢铁业也是战后倾斜生产方式所保护扶持的对象。但是其面临的环境条件比煤炭业更加恶劣，前途岌岌可危。

由于美军的空袭，日本战败投降之时，国内还能操作的高炉只有 3 座。1946 年日本的生铁生产量只有 20 万吨，粗钢生产量只有 55.7 万吨，钢材生产量只有 52 万吨。而在战前，日本钢铁的生产量最高曾达 765 万吨，战败时日本的钢铁生产水平还不到战前最高水平的 1/10。不仅生产设备遭到严重的破坏，日本的钢铁业还面临着原材料来源的问题。日本战败之后，只能在美国控制下从美国进口铁矿石和煤炭。而超长的海运距离使运输成本过高。1950 年前后，美国煤炭的出厂价为每吨 5 ～ 6 美元，但到了日本口岸，价格就变为每吨 29 美元。过高的运输成本严重影响了日本钢铁业的效益。

面对这样举步维艰的惨状，日本国内甚至出现废除钢铁业的论调。但基于“钢铁就是国家”的认识，日本政府依然很重视钢铁业的复苏与振兴。

为了尽快让钢铁业从废墟中复苏，日本钢铁协会设立了以东京大学三岛德七教授为会长的钢铁对策技术委员会，组织专家学者制定了钢铁振兴对策，要求以恢复生产为第一要务，确保钢铁行业稳定生产，尽快赶上世界钢铁生产的先进水平。鉴于日本钢铁业技术落后和原材料等资源短缺的现状，钢铁对策技术委员会在提案中要求日本钢铁企业实施炼铁炼钢一贯性生产方式。这种生产方式不仅可以有效地利用必须进口的炼钢原材料，还能促使企业进行技术改革，不断地研发更高质量的钢铁产品。钢铁对策技术委员会这样具有先见性和理论性的复苏振兴建议得到了日本政府和企业各方面的重视，战后日本钢铁业基本就是按照钢铁对策技术委员会的建议发展起来的。

日本政府从 1947 年开始采取集中资源和资金来增加钢铁和煤炭生产的倾斜生产政策，促使日本钢铁业开始复苏。而朝鲜战争带来的特需也给日本的钢铁业带来了大量的订单，从而使日本钢铁业储备了一定的资本，为接下来的设备改造打下了基础。

从 1951 年到 1955 年，日本钢铁业实施了旨在引进现代化生产设备的第一次合理化计划。在这段时间，日本钢铁业各家企业共计投入了 1282 亿日元的资金来改造设备，先进的设备带来了生产效率的提高，到朝鲜战争停战的 1953 年，日本的钢铁生产量已经超过了战前的最高水平。

尽管如此，日本钢铁业所面临的技术和原材料的问题依然存在，按照既有模式发展下去的日本钢铁业面临着发展的瓶颈。日本钢铁业需要大胆的投资来解决这些问题，但是真正要下决心投资新工厂却并不容易。川崎制铁在千叶建设新工厂的计划就曾经因为遭到企业内部和银行等各方面的反对而差点夭折。但就是在一片反对声中，川崎制铁千叶工厂的高炉成了日本钢铁业发展的榜样，这个高炉在 1953 年正式投产后，终于掀起了日本钢铁业建设高炉的热潮。到 1956 年，日本钢铁生产量超过了 1000 万吨。日本钢铁业成功地从困境中突围而出。

随着投资继续扩大，日本钢铁业保持了高速发展的势头。从1956年到1960年，日本钢铁业又落实了由通产省主导制定的第二次合理化计划，其最大特点就是投资规模巨大，其投资金额是第一次合理化计划的4倍以上（参见表3–1）。而生铁生产部门的投入有了显著的提高。到东京塔建成开业的第二年，即1959年，日本的钢铁生产量已经超过了法国的生产量，2年后超过英国，到1964年，日本的粗钢生产量超过了西德，成为美国和苏联之后，世界第三大钢铁生产国（参见表3–2）。

**表3–1 日本钢铁业第一次、第二次合理化计划投资金额**

| 部门 | 第一次 / 亿日元 | 第二次 / 亿日元 |
|---|---|---|
| 生铁部门 | 162 | 973 |
| 制钢部门 | 137 | 535 |
| 压延部门 | 641 | 2631 |
| 其他 | 343 | 1320 |
| 合计 | 1283 | 5459 |

资料来源：日本鉄鋼連盟『鉄鋼十年史—昭和33年～42年』日本鉄鋼連盟，1969

**表3–2 世界各国粗钢生产市场份额**

| 国家 | 1955年 | 1960年 | 1965年 | 1970年 | 1975年 | 1979年 |
|---|---|---|---|---|---|---|
| 美国 | 39.3% | 26.4% | 26.0% | 20.0% | 16.4% | 16.5% |
| 日本 | 3.5% | 6.5% | 9.0% | 15.6% | 15.8% | 15.0% |
| 西德 | 7.9% | 10.0% | 8.0% | 7.5% | 6.3% | 6.2% |
| 法国 | 4.7% | 5.1% | 4.3% | 4.0% | 3.3% | 3.1% |
| 英国 | 7.4% | 7.2% | 5.9% | 4.1% | 3.0% | 2.9% |
| 苏联 | 16.7% | 19.1% | 19.8% | 19.4% | 21.9% | 20.2% |

资料来源：新日鉄総合調査部「戦後35年日本鉄鋼発展の歴史」，转引自森川英編『戦後日本経営史入門』日本経済新闻出版，1992

## 川崎制铁千叶工厂模式

如果说美国对日本企业的改造和日本企业出色的学习能力对战后日本企业的发展起到决定性作用，那么川崎制铁千叶工厂就是这种发展的典型体现。然而川崎制铁在制定千叶工厂计划的时候，日本钢铁行业对此计划并不支持。

川崎制铁的新计划要生产50万吨粗钢，但当时整个日本钢铁业的粗钢生产量也只有250万吨。而在这个计划提出的1950年4月，朝鲜战争还没有爆发，朝鲜战争的特需订单也并没产生。实际上，在道奇计划的紧缩政策之下，日本钢铁业都在为当前的萧条和未来的不确定性而犯愁。过于雄心勃勃的川崎制铁计划因会冲击日本其他的钢铁企业而遭到反对。当时日本全国有37座高炉，其中正在运转的只有12座，不去恢复那些尚未运转的高炉而要建设新高炉，即使从投资的角度来看，也有重复投资之嫌。

更大的问题是，川崎制铁的资本金只有5亿日元，但这个计划的投资额却高达163亿日元。通产省和日本银行都很难接受这个新计划。通产省认为从正常的情况来看，日本钢铁业应该从改善设备、恢复尚未运作的高炉开始恢复和发展钢铁业，而川崎制铁的计划过于大胆和异端。具有一言九鼎地位的日本银行总裁一万田尚登更是甩出一句重话：如果川崎制铁不改变主意，就让川崎制铁的千叶工厂长满野草。

但是，提出这个计划的川崎制铁社长西山弥太郎却坚信这个新计划不仅当时非常需要，还非常符合钢铁业未来发展的方向。西山认为，日本的钢铁业必须从欧洲那样的小规模生产方式转向美国式大量生产方式，这不仅能够大幅度降低生产成本，还可以迅速地增加国际竞争力。而要落实大规模生产，就必须把炼铁、炼钢和轧钢的生产联合在一起进行，所以，大规模投资不可避免。

千叶工厂具有超前的先进性，给日本的钢铁业带来了深远的历史性影响。

第一，新计划完全按照新的理念来布局工厂的各项设备，克服了旧工厂不合理的布局。比如战前日本最先进的钢铁工厂广畑工厂里的轨道总长超过了500公里，这等于从东京到大阪的铁路距离，千叶工厂的轨道总长只有60公里。这说明科学的布局可以大幅度减少设备的浪费，而旧工厂无论怎样改造都无法达到这样的效果。更重要的是，千叶工厂是按照炼钢轧钢连续生产方式来设计的，这种设计也是对钢铁业具有深远影响的一次革新。当时，钢铁业的生产过程主要有3大块：炼铁、炼钢和轧钢。因为技术方面的原因，虽然连续生产的概念在19世纪就曾经出现，但是一直没有真正的实用化。而非连续性生产具有明显的缺点。比如炼好的钢锭需要先冷却，再加热进行轧钢，浪费了时间和能源。而连续生产则可以克服这种浪费，明显地提高了生产效率。

第二，由于采取了连续生产方式，川崎制铁得以生产更多种类的产品，在日本经济高速增长时期有效地满足了客户的各种需求。

第三，千叶工厂在选址方面也引领了日本钢铁业的潮流。千叶工厂不仅选址在日本最大的钢材消费地东京的附近，而且临海，这对未来的钢铁生产十分有利。因为日本钢铁业的主要原料铁矿石和煤炭都是从海外长距离运输而来的，采用大型甚至是超大型的专业运输船可以降低运输成本。把钢铁工厂建造在海边，可以让那些大型和超大型专业运输船直接停靠在工厂的码头，不仅会节省原材料的运输成本和时间，也便于把生产出来的钢材运输出去。

后来日本钢铁业的发展证明了千叶工厂模式的先进性。20世纪50年代以后建设的各家炼钢厂都设在了方便运输的沿海地区，同时也都采取了炼钢轧钢连续生产方式（参见表3–3）。1955年之后，住友金属和八幡制铁等企业已经开始积极投资连续生产设备，日本的钢铁业企业很快在这一领域中取得了世界性领先地位。到1981年，美国钢铁企业的连续生产设备的普及率为21.1%，欧洲也只有45.1%，与此相比，日本的普及率达到了70.7%。1985年，日本的普及率更是超过了95%。

表 3-3 战后日本建设的炼铁炼钢连续生产工厂一览

| 1号高炉点火（年份） | 钢铁企业 | 工厂 | 炼铁产能 / 万吨 | 炼钢产能 / 万吨 |
|---|---|---|---|---|
| 1953 | 川崎制铁 | 千叶 | 901 | 850 |
| 1961 | 住友金属工业 | 和歌山 | 869 | 905 |
| 1964 | 富士制铁 | 名古屋 | 826 | 734 |
| 1965 | 八幡制铁 | 堺 | 454 | 466 |
| 1966 | 日本钢管 | 福山 | 1444 | 1570 |
| 1967 | 川崎制铁 | 水岛 | 1014 | 1200 |
| 1968 | 八幡制铁 | 君津 | 1182 | 1096 |
| 1970 | 神户制钢所 | 加古川 | 960 | 641 |
| 1971 | 住友金属工业 | 鹿岛 | 1051 | 1015 |
| 1972 | 富士制铁 | 大分 | 748 | 920 |
| 1976 | 日本钢管 | 扇岛 | 5700 | 6240 |

资料来源：宇田川勝、生島淳編『企業家に学ぶ日本経営史』有斐閣，2011

正是因为对千叶工厂计划有充分的信心，川崎制铁的西山社长坚韧不拔地奔走在政府、金融界和行业其他企业之间，为千叶工厂的建设筹措资金。经过15个月的艰苦交涉，1952年1月，日本政府终于批准了几经修改的千叶工厂建设计划。而千叶工厂已经在1951年破土动工开始建设了，西山社长用川崎制铁自有的30亿日元强行建设千叶工厂，因为他相信，资金是会跟着项目来的。

对川崎制铁来说，之所以如此大费周章地推进千叶工厂建设，也是为了在激烈竞争的市场上掌握发展的主动权。川崎制铁是战后川崎重工在财阀改造过程中拆分出去的一家钢铁企业，在企业规模方面远远落后于八幡制铁和富士制铁。实际上八幡制铁和富士制铁这两家企业也是从曾经的国营钢铁企业日本制铁中分拆出来的，而日本制铁曾占据了日本大部分市场份额，所以，分别继承了日本制铁资产的八幡制铁和富士制铁依然是钢铁业的龙头老大。不过，日本制铁的分拆还是给川崎制铁提供了很好的竞争机会，平炉技术人员出身的西山社长敏锐地抓住了这次机会，面对实力雄厚的竞争对手，川崎制铁只有引进更加先进的生产技术，才有可能取得竞争的优势。

### 从世界银行争取融资

在川崎制铁西山社长的努力下，千叶工厂终于开始建设。但是，这个过于大胆的投资计划所需资金并没有得到妥善的解决。

在第一阶段，川崎制铁建设了 1 座高炉和 3 座平炉，外加分块压延机。这些建设已经让川崎制铁在 5 年内增加了 200 多亿日元的短期负债。这使得川崎制铁很难再从银行团那里融到足够的资金，但如果不继续第二阶段的设备投资，第一阶段的设备就会成为跛脚，无法完全发挥作用。就是在这个骑虎难下的时候，世界银行的调查团访问日本，给川崎制铁带来了新的机会。1954 年，川崎制铁向世界银行提出了融资计划，第二阶段需要 5900 万美元（按照当时汇率来算是 210 亿日元），其中的 2700 万美元向世界银行融资。当时八幡制铁、富士制铁、住友金属工业和日本钢管等企业也都向世界银行提出了融资申请，而他们申请的融资金额总额只有 1190 万美元，可见川崎制铁计划的规模之大。

在收到日本钢铁企业的融资申请后，世界银行又派人来日本调查，通过这次调查，世界银行认为无论从资金的角度还是从钢铁薄板市场的需求动向来看，川崎制铁的计划野心太大，不太符合实际，所以拒绝了川崎制铁的融资申请。拿不到世界银行的融资很可能就意味着川崎制铁现代化钢铁工厂建设的夭折，所以川崎制铁迅速地调整姿态，表示愿意为拿到融资而调整他们的计划，建设资金缩小为 3530 万美元，其中 1380 万美元需要从世界银行融资。

虽然川崎制铁计划调整后所需要的融资额还是超过了日本其他钢铁企业向世界银行申请融资的总额，但世界银行最终接受了川崎制铁的申请。不过，世界银行要求川崎制铁增加资本金，彻底改善财务状况；要求川崎制铁的主银行为融资背书，当川崎制铁的流动比例跌破 180% 的时候，主银行必须融资给川崎制铁以确保其运营资金；世界银行还要求日本政府担保这笔融资，如果川崎制铁无法还款，那么日本政府就要代替川崎制铁来还款。川崎制铁以及日本的银行、政府都接受了世界银行的条件，并对融资计划再次作了修正。1956 年，世界银行与川崎制铁签订融资协议，向川崎制铁融资 2000 万美元，年利 5%，融资期限为 15 年。不过，这笔资金不是直接贷给川崎制铁的，而是贷给日本开发银行，再由日本开发银行转贷给川崎制铁。日本政府为这次融资做了债务保证，而川崎制铁的主银行第一银行也与川崎制铁签订了相关的融资协议。

川崎制铁从世界银行得到的融资比日本最大的钢铁企业八幡制铁从世界银行得到的要晚 1 年多，但他们的融资金额却比八幡制铁多 3 倍左右。凭借千叶工厂的成功建设，川崎制铁也稳稳地进入了日本钢铁业寡头竞争的体制里。同时，这次成功获得世界银行的融资，也打通了川崎制铁之后向世界银行融资的渠道。

在 1956 年与世界银行签订融资协议后不久，川崎制铁又推出了新的建设计划。他们准备在千叶工厂建设日产 1000 吨的第 2 高炉和焦炭炉以及相关配套设备。这也是遵循了日本政府要求降低对进口废铁的依赖、降低生产成本的方针，因而也得到了政府的认可。这次计划依然需要从世界银行获得融资，为此川崎制铁还和美国公共钢铁公司签订了技术培训协议，积极引进美国的先进技术。这不仅得到了世界银行很高的评价，川崎制铁本身也因此在技术方面得到了提高。

世界银行对川崎制铁有了信心，不再担心他们的财务状况，不仅顺利地批准了这次融资，还取消了需要主银行担保等苛刻条件，第二次融资金额为 800 万美元，年利为 5.625%，期限为 14 年。两次成功地从世界银行获得融资的川崎制铁，又开始了新的扩张计划。实际上川崎制铁是换了一种形式，分期分批地恢复了曾经被世界银行否定掉的建设计划。

不过，为了能顺利获得第二次融资，川崎制铁还是做了很多努力，首先在增资的时候，并没有按照当时日本流行的那样为了招募到股东实行多买多送的招股方式，而是按计划招股，这样就不会压迫企业的财务。而且川崎制铁的股东分红也与其他钢铁企业用现金支付 12% 的红利不同，他们用现金只支付 6% 的红利，另外用股权的方式再支付 6%。这样的股东分红方式也得到了世界银行的肯定。

由于成功地从世界银行获得两次融资，川崎制铁在金融市场上有了很高的信誉，在第 3 次扩建计划向世界银行融资了 600 万美元后，他们在美国市场上通过发债也募集到了 400 万美元，另外从汉诺威银行也融资到 200 万美元，从日本国内的银行也获得了相当于 600 万美元的贷款。从汉诺威银行获得的贷款由日本的第一银行做担保，年利为 6%，期限为 5 年，从 1960 年开始实施。外债的期限是 10 年，年利为 7.5%，与世界银行的放贷同时实施。这些融资的成本都低于在日本金融市场融资，对川崎制铁的发展做出了非常重要的贡献。

### 技术的选择

除了大胆地建设新工厂之外，对技术的正确选择也是日本钢铁业得以发展的重要因素，其中引进 BOF 生产技术就是一个非常关键的选择。引进这项技术，不仅让日本的钢铁业克服了原料的瓶颈问题，还让日本钢铁业顺利地落实了连续生产方式，从而提高了生产效率，增强了竞争力。

钢铁行业是 20 世纪 50 年代日本的基干产业，1955 年钢铁业生产额占日本制造业生产总额的 9.6%，附加价值占 8.1%。而造船、机械和建筑等行业都需要钢材，钢铁业对其他行业有着巨大的影响。但是，日本钢铁企业面临着生产原材料缺乏的瓶颈，战败之后的日本有很多废铜烂铁可以回收来炼钢，但是到 50 年代之后，废铁日益短缺，日本国内的废铁价格也水涨船高，是海外平均价格的 1.5 倍。为了保证生产的需要，日本需要从海外进口大量的废铁，但那时候，欧洲重建也如火如荼，欧美钢铁的生产也在快速增加，1956 年，美国钢铁业要求限制美国废铁的出口。这也迫使日本钢铁业为了长期稳定地扩大生产量，必须采取措施降低对废铁这种原材料的依赖。50 年代，利用品位更高的铁矿石冶炼生铁的技术也有了很大的进步，生铁的供应能够稳定提升，这给日本的钢铁业带来了希望。也就是在这个时候，奥地利钢铁企业开发出来的 BOF 法炼钢技术，引起了日本钢铁业的关注。

BOF 法（Basic Oxygen Furnace）即氧气顶吹转炉炼钢法，是奥地利钢铁公司开发出来的一种新的制钢技术，被誉为 20 世纪钢铁业最具划时代意义的技术革新。1951 年奥地利钢铁公司取得 BOF 法专利，1952 年最早的 BOF 法工厂点火开工。采用生铁炼钢的 BOF 法的精炼时间只有平炉的 1/10，能耗低、热利用率大，而且设备费用也比较低。不过在日本考虑引进 BOF 法的时候，这种技术还不成熟，甚至连操作流程还不完备。所以日本钢铁业不得不与平炉和电炉等技术进行比较，因为这些技术也在不断进步，需要对此谨慎地判断。

20 世纪 50 年代，日本最为普及的炼钢技术是平炉炼钢，但平炉炼钢有很多明显的缺陷，比如投资较高，炉内的耐火材料需要经常更换，维修的负担也很大。更重要的问题是，随着氧气更加有效地利用，大量的粉尘进入蓄热室里，影响了炉内的通风，使得平炉高热效率的优点难以发挥，从而让平炉炼钢的前途黯淡起来。

不过，当时的 BOF 法也有很多问题，不仅生产效率还无法与平炉相比，对炉内反应的控制也非常困难。但由于 BOF 法的主要原材料是生铁，对缺乏废铁资源的日本钢铁企业来说，是非常有吸引力的。为了克服这些困难，八幡制铁、富士制铁和日本钢管开始了 BOF 法的试验。1912 年设立的日本钢管在战前就开始尝试引进炼铁和炼钢的一贯生产体系，拥有托马斯转炉等很多先进设备，但由于托马斯转炉的实际运作情况并不理想，日本钢管对 BOF 法的试验更加积极。结果，日本钢管和八幡制铁在试验方面都比较顺利，确认了合适的吹炼方法，并成功地开发出相应的耐火材料。于是，这两家企业几乎同时决定要引进 BOF 法。不过通产省认为如果两家日本企业同时与奥地利方面谈判，可能谈不到好的条件，因此经过通产省的斡旋，决定派遣日本钢管代表日本去和奥地利钢铁公司谈判。这种谈判策略取得了成功，引进 BOF 后，日本企业每生产 1 吨钢材只需要向奥地利支付 0.36 美分的专利费，而美国钢铁企业支付给奥地利的专利费达到每吨 20 美分左右。可见日本钢铁企业支付给奥地利的专利费远远低于美国的同行，这对日本企业的发展非常有利。

虽然是日本钢管代表日本与奥地利钢铁公司签订协议引进 BOF 法的，但真正让 BOF 法在日本成为主流技术的却是八幡制铁。八幡制铁经过努力研发，完善了 BOF 法的生产技术，让 BOF 法可以真正地和平炉技术竞争。

为了提高 BOF 炉内容量，八幡制铁开发出废气回收设备 OG 装置（Oxygen Converter Gas Recovery System）。OG 装置对炼钢炉排出的废气采用冷却集尘的方式进行回收，不仅降低了废气处理的成本，回收的废气还能作为燃料来使用，使得炼钢效率进一步提高。到 20 世纪 70 年代，不仅日本钢铁厂企业基本采用了 OG 装置，还出口欧美，被西德、奥地利、英国以及美国的钢铁企业广泛采用。尤其是在第一次石油危机之后，出于对减少能源消耗的重视，全球超过一半以上的钢铁企业都引进了 OG 装置。这也说明到了 80 年代，日本的炼钢技术已经走到了世界炼钢行业的前头。

### 西山计划对日本各行业设备投资的影响

西山弥太郎社长带领川崎制铁所建设的千叶工厂为日本建立了一个新时代的投资模式，即主要依靠融资的手段来建设一个技术最先进的大规模新工厂。其关键点就是最新技术和大规模融资。

川崎制铁千叶工厂的建设成功刺激了日本其他钢铁企业。面对川崎制铁千叶工厂新技术带来的优势，日本其他钢铁企业纷纷建设自己的高炉或者合并其他高炉企业，从而配齐炼钢的全部工序。日本败战之后，占领当局曾经规定日本的钢铁业 13 家大型企业都必须分拆成小型的钢铁企业。在川崎制铁千叶工厂建设成功的压力下，日本钢铁业开始了重组的进程，各家企业纷纷合并或者合作。1953 年，住友金属合并了规模比较小的高炉企业小仓制铁，拥有了粗制生铁的工序，神户制钢也在 1954 年入股小型高炉企业尼崎制铁，为形成自己的连续生产迈出了一大步。这两家钢铁企业在 1955 年也分别提出了和千叶工厂一样拥有最新技术的临海型新工厂的建设计划。随着这两家企业连续生产体制的完成，日本形成了八幡制铁、富士制铁、日本钢管、川崎制铁、住友金属和神户制钢这 6 家企业的寡占竞争体制（参见图 3–1）。在这种竞争体制下，川崎制铁等企业都得到了很大的发展，市场份额也逐年提高。与此相反，日本钢铁业原本排名第一第二的企业八幡制铁、富士制铁的市场份额却一直在缩小。到 1970 年，八幡和富士合并成立新日本制铁时，市场份额已经从最高的超过 60% 缩小到 35%。新日本制铁的成立，也意味着 6 家企业的寡占竞争体制的终结，日本钢铁业的竞争进入了新的阶段。

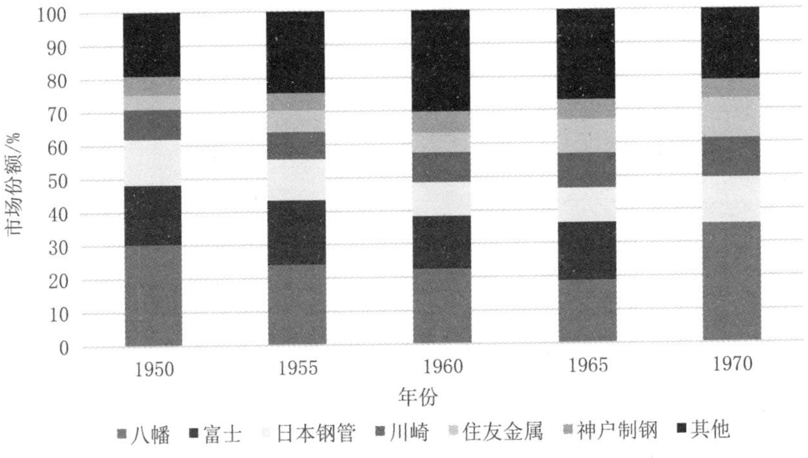


注：1970 年，八幡制铁和富士制铁合并成立新日本制铁

**图 3–1　日本 6 大钢铁企业的市场份额**

资料来源：米倉誠一郎「鉄鋼」，米川伸一、山崎広明、下川浩一編『戦後日本経営史 第 1 巻』東洋経済新報社，1991

西山计划对日本其他行业的设备投资也有刺激作用。和钢铁业一样，大规模的融资成为很多日本企业设备投资的一个明显特征。从造船行业到汽车、石

油化学、家电以及半导体等行业，大型设备投资的资金都来源于不同渠道的融资。

1950 年，在川崎制铁提出千叶工厂的建设方案后，很多日本企业也纷纷提出了他们大胆的投资计划。比如在 1952 年，资本金只有 600 万日元的本田技研为了生产能够占领国际市场的优质产品，竟然花费 4.5 亿日元进口最先进的机器设备，这样的投资显然与其资产非常不匹配。1954 年，本田技研虽然增资到 6000 万日元，但他们的设备投资额已经超过了 15 亿日元。对这种大胆的设备投资，本田宗一郎曾经说过："只看眼前的财务情况，这样的投资可以说是十分无谋的。但考虑到 10 年之后，这样的投资就是十分必须的。即便是从最坏的情况来看，本田经营不善而破产，经营者不得不离开企业，但是留在企业里的员工依然可以利用这些设备为日本的发展做出相应的贡献。"正如本田宗一郎所指出的那样，大规模的设备投资促进了本田技研的生产发展。

如果只是谨小慎微地按照企业的实际实力来谋篇布局，日本企业是很难大胆地引进世界最先进技术的。正因经营者对事业的信念和执着，日本企业才得以采用大规模融资方式来进行大型设备的投资，而这样的模式给日本企业的迅速发展带来了可能。

## 3. 传统优势行业的努力

### 复苏与市场的扩大

大胆的投资并不是在什么行业里都是合适的。战后，比较早得到恢复的日本纺织业也有一段各企业竞相投资的时期，但这种竞相投资很快造成了设备投资过剩，行业陷入过度竞争。这又迫使日本的纺织企业在市场环境变化的情况下，重审他们的投资，为企业未来的发展重新做出抉择。

纺织业也是战前日本的主要产业之一，随着战争的深入，日本纺织业的很多企业被编入军工体系，加上战争的侵蚀，纺织业遭到了巨大的破坏。战后，纺织行业成为率先复兴的行业，尤其是战前就比较发达的棉纺织业更是纺织业复兴的核心。虽然日本希望尽快恢复纺织业，但行业本身并没有自主权，纺织业的复兴水准是由占领当局规定的。到1947年，占领当局规定日本棉纺织业规模为400万锤。其中367万锤分配给日本现有最大的10家纺织企业，简称十大纺，其余33万锤分配给新的纺织企业。对十大纺来说，这个分配额度是基于原有的机器设备而制定的，不过由于战争的破坏，很多设备需要维修才能使用。但对新的纺织企业来说，他们的额度是需要获得相应的纺织设备后才能申请的。当时有50家企业申请这些份额，结果只有25家企业得到了认可，这些企业被称为新纺企业，简称新纺。

在战后日本经济重建过程中，纺织业一直是最大的出口部门，国内市场和国际市场的旺盛需求带动了织布企业的兴旺（参见图3–2），但这些织布企业

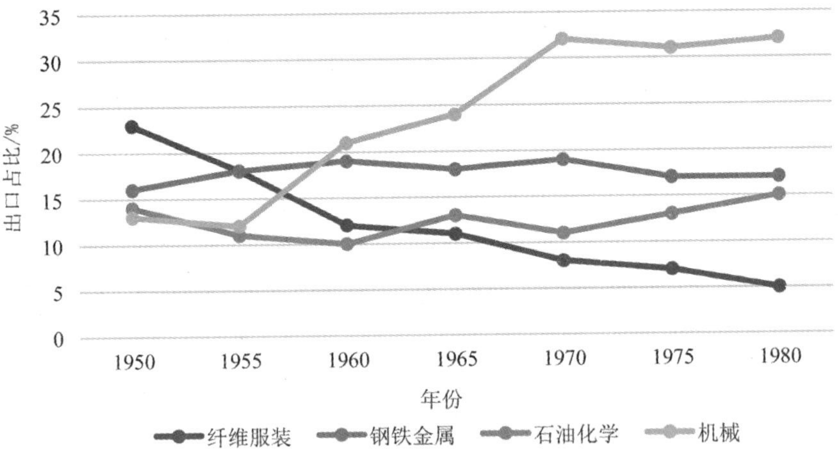


**图3–2　日本各行业出口比重变化**

资料来源：総務庁統計局「日本統計年鑑」

积极投入，造成了设备投资过剩的状态，不得不开始涉入纺纱领域。到 1950 年上半年，十大纺的设备复原计划基本完成，加上新纺的生产能力，已经完全消化了占领当局规定的 400 万锤的纺锤额度，企业都希望增加产能，日本政府也支持纺织企业的这种要求。

这时恰逢朝鲜战争突然爆发，占领当局改变了对日本的占领政策，对纺织行业的限制也随之取消。同时，日本政府也鼓励纺织企业进行设备投资，并且鼓励新的企业进入纺织市场。这样进入 20 世纪 50 年代，除了日本政府对外贸和外汇继续采取管制政策之外，日本的纺织企业基本上可以按照自由市场原理来决定他们的企业行动。在市场持续扩大的情况下，不仅十大纺和新纺企业积极地开始新一轮设备投资，还有更多新企业也踏入了纺织行业，他们被称为新新纺。到 1952 年，算上十大纺和新纺以及新新纺，在日本已经有超过 100 家纺织企业在市场上进行激烈的竞争（参见表 3–4）。

**表 3–4 日本纺织企业和工厂数量推移**

单位：家

| 年份 | 企业数 | | | | 工厂数 |
|---|---|---|---|---|---|
| | 合计 | 十大纺 | 新纺 | 新新纺 | |
| 1936 | 74 | | | | 212 |
| 1946 | 10 | 10 | | | 60 |
| 1947 | 13 | 10 | 3 | | 71 |
| 1948 | 19 | 10 | 9 | | 81 |
| 1949 | 34 | 10 | 24 | | 99 |
| 1950 | 51 | 10 | 25 | 16 | 119 |
| 1951 | 91 | 10 | 25 | 56 | 173 |
| 1952 | 122 | 10 | 25 | 87 | 214 |
| 1953 | 131 | 10 | 24 | 97 | 221 |
| 1954 | 130 | 10 | 24 | 96 | 221 |
| 1955 | 130 | 10 | 24 | 96 | 219 |
| 1960 | 141 | 10 | 24 | 107 | 231 |

资料来源：本紡績協会「紡績事情参考書」，1965

根据日本纺织协会资料，当时参与到纺织行业的 100 多家企业里，有 20 家是从与纺织完全不相关的行业新参加进来的，还有一些是从渔网制造业或者纤维机械制造业、纤维商社等行业转移过来的。总之，因为纺织市场的急剧成长，吸引了大批企业进入这个市场。为了防止过度竞争影响企业的发展，进而影响到日本获取外汇的主要产品——纺织品的正常发展，1956 年，日本政府公布了纤维工业设备临时措施，限制纺织机器设备的增加并缩减纺织工厂的作业时间。然而在这个法规实施前，各家企业又突击增加了 80 万锤，使得设备过剩情况进一步恶化。

虽然大批企业进入纺织业，但新进入这个市场的企业往往规模较小。当时，一个工厂合理的规模是纺锤数量在 3 万到 5 万锤之间，十大纺的工厂平均纺锤数量为 6 万锤。新纺工厂的平均数为 4.5 万锤，而新新纺的工厂平均数量只有 1.5 万锤，纺锤数量越多生产性也就越高，从而可以看到十大纺依然占据了行业的领先地位（参见表 3–5）。

**表 3–5　1952 年日本十大纺织企业实力一览**

| 排名 | 企业名 | 工厂数量 / 家 | 棉纺织纺锤数量 / 个 | |
|---|---|---|---|---|
| | | | 精纺机 | 织机 |
| 1 | 东洋纺 | 16 | 615576 | 7060 |
| 2 | 大日本纺 | 9 | 595216 | 7659 |
| 3 | 钟渊纺 | 16 | 573002 | 6844 |
| 4 | 吴羽纺 | 8 | 562708 | 4824 |
| 5 | 日清纺 | 9 | 525512 | 5379 |
| 6 | 敷岛纺 | 11 | 436260 | 2230 |
| 7 | 大和纺 | 7 | 433584 | 4660 |
| 8 | 仓敷纺 | 8 | 418940 | 4482 |
| 9 | 富士纺 | 8 | 391088 | 4488 |
| 10 | 日东纺 | 9 | 245008 | 3137 |

资料来源：米川伸一「戦後紡績業の変貌」一橋論叢，1991

## 纺织企业的分化

进入1950年代，纺织业除了传统的棉纺织等天然纤维纺织企业的激烈竞争之外，合成纤维也开始生产，影响了纺织企业的发展。1955年之后，除了维尼纶、尼龙等合成纤维之外，丙烯、聚酯纤维等新的合成纤维也进入了市场。合成纤维的增长都非常快，尼龙的年增长率达到了25%，丙烯纤维达到37%，聚酯纤维达到38%（参见图3–3）。面对合成纤维的快速增长，纺织企业面临着是否进入合成纤维市场或者继续等待其他材料出现的战略抉择。

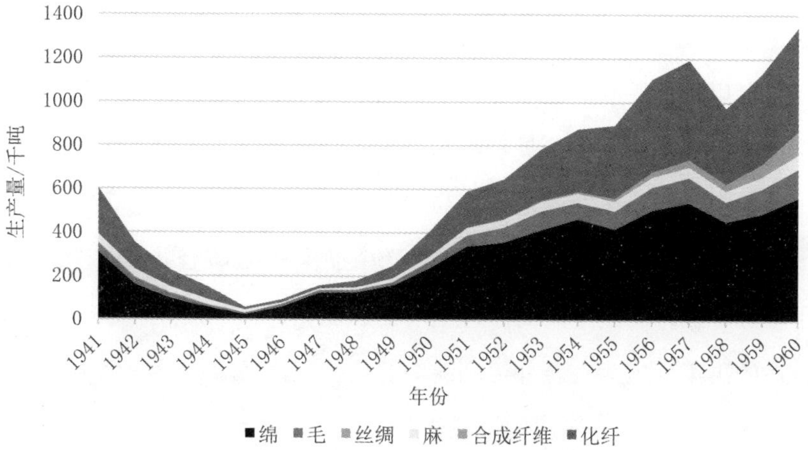


**图3–3 纺织行业各种类生产量**

资料来源：通産省「繊維統計年報」，1992

同时，纺织企业还面临着劳动力成本的提高和劳动力短缺的危机。纺织企业主要的劳动力即中学毕业的年轻女子，而这些人有一些继续升学，有一些被其他行业吸纳过去，纺织企业的劳动力需求越来越难以得到保障，这也使得日本的纺织业逐步失去了劳动密集型产业的优势。日本的棉纺织生产量在1965年达到一个顶峰后开始减少，而棉制品的出口更是在1960年之后就开始减少，到1962年，合成纤维的出口量超过了绵制品，自此以后，绵制品的出口量就再也没有超过合成纤维。

面对市场环境的变化，日本的纺织企业开始分化。其中有部分企业认为纺织业是夕阳行业，为了企业的继续发展，需要不断开拓新的事业领域。但是也有部分企业对纺织业依然保持了信心，他们继续扩大投资，改进生产方式，维持了在纺织行业中的竞争力。

从战前生存下来的十大纺规模都比较大，但是，战后在新纺等新兴企业的追击下以及新材料增长等背景中，逐步对棉纺织前途失去了信心。在这些大型纺织企业中，弥漫着天然纤维没有未来的气氛，年轻员工纷纷主张企业应该加强对合成纤维的投入，因为日本政府 1953 年发布了培育合成纤维的 5 年计划，对合成纤维企业落实了优惠政策。当时生产规模排在前 5 位的吴羽纺织，其年轻的经营者伊藤恭一听取了年轻员工们的意见，积极投入合成纤维。在兄弟企业吴羽化学的技术帮助下，吴羽纺织融资 100 亿日元投入到尼龙生产领域，与钟纺、东丽、日丽等企业的尼龙产品展开激烈竞争，很快陷于苦战。结果，吴羽纺织在 1957 年被纺织行业中排名第一位的东洋纺吸收合并。东洋纺实际上也是为了增加合成纤维的生产而合并吴羽纺织的，但这个决策对东洋纺很难说是一个合适的决策，因为在合并吴羽纺织之后，东洋纺不得不花费很多时间来进行整合，从而耽误了 1960 年代纺织业最为宝贵的调整发展时期。

作为战后最大的纺织企业，东洋纺实际上已经错过了进入合成纤维领域的最佳时机，这和他们在这方面的技术人员被转移到东洋橡胶后出现的技术研发空档有关。1947 年，杜邦在和东丽接触之前曾经和东洋纺商谈过转让尼龙生产专利的事宜，但因为东洋纺内部没有合适的技术人才，错误地认为尼龙更加适合轮胎生产，最终拒绝了这次千载难逢的合作机会。1953 年，东洋纺集中资源进入丙烯纤维领域，希望以丙烯纤维代替天然纤维中价值最高的羊毛。但他们把丙烯纤维交给羊毛销售部门，结果遭到失败。之后，东洋纺决定进入聚酯纤维领域，但在这个领域，他们又与拥有多项专利的东丽打起了长达数年的专利使用官司，直到东丽的专利到期后，东洋纺才转到单聚物方面来。而在这段时期，东洋纺在合成纤维方面进行了巨额投资，使得企业的财务状况急剧恶化，严重损害了原来主力产品的设备更新，最终导致了这些纺织工厂先后关门。

钟纺是1886年为了进口中国棉花而设立的贸易公司，后来在此基础上进军纺织业，1889年建设了纺织工厂。20世纪初，纤维产业堪比现代的钢铁行业、汽车行业，是国家的主要产业。钟纺的销售额曾经在日本国内高居首位，成为日本最大的企业。1945年，美军的轰炸把钟纺的工厂几乎炸平，而日本的战败又让钟纺失去了全部的海外工厂。这家曾经是20世纪初日本龙头的企业不得不从废墟上重新出发。

在战争中遭到最严重破坏的钟纺在战后的恢复落在了最后，这与他们的战略也有关系。钟纺从1936年开始实施多角化经营政策，战后也继承了这样的经营方针，然而投资分散过快地消耗了企业的实力，尤其是在天然纤维方面的投入不足，最后不得不关闭了很多纺织工厂。

1955年之后，日本主要的纺织企业因为不看好棉纺织行业的未来，纷纷投入合成纤维等新材料领域，但都没有获得预期的业绩。与这些企业的信心不足相对照，战后新进入纺织行业的企业却对纺织行业的前途充满信心。

属于战后新纺企业的都筑纺织虽然是1908年创业的企业，但在当时只是一家小的织布工厂，战后获准进入纺织行业后，他们想方设法地解决生产过程的不合理之处，引进更加省力的设备，在不断改进技术的基础上形成了可以省略粗纺工序的都筑式绵纺织法。这是一项革命性的技术革新，用这种绵纺织法可以以更加低廉的成本生产更加优质的棉纱。由于都筑纺织不是上市企业，没有分红的压力，因此他们可以把更多的盈利投入到扩大生产方面。都筑纺织针对海外企业的竞争，很早就到海外设厂生产，1958年，都筑纺织到巴西设厂，之后进入美国，在美国设立了6家工厂。都筑纺织的积极投资让这家企业的纺锤数量在20世纪80年代超过了当时纺织行业的龙头老大日清纺。

同样属于新纺的近藤纺织原来是名古屋的棉布销售商，这家企业的特点是利用企业的盈利投资证券，具有很强的投机意识。因为战前也投资过纺织企业，所以战后进入纺织业在经营方面比较成熟，基于对纺织业前途的信心，近藤纺织加强了棉纺织的投资，这样的投资让近藤纺织成为日本纺织业中自动化程度最高的企业，可以充分应对客户的不同要求，所生产的高级棉纱也具有很强的市场竞争力。在这样强势经营之下，近藤纺织的纺锤数量在1980年代也超过了原来的十大纺，成为继都筑纺织之后拥有纺锤数量第二的企业。

在原来的十大纺中，日清纺和仓敷纺也保持了对纺织行业的信心，他们也坚持对棉纺织持续投入。虽然日清纺在企业内部也有要求尽快进入合成纤维领域的压力，但对石化也很精通的樱田武社长依然坚持强化原来的发展计划，更关注上下游的整合。他认为针对新纺和新新纺参与竞争，只有通过内部的合理化，加强质量管理才能立于不败之地。日清纺采取了专注一些特殊产品的战略，加强了特殊加工领域的投入，结果日清纺的衬衫布获得了日本市场40%的份额，在日本形成了“最高级衬衫的布料必定是日清纺产品”的印象。1960年前后，由于劳动力成本的提升，很多企业缩小了织布事业，但日清纺没有追随，依然保持了少品种大量生产的体制，从而获得了市场的竞争力。

在20世纪50年代日本产业结构调整的时候，原先的大型纺织企业因为工会组织的存在，无法随意降低劳动力成本而逐步失去了竞争优势，同时，由于对绵纺织行业前途不看好，这些企业纷纷投资新材料领域，结果，由于投资时机和技术方面的种种原因并没有取得预计的成效，企业经营都陷入困境。这促使这些纺织企业不得不加快速度摸索纤维以外的事业。但是战后新进入纺织领域的新纺企业大都是家族型的非上市企业，加上没有工会组织，使得这些企业可以利用更低的劳动力成本，并且能够把盈利部分再投入到扩大生产方面，从而不仅在日本市场上获得了成功，而且在国际市场上也获得了很强的竞争力。

## 4．中小企业的主动出击

### 日本中小企业的地位和作用

根据日本总理府1953年的《事业所统计》，日本的中小企业数占全部企业数量的99.4%，从业人员占81.1%。另外根据日本通商产业省的《工业统计表》,1960年日本的中小企业数量占日本所有企业数量的99%，同时，这些中小企业所雇佣的员工人数也占到了日本所有企业雇员数的69%，而在产品的附加价值方面，中小企业也占了50%左右。从这些数据中足以看到中小企业在日本经济中的重要作用（参见图3–4）。

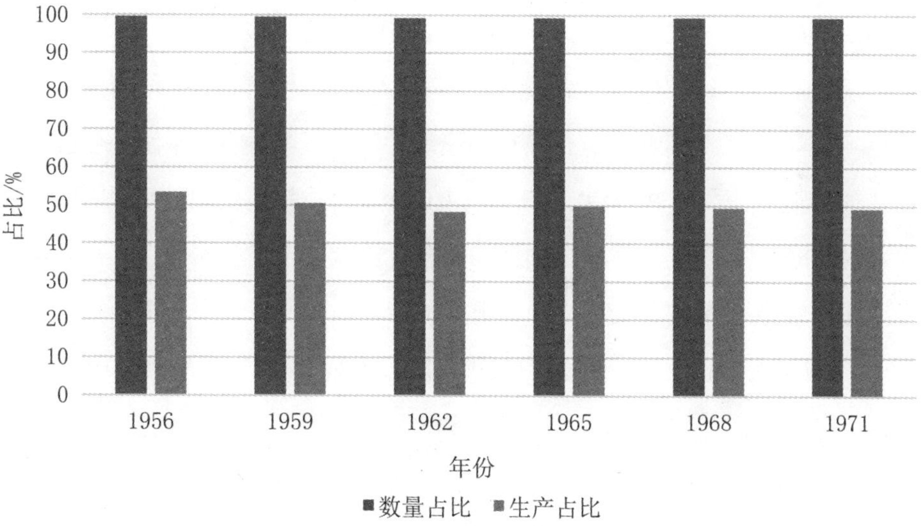


**图3–4 日本中小企业在日本企业中的比重**

资料来源：中小企業庁編「中小企業白書」

虽然多年来，中小企业在日本经济结构中的占比没有发生巨大变化，但中小企业在日本经济发展的各个阶段所起的作用也不尽相同。比如在日本战败之后的经济恢复时期，很多大企业因为遭到严重创伤，迟迟不能恢复元气，而中小企业就非常活跃，不仅吸收了大量的社会劳动力，完成了大部分工业生产，还争取到产品出口的机会，为获取日本急需的外汇做出了贡献。一时间，中小企业还被称为“时代的宠儿”[①]。到20世纪50年代之后，日本经济结构调整时期，中小企业不仅发挥了在雇佣方面的调节作用，也发挥了在技术上承前启后的作用。

日本战败之初，虽然物资依然短缺，但已不再是战时的配额制供应，中小企业以其灵活的应对能力率先活跃起来。他们以比较低廉的薪资雇佣了大量流落到社会上的劳动力，生产社会必需的生活用品。他们抓住了当时什么商品都能卖出去的市场机会，得到了很大的发展。通商产业省的《工业统计表》显示：1946年日本工业产值比上一年增加了128%，而1947年又比1946年增加了248%，而这些主要是由员工不到200人的中小企业完成的。

不过，在经济形势发生巨大变化的时候，中小企业往往首先承受变化的压力。1949年日本实施道奇计划后，市场全面紧缩，使得一半左右的中小企业破产倒闭，与此相比，资本金在5000万日元以上的企业基本没有倒闭的情况，因为这些大企业纷纷以裁员的方式解决同样的经营危机。中小企业不仅没有裁员这样的选择权，事实上还要接受大企业裁下来的劳动力。所以，中小企业一边大量倒闭，一边又大量新设立。从通产省的《工业统计表》中可以看到，1950年的制造业中小企业数量比1948年增加了1.8倍。

1950年朝鲜战争爆发后，日本的大企业虽然得到机会迅速复苏，生产不断扩大。但是，由于裁员所引发的大规模劳动争议让企业几乎瘫痪的景象历历在目，所以日本大企业都不敢轻易扩大雇佣，纷纷采取部分业务外包的方式，既能确保生产的扩大，又能避免雇佣的扩大。这样的业务外包对大企业雇佣的稳定起到了明显的作用。

通产省中小企业厅指出，随着生产的再次扩大，日本大企业会将更多的业

① 见1946年4月29日《日本经济新闻》

务外包给中小企业，中小企业将会有更多的工作岗位，而那些不被大企业所吸纳的劳动力不可避免地流向中小企业，这也就体现了中小企业在雇佣方面调节作用。

## 技术方面的承前启后

战后，日本经济从军需转向民生，军工企业的员工被各类中小企业吸收，相关的技术也被带进中小企业，使得战前的很多技术得以传承下来。在战后大量生产机制被引进来后，这些技术得到了进一步的发展。而中小企业更加灵活的市场应对能力，使得这些技术在不同的领域发挥作用，成为日本企业发展的坚实基础。日本缝纫机行业的发展就非常典型地体现了日本中小企业在日本经济发展过程中承前启后的作用。

虽然在1920年代，日本就已经在摸索中生产缝纫机，但二战之前的日本缝纫机生产始终处于仿造阶段，各方面都无法与进口产品竞争。美国胜家公司的缝纫机几乎统治了日本缝纫机市场。二战前夕，日本提高了进口关税，日本的缝纫机生产企业派因缝纫机（现在的蛇之目缝纫机工业公司）、三菱电机和安井缝纫机兄弟商会（现在的兄弟工业公司）等企业也终于获得了发展的机会。但是很快，因为战争原因，家用的缝纫机被限制生产，被纳入军工系统的缝纫机生产企业都转向生产工业缝纫机。日本生产的缝纫机在1940年达到了15万台之后产量开始急剧下降，到1945年，缝纫机的生产量只有4415台。

二战之后，家用缝纫机市场呈现爆发式增长，一方面是战时对家用缝纫机生产的限制以及战争的破坏造成了市场需求的旺盛，另一方面是日本企业在战争时期生产技术方面有所积累，能够及时生产大量的产品。1948年，日本的缝纫机生产量超过了战前最高水平，达到了18万台。1947年，占领当局同意日本出口缝纫机，当年日本就出口了2000台缝纫机，第二年增加到3万台，到1949年已经增加到12万台。由于缝纫机属于劳动密集型产品，附加价值比较高，所以很快成为日本的主要出口产品。1951 年，日本国内的缝纫机生产量突破了 100 万台，其中 80% 以上都用于出口。一直到 20 世纪 50 年代末，在收音机出口大幅度增加之前，日本的缝纫机一直是日本机械产品出口中仅次于船舶的第二大出口品种。从图 3–5 中可以看到在 20 世纪 50 年代前半期，日本的缝纫机出口额占全部机械出口额的 10% 还多，足见其在日本出口产品中的地位。

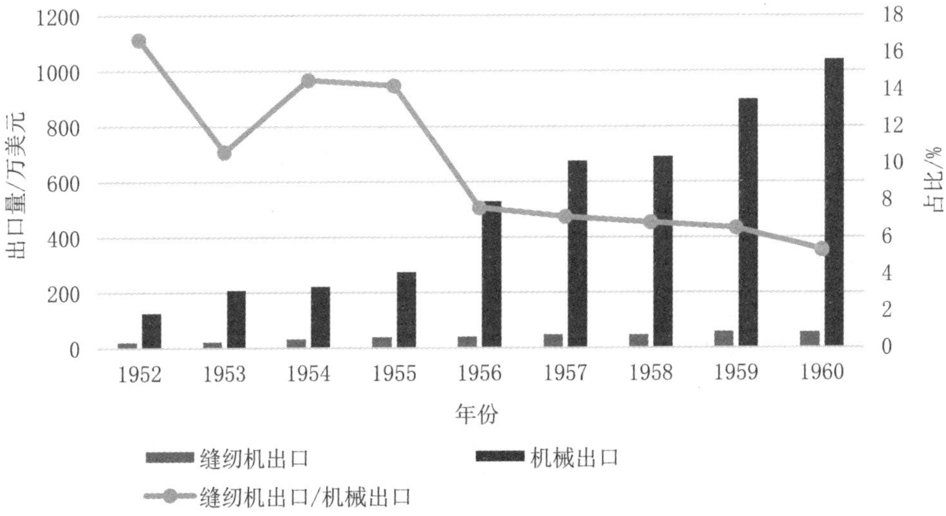


**图 3–5　战后日本缝纫机出口的比重**

资料来源：日本机械输出组合资料，1972

战争中被纳入军工系统的缝纫机生产企业在战后重操旧业，他们往往是从零部件开始全部自主生产，并拥有自己的品牌，所以在日本国内市场上拥有较大的市场份额。但在缝纫机出口方面，有品牌的企业表现不如组装企业。组装企业通常没有品牌，可以用 OEM 方式为海外的贸易企业贴牌生产，而没有品牌也就不需要为维持品牌效应增加很多投入。更为重要的是，组装企业是从市场上采购相关零部件进行组装生产的，不需要大量投资设备，可以轻装上阵（参见表 3–6），所以，组装生产企业通常更具有价格优势，成为日本缝纫机出口的主力军。

**表 3-6 内部生产 A 企业和组装生产 B 企业的概要**

| 项目 | | A 企业 | B 企业 |
|---|---|---|---|
| 机种 | | HA-1 | HA-1 |
| 资本金 | | 12 亿日元（有复数部门） | 100 万日元 |
| 工厂场地面积 | | 17340 $m^2$ | 967 $m^2$ |
| 员工人数 | 男女工人 | 388 人 | 96 人 |
| | 男女职员 | 83 人 | 10 人 |
| 月生产能力 | | 1500 台 | 2500 台 |
| 1950 年 2—4 月的实际销售 | 国内销售 | 799 台 | 150 台 |
| | 出口 | 214 台 | 1633 台 |
| 机床数量 | | 315 台 | 27 台 |
| 设备 | 锻造 | 有 | 无 |
| | 调质热处理 | 有 | 无 |
| | 镀金 | 有 | 无 |
| | 机头热处理 | 有 | 无 |
| 设备 | 涂装 | 有 | 有（部分） |
| | 零部件完成 | 无 | 有 |
| | 组装调整 | 无 | 有 |
| | 金属加工工厂 | 有 | 有（部分） |
| | 材质检查设备 | 有 | 无 |
| | 零部件检查设备 | 有 | 有 |
| | 性能检查设备 | 有 | 有 |
| | 精密测定设备 | 有 | 无 |
| | 化学分布设备 | 有 | 无 |

资料来源：大阪通商産業局編『ミシン工業』ミシン月報社，1951

大量组装企业的出现，促使日本迅速出台缝纫机零部件的标准化政策，促进了零部件企业的进一步发展。

从战前开始，日本的缝纫机生产虽然都是在模仿外国产品尤其是美国胜家产品的基础上进行的，但是由于质量参差不齐，对标准规格的掌握不够精确，以致生产出来的各种零部件的尺寸不尽相同，组装企业必须对市场上采购的零部件进行加工调整后才能使用。为了减少这种不必要的工序，1946 年成立的日本缝纫机技术协议会按照胜家产品规格在 1947 年制定了缝纫机零部件的标准。不过，这种标准的制定并没有立竿见影地起到效果，关联组织只能不断开展质量评审会，帮助企业提高产品规格的精度。日本工业技术厅也制定了家用缝纫机的出口规格，从外观、组装精度到所用材料都有明确规定。1950 年，又规定凡不符合日本工业规格的产品不得出口，并且规定所有出口产品都需要检测机构的检测。这些措施提高了日本缝纫机零部件企业的生产质量，1958 年缝纫机零部件的不合格率从 1955 年的 8% 下降到 2% 左右。

质量稳定后，零部件生产企业不仅给组装企业提供零部件，还能给原本自行生产零部件的企业提供零部件，市场竞争更趋激烈。这样的环境培育了一些品种少产量大的零部件企业，有的零部件月生产量可以超过 50 万个，而美国的胜家也只能做到月产量三四万个。这样的大量生产也是因为日本中小零部件企业资金实力和人才不足而被迫形成的，但是，他们集中有限的经营资源，专注生产几种零部件，不仅确保了产品质量还降低了生产成本，从而获得了竞争优势。

战后，在东京和大阪、爱知等地形成了缝纫机的产业集群地区。缝纫机生产企业继承了战前日本的军工生产技术，又在战后迅速扩大的量产中积累了扎实的生产技术，并结合日本劳动力成本的优势，让缝纫机成为日本主要的出口产品。日本的缝纫机生产在 1969 年达到年产 430 万台的顶峰后，由于劳动力成本的大幅度上升，逐步失去了在国际市场上的竞争优势。一些缝纫机生产企业开始把生产向海外转移，还有很多企业则利用积累下来的技术迅速转向其他新兴行业，完成了在技术上承前启后的历史使命。

## 中小企业的发展方向

虽然日本的中小企业在雇佣调节和技术传承方面发挥了非常重要的作用，但是日本政府的产业政策还是以大企业为主的，各种政策性扶植基本上也只有大企业才能享受。在资金和人才方面都有明显不足的中小企业不得不更加依赖自己对市场机会的捕捉能力，去寻求发展。随着大企业恢复活力，日本经济重心也就重新偏向大企业，中小企业的发展面临着越来越多的困难，很多中小企业不得不更加依赖大企业的外包业务，从而逐步地被纳入大企业的生产系统中去，成为大企业的系列化企业。

而没有被纳入大企业生产系统的中小企业，就不得不努力研发出自己独特的生产技术，以求生存的空间。在一些专业领域里，中小企业的技术能力甚至还超过了大企业。比如在金属加工技术方面，日本新泻的中小企业至今还保持着一定的优势。

新泻县是日本著名的大米产地，但地处日本最长河流信浓川两岸的燕市和三条市（燕三条地区）却因为信浓川的泛滥而不得不在农业以外寻找出路。江户时期，三条城的统治者招聘江户的铁钉匠人来传授打铁技艺，燕三条地区的打铁业开始盛行，日本传统铁钉成为他们的特产。后来仙台的工匠带来了铜器生产工艺，开拓了燕三条地区加工金属产品的能力。明治维新之后，日本传统金属制品的需求急剧减少，当地的工匠就利用他们的金属加工技术试制西餐刀叉，结果获得了成功，燕三条地区获得了出口欧美的订单。为了使西餐餐具更具有市场竞争力，燕三条地区的企业特地去岐阜县学习制作刀具的技术。经过工匠们的努力，他们生产的西餐刀比较锋利，使用手感让人满意。这样，大量出口欧美的西式餐具成了燕三条地区的代表性产品。二战之前，铜加工品被称为燕铜物，成为当地的有名产品而受到日本各地的欢迎。二战之后，西餐餐具的主要材料——铜的价格居高不下，而且还有配额限度，所以燕三条地区的企业就转而采用不锈钢为主要材料。因为材料不同，加工技术就必须全面改造，同时所用的机器设备也需要更新。燕三条地区的中小企业克服资金不足的困难，及时完成了设备的改造和更新，从而抓住了战后世界市场需求极其旺盛的机会。

到1956年，燕三条地区的西餐餐具出口达到590万打以上，引起了美国同行的反感，美国要求日本自主限制出口。在通产省的指导下，200多家生产西餐餐具的中小企业制定了每年590万打的出口限额，通产省每月派人来检查这些企业是否遵守出口限额。但是由于美国市场的需求旺盛，燕三条地区的西餐餐具出口量还是在不断增加，到1970年，燕三条地区出口美国的西餐餐具超过了2300万打，占美国进口西餐餐具70%左右的市场份额。

大量的出口促进了燕三条地区西餐餐具生产企业的发展，也使他们积累了优秀的生产技术。这些技术在1970年代之后，西餐餐具生产企业在向厨具、汽车零部件等生产的转型中起到了重要的作用。一直到现在，燕三条地区的金属加工技术在日本依然是首屈一指的。风靡全球的iPod背壳镜面，就是由燕市15家中小企业研磨出来的，其中完成研磨量最多的是只有7名员工的小林研业。这也证明了拥有特殊技术的日本中小企业具有顽强生命力。

由于经济发展带来了消费水平的提高，生活方式变得多样化、现代化（西洋化），使得以轻工业为主的中小企业有了用武之地。中小企业可以根据市场的需求及时调整产品结构，从而抓住市场机会。与材料部门相比，加工部门获得了更快的增长。比如在服饰、日用品、家具、内饰以及出版印刷等领域，中小企业都获得了比大企业还要快的增长。虽然进入了大量生产和大量消费时代，大企业量产化产品以极高的性价比压倒了中小企业，但由于消费的多样化以及高级化倾向，反而能够让中小企业发挥自己的技术特长，生产出很多大企业无法生产的产品，从而在业绩上保持了高增长的状态。

虽然从总体上看，中小企业得到了发展，但是从企业层面来看，中小企业的经营还是很不稳定的。主要是同质化的生产往往会带来激烈的市场竞争，以至于这些企业很难稳定地获取高额利润。加上中小企业一般都面临融资困难，很难及时进行设备的更新换代，从而影响生产效率的提高。而对中小企业来说，最为困扰的是很难招聘到一流的人才，从而影响企业的发展。因为这些原因，即便是日本经济进入高速增长时期，依然有大批中小企业破产倒闭。只是在大批中小企业倒闭的同时，也有大批的中小企业在创立和发展。作为日本经济不可或缺的组成部分，日本的中小企业以他们不屈不挠的精神给日本经济带来了活力。

# 第四章 Chapter 4

## 无形向心力

## 1. 利益核心模糊所产生的凝集力

### 空虚的决策中心

日本企业竞争力得以长期维持的一个重要原因，是利益核心的模糊，这既避免了类似韩国以财阀为核心的过度集中，也避免了类似台湾企业不断分化的分散，从而形成了日本企业普遍具有的竞争力。

日本企业利益核心的模糊主要表现在决策中心的空虚化。二战之后，占领当局为了弱化日本企业的竞争力，不仅解散了日本的财阀，还把所有大企业的经营层赶出了企业，很多企业只能从企业内部选拔干部充任经营层。在那个时期，日本很多大型企业的社长是通过比较民主的选举产生的，像三菱电机、住友生命保险等传统的财阀企业，在社长被盟军赶走之后，都通过选举选出了新任社长。这些社长基本上没有企业的股权，也不是所谓的职业经理人，权威性不足，得到的都是短期有效的权力。当时日本企业规定了社长的任期，通常为 2 ～ 3 年，连任 1 ～ 2 次，任期一到必须走人。从图 4–1 中可以看到，在 20 世纪 50 年代以前就任的日本企业社长有比较长的任期，这可能和当时企业的创业有关，即创业企业的社长有比较长的任期，而 1980 年代之后，创业企业的社长们也都退居二线，而从企业内部晋升上来的社长，任期很少会超过 10 年。

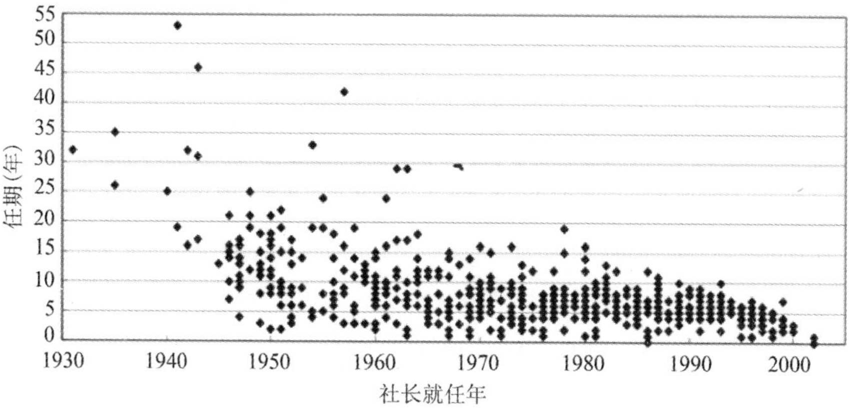


注：对 100 家企业 616 名社长的调查

**图 4-1 日本企业社长就任年与任期的关系**

资料来源：田中一弘、守島基博『戦後日本の経営者群像』一橋ビジネスレビュー，2004

任期一到必须离任，这也和日本企业的社长在企业决策时的地位有关。日本企业的决策，往往采取集体决策的方式，不仅需要经营层全体一致同意，案件的提案也采取从下往上的禀议方式。

所谓禀议方式，就是项目在超出日常业务范围时，需要集体重新决策的一种过程。通常首先由课长级的干部组织人员编写决策所需要的资料，这也叫起案。部长级干部通常是这个项目的总负责人，报告会以他的名义继续往上传递，这也叫回议。在这份资料向上传递的同时，还需要得到财务部门、人事部门和法务部门以及其他相关部门的认可，所以也需要向他们提出详细的资料以求早日通过。部长级干部的上级即本部长级干部就会出来协调各种关系，除了上述各种事务部门之外，还可能需要和其他事业部门协调。如果他的能力还不够大，那么就会有更高一级的干部，也就是取缔役级经营层继续来做协调工作。通过这样层层质疑审查，最后，当这份决策计划书传递到社长手中时，基本上只剩下批准程序了，也就是裁决。也就是说，在决策过程中，作为企业的最高领导人，如果没有相关部门负责人的同意，也是无法进行裁决的。实际上这就是一种集体决策的体现。

全体一致是日本企业决策的一个特征。在日本企业尤其是大企业里，在企业经营层取缔役会上做出的最后决策，通常都采用全体一致方式，在表决前往往会通过各种非正式的接触统一意见。因为取缔役会实际上是企业各个部门的利益代表所组成的组织，而社长只是一个负责召集的职务。各个事业部之间的关系以及对外合作的关系都是在一种非正式的网络中自律地展开，从而形成了空虚的决策核心。而这样的非正式的网络关系不仅在企业内部存在，也在企业之间存在。可以说，除了制度方面的安排，还有一种无形的向心力，把日本企业组织密切地联系在一起。

### 利益核心的模糊

与空虚的决策核心相配套的，是模糊的利益核心，即企业到底是谁的？企业的目的到底是什么？在日本，这些问题都非常模糊。而这样的模糊让日本企业形成了企业为员工所共同拥有的意识。资本很难通过企业获利，经营者也很难利用手里的权力为自己获取巨额报酬，企业成为员工获取利益的载体。在高速增长时期，日本企业迅速壮大，但是企业员工利用业务上的种种条件而独立出来创业的非常少，这是因为在企业的发展中，员工也能够分享到企业发展的成果，而独立出去的风险会远远大于收益，这就让企业产生了一种向心力。

索尼的盛田昭夫在他的著作《日本制造》中曾经这样指出：如果你问日本企业的经营者，企业的社会责任是什么的话，那么大多数的回答是追求企业的长期发展，从而使雇佣稳定，员工的生活得到改善。为了这个目的企业不得不追求利润，但这并不是企业的第一目的。也就是说，企业成长是企业的目的，而利润则是为了达到这一目的的手段而已。这种看法不只是盛田昭夫一个人的想法，也不是索尼这一家企业的看法，而是日本企业比较普遍的认识。所以在20世纪80年代以前，日本企业最重视的经营指标，就是扩大产品的市场占有率。

实际上在战后的日本，作为企业最高经营者的社长也无法将企业当作自己的私有物。他们大多是从普通的企业员工中选拔出来的，不仅很少持有本企业的股票，甚至薪资与其他员工相比，也没有太大的差距。长期以来，包括富士通、东芝等日本代表性大企业，社长们的平均薪水和企业新员工第一年的平均薪水相比，差距不会超过十倍。这与欧美企业经营者获得的高额报酬，完全无法相比。虽然日本企业都有巨额的交际费用可以让经营者使用，但是很多经营者一旦从经营者的位置上下来，那么以前所享有的福利都会被取消。也就是说，即便是企业的社长，也是被聘用的管理干部而已。在美国生活了二十多年的佳能社长御手洗富士夫，虽然深谙美国企业运营之道，但他依然坚持了日本的企业观。他认为，对企业来说，第一目标是公司员工生活的安定，第二才是对投资者的回报，第三是对社会的贡献，第四是赚足今后用于投资的钱。

这种企业观也可以从日本企业的利益分配中明确地看到。从 1960 年后的统计数据来看，无论企业的盈利状况如何，日本企业的股东分红比率长期以来都非常低，并呈下降趋势。同样，企业经营层的报酬总额也呈下降趋势。在企业利润分配中一直呈上升趋势的是员工的所得。即便是在企业利润有所下降的时候，企业员工的总体所得也基本上没有受到什么影响。从图 4-2 可以看到，日本企业的经营者如盛田昭夫、御手洗富士夫等并没有说一套做一套。企业的利益核心实际上是非常模糊的。而这样的模糊对凝集企业员工有着非常重要的意义，以致在日本人们常说，企业是大家族主义的单位。

### 小集团经营核算

虽然日本企业以家族主义来类比，但实际上却是很多利益集团的集合体。前面说过，日本大企业经营层的取缔役会成员是各个部门的利益代表，他们会在最大限度上争取各种部门的利益。而这样的争取与他们的人事前途也是密切相关的，如果某个部门出现问题，那么代表这个部门的取缔役会成员就会失去权势。而日本企业之所以能够保持凝聚力，也与其能充分反映各个部门的利益有关。

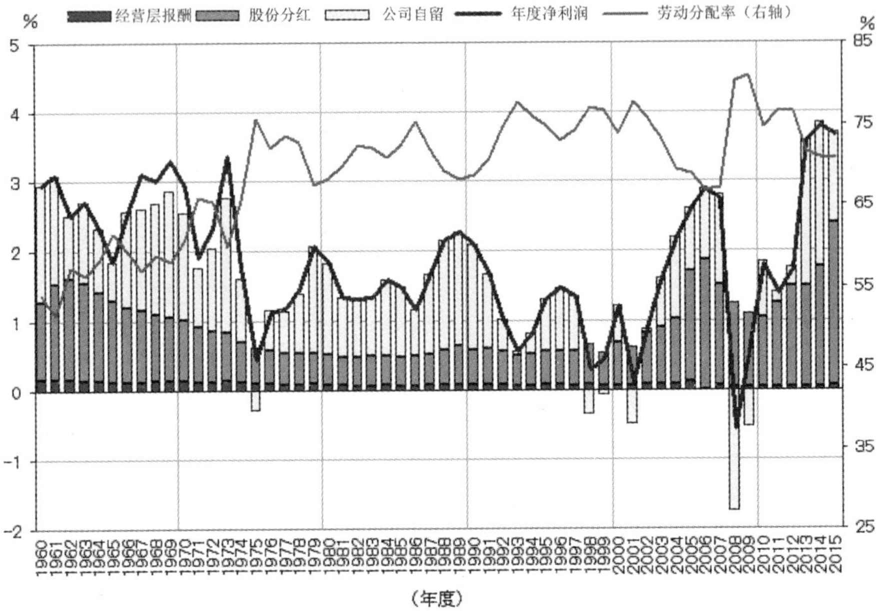


注：劳动分配率＝薪资（经营层报酬＋员工工资和奖金＋福利社保）/ 附加价值 ×100

图 4–2　日本制造业企业每个财务年度的利润分配状况

资料来源：财務総合政策研究所「法人企業統計調査」

为了反映各个部门利益，最典型的做法就是小集团经营核算制度。就是把企业分成多个数十人的小集团单位，这些小集团都是面临市场的完整单位，可以进行独立的核算。这就让每个小集团成员都能对自己所创造的价值和产生的费用一目了然，自己负责去缩减成本，争取利润的最大化。因为小集团单位直接面对市场，来不得半点弄虚作假，同时，无论企业规模多大，分属在小集团里的每个员工都能清楚地看到自己在企业里的价值地位。

小集团经营核算制度是稻盛和夫在创立京瓷[①]之后摸索出来的一套管理制度。京瓷的创立并不是稻盛积极推动的结果，而是他在不得已离开松风工业之后，

① 1959 年宫本电机的社长宫木男也和专务西枝一江等经营层以个人名义出资创立京瓷，宫木男也兼任社长。实际上，这是为稻盛和夫等人创立的企业，事实上由时任取缔役及部长的稻盛负责经营。1964 年，青山政次专务接任社长，稻盛升任专务，开始摸索小集团核算经营。1966 年，稻盛和夫接任社长。1969 年，京瓷在大阪证交所上市。

被逼无奈走出来的道路。创立京瓷后，稻盛依靠不屈不饶的精神，敢做别人不做的工作，很快就让企业从最初的 20 多名员工发展到数百名员工。然而正当企业快速发展的时候，稻盛遇到了企业如何继续经营下去的问题。因为员工要求更高的待遇，而企业需要确保获得稳定的利润，这就会产生冲突。稻盛感到自己一个人解决不了这些问题，就把企业里数百名员工分成二三十名员工一组的小集团，如同京瓷当初创业只有 20 多个人的状态，由他们自己独立核算、自主运营，以此来解决提高待遇和获取利润的问题。不过，员工得到的主要还是精神上的奖励，实际的薪资还需要企业做统筹安排，员工是不能直接决定自己薪资的。

小集团经营核算虽然让员工在精神和物质上得到了一定的满足，但是这样的管理也可能会出现让小集团过于独立而离开企业单干的问题。为了避免出现这样的情况，稻盛除了频繁地和员工喝酒谈心，努力让员工同企业形成同舟共济的命运共同体之外，更是考虑到要凝集小集团，企业的经营者就不能利用企业来为自己发财。也就是说，要让企业的员工了解到，企业的存在并不是为了经营者个人而存在的，而是为了企业全体员工而存在的，这样，企业的员工就不会产生被剥夺感，而真正感到自己是企业的主人，同时也会产生巨大的凝聚力来对应企业所面临的各种问题。小集团是在企业整体的商业环境下运作的，失去了这个整体环境，小集团的运作将会面临很多困难，所以在强调小集团经营核算的同时，也要小集团之间能够彼此兼顾，发展自己的小集团经营必须要考虑企业整体的情况。这样的整体观念，也是一种无形的向心力，对日本企业的发展起到了重要的作用。

就这样，利用小集团经营核算的经营方式，稻盛把京瓷从一家作坊型的小企业培育成年销售额超过 1 兆日元的世界性大企业。获得巨大成功的稻盛和夫是有意识地把京瓷当作众多小集团的集合体来看的，实际上很多日本企业在无意识中也形成了这种小集团集合的企业体制。虽然在形式上这种小集团集合并不明确，但各种类似小集团的组织体制充分发挥了日本企业员工的主观能动性，从而创造了日本经济高度增长时期的各种奇迹。

这样的无形的向心力不仅在日本企业中展现，而且也在日本企业之间展现。日本的大企业集团里也有这样无形的向心力。或许可以夸张地说，日本的大企业集团实际上也是这种小集团经营核算的扩大版。

## 2. 没有核心的日本企业集团

### 企业集团的形成

战后日本的财阀被勒令解散，财阀控制的大企业被分拆，并且不得使用财阀的商号，然而这些措施并没有彻底地切断原来财阀企业之间的关系。随着占领当局政策的改变，原来的财阀系企业又重新集结起来，形成了战后的企业集团。不过与战前的财阀有所不同的是，战后的日本企业集团没有控股的核心企业，也就是说，企业集团的成员并不是为了某一家核心企业的利益而存在的，但看似松散的企业集团实际上有明确的凝聚力。比如一直到20世纪90年代为止，三菱商事所举办的宴会是只能摆放朝日啤酒而绝不会出现三得利啤酒的，如果出现三得利啤酒，筹备宴会的负责人肯定会受到严厉的批评，甚至还会受到相关的处罚。因为三得利不是三菱企业集团内部的啤酒企业，而是竞争对手三和系的企业。从这件小事上可以看到，日本企业集团绝不是形式上的存在，而是确确实实有边界存在的。但是，没有核心的日本企业集团到底是为什么重新聚集起来的？又是通过什么样的途径聚集起来的呢？

日本企业集团的重新集结，实际上从财阀解散的那一刻就已经开始了。住友财阀被解散后，原属住友财阀的企业成立了由各家企业的社长组成的社长会，他们使用了“白水会”的名称，而白水二字上下叠加就是泉字，这来源于住友财阀早期的商号——泉屋，“白水会”的名称显示了成员企业的渊源关系。实际上“白水会”明确规定了参加者都要效忠住友家族的家长，否则不得入会，这也显示了“白水会”的性质。不过那个时候在占领当局的眼皮底下，“白水会”还处于秘密结社的状态。其他的财阀在解散之后，所属企业也都保持了相似的非正式接触。

朝鲜战争爆发后，美国加快了对日占领政策的改变，对日本财阀的各种禁止令也先后取消。从 1952 年开始，三井、三菱和住友等财阀的商号开始恢复。随着商号被允许使用，那些使用旧商号的企业也开始以更加明确的方式联系起来。最为明显的活动就是旧财阀系企业的社长会公开亮相，这种社长会通常被认为是企业集团成立的标志。

最早成立社长会的应该是三菱集团。三菱创业 100 周年纪念事业委员会在《三菱的百年》报告中明确说明，原三菱财阀各个企业的会长和社长组成的“三菱协议会”于 1946 年 6 月被废除，取而代之的是在同月设立的“星期五午餐会”。1955 年，三菱集团的“星期五午餐会”已经改名为“金曜会”，正式成为三菱系各个企业的最高联络机关。

1960 年代初，三菱、三井和住友等旧财阀系的企业集团都成立了社长会，他们被称为旧财阀企业集团。与此相对，以富士银行、三和银行和第一劝业银行等以银行为中心的企业则形成了银行系企业集团。1966 年，以富士银行为中心成立了由 25 家企业参与的“芙蓉会”，1967 年，23 家企业参与成立了以三和银行为中心的“三和会”。最晚出现的“三金会”是 1978 年才成立的，以第一劝业银行为中心，有 45 家企业参加。虽然“三金会”最为晚出，但第一银行系统里有旧古河财阀和旧川崎财阀，他们原来也都拥有各自的社长会，而劝业银行系统也有“劝银十五社会”这样的组织。也就是说“三金会”成立之前，第一银行和劝业银行系统的企业早就有了各自社长会的活动，这些社长会在1971年第一银行和劝业银行合并之后进行了整合。而“三金会”的成立，则标志着战后日本6大企业集团的形成。

这种企业集团在日本社会中具有举足轻重的地位，规模非常庞大，连丰田汽车这样的汽车企业集团也只是其中一个企业集团的成员。在日本经济进入高速增长时期的1965年，6大企业集团的资产规模占据日本全部企业资产的26.5%，即便是日本泡沫经济开始崩溃的1990年，6大企业集团的总资产依然占全国企业总资产的15%，销售额占15%，（参见图4–3）。可见日本的企业集团在日本经济中举足轻重的地位。

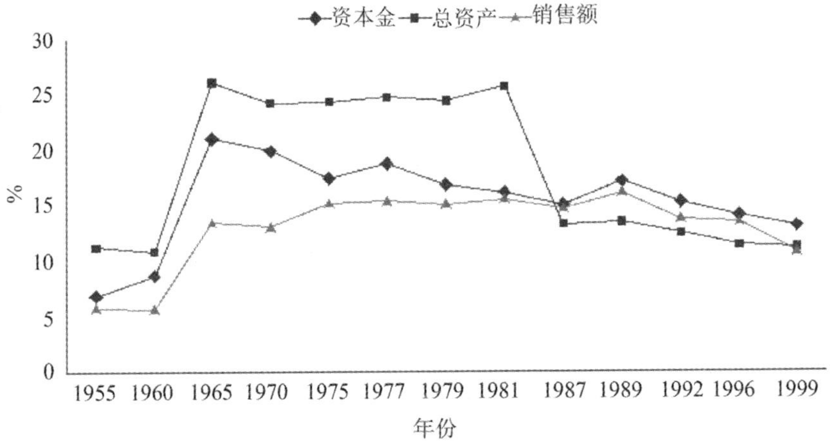


**图4–3 日本六大企业集团在日本经济中所占比例**

资料来源：公正取引委員会年次報告

## 企业集团的目的

美国《时代》周刊在1963年对新三菱重工、三菱日本重工及三菱造船再次集结成三菱重工进行报道时，就用了“恢复到以前”这样的表述，说明三井、三菱、住友等企业集团似乎就是日本战前财阀的复活。但实际上企业集团与财阀并不能等同，战前的财阀是以家族性的控股企业为核心的、成员企业之间具有明确的上下关系的康采恩[①]；而战后的企业集团并没有核心的控股公司，成员之间也基本上没有母子公司的关系，企业集团内部基本上没有法定的手段来控制所属成员，这也让成员企业保持着独立的运营。虽然成员企业之间有派遣经营干部的行为，但是由于1947年制定的《关于禁止独家垄断以及确保公平交易的法律》规定各家企业的取缔役不得兼任，所以这些被派遣过来的经营干部都必须辞去原来的职务，只能专职在被派遣的企业里工作。也就是说，企业集团的成员企业是不能名正言顺地通过派遣经营干部来控制另一家成员企业的。

但是，这些独立经营的企业为什么又要集结在一起组成企业集团呢？日本公正取引委员会在1975年的调查报告指出，日本的企业集团是以相互持股、社长会、经营干部的相互派遣、系列融资和集团内交易、集体投资新事业以及商标管理等7种方式联系在一起的。1994年，奥村宏教授对6大企业集团的特征也进行了概括，即6大企业集团具有以下特征：

1）集团中形成了环状的相互持股。

2）具有事实上的大股东会——社长会。

3）进行以集团为单位的共同投资。

4）由作为集团的核心都市银行进行集团内融资。

5）由集团的另一个中心综合商社促进集团内部交易。

6）以银行、商社以及重化工领域为中心，形成包含各个产业的完善产业结构。

这些对日本企业集团的调查和研究，比较清楚地说明了日本企业集团存在的目的性——满足成员企业在经营的稳定性、资金募集的可靠性、业务发展的持续性等方面的要求，这些都是战后日本企业所面临的重大问题。由于企业集团的成员企业大都是上市企业，在股价低迷的时候就容易被其他企业并购掉，这需要企业花费很多精力来应对。为了减少这种情况的出现，这些企业采取了

① 为德语 Konzern 的音译，是一种通过由母公司对独立企业进行持股而达到实际支配作用的垄断企业形态。

相互持股的方式，成为各自稳定的股东，从而减少了企业被并购的风险，稳定了企业的经营。战后的日本企业也很少利用证券市场进行直接融资，更多的是通过银行做间接融资，这也较容易形成相互持股的局面。同时因为企业集团中有银行的存在，这为成员企业的融资提供了一定的保障。企业集团中的综合商社作为贸易企业也和银行一样可以与集团的所有成员发生交易关系。由于综合商社在世界各地都有网点，不仅拥有销售渠道，也掌握了很多市场信息，这在20世纪对企业集团的成员企业来说都是极其宝贵的，所以，这些企业也都愿意在综合商社的组织下发展业务和开拓业务。而且由于没有核心的控股企业的存在，这些独立经营的成员企业也就减少了可能会被无谓牺牲的顾虑，反而能够更加紧密地聚集在一起。

虽然没有什么制度规定来强化集团成员企业之间的关系，成员企业之间看似松散，实际上却非常紧密，存在着一条看不见的边界，那就是只要企业集团内部有生产，一般是绝不会采用集团外部企业的产品的。虽然这并没有成文的规定，但是执行却非常严格。可以说，战后日本的企业集团就像大海里的沙丁鱼，当这些沙丁鱼密集游在一起的时候，看上去就像一条体型硕大的鱼，让准备攻击它们的鲨鱼感到棘手。同时，日本的企业集团通过维护相同的品牌也获得了非常强的市场竞争力。

### 相互持股如何稳定企业的经营

通常企业发行股票是为了融资，但战后日本企业集团成员的股票却成为维系企业集团的一种手段。这就是企业之间的相互持股，而相互持股既不是为了融资，也不是为了控制，其主要作用就是维持相互的关系。

战前，日本的财阀通过控股公司掌控了财阀企业几乎所有的股票，战后财阀解散后，财阀原来持有的股票都被投放到证券市场，股东地位急剧下降。由于当时日本经济非常混乱，利息居高不下，股价急剧下跌，这使得当时的日本企业不仅很难从股票市场上融资，而且还面临着因为股价下跌被其他企业恶意并购的风险。

1949 年，三井不动产为了防止被恶意收购，私下通过抵押融资，从市场上回购了 30% 的股份。由于这样的行为有抵触占领当局政策之嫌，三井不动产只能以当时经营干部个人的名义来保存这些股份。但是没有想到负责保存这批股份的人钻了空子，给三井不动产造成了重大的损失，三井不动产后续用了很多资金和精力才把这些股份回购回来。类似三井不动产的事件在当时层出不穷。

1952 年，以藤纲久二郎为首的投机家大量收购囤积阳和不动产的股票，而阳和不动产是以继承旧三菱财阀所有的不动产为目的于 1950 年设立的不动产企业。由于当局对该企业设立时发行股票的数量有所限定，其资本金与其所拥有东京商业中心大量地产的价值非常不匹配，这也就出现了投入少量资金就能获得大量资产的机会。投机家们当然不会放弃这样的绝好机会，他们集中资金，买入了阳和不动产 35% 的股份。三菱地所考虑到今后还是要把阳和不动产合并进来，不能对投机家放任自流，但苦于没有足够的资金，就希望原来同属旧三菱财阀的三菱银行等三菱系企业共同出资，从投机家手中买入阳和不动产的股份。在三菱银行的融资下，由三菱系的主要企业出面，以 1 股 1600 日元的代价从投机家手中买回了这些股份，总共动用了 4 亿日元的巨额资金，这次回购也被称为阳和不动产事件。

后来成为三菱银行和日本银行总裁的宇佐美洵当时是三菱银行的营业部长，根据他的回忆，阳和不动产事件的意义在于，从三菱财阀中分离出来的三菱系各家企业，在战后第一次采取了一致的行动，虽然不是旧财阀的复活，但也证明了旧财阀企业之间存在着必要时可以齐心合力的精神。也就是说，阳和不动产事件促进了三菱系各家企业向企业集团集结的意愿。企业集团的成员企业之间开始相互持股，形成了稳定的股东群体，而企业之间的相互持股也被认为是日本企业集团成立的契机。

这样，各个集团的成员企业以金融机构为中心，不断地相互买进股票，相互持股比率不断提高。到1967年第一次资本自由化[①]之后，由于证券市场的交易萎缩，股价下跌，机构投资者大量卖出所持有的股票，为了防止外国企业对日本企业的并购，日本企业之间的相互持股又进入了一个高潮（参见图4–4）。

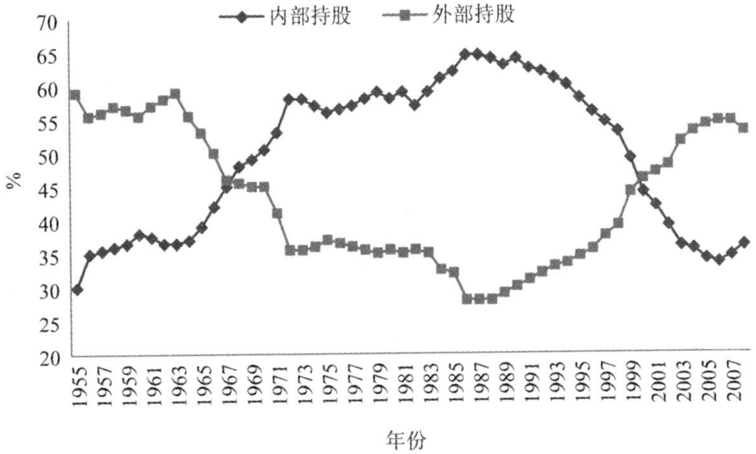


注：内部持股指金融企业和事业法人持股比例，外部持股指外国人、个人和投资信托及年金信托持股比例

**图4–4　日本企业持股结构**

资料来源：宫岛英昭、新田敬佑「株式所有構造の多様化とその帰結」独立行政法人経済産業研究所，2011

一般来说，购买一家企业的股票无非是想获取投资回报，或者是希望能控制这家企业，但企业之间的相互持股，却否定了这两种可能。

对于日本企业在战后混乱时期开始重新相互持股，住友金属的日向方齐会长曾经有过这样的说明：战后混乱时期，日本资金十分紧张，而且很难从个人股东那里募集资金，企业只好向关联企业募资，从而形成了相互持股的局面（参见表4–1）。但这个说明本身非常矛盾，企业资金不足，怎么能有余力投资其

① 1964年日本加入经济合作与发展组织（OECD），签署了《关于资本移动自由化的规约》。据此，美国强力要求日本实行资本自由化，开放资本市场。在1966年第5次美日贸易经济联席委员会上，日本同意开放资本市场。日本从1967年到1973年按照对国内产业冲击程度的不同，分5次落实了各个产业方面的资本自由化措施。

他企业呢？从阳和不动产事件中也可以看到，三菱系的企业都是从三菱银行获得融资才完成回购阳和不动产股份的。所以，实际上在日本的企业集团里，依靠集团内部的同一家银行来进行融资购买股票，这些融资也只是账面的资金转移，而并没有发生资金的实际转移。这也说明了相互持股并没有起到为企业经营所需融资的作用。

购买了一定量的股票，股东就能对企业的经营提出意见。股东的影响力随着拥有的股票数量的多寡而增减。但是在日本企业集团里，由于相互持股的关系，股东的影响力也随之被抵消。实际上是弱化了股东的地位，从而确保了各家企业的独立性。在 1964 年日本加盟经济合作与发展组织（OECD）之后，日本被要求开放国内的资本市场，让海外资本更加容易地流进日本。当时日本证券市场非常不景气，股价低迷，外资很容易乘机大量并购日本企业。日本企业对这种情况非常担忧，从而更强化了企业之间的相互持股关系，来抵御外资可能的恶意并购。

**表 4-1 住友集团部分企业相互持股占比**

| 住友系企业 | 住友银行 | 住友信托 | 住友海上 | 住友煤炭 | 住友化工 | 住友水泥 | 住友金属 | 住友矿山 | 日本电气 | 住友商事 | 住友仓库 |
|---|---|---|---|---|---|---|---|---|---|---|---|
| 住友银行 | — | 1.72 | 1.89 | 0.02 | 2.46 | 0.22 | 2.07 | 0.59 | 1.17 | 1.78 | 0.22 |
| 住友信托 | 3.48 | — | 1.52 | 0.01 | 2.91 | 0.49 | 3.45 | 1.73 | 3.09 | 3.05 | 1.57 |
| 住友海上 | 4.55 | 2.80 | — | 0.10 | 1.89 | 0.29 | 1.31 | 1.55 | 1.71 | 1.57 | 0.80 |
| 住友煤炭 | 5.78 | 2.28 | 2.50 | — | 2.57 | 0.23 | 4.23 | 2.06 | 4.61 | 3.17 | - |
| 住友化工 | 4.39 | 3.35 | 1.25 | 0.04 | — | 0.29 | 0.21 | 0.30 | 0.56 | 1.37 | 0.11 |
| 住友水泥 | 5.82 | 1.94 | 1.24 | 3.92 | 1.37 | — | 1.33 | 1.50 | 0.09 | 3.01 | 0.04 |
| 住友金属 | 3.95 | 6.52 | 0.98 | 0.02 | 0.12 | 0.13 | — | 0.28 | 0.87 | 1.82 | 0.18 |
| 住友矿山 | 4.37 | 4.84 | 1.82 | 0.13 | 0.80 | 0.92 | 1.33 | — | 3.26 | 3.28 | 0.19 |
| 日本电气 | 5.85 | 4.48 | 3.31 | 0.05 | 0.76 | 0.12 | 1.34 | 1.30 | — | 2.66 | 0.26 |
| 住友商事 | 4.90 | 4.51 | 3.18 | 0.15 | 3.22 | 0.52 | 3.88 | 2.66 | 5.02 | — | 0.58 |
| 住友仓库 | 6.13 | 6.94 | 6.00 | 0.01 | 1.34 | — | 2.63 | 0.75 | 4.71 | 2.88 | — |

资料来源：東洋経済新報社編『企業系列総覧』，1982

## 银行的作用

在日本的企业集团里，虽然没有总公司控股下属企业，成员企业之间也并不是母子公司的关系，但是在实际的运作中，企业集团里有两类企业起到了很大的作用。一类是银行，还有一类是综合商社，这从企业集团的社长会的运营中也可以看到。

在日本战后的6大企业集团中，有3大企业集团是以银行为中心形成的，而在旧财阀系的企业集团中，银行也具有非常重要的地位。如果没有银行的融资作用，企业集团实际上是很难长期维持下去的。曾经是战前日本最大财阀的铃木商店就是缺乏银行这一重要的组成，结果很快就瓦解消失了。而在战后经济重建的过程中，日本的银行担当了非常重要的角色，形成了非常具有日本特色的主银行制度。

在战后的复兴，尤其是经济高速增长时期，日本企业需要大量的资金投入生产。从图4–5中可以看到，战后日本企业的资金主要是依靠银行的融资，比例超过了60%，有的甚至接近80%。这也意味着企业基本上不依靠内部提留，更不指望从证券市场直接融资。所以，在一个企业集团里有主银行的存在，对成员企业来说就意味着资金有了一定程度的保证。当然对银行来说，企业资金的周转加速意味着银行资金利用率的提高，而集团内部企业之间的交易通过银行进行决算，就可以用少量的现金准备完成更多的资金周转，获取更大的利益。

通常情况下，主银行就是一家日本企业最大的融资提供者，其融资比例往往会占到这家企业融资的20%到40%，而且这种融资关系是长期性的，也因此，主银行还会负责这家企业的决算、年金等各类银行项目的处理工作。同时，主银行也会持有这家企业的股权，往往还是其最大的股东。但是由于法律的限制，主银行即便是最大的股东，持有的股权也不会超过5%。所以不会出现银行通过股权控制一家企业的现象。不过因为银行出于对融资的控制和对融资项目的监

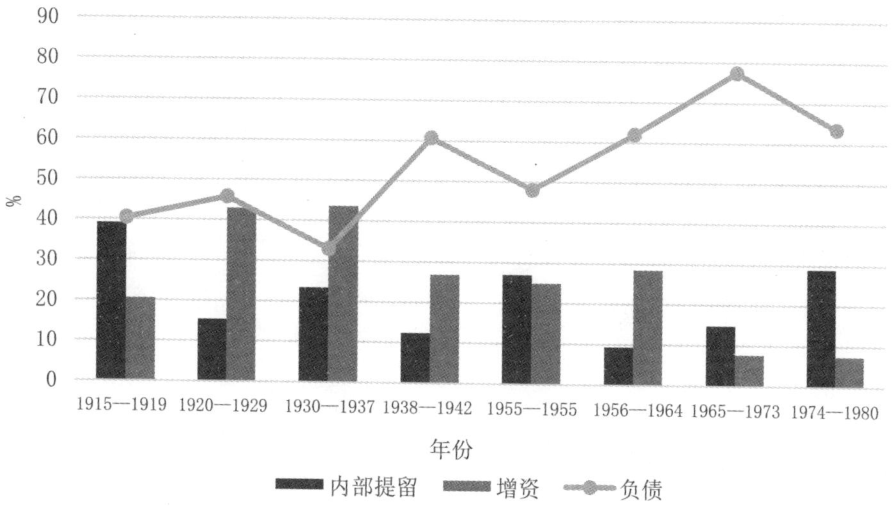


**图 4-5　日本企业经营资金来源**

资料来源：Franks，Mayer & Miyajima *The ownership of Japanese corporations in the 20th century*（Review of Financial Studies），2014

督，会派人担任客户企业的经营干部，有时候还会担任社长的职务。比如丰田汽车的第 4 任社长中川不器男就是主银行帝国银行（1954 年改称三井银行）派遣过来的。1950 年丰田汽车发生劳动争议之后，为了获得稳定的银行融资，特地招聘了帝国银行大阪事务所所长中川来担任专务。1961 年中川升任社长，而本来预定接班的丰田英二则不得不继续等待。

主银行往往是一家日本企业最大的债权者，同时又是其最大的股东，也可能是最大的经营管理输出者。在实际的融资过程中，主银行不仅在项目开发前进行选拔评价，还会对项目进行跟踪考察，并一直负责到项目收尾后的财务管理。在欧美，这三个阶段的监察分别由不同的专门机构来担任，但是在日本，特别是在经济高速增长时期的日本，主银行就担负了这三种不同的监察任务。这对银行来说是有很大的好处的。首先，银行需要确保融资资金的安全，保证融资的回收，所以能够对企业进行事前事后的监察，对保证融资的安全是非常重要的。其次，在维护与客户企业的长期关系时，把握这些企业具体项目的信息能让银行做适当的判断。如果客户企业遇到经营危机，主银行也可以通过对企业内部信息的掌握，分析企业是否有可能解决问题。如果相信企业有能力解决问题，主银行就可能出来主持企业重新组建的工作，制定解决危机的方案，并按照解决方案对企业提供必要的融资。

对企业来说，与银行建立主银行关系也是有很大的好处的。这不仅能够削减为了获得银行的信任而付出的多种成本，还可以形成稳定的融资渠道，使企业在资金方面无后顾之忧。尤其是一旦企业出现财务危机，企业就能够指望他们的主银行在这个关键时刻站出来，继续给他们融资，帮助企业渡过难关。对企业来说，这也意味着有了一种“保险”，这种“保险”机制维系着主银行制度的长期存在。

### 综合商社的角色

在日本的企业集团里，综合商社的作用同样不容小觑。在企业集团成员之间，关系最为密切的除了银行就是综合商社，银行为企业所需资金提供了保障，而综合商社则在企业集团成员的业务方面起到了黏结作用。

综合商社本来是一种贸易企业，为了扩大商机，日本的商社给相关制造企业提供信息，同时还提供必要的资金促成交易。当然，业务成交后的物资运输自然就成为商社的工作。有时候某种产品的生产需要多家企业合作，商社为了促成产品早日问世，还会组织相关企业合作生产，这也使得商社培养出主导新产品开发的组织功能。这样，日本的商社从专业商社不断发展，最终成为综合商社，业务范围从导弹到拉面，几乎无所不包。

作为贸易企业的综合商社似乎在各个国家都可能存在，但事实上只有在日本非常发达，欧美国家的贸易企业都没形成日本综合商社那样的规模，在各国的经济中所占的比重也远没有日本的综合商社那么重要。除了韩国财阀系的商社比较近似之外，日本的综合商社在世界上的确是别具一格，非常有特点。而其中最大的特点，就是综合商社与日本其他企业之间的关系。

综合商社的原型在二战前的财阀体系中就已经显现出来。但在日本败战之后，财阀被彻底清算，直到朝鲜战争爆发后，日本民间贸易才重获自由，得以全面开放。当时，日本政府从政策上扶植纺织纤维、钢铁等以出口为导向的相关产业，商社作为日本产品出口的重要渠道，其作用也就突显出来，商社的作用也被重新认识。商社也紧紧抓住了战后的发展机会，扩展了商品的种类，强化了商社的功能，逐步地向综合商社方向发展。

二战之前不超过 20 家的纺织纤维商社在战后一下子就发展到 1.7 万余家，而在当时日本规模最大的 15 家商社中，纺织纤维商社就占据了 9 家。另外，钢铁商社占据了 3 家，这也反映出当时日本的贸易结构。以 1951 年为例，纺织纤维品的出口占日本总出口的 44%，纤维原材料、棉花、羊毛等的进口占日本总进口的 67%。而朝鲜战争的特需增加了有刺铁丝的出口量，让钢铁系的商社受益匪浅。1952 年，第四次吉田内阁推出对商社的扶持政策，在税制等方面给予商社很多优惠，比如，为了给商社落实出口合同作废准备金制度，在 1953 年之后的 5 年内，允许对商社把一部分销售额转为准备金而实施免税，同时对海外支店资产设立特别折旧制度，便于商社开设海外支店。这些政策也促进了商社在日本的对外贸易中起到更大的作用。

但像雨后春笋那样冒出来的商社很多体量偏小，经不起市场景气变换的折腾。当朝鲜战争的战局趋于平稳后，战争特需物资的需求大幅度萎缩，那些体量小的商社出现大面积亏损，面临着破产倒闭的命运。这样，商社间的重组也就拉开了序幕。

1952 年 7 月，具有 120 多年历史的传统商社高岛屋饭田由于大豆价格的暴跌，遭到重创，出现了 5.7 亿日元的巨额赤字。其主力银行的富士银行认为高岛屋饭田已经无法继续经营下去了，就要求同样以富士银行为主力银行的丸红来合并高岛屋饭田。1954 年度，高岛屋饭田的销售额为 318 亿日元，其中纺织纤维占45%，但是对丸红来说，其占22%的钢铁业务更具有吸引力，因为高岛屋饭田是战后日本钢铁业的主要商社，拥有丸红所需要的相关商权。所以对丸红来说，与高岛屋饭田合并正是摆脱以纺织纤维业为重心，转化为综合商社的一个重要机会。

这样，通过不断的合并重组，日本的商社逐步地形成了综合商社的形态。同时，当初被占领当局勒令解散的三菱商事和三井物产也开始了重新集结的活动。经过几轮合并重组，1954年，从原来的三菱商事分散出去的139家小型贸易公司重新集结成新的三菱商事。到1959年，从原来的三井物产分散出来的223家小型贸易公司也完成了重新集结，组成了新的三井物产。1968年，随着日商和岩井产业合并成立日商岩井后，战后日本的10大综合商事体制也宣告成立（参见表4-2）。

**表4-2　综合商社的贸易集中度**

| 1937—1943年平均 | | 1951年 | | 1963年 | | 1973年 | |
|---|---|---|---|---|---|---|---|
| 三井物产 | 18.3% | 伊藤忠商事 | 4.7% | 三菱商事 | 12.3% | 三菱商事 | 12.4% |
| 三菱商事 | 10.3% | 日绵实业 | 4.3% | 三井物产 | 10.1% | 三井物产 | 11.3% |
| 东洋棉花 | 6.5% | 东洋棉花 | 4.0% | 丸红 | 7.5% | 丸红 | 7.3% |
| 日绵实业 | 4.9% | 丸红 | 4.0% | 伊藤忠商事 | 7.2% | 伊藤忠商事 | 7.0% |
| 江商 | 4.0% | 兼松 | 3.1% | 日绵实业 | 4.2% | 日商岩井 | 5.7% |
| 岩井产业 | 2.1% | 江商 | 3.0% | 东洋棉花 | 3.9% | 住友商事 | 5.2% |
| 兼松 | 1.9% | 第一物产 | 2.2% | 日商 | 3.8% | 兼松 | 3.0% |
| 安宅产业 | 1.3% | 岩井产业 | 2.0% | 兼松 | 2.9% | 东绵 | 2.7% |
| 日商 | 1.2% | 日商 | 1.9% | 住友商事 | 2.8% | 日绵实业 | 2.4% |
| 内外通商 | 1.2% | 高岛屋饭田 | 1.3% | 安宅产业 | 1.9% | 安宅产业 | 2.0% |
| 其他贸易企业 | 48.3% | 其他贸易企业 | 69.5% | 其他贸易企业 | 43.4% | 其他贸易企业 | 41.0% |

资料来源：大木保男『総合商社と世界経済』東京大学出版会，1975

注：各综合商社的集中度数字是贸易行业所有企业贸易量的比列，整个贸易行业企业的贸易量加起来为100%

## 企业间的组织力

虽然说综合商社是日本经济发展过程中不可或缺的存在，但综合商社到底是什么样的企业呢？连综合商社的经营管理层也很难简单而明确地给出一个答案。1974年，三菱商事为了回应外国记者的采访，特地准备了一份《三菱商事——功能和作用》的说明资料，对综合商社进行了初步的定义。从这份资料上可以看出综合商社具有以下几个特征。

1）外在特征：规模巨大，涉及商品品种繁多，活动范围广阔。

2）多种功能：信息功能、金融功能、交易功能、运输功能、组织功能、开发功能。

3）综合作用：分散或者削弱项目的风险，降低流通成本，利用最新的信息创造新价值。

这份资料表明，综合商社已经不是简单的贸易企业，而是一种不断创造交易机会的综合服务型企业。这种不断创造交易机会的机制，才是综合商社的最大特征。

市场信息的不对称让企业的生产与市场的需求总会出现脱节的情况，如果只是等着生产企业发出订单，那么商社就非常被动，而日本的综合商社则依靠信息的优势变被动为主动。由于综合商社在世界各地拥有众多的网点，从日本派出的员工也遍布各地，这使综合商社形成了非常发达的信息网络，这在互联网还没有出现的年代更显示出无比的优越性。综合商社利用最新的信息，向生产企业提出新产品的开发建议，并因此获得产品流通的优先权，为增加综合商社的营收打下基础。

只有最新的市场信息还不足以保证新产品开发能够取得成功，新产品的市场信息往往比较零碎，并不成型。而任何产品的开发都会涉及原材料、设计和加工技术等一系列因素，有些还不是一家企业就能完成研发的，需要和上下游企业进行配合。这时候，综合商社就发挥了他们出色的组织能力，把一些关联企业组织起来，共同开发市场需要的产品。

实际上到20世纪60年代，在日本已经有人开始唱衰综合商社，认为随着日本经济的进一步增长，生产企业将逐步获得流通的主导权，尤其是在国际贸易中，将逐步脱离综合商社的协助而自行开拓国际市场。而商社体制的复杂化和组织的庞大化增加了人工成本和其他成本，降低了经营效率、减少了盈利幅度，必然会使综合商社日趋夕阳化。但日本的综合商社并没有在这一片唱衰声中衰败，而是针对经济高速增长时期的各种要求，采取了有力的措施，扩大了业务，获得了很大的发展。

首先，综合商社积极获取海外厂商在日本的总代理权，积极应对海外企业的需求。当时日本生产企业都在积极进行设备投资，他们希望引进先进的设备和先端技术，而海外企业也希望打开日本市场，但往往不得其门而入。具有技术方面专业能力的综合商社不仅能够及时地为日本企业提供他们所需要的技术和设备的最新信息，还在具体的商务谈判、技术引进以及设备运送和安装方面，发挥了出色的辅助作用。他们在为日本企业提供新服务的同时，也扩大了自己的业务范围。

同样，综合商社也积极配合日本国内的生产企业开拓原料型商品的出口市场。一般来说，一款新产品刚刚问世时市场并不会很大，但开拓海外市场的先期成本却非常高，在没有形成一定的规模时，日本产品的国际竞争力往往并不是很高。而综合商社可以利用已经形成的国际销售网络，有效地降低日本生产企业开拓国际市场的成本。在钢铁、化学产品和纤维原料等领域，综合商社的信息能力和销售网络都发挥了非常大的作用。

对大宗的汽车产品来说，综合商社积极配合日本的生产企业在海外设立销售公司，提供非常细致的市场营销和售后服务。对一些逐步失去国际竞争力的产品如纤维、生活用品等轻工业产品，综合商社则积极向日本的生产企业提出将生产转移到劳动力更为廉价的东南亚，并且参与生产企业的投资，负责在当地的各项协调工作，让日本企业可以放心地走出去。同时在日本国内，综合商社也在核电、城市建设、海洋开发等大型项目中，积极设计方案并组织不同行业的相关企业参与项目的实施。

也就是说，综合商社已经不是单纯地从事贸易业务，而是积极开发出多种功能，带动了相关产业的发展。综合商社的组织功能有机地结合了商业交易、投资经营、信息、物流、金融以及风险管理等基本功能，真正体现了综合商社特点。在处理较大项目的时候，综合商社会从信息收集开始，负责企划、提案、选择合作伙伴、组成事业联合体等，还会负责融资、确保原材料和各类所需物资器材的供应，并做合适的风险控制，然后还会寻找和开拓产品的销售渠道。在整个案件的实施过程中，综合商社直接参与各个阶段的工作并做各方面的协调。而参与这种项目的合作伙伴，有的是共同投资的伙伴，有的是供货的伙伴，还有的是发出订单的下游伙伴。把这些出现在不同阶段的本来很少有关联的伙伴组合起来工作，正是日本综合商社组织功能的典型体现。

## 3. 交易吸引下的外包系列

### 外包系列的形成

在日本的大企业逐步形成6大企业集团的过程中，很多中小企业被编入大企业的外包系列之中。与企业之间水平联系的企业集团不同的是，外包系列往往是以某个大企业为中心而形成的、垂直性的交易体制。企业集团不是依靠资本控制来维系成员企业之间的关系，同样，外包系列也不是依靠资本控制来维系关系的，进入外包系列的企业（外包企业）与发业务给他们的大企业并不是母子公司关系。从形式上来说，这些企业都是独立的企业，可以在市场上自由选择交易对象。但事实上，在巨大的外包交易额的影响下，这些外包企业都只能选择与某家大企业进行交易，而无法自由地选择市场。

外包系列实际上在战前日本的军国主义体制时代就已经出现了。1940 年，为了配合战争的需要，日本政府制定了《机械钢铁制品工业整备纲要》，开始以工业协力政策的名义让分散的中小企业与大企业组成分工合作的协力关系，以及时应对战争期间对产品在质量和数量上的需求。之后，日本政府强化了这样的政策，并通过这样的协力关系，在战时物资短缺的情况下，有效地分配了各种物资。日本战败后，政府无力继续维护这项政策，大企业恢复缓慢，外包系列关系淡化，这些中小企业重新回到市场上自由交易。在战后经济复兴时期，日本中小企业以灵活的经营方式，比大企业更快地恢复了生产。在 1950 年代初，日本企业之间的交易有超过 40% 以上是通过投标来进行的，中小企业拥有很大的自由度。但是随着日本大企业恢复活力，没有技术积累和品牌效应的中小企业经营环境开始恶化，他们要么在大企业顾及不到的缝隙市场上继续拼搏，要么归附到大企业的生产体系中去，重新成为外包系列的一个组成部分。

随着日本经济进入高速增长阶段，日本大企业的生产也迅速扩大，如何确保零部件的供应，就成了大企业需要及时解决的问题。当时一些大企业的采购部长在给零部件生产商发出增产订单后，往往会亲自去零部件生产企业，一边帮忙做事一边等着零部件的加工完成。等拿到零部件后，还会拎着清酒去零部件生产企业进行慰问，可见确保零部件的供应在当时并不容易。同时，大企业也知道那些生产零部件的中小企业与大企业在技术上存在着很大的差距，为了能获得质量稳定、价格便宜的零部件，日本大企业加强了与零部件供应企业的联系，不仅给这些中小企业提供产品的生产信息，还传授必要的技术，从而确保了在扩大生产时的零部件需求。

1958 年，日本政府就指出：大企业转向大量生产体制后，就必然会按照大企业的需求嗜好形成外包系列。而那些拥有一定技术水平的中小企业也迟早会进入某一大企业的外包系列。后来日本企业的发展历程证明了这种论断。日本很多大企业都把零部件生产外包出去，这样的外包比例一直居高不下（参见图 4–6），形成了比较稳定的外包企业系列。

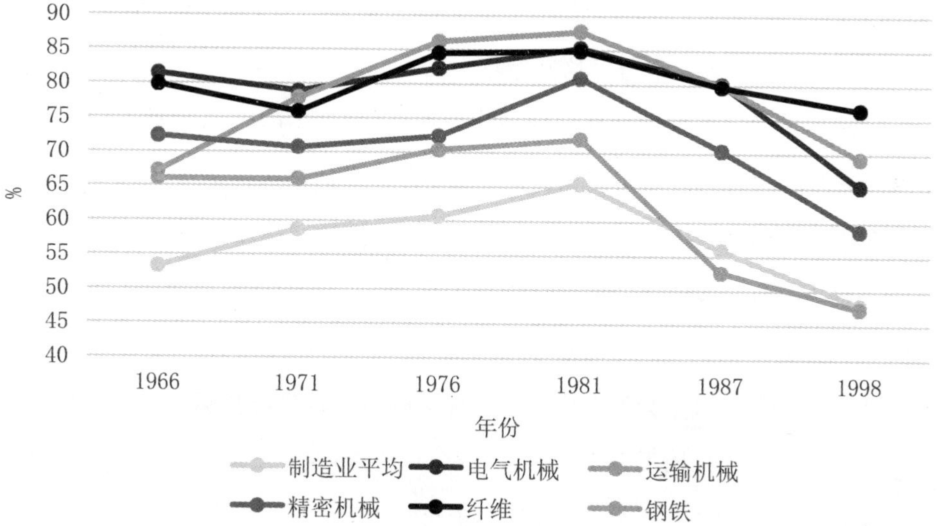


**图 4–6 日本制造业各行业外包企业比率**

资料来源：港徹雄『日本のものづくり競争力基盤の変遷』日本経済新聞出版社，2011

## 日本外包系列的特色

丰田汽车给外包企业发订单的时候，产品价格是按照下面的方式计算的：产品单价 = 直接材料费 + 直接劳务费 + 制造间接费用 + 一般管理销售费用 + 折旧费。其中，直接劳务费是按照每小时工资 × 加工时间计算的。在 1960 年前后，丰田汽车员工每小时工资基准是 450 日元，外包企业的工资是 180 日元。尽管丰田汽车员工的工资是外包企业的 2 倍多，但如果外包企业的生产时间也是 2 倍多的话，丰田汽车把业务外包出去就没有经济方面的意义，所以丰田汽车必须对外包企业进行技术指导和经营管理。而外包企业为了获得丰田汽车的订单，同时也为了提高自己的技术能力和经营能力，也非常乐意接受丰田汽车的指导和管理。这就造成外包企业的生产事实上已经成为丰田汽车生产系统的组成部分。

丰田汽车以极高的频率定期召开外包企业的经营干部会议，通报采购方针和生产计划。外包企业就根据会议的通报，筹划各自的生产，紧密地配合丰田汽车的生产。而丰田汽车也会定期地向外包企业公开相关的采购、生产和销售的各项数据，和外包企业分享这些信息。

同时，丰田汽车的相关部门也会深入外包企业的内部，在具体的生产方面进行指导和控制。比如，丰田汽车的购买部不仅负责从外包企业那里采购零部件，还要负责对外包企业的产品质量进行检查。有时候还会帮助外包企业获得银行融资，解决外包企业的经营问题等。对资金周转困难的外包企业，丰田汽车都非常积极支援，但主要都是通过银行的融资，丰田汽车本身并不直接贷款给外包企业。虽然丰田汽车会派人到外包企业去检查零部件的质量，但最终还是希望外包企业在零部件质量稳定之后，能够自行进行检查。为此，丰田汽车也会连续地向外包企业输出技术，指导外包企业的质量管理（参见图 4–7）。

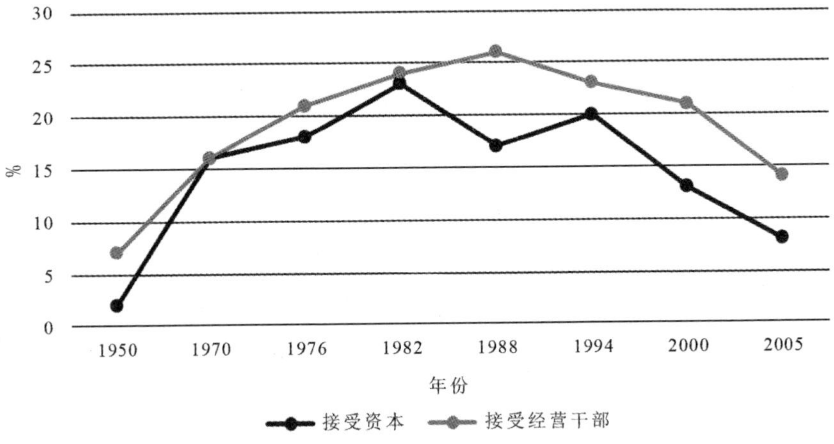


**图 4–7　外包企业接受大企业资本和经营干部的比例**

资料来源：港徹雄『日本のものづくり競争力基盤の変遷』日本経済新聞出版社，2011

日本的外包企业往往还会把部分业务再次外包出去，从而形成第一次外包企业和第二次外包企业等多层次的交易结构（参见图 4–8）。在美国，汽车企业往往会和数千家零部件企业直接交易，但是在日本，汽车企业虽然外包业务的比率很高，但直接交易的外包企业都控制在 300 家以内。第一次外包企业往往会拥有 20 多家第二次外包企业，实际上为汽车生产企业承接外包业务的企业最终达到了数千家。不过，日本的生产企业并不会和第二次外包企业直接交易，由于第一次外包企业的数量有限，这样生产企业就能够更好地管理和控制外包企业。对第二次外包企业的管理也都交给了第一次外包企业去做。当生产企业对第一次外包企业进行有效的管理和控制后，也能对第二次外包企业产生相同的效果，而生产企业对第二次外包企业却不用负任何责任。

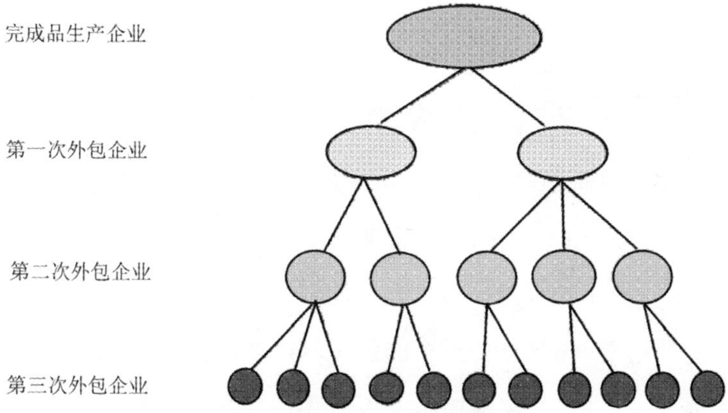


**图 4–8 日本企业外包系列示意图**

资料来源：経済産業省中小企業庁

第一次外包企业对第二次外包企业采取的措施复制了生产企业对他们采取的方式。比如，在外包产品的定价方面也采取了相同的方式，只是工资基准不同。比如 1960 年，丰田汽车员工的工资基准是 450 日元 / 时，第一次外包企业的平均工资基准为 180 日元 / 时，那第二次外包企业就按照 100 ～ 150 日元 / 时的工资基准来计算。第一次外包企业为了确保自己的利益，也必须对第二次外包企业进行技术和经营方面的管理。如果第二次外包企业还要把部分业务外包给第三次外包企业的话，他们采取的措施也是复制第一次外包企业的。外包企业不断地把部分业务再分包出去，这样的多层次交易结构形成了外包业务的垂直化分工，强化了这些外包企业的专属性。

20 世纪 60 年代后，生产企业为了确保产能，有意识地增加了这种专属性外包企业的数量。到 80 年代，有超过 30% 的日本外包企业，其销售额的 75% 以上，依赖于一家生产企业的外包订单。而专属性外包企业的增加，对中小企业的技术进步也起到了促进作用。到 1980 年代，日本的外包企业不仅能够按照生产企业的设计来生产相关零部件，而且还能主动设计相关零部件，在得到生产企业的认可后进行生产。这样的技术进步也成了日本汽车企业国际竞争力增强的一个原因。

### 二重结构的争论

不过，在 20 世纪 50 年代以后，日本大企业利用外包企业进行生产的行为曾经引起日本社会的争议，受到过批判。

日本的大企业争相利用外包系列与他们在国际上的竞争力相对劣势也有密切关联。为了在国际市场获得更多的份额，日本企业必须与国际性大企业进行竞争。如在汽车行业，与美国相比，1950 年代日本的汽车工业还处在发展的初级阶段，无论是技术、生产设备还是资本方面，日本的汽车生产企业都无法与美国汽车生产企业抗衡。而落后的生产技术也使得日本汽车生产的成本高于美国企业。对日本企业来说，当务之急就是要想方设法地降低生产成本，从价格方面获得竞争力的突破，所以日本的汽车生产企业积极通过外包的形式来削减生产成本。从 20 世纪 50 年代中期以后，日本的生产企业每年都让外包企业降价 5%，在 1960 年到 1962 年之间，甚至还提出过让外包企业降价 30% 的严酷要求。对汽车生产企业来说，把业务大量外包出去也有助于降低企业组织运营的成本。

比如在1960年前后，第一次外包企业的员工平均工资只有丰田汽车员工平均工资的30%～40%。积极利用外包无疑使丰田汽车减少了雇佣的压力，同时也意味着生产成本能够进一步压缩（参见表4-3）。

**表4-3 丰田汽车与外包企业之间员工薪资差**

| 员工 | 丰田汽车（1959年7月） | | | | 中庸弹簧（1961年3月） | | | |
|---|---|---|---|---|---|---|---|---|
| | 人数/人 | 基本工资/日元 | 基准外/日元 | 合计/日元 | 人数/人 | 平均年龄/年 | 平均工龄/年 | 平均工资/日元 |
| 工长 | 58 | 46697 | 10237 | 56934 | 1 | 34.0 | 12.8 | 46947 |
| 组长 | 216 | 39479 | 12033 | 51512 | 6 | 35.8 | 11.1 | 36956 |
| 班长 | 397 | 34097 | 11413 | 45510 | 12 | 31.3 | 9.8 | 30381 |
| 男员工 | 2694 | 24805 | 8197 | 33002 | 84 | 24.3 | 3.2 | 15622 |
| 女员工 | 126 | 16388 | 4235 | 20623 | 31 | 26.8 | 4.2 | 12088 |
| 男临时工 | 1550 | 8434 | 2458 | 10892 | — | — | — | — |
| 女临时工 | 68 | 6274 | 1100 | 7374 | — | — | — | — |

资料来源：植田浩史「日本における下請制の形成」（『三田学会雑誌』101卷4号），2009

朝鲜战争之后，日本的大企业迅速地积累大量资本，在国民经济中重新获得重要的影响力，再次确立了日本的大企业体制。与此同时，中小企业在实力不对等的状况下发生了很多与大企业之间的纠纷，起因包括外包费支付的拖延、大企业的垄断联盟造成的原材料价格上涨以及银行融资偏向大企业等。而大企业与中小企业在员工薪资方面的巨大差距更是让大家清楚地看到大企业与中小企业之间的结构性差距，这个问题以“二重结构”的命题被提出来。很多学者批判日本这种二重结构的落后性，1957年版的《经济白皮书》也阐述了日本政府对这个问题的观点。

在日本的雇佣结构中，一方面是现代企业制度下的大企业，另一方面是旧式的劳资关系下的中小企业以及作坊和农业，这两个方面存在着两极对立的关系，企业规模的不同带来了员工薪资的差距。在中小企业里，基于现代劳使关系的员工比率非常低，家族性劳动者的比重非常大，薪资也相对较低。也就是说，在一个国家里拥有先进国家和落后国家的二重结构。同时，由于雇佣的惯性，只出现从大企业的员工转向中小企业，而很少有中小企业的员工转到大企业去的现象。不过，正如日本政府认为的那样，正是因为有这样的差距存在，中小企业与大企业之间形成了互补关系，二重结构成了日本企业获取国际性竞争力的基础。大企业争相把中小企业编入自己的外包系列中去，即利用了这种差距带来的调节作用，同时对这些中小企业各方面的支援，也锻炼了中小企业的能力，提高了他们的竞争力。

# 第五章 Chapter 5

## 神话的诞生

## 1．与巨人的正面对抗

### 自由化的威胁

20世纪50年代，在美国的帮助下，日本经济很快得以复苏。到1953年，日本的GDP超过了二战前的最高水平。1956年，日本政府借《经济白皮书》宣布，日本已经告别了战后岁月。在此前后，日本先后加入了联合国、关税及贸易总协定（GATT），重新回归国际社会，这为日本经济的发展创造了有利的条件。1960年6月，迫于国际社会的压力，日本政府制定了贸易外汇自由化计划，开始了日本的对外贸易自由化时代，并在1964年接受国际货币基金组织（IMF）协议8条规定，原则上不再对进出口贸易的对外结算设置任何官方限制。从1967年开始到1973年，日本按照对国内产业冲击程度的不同，分5次落实了资本自由化的各项措施。

在此之前，日本采取了非常严格的外汇管理制度，通过限制进口用汇，从而限制了进口量。这是由于当时日本外汇严重不足，同时为了保护和培育国内羽翼未丰的企业，不得不采取这样的政策措施。但是随着日本对外出口的增加，日本国内外对贸易自由化的呼声越来越高。日本政府不得不顺应这一历史发展的潮流，制定了贸易自由化的政策（参见表5-1）。但贸易自由化对日本企业来说却是一把双刃剑，虽然可以自由地扩大出口，但竞争力相对薄弱的日本企业很难抵御在资金和技术方面都具有优势的欧美企业。

表 5-1 日本贸易自由化实施步骤

| 年 | 月 | 自由化率 /% | 非自由化商品数 / 种 |
|---|---|---|---|
| 1960 | 4 | 41 | |
| | 7 | 42 | |
| | 10 | 44 | |
| 1961 | 4 | 62 | |
| | 7 | 65 | |
| | 10 | 68 | |
| | 12 | 70 | |
| 1962 | 4 | 73 | 492 |
| | 10 | 88 | 262 |
| | 11 | 88 | 254 |
| 1963 | 4 | 89 | 229 |
| | 6 | 89 | 227 |
| | 8 | 92 | 192 |

资料来源：大蔵省関税局编『関税百年史』（下卷）日本関税協会，1972

很多日本企业认为，自由化就是第二次“黑船”来袭。第一次黑船来袭是1853年，美国的佩里舰队来到日本，叩开了日本长达200多年“闭关锁国”的门户。用黑船做比喻，说明日本企业认为自由化是历史性的转机。当时日本在贸易方面的国际收支呈赤字状态，日本企业不无担心（参见图 5-1）。对即将来临的自由化时代，日本企业感受到的压力多于期待，这一年开始担任富士胶片社长的小林节太郎，在他的就任演说中反映了当时日本企业的这种心态。小林社长在演说中指出：富士胶片从创业以来，长期得到了日本政府产业扶助、法人税免除、进口限制等各种政策的保护，在外国产品不能进入的日本国内市场上，富士胶片面对的竞争对手非常有限。但是随着贸易自由化的到来，在日本国内市场就会遇到强劲的国际竞争对手。富士胶片不仅需要在海外市场上进一步提高产品竞争力，在国内市场上也必须花更多的心血，才能巩固原来的市场地位。所以在贸易自由化面前，富士胶片必须要用国际标准来要求自己，公司需要总动员起来，上下拧成一股绳来面对创业以来的最大挑战。

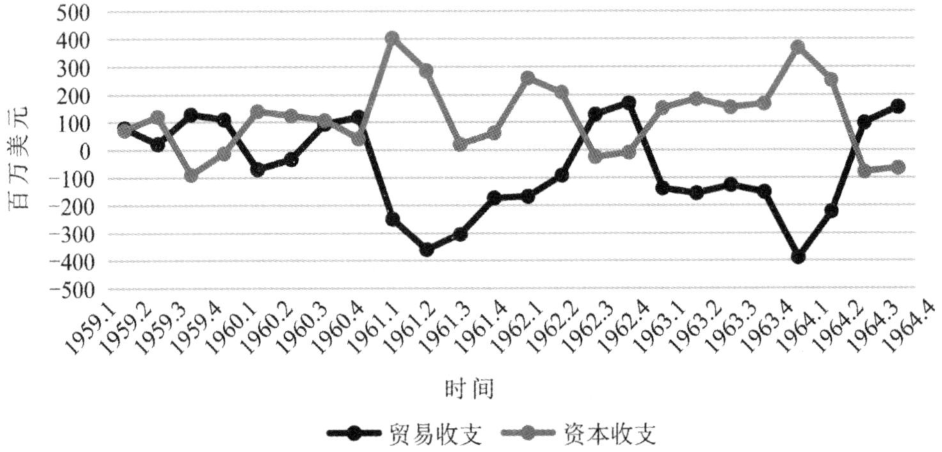


图 5-1 日本贸易 · 资本自由化前后的外汇收支状况

资料来源：大藏省「財政金融統計月報」

危机感在很多时候也能成为企业突破的动力。在自由化的道路上，很多日本企业不得不想方设法地提高自己的竞争能力。正是由于抱有开拓市场的坚定信念，敢于面对外资压境，日本企业走进了创造神话的时代。

## 对外资企业的背水一战

在日本政府准备落实贸易和资本自由化的时候，小松制作所充满了难以继续生存下去的危机感。创立于 1917 年的小松制作所原本是一家矿山企业，因为这层关系，很早就研发生产矿山所需的卡车、推土机等建筑和采矿设备，在日本的建筑机械行业里具有领先的地位。由于日本政府的保护政策，小松制作所利用其在日本国内的技术优势，在日本的经济复苏和高速增长初期也得到了迅速的发展，到 20 世纪 60 年代初，小松的推土机占据了日本国内市场一半以上的市场份额。

但是和世界最大的建筑采矿设备企业卡特彼勒相比，小松制作所就显得很孱弱了。1961 年，卡特彼勒的销售额是 8.3 亿美元，员工为 3.6 万人。而小松制作所的销售额只有 443 亿日元，员工不到 1 万人。更重要的是，小松制作所的推土机在质量上也不能和卡特彼勒相比。卡特彼勒的推土机在使用 5000 小时后才需要分解维修，而小松的推土机在使用 3000 小时后就必须分解维修了。1953 年，日本在修建佐久间水库的时候曾经同时使用了卡特彼勒和小松的推土机，结果在采取岩石的工地现场，小松的推土机故障连连，无法正常使用。水库的修建只能依靠卡特彼勒的推土机，这也显示出卡特彼勒和小松制作所之间的实力差距。

如果具有如此超强实力的卡特彼勒在贸易自由化之后进入日本，小松制作所就可能无法继续生存下去，更不用说日本其他的建筑采矿设备生产企业了。所以日本政府向日本建筑机械行业传达了到 1964 年落实贸易自由化的通知后，引起了这个行业里所有企业的恐慌。日本建筑机械行业的企业如小松制作所、新三菱重工、三菱日本重工、日立制作所等都希望和卡特彼勒合作，引进技术，从而化解危机，维持在日本市场上的地位。但卡特彼勒并不愿意和日本企业分享技术，他们要的是日本的市场。卡特彼勒在接到日本企业希望合作的信件后，在第二年即 1961 年派遣调查团来到日本，选择了从来没有生产过推土机的新三菱重工为合作对象，准备成立合资企业，生产卡特彼勒产品在日本市场销售。这个合作对小松制作所的打击非常大，在这个消息发布后，小松制作所的股价从 300 多日元一下子跌到了 62 日元，这说明市场对小松制作所的未来毫无信心。小松制作所更是感到了生存的压力，联合其他建筑机械的生产企业一起向通产省提出反对意见，但没有被政府采纳。小松制作所只有想办法与强大的卡特彼勒竞争，才有继续生存下去的机会。为此，小松制作所制定了 A 对策，把抗衡卡特彼勒作为企业的头等大事，背水一战。

## 小松制作所阻击成功

小松制作所采取了三条措施，第一条是向政府提出抗议，反对卡特彼勒和新三菱重工成立合资企业，第二条是企业上下全体强化质量管理，第三条是放弃自己的发动机，采用美国的发动机。第一条实际上只起到了争取时间的作用，因为小松制作所的反对，卡特彼勒和新三菱重工的合资企业原定是于1963年初成立，年底投产，但后来不得不延迟到1963年末成立，1965年才投产。其中虽然有三菱系的3家重工企业的合并等因素，但最主要的原因还是小松制作所的反对活动。小松制作所为自己争取到1年多的时间，而他们必须在这个时间里形成可以和卡特彼勒相抗衡的能力。

要与卡特彼勒相抗衡，对小松制作所来说，除了提高产品质量之外也没有其他办法可用。小松制作所以社长的长子河合良一专务为核心成立了A对策本部，并邀请在日本科学技术联盟负责推进产品质量的石川馨教授，来指导小松制作所开展产品质量管控的工作，决定要以争取获得日本质量管理的戴明奖为目标。在石川教授的建议下，小松决定实施企业全面质量管理（TQC），在不计成本、严格要求的方针之下，小松的全体员工都参与了提高产品质量的活动。

A对策分为两步走。第一步是改进自己的产品。首先从分解卡特彼勒的产品开始，然后再分解小松自己的产品进行对比，并且制定了小松制作所自己的目标，即：要求小松的产品第一次分解维修的时间要和卡特彼勒一样达到5000小时；正常运作比例达到90%；维修费为产品价格的1.3倍；机械寿命达到1万小时；操作和维修更加合理化；等等。通过一系列分析调查和试验，小松发现了他们产品的1657个问题，同时也发现只是对现有产品进行修改是无法克服这些问题的。于是小松重新设计了3种车型，以期彻底解决这些问题，进而达到提高产品质量的目的。到1962年，卡特彼勒和新三菱重工正式发布合资消息的时候，小松已经完成A对策计划的第一步，生产出3种车型共计96辆推土机。

他们把其中的 88 辆交给选定的客户实际使用，2 辆留在工厂里做试验，还有 6 辆交给试验部实施昼夜不停的连续运作试验。在经过 2000 小时的连续运作之后再分解查看，对零部件的损耗情况进行调查。通过客户的实际使用和内部的严格试验，小松找到了问题并对零部件进行了改良。这样，小松的产品质量有了明显的提高。到 1963 年 6 月，小松的新车型进入了量产阶段。同时，小松又设立了负责销售和售后服务的质量管理委员会，对卡特彼勒的销售和售后服务进行分析研究后，制定了小松的销售服务标准和手续流程。销售和售后服务的质量管理委员会对小松的营业部门进行了培训，要求营业人员在 3 个月内必须对客户企业进行 2 次回访，事故维修必须在 3 天内完成。

营业部门的活动收集到很多信息，并及时地反馈到设计部门，设计部门又及时与生产部门沟通，形成了企业上下良好的信息循环，促进了小松产品质量的提高。1964 年，小松制作所获得了戴明奖，A 对策第一步的目标全部达到。

A 对策的第二步是放弃小松制作所自己研发的发动机，采用美国康明斯生产的发动机，这也是提高产品质量的重要环节。当时康明斯的发动机代表了世界最先进水平，成本低噪音小，与小松的发动机相比还能节省 20% 的汽油。所以小松果断地放弃了自己研发的发动机，改用康明斯的发动机。在 1961 年 6 月，小松与康明斯签订了成立合资企业的协议，派遣了 30 名技术人员去康明斯的美国工厂实习。通过学习，小松的技术人员掌握了康明斯的专利技术，在 1963 年成功地生产出合格的康明斯发动机，并在 1964 年开始量产，此后，小松的推土机等产品都使用了康明斯的发动机，使得小松的产品更加具有市场竞争力。

小松采取全面质量管理，迅速地提高了产品质量，形成了与卡特彼勒相抗衡的竞争能力。所以尽管从 1965 年开始，卡特彼勒三菱在日本生产卡特彼勒产品，但小松并没有受到打击，而是继续保持着日本市场占有量第一的优势。小松以提高自己产品的质量为武器，在外资企业的技术优势下，成功地捍卫了在日本市场的地位（参见表 5–2）。

表 5-2　小松制作所推土机销售额和在日本的市场份额

| 年份 | 销售额 / 亿日元 | 市场份额 /% |
| --- | --- | --- |
| 1964 | 647 | 51.9 |
| 1965 | 701 | 53.7 |
| 1966 | 803 | 54.5 |
| 1967 | 1064 | 50.5 |
| 1968 | 1459 | 52.8 |
| 1969 | 2076 | 59.1 |
| 1970 | 2411 | 57.8 |

资料来源：宇田川勝、佐藤博樹など『日本企業の品質管理』有斐閣，1995

## Made in Japan 与劳动者的劳动意欲

小松制作所依靠产品质量的提高，成功地捍卫了他们在日本市场上的地位。实际上这也是很多日本企业在世界市场上获得成功的原因之一，日本也因此获得了世界工厂的称号。

不过，在日本刚刚被称为世界工厂的时候，日本产品的国际声誉并不高。盛田昭夫曾经指出，从战前开始，外国对日本的高级产品基本上一无所知。外国人知道的日本产品都是廉价的东西，他们认为日本制造就是粗制滥造的代名词。实际上不仅外国人如此想，就连日本人自己也是这样认为的。城山三郎的短篇小说《日本制造》（1955）中就有一段精彩的描述，说当时的商社推销员不想按照国际惯例在日本的产品上印上 Made in Japan（日本制造）的标记，因为印上那样的标记，产品的销路就会受到影响。而日本国民也认为欧美企业的产品才是第一流的高极商品。当时日本的百货商店把那些海外进口产品称为舶来品，陈列在橱窗里，标上高价，用橱窗玻璃把商品和日本消费者隔离开来，从而产生了一种让一般消费者可望不可及的高贵印象。

但这种状况很快就改变了。由于日本企业重视产品质量，争相夺取质量管理的最高奖项戴明奖，日本企业的产品质量迅速提高，很快就让“舶来品”成为被人遗忘的名词。Made in Japan 不再是粗制滥造的代名词，而是价廉物美的标签，进而更成为品质保证的象征。而这样的进步，与日本企业员工旺盛的劳动意欲有密切的关系。

在小松制作所分拆卡特彼勒推土机的时候，员工们都惊叹卡特彼勒产品制造的精密，使用了数千小时后依然没有漏油的地方，为了把卡特彼勒拧紧的螺丝拧开，还弄坏了不少小松制作所的工具。这种先进的产品激发了小松员工的斗志，他们往往把铺盖搬到工厂里，抓紧时间，日夜奋斗。这样的加班加点也并不是小松独有的现象，而是在当时日本企业里普遍存在。员工为了攻克技术上的难关，都会全身心地投入到工作中去，这从他们劳动时间的统计上也可以看出来。从 1950 年代到 1960 年代，日本企业员工的实际劳动时间远远高于规定的劳动时间，尤其在 1960 年前后，一年的实际劳动时间超过了 2400 多个小时，比规定劳动时间多了 200 多个小时（参见图 5-2）。日本企业员工这样忘我的劳动意欲支撑了日本企业的发展，也使得日本企业在经济高速增长时期创造了许多的神话。

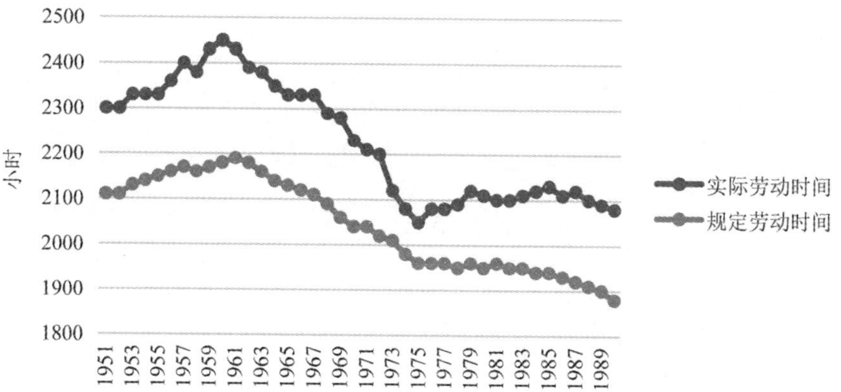


**图 5-2 企业员工年规定劳动时间和实际劳动时间**

资料来源：厚生労働省「毎月勤労統計調査」

## 2. 模仿与超越

### 从引进技术开始

电视机生产领域完美地展现了日本企业创造的神话。在1950年代初，日本企业还不会生产电视机，但在不到20年的时间里，日本企业不仅掌握了电视机的生产技术,还成功地在市场上驱赶了欧美企业,引领了世界电视机行业的发展。

索尼出身的原田节雄在《索尼破坏者的系谱》中揭露：后来在电视机领域里创造神话的索尼，就是在1960年代初把八欧电机[①]的电视机制造部门整个挖过来后才进入电视机领域的。不过这也并不需要惊讶，在那个时期，并没有几家日本企业拥有生产电视机的能力，几乎所有后来生产电视机的日本企业都是在这段时期里，通过各种手段引进技术才发展起来的。

实际上日本研究电视机的历史并不短，在上个世纪20年代就开始研究电视收信技术，这与当时世界的电视机研究水平不相上下。在1925年英国发明家约翰·贝尔德有线电视的实验获得成功的第二年，浜松高等工业的高柳健次郎也成功地开发出显像管的电视信号接收机。但是，日本的研究并没有直接为日本电视机行业的形成和发展做出实际的贡献。

战后，占领当局最初封杀了日本的电子工业，但随着占领政策的改变，很多产业政策也随之发生变化，这其中就包括同意日本重新试制电视机。1948年，最早重新开始研制电视机的是NHK放送技术研究所[②]。在生产企业中，集结了战前电视机研制人才的日本胜利首先开始了电视机的试制。接着东芝、日本哥伦比亚也开始重新试制电视机。1950年，日本成立了电波技术协会，共同研制

---

① 1936年创业的日本家电企业。1946年开始使用将军品牌。1951年开始研发电视机，1953年开始量产17英寸黑白电视机。1956年开始研发彩色电视机，1958年生产世界首创的有线遥控电视机。1960年开始生产彩色电视机。1985年被富士通集团吸收，改名为富士通将军。

② 日本放送协会（NHK）在1930年设立的研究所，通称NHK技研。主要负责电视广播用器材的基础性研究和应用性研究，并定期地把这些研究成果向社会公开。NHK技研也经常和民间企业开展合作，强化研发实力，对把技术转化为产品有很大的促进作用。

电视机。虽然成功地研制出电视机，但产品缺乏稳定性，不能作为商品去销售。起步比其他日本企业晚的松下电器在1951年也开始试制电视机，到1952年2月，试验性生产出了12英寸的电视机。不过首先向市场推出电视机的，却是早川电机工业，即后来的夏普。

早川电机的创始人早川德次是一个发明大王，他在1912年发明了无钻孔皮带扣从而创立了这家企业，虽然这是一家只有3个员工的工坊，但很快就因早川发明的活动铅笔得到迅速发展。然而1923年的关东大地震让早川失去了亲人和工厂，转移到大阪的早川只能从头开始，重新创业。1925年，早川生产出日本最早的矿石收音机，企业再次得以发展。在占领当局允许日本研制电视机后，早川电机没有参加电波技术协会组织的共同研究，而是独自开展了电视机的研制。但当时，日本企业都没有形成独立生产电视机的能力。在二战时期，欧美企业已经完善了电视机的生产技术，美国RCA、英国EMI和荷兰的飞利浦在电视机领域拥有大量的关键专利。日本企业本来就很难绕过这些专利，况且日本企业还缺乏其他与生产电视机相关的技术。日本企业明白，只有和欧美企业合作，才能更快地生产出电视机。当时竟有70～80家的日本企业争相引进美国的技术，最早与欧美企业签订引进技术合同的是神户工业，紧跟着日立制作所、东芝和早川电机也在1952年签订了同样的合同，最后共有42家日本企业和美国RCA签订了引进电视机技术的合同。没有参加日本共同研究的早川电机以最快的速度消化了美国的技术，在1953年2月，最先在日本市场上推出了14英寸电视机，而选择这个型号也让早川电机一直到1956年都保持了市场销售第一的优势。获得专利技术的转让，并不意味着一定能够生产出电视机来。1953年之后，只有23家企业推出了他们的电视机产品。也就是说与美国RCA公司签订专利转让协议的42家企业中，有一半最终没有能够生产出电视机；而能够推出产品的企业，都是在充分消化外国技术的基础上成功的。

RCA最初在与日本企业签订的合同里规定，除了RCA派遣专家到日本企业来进行指导之外，每家企业最多只能派遣2名技术人员到美国RCA工厂实习，但是日本企业想尽办法努力提高学习的效率。比如，日立制作所采用了在美国RCA工厂的前方和在日本工厂的后方紧密联系的方式，高效率地吸收消化了美国的技术。RCA允许来实习的日立技术人员在现场写生或者拍照，他们就及时地把这些资料传回日本，让在日本工厂的技术人员同步仔细揣摩美国的技术并进行实验，然后再把实验中碰到的各种问题传送给在美国实习的技术人员，让他们要求美方予以解答。这样的来回，促进了日立制作所对美国技术的消化。

有效地引进欧美技术，也使一些拥有一定技术基础的企业得以更快地生产出合格的产品来。比如东芝虽然拥有一定的显像管生产能力，但这种显像管离电视机所需要的技术指标还有很大的差距。东芝在1951年就设置了显像管的试制部门，到1952年他们生产了10个显像管，但这10个显像管在耐候性试验中全部破碎。从美国RCA进修回来的技术人员发挥了作用，及时地解决了显像管容易破碎的问题。这样，积极引进美国技术的东芝得以不断改进生产方式，终于在1955年，实现了东芝显像管的量产（参见表5-3）。

松下电器在引进显像管技术的时候，采取了让美国RCA和荷兰飞利浦竞争的方式，从而取得了主动权。本来欧美企业都不愿意提供先进技术，松下幸之助也曾经为此感叹过。他说，尽管我们出价相当可观，但还是很难得到人家最先进的技术和设备。然而经过松下巧妙的周旋，终于获得了飞利浦的鼎力相助，所以在1952年飞利浦与松下电器成立合资企业的时候，飞利浦就给出了优惠的条件，不仅特地为松下电器设计了适合日本市场的简易型电视机，还同意松下电器派遣电视机方面的技术人员到荷兰进修。在飞利浦的帮助下，松下电器形成了比较扎实的竞争能力。1954年，松下电器成功地向市场推出了14英寸电视机。

表 5-3　日本早期电视机和显像管的生产量

| 年份 | 电视机 | | 显像管 | |
| --- | --- | --- | --- | --- |
| | 生产量 / 台 | 增比 /% | 生产量 / 个 | 增比 /% |
| 1953 年 | 13367 | - | - | - |
| 1954 年 | 31370 | 135 | 27000 | - |
| 1955 年 | 136505 | 335 | 217000 | 704 |
| 1956 年 | 312098 | 129 | 516000 | 138 |
| 1957 年 | 612817 | 96 | 908000 | 76 |
| 1958 年 | 1205205 | 97 | 1452000 | 60 |
| 1959 年 | 2872209 | 138 | 3211000 | 121 |
| 1960 年 | 3577525 | 25 | 4185000 | 30 |

资料来源：長谷川信「技術導入と日本のテレビ開発」橋本寿郎編『日本企業システムの戦後史』東京大学出版会，1996

## 无奈的却是明智的选择

引进欧美技术的日本电视机生产企业，需要把销售收入的 5% 作为专利费支付给欧美企业，这实际上是一种很重的负担，也使得日本企业生产的电视机市场售价都比较高。1953 年，早川电机的 14 英寸电视机市场售价为 17.5 万日元，松下电器 17 英寸电视机的市场售价更高达 29 万日元。而当时新入职的公务员一个月工资只有 5400 日元，对他们来说，昂贵的电视机高不可攀。按照当时的统计，早川电机 14 英寸电视机的价格是日本全国劳动者平均月收入的 11 倍，如此之贵的产品对电视机的普及十分不利。

为了扩大电视机的销售，必须降低电视机的价格。这在当时已经是电视机生产企业的一种共同认识。而为了降低电视机价格，除了大量生产，日本企业没有其他的道路可以选择。1952 年，早川电机的创始人早川德次到美国考察了以 RCA 公司为主的美国电视机生产企业，他不仅对美国企业技术优势由衷赞赏，而且对大量生产方式所带来的效益也深有体会，所以早川电机很早就开始准备电视机的量产。然而，日本企业并没有实力对所有尺寸的电视机都进行大量生产，必须在众多的尺寸中选择一个最合适的进行突破。早川根据日本房屋比较窄小的实际情况，选择了 14 英寸电视机进行量产。随后东芝、松下电器等其他企业也纷纷投产 14 英寸电视机，而停止了其他尺寸电视机的生产，这让日本市场上几乎只剩下了 14 英寸电视机（参见图 5-3）。事实证明，早川的选择非常英明，但是 14 英寸电视机独占市场也是世界上绝无仅有的现象。可以说这是一个无奈的选择，但也是日本电子工业发展历史上具有深远意义的选择。

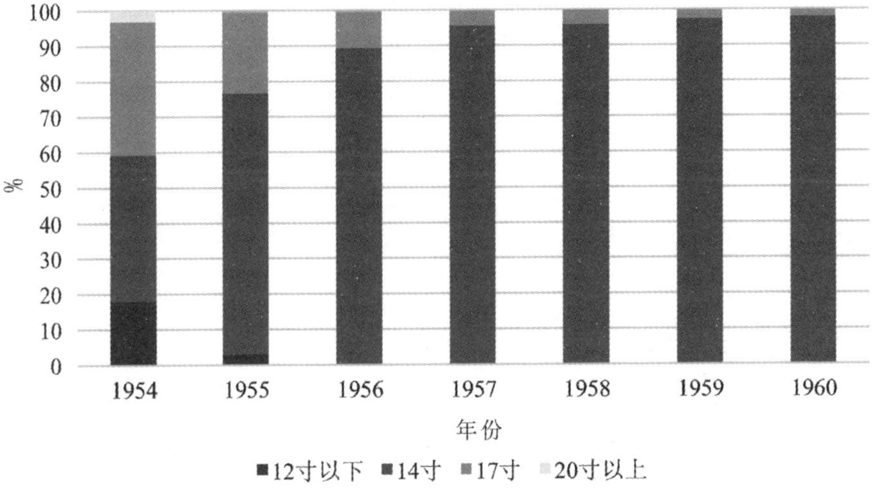


**图 5-3　1950 年代中后期日本电视机不同尺寸生产比例**

资料来源：通商産業省编『電子工業年鑑』電波新聞出版部，1962

集中的量产化带来了巨大的经济效益，电视机的价格急剧下降。1954 年，早川电机就把 14 英寸电视机的价格从上一年的 17.5 万日元降低到 10 万日元以下，这带动了日本市场电视机价格的集体下降，到 1955 年，日本市场上销售的 14 英寸电视机，价格都已经不超过 10 万日元，到 1959 年，更降低到 5 万日元以下。这种价格下降的幅度远远超过同期的美国电视机市场，而急剧下降的电视机价格又吸引了更多的消费者，市场不断扩大。从1958年开始，日本的电视机生产价格已经低于美国，日本集中生产14英寸电视机的规模化经济效益日益明显。

本来日本企业的技术非常薄弱，连量产体制也难以建立起来。量产化也促进了日本电视机生产企业的技术进步。比如，1955年才最终决定生产电视机的日立，就在量产化道路上走得异常艰苦。经过不断的尝试，到1957年，日立才终于达到月产数千台的量产规模。具有量产经验的松下电器在开始生产电视机的时候，也遇到了量产不顺利的问题。据当时的员工回忆，在1953年，松下电器刚开始生产电视机的时候，产品合格率非常低，几乎没有一台电视机是不需要修理就能出厂的。不过，松下电器并没有退缩，他们在1958年开始实行用秒表和WF法①设定的标准时间，以科学管理的方式改革了生产过程，最终确立了量产体制。

从日立制作所户塚工厂的数据中可以看到日本企业电视机量产化的进步。1956年，110个人每月生产200台电视机，平均每人每月生产1.8台电视机。到1959年就发展到每人每月可以生产15.6台了。

量产化还带动了整个产业链的技术进步。电视机的量产带来了零部件市场的扩大和零部件质量的提高，同时使得这些零部件的价格不断下降。比如日本集中生产14英寸电视机，就使同尺寸的显像管价格迅速下降，同时这样的集中生产也使各种零部件的规格得到统一，让生产成本得以进一步下降。由于日本的客户非常挑剔，到1955年，日本对产品质量要求的最低标准就已经超过了美国。由于生产量的扩大，零部件生产企业也就能够接受组装生产企业近乎苛刻的质量要求，同时还在努力地不断改善产品的质量。这样到1960年左右，日本的收音机和电视机的零部件质量基本上达到了世界一流的水平，这也成了日本电视机高品质的基础。

---

① Work Factor Analysis，WF分析法，简称WF法。通过对工人作业时各种动作的分析，测定出劳动的标准时间。

## 残酷的竞争带动行业的飞跃

由于日本企业都在生产14英寸电视机，市场竞争的激烈程度可想而知。

电视机生产必须有量产体制，而最早进行大规模投资的早川电机因此获得了最多的市场份额。1953年，早川电机从3000万日元增资到1.2亿日元，筹集到建设新工厂的资金。1954年6月工厂建成投产后，早川电机形成了月产1000台电视机的生产能力，这使得早川电机14英寸电视机的售价跌破10万日元，获得了遥遥领先的市场份额。这样的效果刺激了其他同行。东芝在1953年建成的小向工厂，最初的月产能力为150台电视机，之后不断增加产能，到1956年增加到2800台。由于东芝采用在1956年开发的90度偏向盾背显像管生产14英寸电视机，受到了市场的欢迎，这款电视机的产量到1957年就超过了5万台，也使得东芝的市场份额从1954年10%左右上升到1957年的20%，市场占有率第一。但是，松下电器的量产能力更是呈几何式增长，他们在1954年投资1.5亿日元建设了月产5000台电视机的门真工厂，到1958年，又建成月产能力达4万台的茨木工厂，并在第二年又增加到月产8万台，这为松下电器在1960年之后长期占据日本市场份额第一，打下了基础。

日本企业不仅在量产体制方面加大了投资，在电视机的研发方面也是各显神通，争相推出了技术革新的新产品。1955年，松下电器率先全面采用晶体管零部件，降低了产品的重量，也降低了产品的售价。早川电机和松下电器几乎同时使用金属材料代替木材来做电视机的外壳，从而又大幅度地降低了售价。由于日本当时的电力供应非常不稳定，日本企业争先恐后地采用了静电聚焦的荧光显示屏。为了增加显示屏的亮度，三洋电机和日立制作所都先后采用了90度偏向盾背显像管，而东芝开发出来的显像管在性能方面更是胜人一筹，所以取得了更多的市场份额。

在这一时期，日本电视机市场方兴未艾，竞争十分激烈。首先进入量产阶段的早川电机连续4年占据了日本市场第一的位置，但是从1958年开始，早川电机的市场份额逐步下跌，拥有更为先进的显示屏技术的东芝取代早川电机，获取了市场第一的桂冠。但是很快，东芝又被量产能力更强的松下电器所取代。1960年，松下电器夺得了日本电视机市场份额第一，并长期维持了这份业绩（参见表5–4）。

也就是在1960年，索尼推出了他们第一款电视机，不过，这个日后驰名世界的企业在那个时候还只是刚刚榜上有名，其实力远远不能撼动松下电器在电视机方面龙头老大的位置。但索尼推出的这款电视机还是值得注意的，因为这款电视机采用了晶体管技术，而正是这种技术，让日本企业实现了在电视机市场赶超美国的梦想。

**表5–4 日本电视机市场排名和份额**

| 名次 | 1954年 | 1958年 | 1962年 | 1967年 | 1970年 |
|---|---|---|---|---|---|
| 1 | 早川 25.4% | 东芝 18.2% | 松下 22.3% | 松下 28% | 松下 30% |
| 2 | 东芝 17.5% | 松下 17.3% | 东芝 17.6% | 东芝 27% | 日立 17% |
| 3 | 松下 16.0% | 早川 16.9% | 日立 12.0% | 日立 10% | 东芝 15% |
| 4 | 八欧 11.6% | 日立 10.6% | 三菱 10.1% | 三洋 9% | 三洋 10% |
| 5 | 哥伦比亚 10.2% | 三菱 9.9% | 三洋 10.0% | 三菱 7% | 索尼 5% |
| 6 | 七欧 5.8% | 三洋 9.3% | 早川 6.8% | 胜利 5% | 夏普 5% |
| 7 | 三鹰电气 4.3% | 八欧 8.0% | 八欧 5.8% | 夏普 4% | — |
| 8 | 山中电机 2.5% | 日本胜利 4.5% | 日本胜利 5.2% | 哥伦比亚 4% | — |
| 9 | 三菱 1.5% | 哥伦比亚 4.4% | 哥伦比亚 5.0% | 通用 1.5% | — |
| 10 | 三光 1.2% | 大阪音响 0.9% | 索尼 2.4% | 新日电 1.5% | — |
| | 其他 4.0% | — | 新日电 1.6% | 索尼 1% | — |

资料来源：平本厚『日本のテレビ産業』ミネルヴァ書房，1994

注：1967年以后为彩色电视机的统计数据

## 进军全球电视机市场

1952年，在日本的神户工业和美国RCA公司首先签订专利转让协议时，大概没有人会想到在10年之后，美国和日本的电视机行业会出现攻守交替的变化。

1962年之后，日本主要的电视机生产企业如松下、东芝、日立等都成功地进入了美国的电视机市场。但这些企业的电视机基本上都是以OEM的形式或者以西尔斯（Sears）等零售商的品牌进入美国，这主要是因为日本电视机虽然有价格优势，但日本品牌在美国并没得到认可。到1963年，由于日本电视机的价格平均比美国生产的电视机便宜35%，日本电视机迅速占领了美国市场，结果日本电视机很快成了日美贸易的大问题。

从当时的调查资料来看，1960年代初期，日本企业和美国企业在电视机生产方面所需工时基本相同，而当时日本工人的平均收入是每小时0.23美元，而美国工人为1.76美元，日本工人的平均收入只有美国工人的13%。不过在整个电视机生产的成本里，劳务费只占10%，而材料费要占75%，其中显像管和外壳占据了大部分成本。在1959年的时候，日本的显像管、收信管等零部件的价格也已经具有了国际竞争力，也就是说，日本电视机的竞争力不仅有廉价劳动力方面的优势，也有零部件价格方面的优势。除此之外，当时的日本电视机生产企业的生产规模也都达到50万～100万台，也具有了规模性效益的优势。而且由于日本电视机生产主要集中在14英寸这一款产品上，企业之间的竞争异常激烈，这不仅促使了生产成本的降低，同时也促进了产品质量的提高。这样，价廉物美的日本电视机获得了更多的世界市场份额。

就在日本黑白电视机的国际竞争力不断增强的时候，彩色电视机开始得到普及。日本电视机生产企业希望再次复制黑白电视机的成功经验，纷纷投产彩电。

1960年，日本继美国之后成为世界上第二个正式开播彩色电视节目的国家，日本也进入了彩电的时代，但在此时，日本企业还没有掌握好彩电的生产技术。虽然从 1950 年代初日本就开始研发彩电，并且在通产省和邮政省的支持下，NHK 技研和东芝、日立制作所、松下电器以及旭特殊硝子、大日本涂料等日本企业还组织了共同研发委员会，共同研发彩电显像管，但这并没有让日本企业具备独立研发和生产彩电的能力。就在日本正式开始播放彩色电视节目的 1960 年，为了满足彩电的市场需求，东芝、日立等企业还是与 RCA 签订了技术引进合同，日本企业仍需要向 RCA 支付产品价格的 5% 作为技术转让费。

不过这时候美国企业也并没有很好地解决彩电的调节和维护等技术问题，从 1954 年到 1964 年，美国的彩电普及率也只有 2.9%。普及率得不到提高，产品的价格也就很难下降。当时，RCA 小尺寸彩电的售价为 495 美元，而从美国引进技术的日本，17 英寸彩电的价格更是达到了 1100 美元。从日本和美国的平均收入来看，日本国民当然更难以承受日本彩电的价格。为了开拓市场，日本企业不得不亏本推销产品。三菱在 1961 年向市场推出了 35 万日元的 17 英寸彩电，东芝也在同年推出了 19.8 万日元的 14 英寸彩电。包括松下在内的许多日本企业都做了类似的努力，但是他们也坦诚地指出，这样的价格是亏损的，卖得越多亏得也就越多。所以如何迅速地让彩电降价，显得更为紧要。

日本企业本来希望和黑白电视机一样，能够通过集中一个型号的彩电生产达到降低售价的目的，但是由于经济环境和市场条件都发生了变化，统一型号的努力没有达到预期的目的。在 14 英寸、16 英寸、17 英寸、19 英寸的选择上，日本企业的步调没有统一，到 1965 年，日本的彩电主流市场上，19 英寸彩电有 15 种产品、16 英寸彩电有 8 种产品，而且还有 14 英寸彩电等多种产品。多种多样产品型号的存在，使得生产的规模性经济效应很难出现，彩电的市场价格也一直居高不下，日本企业实在想不出更好的方法来摆脱这样的困境。幸好，从 1964 年开始，美国的彩电开始加速普及，美国企业的生产跟不上市场的需求，这给了日本企业非常好的机会。由于在黑白电视机方面，美国的零售商已经利用 OEM 等方式进口了很多日本产品，所以在彩电时代，这些企业很自然地再次与日本企业合作。1964 年，日本开始向美国出口彩电，这一年出口了 1.7 万台，到 1966 年达到了 26.7 万台，日本彩电出口量不仅增加迅速，还占据了出口美国电视机总量的半壁江山（参见图 5-4）。

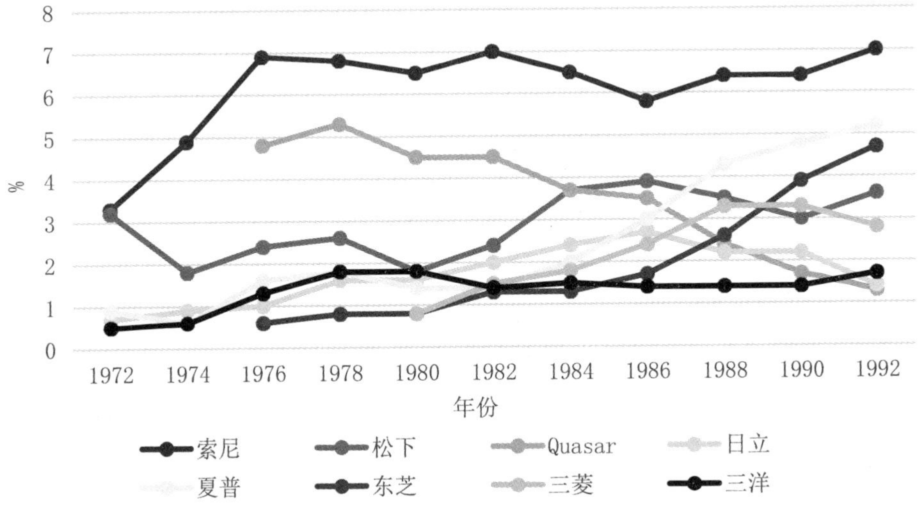


注：Quasar 是松下电器的品牌

**图 5-4　日本品牌在美国市场上的份额**

资料来源：平本厚『日本のテレビ産業』ミネルヴァ書房，1994

从美国来的大量订单，让日本企业得到了一个非常好的发展条件，日本企业得以迅速地完成彩电的量产化，而这样的量产对提高日本企业的彩电质量和降低销售价格都起到了关键的作用。1965 年，三洋电机向市场推出 16 万日元的 16 英寸彩电和 19 万日元的 19 英寸彩电，实现了 1 英寸 1 万日元的价格目标。其他日本企业也群起效仿，纷纷降低了彩电的价格，终于让彩电的价格进入了日本国民可以承受的范围，从而使彩电在日本得以爆发式地普及。到 1973 年，日本的彩电普及率超过了美国，同时也把英国远远地甩在了后面。

## 占领电视机行业的制高点

在电视机领域里，索尼起步比较晚，因为在20世纪50年代，索尼关注的不是电视机而是录像机。在索尼准备进入电视机领域的时候，他们没有从头开始，而是直接从八欧电机的电视机部门挖人，形成了索尼的电视机事业的基础。尽管这样，索尼要在电视机领域里站稳并不容易，只有把他们优势的晶体管技术运用到电视机方面，才有可能获得一席之地。

当时，晶体管已经开始运用到电视机领域，但由于晶体管所用材料的限制，造成不耐高温和不耐压的问题，只能在小尺寸的电视机上采用。这对索尼来说也是一种运气，因为把产品往精巧方向去做本来就是索尼的强项。当时，14英寸电视机是市场的主流，而索尼推出了8英寸电视机的时机也十分恰当，因为美国电视机市场进入20世纪60年代后已经成熟，美国家庭开始购买第二台电视机，便携式小尺寸电视机就成了他们的宠儿，因此索尼的8英寸小型电视机在美国市场大获成功。美国通用电气为了与索尼的电视机进行竞争，在1964年推出了一款售价只有159.95美元的9寸电视机，比索尼的同类产品便宜了近100美元。不过很快，通用的9寸电视因为质量问题不得不停产，这也反映了日本电视机已经在质量方面取得了优势。

这样的成功让索尼士气大振，他们开始挑战更加先进的栅控彩色显像管技术。这个技术本来也是美国先行研究的，比市场上流行的遮屏式显像管具有更加明亮的显示效果，但是通用电气等企业都因技术原因，无法量产这种技术的显像管。日本的神户工业也曾经做过尝试，也没有获得成功。索尼义无反顾地选择研发栅控彩色显像管技术，实际上是带有豪赌性质的，如果不成功，大量的投资会让索尼面临破产的危险。背水一战的压力，让索尼取得了突破。1965年，索尼成功地研制出栅控彩色显像管的彩色电视机并推向市场，受到了广泛的瞩目，索尼也因此获得了“技术的索尼”这样的美誉。然而，这款电视机在市场上的售价是 19.8 万日元，而生产成本是每台 50 万日元左右，这样卖一台就要亏损几十万日元，越卖越亏，损失越来越多。这个苦恼的根源不仅使当时担任技术开发的负责人焦头烂额，惶惶不可终日，就连当时的井深大社长也忧心忡忡，开始考虑放弃这个项目了。

就在索尼的技术人员走投无路的时候，他们从通用电气开发的新型显像管里得到了一个重要的启发。索尼因此而开发出单枪三束管，让栅控彩色显像管项目起死回生。接着索尼又解决了柱面显像管的技术问题，从而最终完成了特丽珑彩色显像管的研发。1968 年 4 月，在东京银座的索尼大厦中举办的特丽珑电视机发布会上，索尼社长井深宣布当年 10 月开始市场销售，也就是说，特丽珑电视机当年就要进入量产阶段。当时听到井深社长这样宣布的索尼技术人员无不目瞪口呆，因为在这个发布会前，索尼才试生产了 10 台特丽珑电视机，要在当年生产 10 万台电视机，简直不可想象。而且，特丽珑电视机所需要的零部件并没有其他零部件企业能生产，都需要索尼自己来解决。然而，这对能够克服种种困难成功开发出特丽珑显像管的索尼来说，已经不是什么太大的难题了。当年 10 月，特丽珑电视机进入了量产化生产阶段，这也意味着日本企业的彩电技术已经超过欧美企业，开始引领电视机产业的技术潮流了。

## 3. 敢于超越榜样

### 比肩世界的信念

在日本企业创造神话的时候，有小松制作所那样敢于正面对抗实力强大对手的企业，也有像电视机行业那样从引进技术到超越对手的模式，而日本的钟表业则演绎了一个与虚拟对手竞争，并实现超越的神话。

之所以说虚拟对手，是因为当时的日本钟表技术根本不是瑞士钟表业的对手，是不可能在同一层次上竞争的，所以日本企业只能以瑞士钟表业为虚拟对手，暗自竞争。遥遥领先日本的瑞士钟表业是瑞士的传统优势行业，在二战期间，瑞士钟表业的技术更是达到了一个新的高度，自动发条、防尘防水、抗磁发条以及耐震装置等技术都取得实际进展，使瑞士手表技术新颖、质量稳定，成为当时日本钟表行业可望不可及的目标。当时日本钟表业与瑞士钟表业几乎没有交集，不仅无法与瑞士企业进行技术合作，还买不到瑞士手表的零部件，就连瑞士钟表业使用的机器设备也很难买到。可以说在瑞士人的眼中，根本没有日本的钟表业。只是因为长野县诹访这个地方环境类似瑞士，所以在诹访的钟表企业就希望以瑞士钟表业为榜样，也能在这个行业占得一席之地。

手表是因为第一次世界大战的需求而普及起来的，诹访的钟表业则是在第二次世界大战中发展起来的。随着日本在二战中败色渐浓，服部钟表店（即后来的精工集团，以下简称精工）把子公司精工舍疏散到长野县的诹访。战后，被疏散的工厂陆续搬回东京等大城市，诹访工厂的负责人用东洋的瑞士这个美好的愿景成功地留下了一些技术人员，组成了诹访精工舍，使得手表工业在诹访扎下了根。

战争的破坏带来了对物资的渴求，日本的钟表业在战后获得了蓬勃发展的机会。钟表产品不愁销路，只担心来不及生产。日本国内很快就出现了近 50 家钟表企业，员工人数接近 1 万人，但急功近利的企业带来了很多粗制滥造的钟表产品。1948 年，商工省对日本生产的钟表进行了质量检查，结果有 1/3 的钟表出现故障不能计时，总体质量还不及战前生产的产品。

为了保护日本的钟表行业，日本在战后采取了限制进口钟表的政策，只允许进口零部件进行组装生产。日本钟表企业得到了学习外国先进技术的机会，同时也开始摸索零部件的国产化，努力提高零部件的精度。然而一直到 20 世纪

50年代末，日本的钟表产品无论是在设计方面还是在成本方面，还是无法与瑞士相比。为了尽早赶超瑞士，提高日本钟表业的生产水平，1956年，日本设立了财团法人日本钟表生产技术开发研究所，政府也通过了《企业合理化促进法》和《机械工业振兴法》等法律，推进日本企业改善生产技术。

在市场压力和政府的推动下，日本的钟表企业纷纷引进了高性能的自动加工机和高精度的测量机以及其他车床等机器设备。同时，制定了质量管理目标，对擒纵机构、齿轮轴承等零部件进行研发，对钟表生产所需的材料、工具也都在产学合作的基础上进行了研究和改造。到1960年前后，日本钟表业的生产设备得以全面更新，生产效率得到了显著的提高。日本企业还引进现代生产管理技术，确立了作业的标准化和流程管理的标准化，这使得原来更多地依靠熟练工人的钟表生产，可以利用传送带流水线进行大量生产。从1955年到1964年，日本的手表生产量增加了5.9倍，时钟生产量增加了3.2倍。到这个时候，日本的钟表业才产生了可以和世界一流水平比肩的想法。

### 东京奥运会和瑞士的钟表大赛

进入20世纪60年代，日本国内的钟表市场趋于饱和，日本钟表企业开始积极开拓海外市场。这时候日本的钟表产品不仅在成本上极具国际竞争优势，在质量上也已经非常出色。但国际市场对日本的钟表业还没有什么信任度，日本也缺乏有影响力的钟表品牌，所以出口业绩并不理想（参见图5–5）。

1964年东京举办奥运会，日本钟表业抓住了这次机会。成为这届奥运会计时合作伙伴的精工成功地为东京奥运会赶制了石英电子计时器。石英电子计时器技术也是发源于欧美，1923年，英美科学家联合进行了用石英振动子测定时间的试验，并获得了成功。4年后，贝尔研究所研发出第一台石英电子计时器。不过，这款计时器体积非常巨大，还不能成为家庭可以使用的产品。精工舍在1958年就已经研发出实用的石英电子计时器，但体积还是大于小型卡车，是广

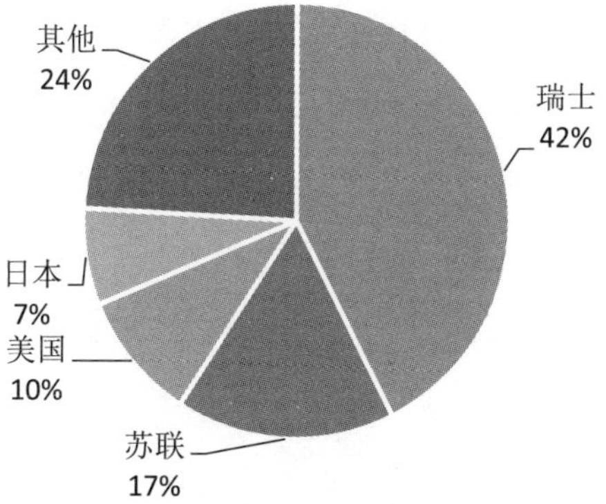


**图 5-5 1960 年世界钟表市场各国市场份额**

资料来源：日本時計協会「時計に関する生産・輸出統計」

播电台的定制产品。奥运会需要体积更小的计时器，为此，精工下属子公司的精工舍、第二精工舍和诹访精工舍联合组织了研发小组，经过 4 年奋斗，向东京奥运会提供了更加轻便实用的石英电子计时器。这款产品的体积只有壁钟大小（高 20cm，宽 16cm，厚 7cm），加上携带的框架总重量为 3kg，并且已经成功地甩掉电源线，使用干电池来驱动，也使得这款计时器完全可以携带搬运。这款实用型计时装置万无一失地完成了东京奥运会的计时任务，为精工赢得了极大的声誉，树立了良好的品牌形象。不过，在奥运会上获得声誉的石英电子计时装置离精工设想的作为手表的目标还非常远，因为这款产品体积还是过大，而且当时为东京奥运会特别提供的计时器是不计成本地进行投入，当然不适合大量生产。所以，精工依然把重心放在机械钟表方面，并准备在这个领域赶超钟表业的强国瑞士。

为了促进瑞士钟表产品的精准度，瑞士纳沙泰尔天文台从 1860 年就开始举办钟表精度大赛。这个天文台实际上就是为了保护纳沙泰尔州钟表行业的利益而设立的。从 1941 年开始，手表正式进入钟表精度大赛，也就是从那时起，瑞士钟表精度大赛受到越来越多的关注。

1959 年，这些大赛开始对外国钟表企业开放。不过由于技术方面的差距，各国钟表企业都望而却步。只有日本的精工认为他们出色地完成了东京奥运会的计时任务，已经有资格来挑战瑞士的钟表行业。但是1964年第一次参赛，精工的产品全都没能及格，诹访精工舍出品的手表取得7.97点，获得第144名，而第二精工舍出品的手表更差一些，取得8.47点，处在153名。而这一年获得第一名的产品来自1865年创立的瑞士老牌钟表企业真力时（ZENITH），1964年正逢这家企业百年华诞，获奖显得更具历史意义。另一家瑞士钟表企业欧米茄（OMEGA）获得了企业奖第一名。日本企业与瑞士企业的差距就是如此之大。

然而精工的手表研发者并没有气馁，惨淡的成绩反而激发了他们的斗志。第二年，精工依然继续参赛，结果手表单项比赛的成绩依然名落孙山，不过纳沙泰尔天文台为了鼓励远道而来的日本企业，特地给精工发了企业奖第六名的奖励。精工没有为这个鼓励奖而沾沾自喜，他们继续努力，终于在1967年取得了令瑞士钟表业震撼的成绩，精工的手表囊获了石英电子表的前5名，而机械手表方面也获得了第4、5、7、8、13名的优异成绩。

精工手表对瑞士钟表业带来巨大的冲击。这一年纳沙泰尔天文台不仅没有公布最后的名次，还从此停办了这项具有100多年历史传统的钟表精度大赛。而日内瓦的钟表精度大赛也悄悄地改变了规则，以便让瑞士的石英电子表来与日本的机械表抗衡。这都说明日本的钟表技术已经可以和瑞士并驾齐驱了。

### 世界第一款石英电子表

在得知瑞士改变大赛规则之后，精工做出了一个关键性的决策，即不再为了参赛制造石英手表，而是要把石英手表尽快地变成可以在市场上销售的商品。这一决策，最终让日本钟表业赢得了市场。

虽然精工已经为东京奥运会成功地制造了石英计时器，但要制造出可以戴在手腕上的石英手表，就必须要解决把马达、石英体和集成电路等零部件缩小到可以装进手表壳里的问题，而这都是当时已有技术所无法完成的。精工借用了在机械手表里使用的宝石加工技术，成功地在人工合成的石英体上进行了切割，生产出耐冲击的音叉型石英体，解决了把石英体缩小的技术难关。接下来还需要把分频装置缩小体积，以便装进手表里去，但当时无论是真空管分频装置还是晶体管分频装置，都无法缩小到适合的体积，而且这些零部件的耗电也比较严重，对用电池作为驱动能源的手表来说也不合适。精工果断地摒弃了这些传统零部件，改用方兴未艾的集成电路（IC），IC 的体积可以不断缩小，适合手表使用。在解决完石英体小型化加工技术和分频器的小型化技术之后，还需要解决手表指针用马达的小型化技术问题。机械手表是靠发条转动齿轮来让手表的指针移动计时的，而电子表则使用电池的能量驱动马达让指针转动。但是，现有马达的概念完全不适合手表，根本不可能装进手表里。但这也没有难倒精工，他们的研发人员突发奇想，发明了把驱动电圈、定子和转子等马达的零部件分散到齿轮的各个缝隙中的分散型马达，使得超薄型石英电子手表的出现有了可能。同时，为了更加直观地显示每一秒的时间，精工采用每秒间隔转动，不仅能节电，也能减少摩擦损耗，使得产品寿命大幅度提高。

全新概念的石英电子表就这样诞生了。1969 年 12 月，精工发布了这款石英电子手表（SEIKO Quartz Astron 35SQ），并且在公布的当日开始销售。世界第一款石英电子手表采用 18K 黄金外壳，售价达 45 万日元，超过了当时日产汽车产品蓝鸟的售价。而在 1967 年就发布了样品的瑞士 CEH 公司，直到 1970 年 4 月才正式发布可以销售的石英电子表。在石英电子表这个领域，日本的精工终于领先了一步。

### 超越瑞士钟表业

虽然精工向市场推出了这款石英电子表，但由于所采用的混合 IC 迟迟不能量产，导致石英手表量产困难。由于市场上没有合适的产品，而且日本的 IC 生产企业对石英电子表使用的 IC 开发都没有什么兴趣，精工只能自己研发。1970

年，美国肯特州立大学的研究者开发了场效应模式的液晶显示装置，精工敏锐地感到，如果手表也能采用这种显示装置，就能实现手表的数码显示。不过，当时依然没有任何企业对场效应模式液晶显示装置的商业化感兴趣，所以最后也只能由精工自己来研发和生产。到 1973 年，精工发售了第一款可以数码显示时分秒 6 位数的石英电子表，这意味着石英电子表在技术方面已经完全成型，计时误差已经从每天误差数秒进化到每年误差 5 秒以内的惊人精度。接下去要思考的，就是如何尽快地扩大石英电子表的市场。

随着生产量的提高，石英电子表的价格也急剧下降。1970 年，精工的石英电子表最低价格是 17.5 万日元，到 1975 年，降低到了 3.6 万日元，1980 年更是降低到 1 万日元以下。而精工的石英电子表的生产比率也大幅度扩大，在 1975 年精工销售的 1539 万块手表中，石英电子表只占了 10% 左右，到了 1982 年，销售的 3566 万块手表中，石英电子表已经占据了其中的 80%。这也意味着在这 7 年之中，精工的石英电子表销售量增加了 18 倍。

为了尽快地普及石英电子表，精工公开了相关专利，使得日本国内外企业都可以进入这个新市场。在精工扩大石英电子表生产比率的过程中，日本出现了 2 家企业开始生产石英电子表，4 家企业开始生产石英电子钟。这促进了石英电子钟表的量产化，也带来产品质量迅速提高，零部件加工成本迅速降低的效果，也导致了日本国内市场价格竞争越来越激烈。

卡西欧是 1974 年才进入这个领域的，这一年，卡西欧发售了两款石英电子表，价格分别是 6.5 万日元和 5.8 万日元。这让精工不得不在第二年推出 3.6 万日元的产品与之竞争。由于卡西欧已经有组装计算器的生产经验，利用这些经验使得生产成本迅速下降，跟随精工的价格下降，卡西欧也推出了 2.9 万日元的石英电子表。到 1978 年，卡西欧的最低价格已经降低到 7900 日元，1980 年更是降低到 3900 日元，在降低价格的速度方面超过了精工。这样到 1980 年，卡西欧的石英电子表产量达到 1500 万块，占这一年日本石英电子表产量的

53%，手表总产量的 17%，稳稳地在手表市场上站稳了脚跟。到 1984 年，卡西欧的手表产量占据了日本手表总产量的 21.9%，保持了发展的势头。

1918 年成立的西铁城也是日本的老牌钟表生产企业。1973 年，西铁城发售了第一款石英电子表，与精工一起形成了石英电子表的竞争市场。日本企业之间的相互竞争，降低了石英电子表的销售价格，迅速地扩大了市场。到 1980 年，日本的手表产量超过了瑞士。虽然当时香港的手表产量比日本多一些，但香港手表的机芯大部分是日本企业提供的，从这一角度来看的话，日本的手表企业已经在世界市场获取了最大的市场份额，创造了日本制造业的又一个神话（参见图 5–6）。

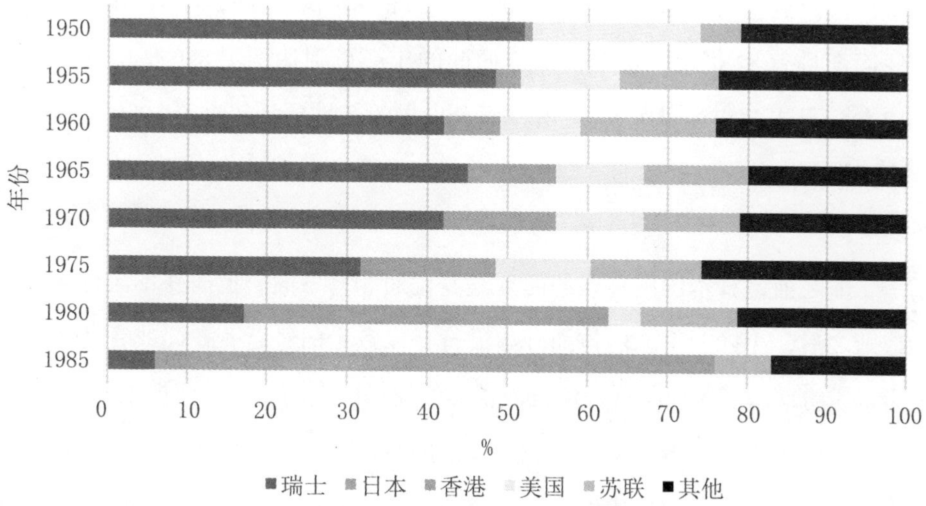


**图 5–6 世界手表市场份额**

资料来源：日本時計協会「時計に関する生産・輸出統計」

## 4．相信自己的奇迹

### 开拓市场的坚定信念

日本的奇迹实际上就是无数日本企业奇迹般成长的总和，而这样奇迹般的成长也与企业的经营者对开拓市场的坚定信念密切关联。比如，方便面就是一种毫不起眼的产品，如果没有企业家对这种产品坚定的市场信念，恐怕很难培育出如此巨大的世界性市场。在方便面发明者安藤百福去世时，《纽约时报》曾经把这个发明与 Walkman、 Hello Kitty 等产品并列，称其为从日本走向世界的奇迹。而更重要的是，方便面只是一个人的发明。的确，在 2000 年，日本方便面产量为 52 亿份，而全世界方便面的年产量则达到了 850 亿份左右，到 2017 年，日本的年产量为 57 亿份，而全世界的产量更是超过了 1000 亿份。这就难怪日本把方便面的发明，当作 20 世纪日本在文化和技术方面最为重要的革新之一。

二战之前，日本国民喜欢的面食是荞麦面和乌冬面，拉面并不流行。但日本战败之后，小摊贩售卖的拉面开始流行，以致专门经营荞麦面或者乌冬面的面店也纷纷推出了拉面。这种流行成了方便面得以发明的一个前提条件。

在台湾出生的安藤百福在二战结束后的混乱时期，经历了人生的跌宕，几乎丧失了全部财产。但他依然不断地寻找商机，在得知美国占领当局为了让日本能大量进口美国面粉而鼓励日本消费面食的消息后，就将目标锁定在拉面上寻求突破。不过，安藤不是从开拉面店方面着想的，而是从储存并方便食用的角度来落实他的构想。

关于方便面的发明者是不是安藤百福实际上还是有些争论的，因为中国清代的伊面和现在的方便面有很多相似之处，而且在安藤百福推出鸡汤拉面之前的 1955 年，松田产业就向市场推出了一款可速食的方便面，甚至在鸡汤拉面开始销售的几个月前，来自台湾东明商行的张国文率先推出了一款用开水一泡就能食用的长寿面。东明商行为此还与日清食品就方便面的专利产生了纠纷。不过，这些先行者都没有取得商业上的成功，其中最大的原因就是对方便面市场前景看法不同，只有安藤对这种产品充满了信心，大胆地进行了规模化生产的投资，最后才取得了市场的成功。而在当时，这样的信心可谓来之不易。

安藤发明的方便面实际上只是减省了煮面这一道工序，但在价格上却远远高于当时摊贩上的拉面。仅仅是一道工序的减省，方便面会拥有很大的市场吗？所以最初，流通渠道不太愿意接受这种产品，这也证明了当时持怀疑态度的人是比较多的。安藤却不为所动，下决心要大规模生产方便面。在完成瞬间油热干燥法生产方便面之后，安藤立刻投资建厂大规模生产方便面。在还没有把方便面投入日本市场的时候，安藤就通过贸易公司把方便面推向了美国市场，而这又促进了方便面的进化。1958 年，安藤把自己的企业改名为日清食品，并在日本推出日清食品第一款方便面：鸡汤拉面。紧接着，安藤又从东明商行手里收购了着味干面制法的专利，并在 1962 年正式得到专利的认可。

鸡汤拉面由于味道好，食用保存都很方便，虽然价格偏高，但还是赢得了消费者的青睐，这也让批发商一改冷漠的态度，积极订货，促使了鸡汤拉面的畅销。很快，市场上出现了很多类似的鸡汤拉面方便面。就在东明商行和日清食品争夺方便面发明权的时候，明星食品以明星着味拉面这一品牌向市场投入了他们的方便面，而类似这样的企业层出不穷，到 1961 年，日本出现了超过 100 家企业生产方便面，到 1962 年，这些企业的方便面产量超过了 10 亿份，方便面生产已经成为一种新的行业。

在日清食品方便面专利正式得到认可之后，其他方便面生产企业为了不触犯日清食品的专利，都另辟蹊径，生产出与日清食品不同的方便面。日清食品的方便面用开水冲泡就可以食用，而其他企业的方便面需要煮几分钟才能食用。虽然这些需要煮食的方便面没有日清食品的方便面便利，但却意外地获得了好评。原来，当时的家庭主妇害怕被认为在偷懒，不好意思端出只是用开水冲泡的方便面，所以她们更喜欢需要增加煮面这一环节的方便面，这可以让她们理直气壮地端出来。于是这种半成品的方便面迅速得到了普及。也就是说，那些本来为了不触犯日清食品的专利而想出的苦肉之计，反而为方便面的普及做出了贡献。

在激烈的市场竞争中，日清食品的鸡汤拉面也水涨船高，获得了发展。当时，电视刚刚开始进入家庭，安藤看到了电视广告的潜力，投入巨资成为电视节目的广告赞助商。广告效应非常可观。到 1963 年，鸡汤拉面就突破了 2 亿份的生产量。

### 杯面的诞生

如果说方便面发明权的归属还有很大的争议，那么，杯面（Cup Noodle）的发明权就毫无疑义地属于安藤百福。杯面的出现彻底扫清了方便面走向世界的一块巨大绊脚石。

拉面是一种源于中餐并使用筷子食用的面食，这在东亚地区很容易让大家接受，但在世界其他地方，这仍是一种比较特殊的食品。由于世界各地经过长期发展，形成了各自独特的饮食文化，要他们接受方便面，只能从方便面自身开始改变。除了在味道上需要结合各地不同的口味，更重要的是如何在食用的方式上加以改进，让世界各国的消费者都能接受。

1966 年，安藤去美国推销鸡汤拉面，在一家超市里看到美国人把鸡汤拉面放到纸杯里，泡上开水用叉子来吃，他再一次感受到西方人不习惯使用筷子，袋装的方便面很难普及。安藤就从美国超市的见闻里得到启发，开始研发杯面。研发杯面需要解决 3 个问题，一个是容器，一个是面块油炸均匀，最后一个问题是如何确保运输过程中面块不会破碎。

关于容器，安藤选择了耐热性高而成本低的聚苯乙烯为材料。不过，当时聚苯乙烯的加工产品比较厚，有 2cm 左右，经过不断的改进，最后把这种材料加工成 2.1mm 的厚度，可以制成杯面的理想容器。杯面的面块厚度有 6cm，用普通油炸方式很难炸均匀，安藤改变油炸方式，用分层油炸的方式解决了这个问题。至于如何保证在运输途中面块不被弄碎，这是安藤最为头疼的问题，一直找不到很好的解决方式。直到有一天，安藤想出了一个新方法，把面块的直径做得比容器底部的直径更大，从而可以把面块固定在容器中部。这样，杯面的发明终于完成了。

但是杯面也没有马上被市场所认可，因为当时袋装方便面的价格是 25 日元一袋，而杯面要 100 日元一份，不仅媒体的评价不高，流通渠道也不太热心，甚至连超市都进不去。但是安藤依然没有气馁，想方设法让消费者接触这种新产品。日清食品在一些商店里设置了有开水的自动售货机，让消费者购买杯面后可以立刻冲泡食用。为了让年轻人接受杯面，日清食品还借了银座三越百货商店的地下室烧开水，在银座的步行者天国[①]进行实验性销售。正好当时麦当劳也在银座开了日本第一家分店，美式快餐成为一种时髦。日清食品在杯面容器上印上“Cup Noodle”的商品名称，带上了外国快餐的感觉，使得追求时髦的年轻人能像追求汉堡包一样追求着杯面。后来日清食品掌握了这样的秘密诀窍，在有麦当劳的地方销售杯面就能获得成功。

不过，让杯面在日本全国流行起来，是 1972 年联合赤军发动的浅间山庄事件。当时准备武装斗争的新左翼组织联合赤军在警察的围追堵截下分崩离析，有 5 名赤军成员逃到长野县轻井泽的山里，劫持了浅间山庄管理人的妻子作为人质。为了解救人质，日本警视厅出动机动队包围山庄，经过 10 天的对峙，成功地解救了人质，逮捕了赤军成员。当时，包围山庄的警视厅机动队员无法下山吃饭，只能从山下送饭到山上去，但送上来的饭菜都因为天气寒冷而冻结无

① 从 1970 年开始，每逢周末、节假日，东京银座的主干道从中午 12 点到下午 6 点（冬季为下午 5 点）都禁止汽车行驶，专供行人使用。这条路因此被称为银座的步行者天国。

法食用。这时候，“3 分钟即可食用的魔法面条——杯面”成为机动队员的主食。而机动队员进食杯面的镜头通过电视的现场转播传送到日本的千家万户，杯面一下子获得了爆发性的认知度，成为日清食品继鸡汤拉面之后又一个畅销的主力产品。

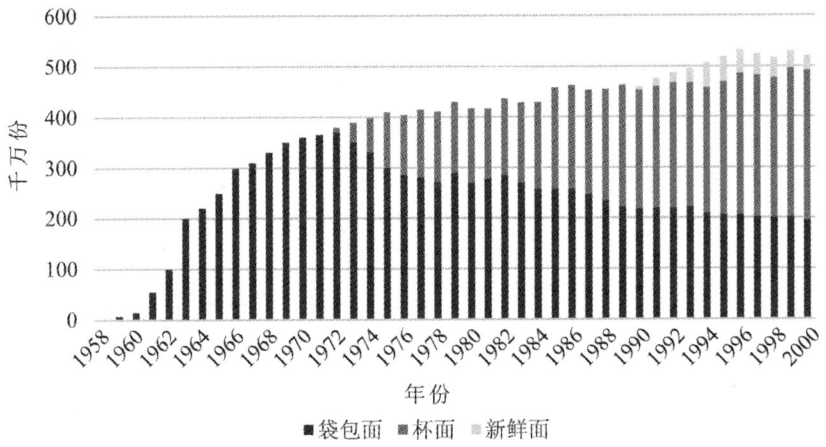


**图 5-7 日本方便面生产量**

资料来源：一般社团法人 日本即席食品工業協会

日清食品在方便面方面的成功，刺激了日本大型食品企业进入这个市场的意愿。1973 年，豪斯食品在成立 60 周年之际发售方便面产品，成功地进入了这个市场。之后，钟纺食品、丸大食品等大企业也先后进入这个市场，他们以新口味、新制法和新包装来吸引消费者，再一次迅速地扩大了日本的方便面市场。1962 年日本方便面的生产量是 10 亿份，到 1975 年已经达到了 40 亿份左右。（参见图 5-7）

## 方便面走向世界

令人意外的是，方便面在日本正式发售之前已经出口美国了。根据安藤百福的回忆，在 1958 年方便面的开发完成之后，贸易公司就发来了来自美国的订单，这增加了安藤的信心，也使他很早就开始注重海外市场的开拓。1966 年，安藤带领日清食品的经营干部访问美国和欧洲，经过对欧美饮食习惯和食品企业的调查之后认为，方便面在口味和便利性方面都具有竞争力，完全可以进军海外市场。这一年，日清食品为方便面的出口更新了包装，到 1968 年，方便面的出口量还只占其全部产量的 2%，但安藤就已经决定在美国设立企业，加快市场的开拓。1970 年，日清食品和味之素以及三菱商事合资成立了美国日清。味之素在美国已经拥有了自己的销售渠道，日清食品可以通过味之素的销售渠道更快地开拓市场。不过，美国日清一边从日本进口方便面，一方面也在积极研发更加适合美国人口味的产品。

美国日清并没有把客户对象集中在东亚移民身上，而是扩大了对一般美国人的宣传，还通过报纸和电视做了大量的广告。这一系列的宣传不仅让更多的美国人知道方便面，同时也提升企业的形象。1971 年，美国日清销售了 500 万份方便面，到 1977 年就达到了 1.8 亿份，到 1990 年已经超过了 4 亿份。美国日清的发展带动了方便面在美国的发展，使得方便面成为一般美国家庭中很常见的一种食品。日本其他方便面生产企业也纷纷进军美国，一起扩大方便面在美国的市场，而作为先行者的美国日清则一直占据着 50% 以上的市场。可以说，安藤百福对方便面的信念最终也征服了美国人，让他们接受了安藤发明的这种快餐食品。

在美国获取成功之后，日清食品又乘胜追击，开拓了中南美市场。1980 年，面对东南亚市场，日清食品在新加坡设立新加坡日清，并开设工厂生产方便面，提供给新加坡、马来西亚、印度尼西亚以及香港等地。日清食品转战东南亚后获得了更大发展。不过这一发展过程也并不是一帆风顺的，而是经历了许多曲折，但由于产品的基本形态已经形成，通过不断修改，可以适应世界各地的消费习惯，日清食品的杯面终于受到了世界市场的欢迎。加上其他方便面生产企业的努力，现在已经有 89 个国家和地区销售杯面，2017 年，全世界的方便面销售量超过了 1000 亿万份。

2014 年，为了纪念战后日本的发展，公益社团法人发明协会评选出战后日本 100 大发明，方便面入选十强，获得了极高的评价。安藤百福凭着对产品的坚定的信念和不屈不挠的企业家精神，在日本创造了又一个神话。

## 5. 神话的标签

### 日本式经营

就在日本准备告别战后，进入经济高速增长时期的 1955 年，美国福特财团的特别研究员阿贝格兰博士访问了日本，其目的就是对日本企业做实地调查，为美国把握日本企业的新动向。从 1955 年到 1956 年，阿贝格兰走访了日本电气、住友化学、东洋丽阳（现在的东丽）、富士制铁（现在的新日本制铁）等 53 家工厂，并以美国企业的现状为标准来观察日本企业。阿贝格兰发现，日本企业普遍采用终身雇佣的制度，以及与之相关的年功序列和企业内工会，具有与美国企业不同的特征。1958 年，阿贝格兰博士以 *The Japanese Factory: Aspects of Its Social Organization*（《日本的工厂》）为书名出版这次调查成果。虽然这本书只有 150 页，但阿贝格兰在这本书里对日本企业的研究拉开了有关日本式经营研究的序幕。

当时美国的企业生产率远远高于日本企业，凸显了日本企业制度的落后。包括阿贝格兰在内的美国学者都以否定的眼光看待日本企业盛行的终身雇佣，他们认为流动性的雇佣能带来更高的经济效益，所以当初“日本式经营”这个概念是用来批判日本企业的。这种批判的眼光也影响了日本对自己企业的评价。在整个20世纪60年代，日本的学者也都认为日本的企业制度是非常落后的。曾经担任十条制纸取缔役的小野丰明在1960年就把日本式经营归为禀议制度[①]，并认为这是职能不分、责任不明的中世纪落后的企业制度。尽管60年代日本经济高速增长，学者们依然没有看好日本式经营，就在日本经济超过西德的1968年，美国加州大学的吉野洋太郎教授依然提出日本式经营跟不上经济发展的需求，需要加以彻底改变的观点。

20世纪70年代，日本企业创造的神话开始显现，资本和物资的短缺本来是对日本企业的限制，但是这种限制反而刺激了日本企业，让他们创造出更有效率的生产方式。1971年，美国纽约大学教授彼得·德鲁克在《哈佛商业评论》上发表一篇题目为《我们能从日本式管理中学到什么》的论文，他指出，日本式经营可以解决欧美企业所面临的问题，这是因为日本企业具有富有成效的决策机制，同时雇佣保障增添了员工的信心，使他们能够全身心地投入到工作中去，从而对提高生产效率做出了贡献。德鲁克被誉为现代管理学之父，他对日本式经营的评价，让这种一直被大家所批判的经营方式摇身一变，变成了大家都需要学习的企业经营之道。1972年，日本劳动省事务次官[②]松永正男在给经济合作与发展组织（OECD）出版的《对日劳动报告书》的序文中提到，OECD是从日本的雇佣薪资习惯来分析日本劳动力政策的，也就是说OECD的报告认为，那些根据日本风土而产生的终身雇佣、年功薪资、企业内工会等三种神器对日本经济的发展做出了贡献。这篇报告公布后，三种神器成为日本式经营核心的观点不胫而走。

日语中的三种神器原来是指象征天皇地位的三件宝物：八咫镜、八尺琼勾玉、草薙剑。天皇即位必须立刻接受这三件宝物，从而宣示自己的正统地位。由于要确保这三件宝物的神圣性，所以规定任何人都不允许观看这三件宝物，天皇

① 参见第四章有关禀议制度的说明。
② 劳动省，1947年设立，2001年与厚生省合并成为厚生劳动省。事务次官是日本中央政府各部门中公务员的最高职位。

也不例外。所以，三种神器实际上就是一种象征。战后日本经济的发展，让日本国民都能拥有梦寐以求的家电产品，用三种神器来象征日本式经营，称赞日本企业神奇的一面，似乎十分恰当。

## 会社主义①

不过，日本学者很快就发现所谓的三种神器过于标签化，他们开始尝试跳出阿贝格兰的窠臼，扩大了日本式经营的研究范围。从原先对劳务管理和劳动习惯等方面的研究扩展到研发、采购销售、财务会计等领域，并开始结合资本、企业集团和经营管理者等因素，使有关日本式经营的研究越来越丰富。1984年，东京大学教授马场宏二提出了“会社主义”这个概念，从制度、企业经营以及企业间的关系等方面，比较深入地概括了日本企业的特征。

虽然现代企业强调所有权和经营的分离，但这并不意味着股东对企业支配权的弱化，实际上美国企业的经营层必须对股东负责正说明了这点。但是战后占领当局对日本企业制度的改革，否定了股东对企业的支配权，日本企业就具有了属于自己的特征，这在资本主义世界里是比较特殊的现象。股东支配权的弱化，意味着企业的经营层不再是股东利益的代表，经营者可以忽视对股东的回报，而用长期发展的眼光来经营企业。但问题是，在股东几乎失去对企业经营层监督和干预的权限后，如何确保经营者尽心尽责地经营企业呢？东京大学教授桥本寿郎发现，日本企业内部比较平等的选拔机制发挥了重要作用。平等的选拔使得大家都有机会，这提高了竞争的激烈程度，也充分地调动了大家的积极性。同时，对业绩负责也是平等的，即便是社长，如果拿不出业绩就会面临引咎辞职的压力。桥本教授认为，这种选拔机制确保了经营者必须尽心尽责地经营企业。

日本企业内部的平等化，还体现在生产现场能够拥有更多的自主权，这种

① 日语里会社就是公司的意思。

自主权提高了生产效率。比如丰田汽车生产线上工人可以修改图纸上的指标，也可以根据情况让流水线停下来，这些都是其他国家的企业很少出现的现象。现代工业生产基本上都采用传送带流水线方式，暂停流水线就会影响到整体的生产效率，但问题总是在现场发生的，如果现场工人都需要报告管理者，得到命令后再进行处理的话，势必浪费时机。所以，日本企业相信现场的工人能够及时地做出正确的判断从而赋予了他们更多的自主权。也正是因为现场有更多的自主权，才极大地发挥了现场工人的主观能动性。所以在日本，企业有下班后自发形成的质量管理小组，也就不足为奇了。

除此之外，日本企业之间形成了长期固定的交易关系，也就是交易对象长期锁定不变，这是桥本教授发现的日本企业的特征。这种关系虽然让日本企业无法在市场上选择价格最低的产品，但也省去了在市场上不断选择的交易成本，更重要的是，由于固定关系的存在，企业之间更容易展开信息交流，可以更加及时地应对需求的变化。比如，丰田汽车不仅仅向零部件企业提供所需产品的图纸，而且还大量地接受零部件生产企业的产品设计方案，充分地发挥了零部件生产企业的能力，从而为自己节省了很多研发和设计成本。1987 年，日本公正交易委员会的调查发现，日本大部分企业都采用了长期固定的交易关系，他们普遍认为这样的交易关系更能确保产品的质量。

会社主义这个概念非常高度地概括了日本企业的特征。这样的研究实际上也已经涉及有关日本企业竞争力的研究。由于美国企业在日本企业的攻势面前难以抵挡，研究日本企业竞争力的需求越来越强烈，20 世纪 80 年代以后，海内外学者很快地就把研究主题从日本式经营的特征转到日本企业的竞争力方面来，使得对日本企业的研究进入了新的阶段。

# 第六章 Chapter 6

## 日本是第一

# 1．日本企业的创造力

## 傅高义惊叹什么

虽然日本企业创造了神话般的业绩，但在20世纪70年代发生的石油危机，还是让日本告别了经济高速增长时期，不过美国人却及时地宣布了日本时代的到来，极大地鼓舞了日本国民的士气。1979年，哈佛大学教授傅高义出版了*Japan As No.1*（《日本第一》），这也成为日本企业发展史上的一个里程碑。二战被美国打败后，日本的奋斗目标就是拼命地追赶美国、超越美国，当被美国人称为世界第一时，可以想象日本国民是多么兴奋。

在傅高义这本著作出版的时候，能够证明日本企业已经是世界第一的材料并不多。在《财富》杂志的世界500强排名中，日本企业在数量上只有美国企业的1/4左右。那么，傅高义到底在惊叹什么呢？如果说过去的岁月里，日本经济创造奇迹，那的确有很多数据可以证明，从1955年到1973年的日本经济高速增长时期，日本的GDP年平均增幅超过了9%。1968年，日本的GDP超过了西德。第二次世界大战之后，很多殖民地得到了独立，这些刚刚独立的新兴国家都曾被寄予厚望，而他们的经济一度也出现了欣欣向荣的景象。但是到20世纪60年代之后，这些新兴国家先后出现了混乱，经济停滞不前。只有日本在继续发展，并且在电视机等家电产品的普及率方面也超过了美国，这就更显得日本在赶超欧美先进国家的过程中创造了奇迹（参见图 6-1）。

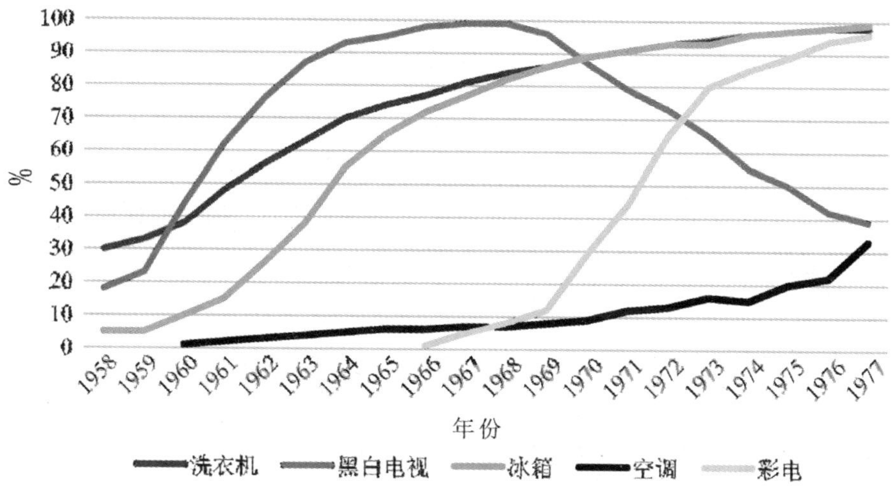


注：统计对象为人口 5 万人以上的城市，不含农业人口

**图 6-1 日本主要家电的普及率**

资料来源：宇田川勝、中村青志編『マテリアル日本経営史』有斐閣，1999

虽然统计数据还没有很完整地体现出日本成为世界第一的状态，但傅高义已经很清楚地看到了日本对欧美超越的深度与广度，比如在现代化设备和生产管理方面，日本企业已经超过了美国。傅高义引用了英国萨塞克斯大学罗纳德·道尔教授的分析来说明日本取得成功的原因：踏上现代化道路较晚的日本与西欧各国相比，需要有比较完整的计划、指导和投资。实际上战后日本社会，就是在优秀的官僚指挥和组织下，成功地调整了产业结构，促进了技术的更新换代，适应了能源革命带来的变化，使得日本的企业在国际市场上获得了竞争力。当然，这些行业的发展都是在引进欧美先进技术的基础上，大胆地进行设备投资所带来的结果。道尔是在 20 世纪 70 年代高度赞扬日本式经营的著名学者，他认为日本式经营不是落后的家族性企业制度，而是揭示产业社会发展方向的、最先进的经营方式。傅高义显然也受到了道尔对日本式经营相关评价的影响。

在对日本式经营高度评价的基础上，傅高义进一步指出，日本人的成功不是来自所谓的传统的国民性、古已有之的美德，而是来自日本独特的组织能力、得当的措施和精心的计划。这切入了日本企业竞争优势的核心部分，后来很多关于日本企业的研究都是从这个角度不断深化的。在不断扩大的市场里，能够有效地组织生产就是竞争优势的主要来源。战后日本企业就是因为拥有出色的产品构想力和生产现场的磨合能力，从而在天时地利人和的多重有利条件下获得了国际竞争力。

### 产品构想力带来的杰作

仿佛在呼应《日本第一》的出版，1979 年，索尼向市场推出了足以影响一代人的新产品——可携带的音乐播放机 Walkman。这似乎是在向世界宣布，日本的产品以其杰出的产品构想力获得了世界第一。

Walkman 是一款便携式音乐播放机，可供人们在移动中欣赏高品质音乐。从技术上来说，索尼生产这款产品是没有困难的，因为企业内部已经积累了相关的技术，只要有明确的产品概念就可以生产了。但问题是，谁能提出这样的产品概念呢？甚至可以问，谁敢提出这样的产品概念呢？如果做市场调查，很有可能根本捕捉不到这款产品的市场需求，因为市场上并没有类似产品，用户也很难想象。在这样的情况下，把这款产品商品化是需要很大勇气的，需要非凡的产品构想力。实际上 Walkman 本来也不是根据市场的需求被开发出来的，而是为了满足企业创始人个人需要生产的特殊产品。但在这款产品开发出来后，索尼的经营者敏锐地感觉到这款产品的市场可能性，坚决把它商品化从而诞生了 Walkman。

索尼的创业者井深大常常坐飞机，为了解闷，他常常携带索尼生产的便携式立体声录音机出去旅行。那款型号为 TC-D5 的产品外形尺寸为宽 23.7cm，高 16.8cm，厚 4.8cm。重量为 1.7kg。这个尺寸比早期的大哥大手机还要大，显然不太方便。所以井深就要求公司给他做一个体积更小，重量更轻的，不要录音功能，只要有播放功能的立体声音乐播放机器。当时索尼已经开发出体积更小的录音机 Pressman TCM-100，所以公司的研发人员就在 TCM-100 的基础上进行了改造，去掉了录音功能，换上了立体声线路。井深很满意这款为他定做的产品，还推荐给当时担任索尼代表取缔役会长的盛田昭夫。盛田试听之后，敏锐地感觉到这款新产品的市场可能性。在他的主持下，索尼开始探索这款新产品产品化的可能性。

1979 年 2 月，盛田会长在公司本部召集了索尼的电气和机械设计的工程师、造型设计者、企划部和广告部的担当者等相关人员开会。在这次会议上，盛田要求开发出一款让喜欢音乐的年轻人能够携带出去，并使用 1 天的音乐播放器。为了方便携带和便于个人欣赏，要尽可能地缩小这款产品的体积，这就需要舍去录音功能而只保留播放功能，不装扬声器而采用耳机。由于这款音乐播放器的用户对象主要是学生，盛田还要求在这一年放暑假前就能够销售这款机器，而且价格也不能太贵，因为 1979 年是索尼创业 33 周年，所以要求这款新机器的定价为 3 万 3 千日元。这样，盛田提出了一个完整的产品构想。

从这次会议到这一年暑假，仅有 4 个月的时间，从产品概念的形成到稳定地量产，这对一般的产品开发来说时间是显然不够的，而且还要加上销售体制的整合，时间上更显得捉襟见肘。好在索尼已经有了相关技术的积累，通过对现有产品的改造，索尼的开发者解决了时间不够的问题，但企业高层要求的产品定价，却让研发人员伤透了脑筋。当时索尼的立体声录音机的售价超过 10 万日元，要把这款研发中的新产品价格定在 3 万日元左右，难度过高。不过，经过研发人员千方百计地努力削减成本，这款产品的定价最终还是满足了盛田的要求。这款播放专用机器被命名为 Walkman，尺寸宽 8.8cm，高 13.35cm，厚 2.9cm，重量为 390g。于当年 7 月 1 日公开发售。

实际上，第一款 Walkman 产品 TPS-L2 是在索尼现有产品 Pressman 的基础上加以改造，再加上索尼最新的耳机产品 H · AIR 而组成的新产品。索尼发挥了可以把产品做得更小的技术优势，使这款新产品的体积不到立体声录音机 TC-D5 的 20%，重量也只有 TC-D5 的 20% 多一点，其轻便程度很适合外出携带。所以从技术角度来看，研发 Walkman 的确不是很困难，但要把这款产品推向市场，让用户尽快接受却并不容易。

尽管索尼准备了周到的产品发布会，参加发布会的新闻记者都拿到 Walkman 的样品，体验到了高质量的音乐播放。但媒体对这款产品的反应还是比较冷淡的。毕竟这款新产品功能有限，记者们看不出学生们会花 3 万多日元来购买的必要性，这也正是索尼销售部门的担心。果然，在公开发售之后，销售情况不尽如人意，在整个 7 月份只销售了 3000 台，只占第一批量产 3 万台的 1/10。

不过索尼高层认为，Walkman 销售不好绝不是产品质量的问题，而是产品概念还不被市场接受。因此，索尼的研发团队以及销售部门想尽一切办法让人们接触 Walkman，认识 Walkman。这样的策略获得了成功，接触过 Walkman 的人都赞不绝口，纷纷向其他人推荐这款产品。在人们的口口相传之下，Walkman 很快在年轻人中获得了认知，到 8 月，索尼第一批量产的 Walkman 就销售一空，出现了断货的现象。虽然索尼开足马力生产，但还是无法及时满足市场需求。至此，井深和盛田他们提出的 Walkman 这一产品概念终于为日本社会所接受。松下电器、东芝、爱华、夏普、日立、三洋等日本企业也纷纷推出了类似的产品，从而形成了全新的袖珍立体声音乐播放机市场。随着市场的进一步扩大，Walkman 这个被索尼制造出来的单词也被牛津英语词典所收录，成为一个英语单词。

Walkman 的成功，首先应该归功于产品概念的成功。在日本企业已经掌握了精密细腻的生产工艺之后，能够为日本企业带来突破的，正是这样杰出的产品构想力。

### 现场磨合能力带来的高效率

产品构想力是一种突破的能力，但如果没有出色的研发能力和生产能力，也是无法实现突破的。进入 21 世纪数码化时代的制造业，往往可以把研发与生产分开，由不同的企业承担。但是在 20 世纪后半叶，研发和生产还都是由一家企业从头到尾负责到底的，而日本企业也正是利用了这种生产方式的特点，充分发挥自己的优势，从而获得巨大的成功。

这种优势就是日本企业的现场磨合能力。20 世纪 80 年代，美国和日本的学者对日本汽车企业的竞争力进行研究的时候，发现了一个指标可以说明日本企业的优势所在，就是从产品概念形成到产品完成出厂的生产周期。丰田汽车的生产周期比欧美的同行要短 2～3 年。这意味着丰田汽车能够针对市场的需要，及时推出具有竞争力的新产品，进而获得更多的市场份额。

日本企业的生产周期之所以能比欧美企业短，不是因为削减了一些工序，而是不同工程同时研发，从而缩短了时间的长度（参见图 6–2）。比如，汽车的研发大概是这样的流程：车体概念的形成和成熟、外观设计和制作设计图、外观设计确定后进行详细的设计，然后进行试验车的制作，再进行试验和评价。通过试验评价之后进行量产的工程设计，进行量产试验。这些都结束之后就可以进入量产阶段了。不过，日本企业并不是按部就班，在完成一个阶段的研发之后再进入下一个阶段，而是在一个阶段研发还没完成的时候，就已经开始着手下一个阶段的研发。比如说应该在研发最后阶段的工程设计竟然在外观设计的初期就已经参与进来了，也就是说，在外观设计的初期阶段，工程设计的研发人员就已经参与到外观设计的团队中来了。当然这样做也是很容易出问题的，欧美企业之所以要在一个阶段的研发完成之后才进入下一个阶段的研发，就是因为上一个阶段的研发没有完成之前，模糊的研发会给下一个阶段的研发带来很多困难。然而既然是研发，就意味着研发阶段的成果往往存在很多需要修改的地方，欧美企业的修改意见往往要在下一个阶段才能提出，而日本企业把一些工程重合，可以让一个设计在刚刚提出来的时候就会有人提出修改意见。同时，负责设计的研发人员也会继续跟踪到下一个阶段，使得问题出现时可以立刻得到解决。实际上，丰田汽车的研发团队往往会一直跟踪到量产阶段也不解散。

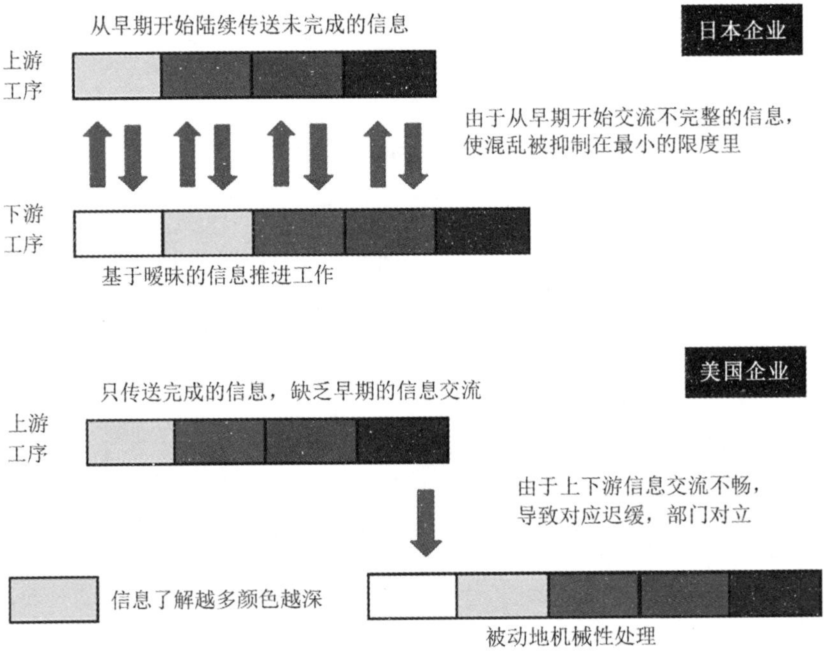


**图 6-2　日本、美国企业生产现场各工序磨合示意图**

资料来源：藤本隆宏『生産マネジメント入門』日本経済新闻出版，2001

同时，类似这样的工序重合也让丰田汽车的生产效率得到了大幅度的提高。在丰田汽车的工厂里，大型模具的工序交换时间在 20 世纪 50 年代要用 2 个多小时，而到了 60 年代就已经减少到不要 1 小时，到了 80 年代，竟然缩短到 3 分钟。而在同样的 80 年代，美国三大汽车公司同样的工序交换时间还需要 2 小时。美国汽车工厂的工序交换之所以还需那么多时间，是因为工序交换需要很多的机械性调整，但是在日本企业里，由于做好了工序交换前的各种准备，不再需要进行机械调整，就可以把作业时间压缩到极限。同时，在工序交换过程中能够熟练地准确操作，说明工人的工作能力非常强。在丰田汽车，能够操作多种机器设备的工人被称为多能工。在美国，由于工人属于不同工种的工会，他们基本上不会涉及其他工人的工作范围。在这种情况下，要提高生产效率只能在同一生产线上大量生产，只有那样才能降低生产成本。但是在产品处于供大于求的社会环境下，一味地大量生产，如果不能及时销售出去，大量的库存就会压迫企业的经营。由于日本企业有多能工的存在，他们可以操作不同类型的机器设备，不仅可以减少操作工人的人数，还可以压缩生产单位，在同一条生产线上生产不同的产品。

在丰田汽车的生产线上，同时可以生产 3 种车型。他们不是把这 3 种车型集中起来生产的，而是混合在一起同时生产的。比如在一条生产线上，一辆科罗纳车之后是 3 辆面包车。即便是同一种车型，也会安排不同的排气量、不同的变速方式和不同的车身颜色混合在生产线上。如果工人的工作范围非常狭窄，就很难对应这样的生产线。虽然这些工人需要操作不同的机器，处理不同的产品，但并不意味着他们可以随意行事，企业对工人的作业动作进行了科学性分析和精密的计算，尽可能地排除无效的动作，从而确保了劳动生产效率。在本田技研的工厂里，甚至连工人的体格大小也按照机械的操作位置进行了统一安排，身材的高矮，手脚的长短，如果不能合理安排，就无法保证工人能够完全按照科学性计算出来的动作进行操作，从而降低生产效率。

研发过程中的重合部分，大型模具的工序交换以及混合生产线，这些看起来似乎有点混乱的现场，如果没有员工之间的磨合能力，不仅不能提高生产效率，反而会造成一片混乱从而降低效率。而这样的磨合能力，在很长的时期内确保了日本企业在市场上的竞争优势。

## 世界上最先进的工厂

为了赶超欧美先进企业，具有劳动力成本优势的日本企业并没有强调通过人海战术一味蛮干，而是十分强调设备的投资。为了获得在国际市场上的竞争力，日本企业认为投资最先进的生产工厂是扩大量产规模降低生产成本的最好途径。在20世纪60年代之后，日本企业保持了积极投资设备的做法。

傅高义在《日本第一》中就已经引用了经济学家戴尔·乔根森的研究成果。乔根森指出，日本工厂所使用技术的现代化程度在1973年就已经超过美国，这可以从日本和欧美企业的生产效率上很清楚地看出来。比如在1975年，一个日本工人生产价值100英镑的汽车，只需要9天，而英国莱兰汽车厂则需要47天。这样的差距也显示了日本工厂的现代化程度已经与欧美拉开了差距。

本来作为组装生产的企业，劳动密集程度很大，在其生产成本构成中，人工费往往会比生产设备所占的比例高很多，工厂通常会采取多加班和雇佣临时工的方式来降低生产成本。不过，日本的企业发现还有更好的控制成本的方式，那就是引进自动化生产设备，减少工人的数量（参见表6–1）。

**表6–1　日本与其他国家产业机器人使用数量比较**

单位：台

| 国家 | 1980年 | 1985年 | 1988年 |
|---|---|---|---|
| 日本 | 14250 | 93000 | 175000 |
| 美国 | 4700 | 20000 | 33000 |
| 西德 | 1255 | 8800 | 17700 |
| 意大利 | 353 | 3310 | 8300 |
| 法国 | 580 | 5900 | 7930 |
| 英国 | 371 | 3208 | 5034 |
| 瑞典 | 990 | 2046 | 3042 |
| 16国合计 | 23465 | 140521 | 256060 |

资料来源：日本産業用ロボット工業会「産業用ロボットの現状と展望」

多能工曾经是丰田汽车竞争优势主要的来源，但是在泡沫经济时代，日本出现了严重人手不足的用工荒。丰田汽车也不得不投资自动化生产线来克服这些问题。在20世纪80年代，丰田汽车有一条投资机器人的标准，即在生产线上采用机器人来取代工人的投资额不得超过1000万日元。但是到了泡沫经济时期，为了解决人手不足的问题，丰田汽车不得不把机器人的投资额提高到1500万日元。后来，丰田汽车更是把这个上限提高到2000万日元，也就是说，为了减少一个工人丰田汽车可以引进一台价格不超过2000万日元的机器人。丰田汽车计划在20世纪90年代前期，引进可以取代3000个工人的机器人充实到汽车生产线上。所以仅在1990年一年时间里，丰田汽车对生产自动化的投资就超过了1800亿日元。

然而，丰田汽车的这项机器人计划在日本并不算是走在最前列的，当时在日本已经有企业实现了工厂的无人化，号称用机器人生产机器人的日本发那科（FANUC）便是以全自动生产而闻名于世。在富士山脚下林海里的发那科本部工厂，完全是按照极限的无人化思想来设计和建设的，在林海深处这个涂满亮黄色的厂房里，有近300台工业机器人和200台电脑数控机床，24小时不停地运转着。由于车间里几乎看不到一个工人，所以车间也就不需要窗户，里面也是一尘不染。这个工厂一年的产值达到2000亿日元，但是这里的工人不超过400人，人工费只占生产成本的7%还不到，与机器设备的折旧率大致相等。发那科之所以能一直可以保持35%的销售利润率，完全是因为他们拥有这样先进的工厂。

1988年投产的理光微电工厂的自动化率也达到了90%，生产线上进行作业的全部是工业机器人。工厂采用电脑控制，从仓库里搬运零部件及时给生产线进行零部件补充，半成品的搬运也是电脑控制机器人操作的。在这家年产值高达300亿日元的生产工厂里，只有50名工人，除了检测检验和维修部门，基本上都是电脑控制的机器人在作业，车间里根本看不到一个人影。因此，理光微电的财务报表上显示的设备折旧费都超过了人工费。

大规模的设备投资，引进最新的设备，不仅提高了生产效率和产品质量，更是最大限度地降低了生产成本。即便是在20世纪80年中期以后，日元大幅度升值，但是在一些日本企业的先进工厂里，生产成本也比东南亚国家的企业还要低，保持了非常强的竞争力。

## 2. 日本汽车行业成为经济大国的代表

### 汽车产量超过世界第一的美国

就在傅高义出版《日本第一》的第二年，日本取代美国成为世界第一汽车生产大国。由于汽车行业的发展牵涉到其他行业的发展，所以这样的取代在现代工业社会具有深刻的影响。

1980年，日本汽车行业的汽车生产量超过了1100万辆，而同一年，美国汽车行业有约40%的劳动者下岗，两者形成鲜明的对照。日本汽车行业终于在生产量上超过了半个多世纪以来一直君临世界汽车市场的美国，一跃成为世界最大的汽车生产国。而且超过半数的日本产汽车不是投放日本国内市场，而是出口世界市场的，其中绝大部分销往美国（参见表6–2）。

一直到20世纪70年代以前，日本汽车在欧美市场上还是属于非主流的市场补充型产品，虽然从50年代末，日本汽车就已经开始出口美国，但美国的三大汽车企业对日本汽车并不太在乎，他们认为技术落后的日本汽车并不是美国汽车的竞争对手。但是到了20世纪70年代，两度石油危机给世界经济带来深刻影响，节能成为社会关注的话题，美国汽车比较耗油的特点偏离了市场的需求，

表 6-2　世界与日本汽车生产量

| 年份 | 世界汽车生产量 / 万辆 | 日本 | | | |
|---|---|---|---|---|---|
| | | 国内生产量 / 万辆 | 海外生产量 / 万辆 | 合计生产量 / 万辆 | 世界市场份额 /% |
| 1950 | 1058 | 3 | | 3 | 0.3 |
| 1960 | 1649 | 48 | | 48 | 2.9 |
| 1970 | 2940 | 529 | | 529 | 18.0 |
| 1980 | 3851 | 1104 | | 1104 | 28.7 |
| 1990 | 4828 | 1349 | 338 | 1687 | 34.9 |
| 2000 | 5830 | 1015 | 694 | 1722 | 29.5 |

资料来源：日刊自動車新聞「自動車産業ハンドブック」

注：1980 年以前，日本汽车在海外的生产状况没有明确的统计，故忽略。

大家对低耗油的节能汽车更感兴趣。美国的汽车制造业因此遭到了冲击，欧美汽车企业从 1973 年开始减产，之后长期没有恢复扩大生产的发展势头。

1970 年，全球汽车生产量为 2940 万辆，到 1980 年，全球汽车产量为 3851 万辆，也就是说在整个 70 年代，世界汽车的生产量只有区区 1.3 倍的增加。牵引世界汽车行业的是日本汽车企业，在两次石油危机之后，日本的汽车企业得到了迅猛发展。当然，日本汽车企业也受到石油危机的冲击，不得不面临着 20 世纪 60 年代以来首次出现的减产局面，但是他们很快就从悲观中恢复过来，反而以年增长率 10% 左右的速度迅猛增长。1974 年，日本的汽车出口量首次超过西德，成为世界最大的汽车出口国。从 1976 年开始，日本汽车的出口额超过了钢铁业，成为日本最大的出口行业，迎来了黄金发展时期。到 1980 年，日本汽车行业的汽车生产量已经超过 1100 万辆，同时也超过美国的汽车产量，日本一跃成为世界最大的汽车生产国。

日本汽车行业的跃进让日本国内市场趋向成熟饱和，对外出口却是势不可挡。在 1970 年，日本国内的汽车销售量处在 410 万辆的水平，到 1980 年，也只是增加到 500 万辆的水平，增加的幅度远远低于生产量的增幅。这就意味着必须要有海外市场来消化这些增加的生产量。实际上，1970 年日本汽车的出口量为 100 万辆，到 1980 年已经接近 600 万辆，出口量增加了 5 倍。这个时候，日本人或许并没有什么感觉，但生活在日本之外的人已经能够感受“日本第一”的气氛了。

### 从组装生产开始

1949 年，在占领当局允许日本企业重新生产汽车时，日本的汽车生产能力非常贫弱，以致当时号称金融界天皇的日本银行总裁一万田尚登认为日本培育汽车产业是毫无意义的，日本应该利用国际分工机制，从美国采购价廉物美的汽车。幸亏当时的日本并没有足够的外资可以进口大量的美国汽车，这种汽车不要论也就没有占据主导地位。而通产省则已经考虑到在不久的将来，日本必须撤销对国际贸易的种种限制，落实贸易自由化。日本的企业必须在那之前得到足够的发展，以抗衡外国企业。

然而，当时日本汽车工业的技术水平与世界的差距非常大，尤其是在乘用车领域里，差距更大。到底是引进技术还是自主研发，在日本汽车生产企业之间产生了分歧。当时主张自主研发的企业实际上只有丰田汽车，其他如日产汽车、五十铃汽车、日野汽车等都认为引进国外的先进技术是发展汽车行业的捷径，也是比较现实的道路。持有这两种主张的企业都游说通产省给予他们支持，而技术引进派的企业在日产汽车浅原源七社长的带领下，加强了申请力度。

引进技术就是要和外国企业成立合资企业，但通产省害怕外国企业会利用与日本企业合资的机会乘机大量进口外国汽车，所以对日本企业与海外企业合作持否定态度，更倾向于自主研发。但那需要更多的时间，也很难保证效果。于是通产省想到了一个两全其美的方式，即允许日本企业与外国企业合作，引进生产技术，但为了减少宝贵的外汇支出，要求合资企业必须在 6 年内完成国产化。这样，既可以通过引进外国技术来生产日本市场急需的汽车，同时通过包括配套零部件在内的汽车生产逐步国产化，使得日本企业可以掌握世界先进的汽车生产技术，从而全面提高生产能力。根据这一构想，通产省选定日产汽车、五十铃汽车、日野汽车和三菱重工加上坚持自主研发的丰田汽车这 5 家企业为汽车行业的重点培育对象，给予了外汇配额方面的优惠。

当时引进外国技术实际上都是指进口外国零部件在日本组装生产的方式（knock-down kit，简称 KD），其中全部采用进口零部件的组装方式称为 CKD（Complete Knock Down），当时日本汽车企业就是采用 CKD 方式与外国企业合作的。三菱重工与美国汽车企业凯撒 – 弗雷泽签订协议，从 1951 年 6 月开始以 CKD 方式生产 Henry J 型轿车。1952 年 7 月，日野汽车从法国雷诺引进技术，以 CKD 方式生产雷诺 4CV 汽车。1953 年，五十铃汽车也以 CKD 方式从英国希尔曼引进了希尔曼型轿车的生产技术。

当时，美国的轿车一味地追求乘坐的舒适度和加速的敏捷性，车身越造越大，排气量也越来越大，呈现出与欧洲轿车越来越多的不同。虽然这样外观时髦的美国汽车成为日本人羡慕的对象，但由于车身庞大，耗油量大的美国汽车并不适合日本的社会环境。不用说日本国民的平均收入还达不到美国的水平，就是那些狭窄弯曲的日本马路也无法让美国汽车畅通无阻。日产汽车的浅原社长在战前曾经走遍了欧美汽车生产企业，对欧美汽车的特点非常了解。所以日产汽车选择了英国的奥斯汀汽车公司作为合作对象，引进了英国大众车型的奥斯汀汽车的流水线，以 CKD 方式在日本生产。经过半年多的谈判，在 1952 年 12 月，日产汽车正式与奥斯汀汽车公司签订了合作协议，日本通产省也在日产汽车提出报告后及时地批准了这次合作。

这次合作协议的具体内容是，日产汽车每年从英国进口 2000 辆奥斯汀 A40 型汽车的零部件在日本组装生产，并在日本销售。而这些零部件会逐步实现日本国产化，3 年后，实现全部零部件的国产化，为此奥斯汀必须给日产汽车提供相关的技术支持，而奥斯汀也认可这些零部件可以提供给日本其他汽车生产企业。第一年，日产汽车须按照组装汽车出厂价的 2% 支付给奥斯汀公司，且不得低于 1 万英镑。第二年为 3.5%，不得低于 3 万英镑。

虽然日产汽车为引进技术付出了很多资金，但他们的技术吸收也非常快，1953 年成功地组装出第一辆奥斯汀 A40 型小轿车，5 年后，实现全部零部件国产化。同时，日产汽车利用学到的奥斯汀技术，改造了日产自主品牌达特桑汽车。到 1960 年日产汽车已经掌握了世界先进水平的汽车生产技术，终止了奥斯汀汽车的组装生产，取而代之的是日产自主研发的高级轿车公爵（Cedric）。日产汽车的技术日臻成熟，1973 年，日产汽车在美国国家环境保护署的汽车耗油测试中获得了第一名的好成绩，从而获得了技术日产的美名。到日本汽车产量超过美国的 1980 年，日产汽车已经在美国设立工厂，开始在美国生产日产汽车。同时，日产汽车还宣布到 20 世纪 90 年代，在汽车生产技术方面要获得世界第一。1988 年，日产汽车推出了体现这一方针的超豪华高级轿车西玛（CIMA），当时正是日本泡沫经济鼎盛时期，迎合了时代需求的西玛一经推出就引起了轰动，压倒了包括丰田汽车在内的竞争对手。日本还把这种情况称之为西玛现象，也成了日本泡沫经济时期的一个缩影。从引进技术到走出日本，进而跻身世界最先进的汽车生产企业行列，日产汽车用了不到 30 年的时间，实现了草鸡变凤凰的华丽变身。

### 形成自己的生产方式

在日本的汽车企业纷纷与欧美企业合作，引进外国先进的汽车生产技术的时候，丰田汽车坚持了自我研发的路线，并于 1952 年制定了研发皇冠汽车的决策。由于丰田汽车的总部设在爱知县的丰田市（原名举母市，1959 年改名至今），在当时还曾被嘲笑为乡下的汽车企业跟不上时代的潮流。然而丰田汽车依然不为所动，首先完成了水冷直列 4 缸 OHV 式的 R 型引擎的开发，为丰田汽车的自主生产奠定了基础。

丰田汽车利用朝鲜战争的特需，及时地进行了设备更新，到 1956 年基本完成。当时，丰田汽车的经营主要由社长石田退三负责，他聘用帝国银行（三井银行）大阪事务所所长中川不器男来负责融资，而技术方面则由丰田英二担当，这 3 人各有专长，组成了强悍的经营团队。丰田英二更是继承了丰田喜一郎对汽车事业的雄心壮志，希望丰田汽车能够积极投资设备扩大生产，以顺应市场的需求。石田社长在尊重中川在财务方面的意见的同时，也认为不求发展的经营思想有碍丰田汽车的发展，所以积极支持丰田英二的投资计划。丰田英二根据经济形势的发展状况，提出了月产 1 万辆汽车的目标。但当时的丰田汽车总部举母工厂的场地已经达到饱和，无法继续扩张。于是 1959 年，丰田汽车从政府手中购入了离总部不远的土桥地区的一片土地，建设了全新的元町工厂，这也是日本第一个专门生产乘用车的工厂。不过，由于没有引进外国技术，丰田汽车的发展还是受到了很大的影响。在日产汽车推出达特桑的时候，丰田汽车也推出同类型汽车卡罗拉，但质量不能和达特桑相提并论，销售量也非常惨淡。1963 年，因为产品质量问题，丰田汽车还不得不停止向美国出口汽车。

汽车质量的问题刺激了丰田汽车，但由于 1950 年初的劳动大争议一直让丰田汽车的经营层心有余悸，不敢积极扩大雇佣，人手不够一直是丰田汽车的常态。丰田汽车寄希望于改进现有员工的工作效率来解决人手不足的问题，进而改进汽车的质量。为此，丰田汽车对员工的作业时间进行了严格的测定，结果发现，员工作业时间中真正创造价值的作业时间只有 10% 多一点（参见图 6–3），存在着窝工的时间浪费、搬运和作业时的无效劳动等现象。实际上，丰田汽车还发现在生产过程中存在着过量生产的浪费、库存的浪费、制造次品的无效劳动和浪费等现象。丰田汽车意识到，只有彻底地杜绝这些浪费现象，才能解决企业竞争力的问题。

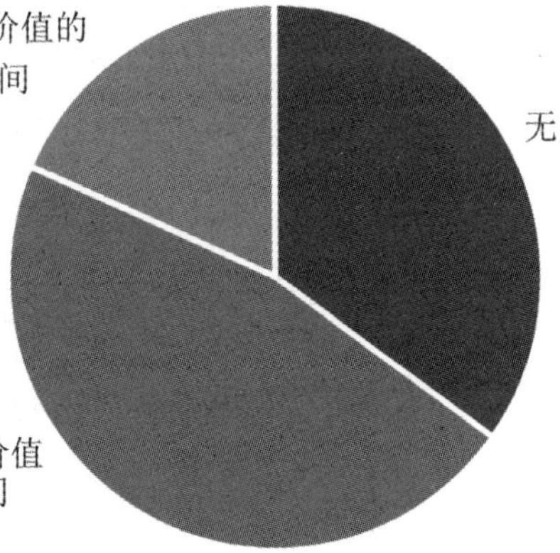


**图 6-3　丰田汽车关于员工作业时间的分析**

资料来源：日本能率協会編『トヨタの現場管理』日本能率協会，1978

丰田汽车之所以意识到彻底杜绝浪费的重要性，这是因为资金和生产物资等经营资源的短缺一直是丰田汽车的痛点。20 世纪 40 年代末，丰田汽车就曾经因为缺乏资金而差点破产倒闭，也正是因为经营资源的短缺，才形成了丰田汽车自己的生产方式。早在丰田汽车刚刚诞生的时候，丰田喜一郎就开始提倡 JIT（Just in time，及时化）这一丰田生产方式的核心内容。因为当时日本的钢材等物资都以军工为优先，丰田汽车得不到充分的汽车生产材料，只能强调及时化，从而充分利用有限的生产物资。战后，丰田汽车刚刚有条件进行大量生产，却又由于道奇计划的落实，日本国内的市场迅速萎缩，让大量生产出来的产品变成了大量的库存，使得企业面临倒闭的危机。这种状况也更加坚定了丰田汽车落实及时化的决心。

1952 年，丰田英二等丰田汽车未来的领导人为了引进福特生产方式访问了美国，结果他们发现以丰田汽车现在的实力，是无法照搬福特生产方式的。丰田英二回忆说，当时他们没有资金大规模引进传送带流水线，只能从不花钱的角度来考虑应该怎么去做。丰田汽车根据自身的条件，对福特生产方式进行改造，形成了著名的“看板方式”。东京大学和田一夫教授指出，社会上似乎都把看板方式当作丰田生产方式的核心而非常关注，忽视了丰田引进福特生产方式更重要的意义，是用成本加工的计量方式来把握生产过程和管理整个工厂。实际上传送带流水线只是福特生产方式的一种表象,其核心还是一种生产原理，即按照一定的规定速度及时补充各道工序所需要的零部件，这与丰田汽车的及时化不谋而合。

丰田汽车在条件有限的情况下，不得不对各道工序所需时间和工人作业动作进行彻底的研究，通过多重有效的措施（参见图6–4），彻底地杜绝了浪费，才获得了具有国际竞争力的生产效率。可以说，丰田汽车在引进福特生产方式时是因祸得福，歪打正着地形成了青出于蓝而胜于蓝的丰田生产方式，从而使丰田汽车获得了世界一流水平的竞争力。

大野耐一在《丰田生产方式》里开宗明义地指出，丰田生产方式的两个重要组成是及时化和自动化,这实际上就是对员工作业时间分析后而采取的措施。丰田生产方式包括了减少以下的浪费：①过量生产的浪费；②窝工的时间浪费；③ 搬运的无效劳动；④加工本身的无效劳动和浪费；⑤ 库存的浪费；⑥动作上的无效劳动；⑦ 制造次品的无效劳动和浪费等现象。“彻底杜绝浪费”就是丰田生产方式的基本思想。

### 产品质量赶超欧美

本田技研从 1962 年 1 月开始研发汽车，与其他企业相比显然比较晚了，但他们从一开始就显示了自己的技术实力。本来是生产自行车辅助马达的本田技研凭着出色的技术，已经在日本国内的二轮摩托车行业中取得领先地位，而本田宗一郎的志向也不局限在日本国内市场，他的目标一直是世界最高水平。为了在二轮摩托车领域成为世界第一，本田技研投入了令人咂舌的巨资，建设了世界上最大规模的大量生产体制，通过对世界市场的积极开拓，本田技研如愿

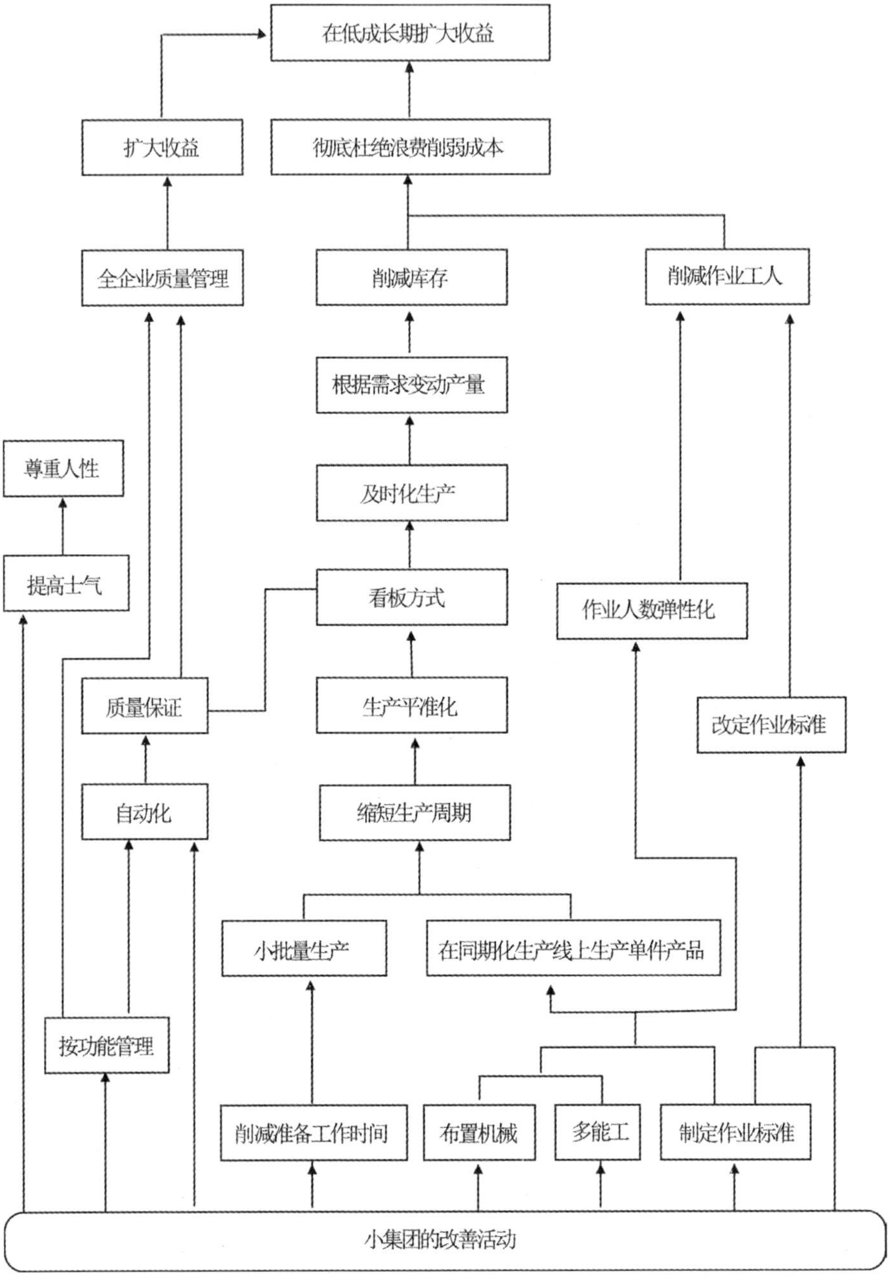


**图 6-4　丰田生产方式的系统**

资料来源：日本能率協会『新版・トヨタの現場管理』日本能率協会，1986

成为世界二轮摩托车领域最大的企业。然而，这还不够，本田又开始进军四轮小轿车的生产领域。

经过1年的研发，1963年，本田技研推出了四轮小轿车。最初的产品有两款，都是2人座的敞篷跑车。这是因为本田技研的二轮摩托车发动机在摩托车大奖赛上表现非常出色，把这样的发动机装在跑车上会比安装在一般的小轿车上更加合适。市场对此也给予了高度评价，本田技研的汽车不仅在日本获得好评，而且当年就成功地出口到了美国，这也让本田技研成为当年日本出口美国最大的汽车企业。也就是在这一年，丰田汽车因为质量问题不得不中止对美国的出口，而日产汽车还没有在美国形成自己的销售网络。

从二轮摩托车转型过来的本田技研保留了很多摩托车的特色，这也是一种技术上的继承，但是这样的继承很快地显示了自身的局限。比如直接采用摩托车的发动机，在汽车实际行驶时还是会显得力不从心，而具有摩托车特色的车轮链在功率更大的汽车发动机上也不适宜。针对这些问题，本田技研立刻着手解决。他们提高了发动机的排气量，驱动装置也改成一般汽车采用的方式。这样的及时应对，让本田技研的跑车继续在市场上受到欢迎，尤其是在欧洲市场，本田的跑车非常有人气。

要真正地在市场上受欢迎还是需要过硬的产品质量。为了让自己的产品达到世界先进水平，本田技研在四轮小轿车生产之初，就宣布要参加F1汽车大赛，这震惊了日本汽车行业，因为大家都认为以当时日本的汽车生产技术水平，F1汽车大赛简直是可望不可及的舞台。不过，本田技研是看到当时参加F1汽车大赛的各个车队与汽车生产企业的关系并不十分密切，信息沟通不是很畅通，这为本田技研的参赛留出了空间。本田技研自己参赛，可以根据赛车场上出现的各种问题及时进行处理，从而保证赛车一直处于最佳的竞赛状况。同时，本田技研认为，他们首创的12气缸1500cc的发动机比欧洲参赛队的赛车发动机更加先进，是完全可以参赛比拼的。

但F1汽车大赛是综合了人与车各项能力的比赛，从来没有参加过这样大赛的本田F1赛车队缺乏相关的经验，在首次比赛中，指挥相当混乱，成绩很不理想。但本田车队通过这次参赛，学到了很多F1大赛的实际知识，他们找到了问题的节点，也找到了解决的方法。所以在第二个赛季中，拥有出色技术的本田车队一举获得了F1汽车大赛的冠军。

本田车队夺得F1汽车大赛的冠军，标志着日本汽车生产技术也已经走到了世界先进水平。由于日本企业敢于对生产设备进行投资，并加大了研发的投资力度，到20世纪60年初，日本汽车生产的各项指标都已经与欧美汽车不相上下，丰田汽车开发的第三代科罗纳小轿车的输出功率和巡航速度也都不比欧美同一级别的汽车差，各方面都达到了世界最先进的水平。

## 经济大国的代表

进入20世纪80年代后，日本的汽车行业保持了持续增长的趋势，到1989年，包括零部件和半成品在内的日本汽车行业的生产额超过了38万亿日元，占日本GDP总额的9.3%。同时，日本汽车行业的总产值在日本制造业总体产值中的占比也超过了12.9%，而汽车出口超过9万亿日元，占日本出口总额的22%以上。另外，汽车行业以及关联行业从业人员也占日本国内从业人口的11%，有650万人之多。而汽车行业的研发费用，也占了日本全行业研发费用的13.2%，设备投资额占全行业设备投资额的10%。由此可见，汽车行业在日本经济中具有举足轻重的地位。

1981年，日本的名义GDP超过1.2万亿美元，虽然只有美国GDP的1/3，但已经超过当时西德的0.7万亿美元，俨然是世界第二大经济强国。在1980年日本取代美国成为世界第一汽车生产大国后，日本的汽车行业成为日本这个经济强国当之无愧的代表（参见表6-3）。

表 6-3　日本出口额前十位行业的演变

| 排行 | 1960 年 | 1970 年 | 1980 年 | 1990 年 |
|---|---|---|---|---|
| 1 | 钢铁 | 钢铁 | 汽车 | 汽车 |
| 2 | 绵纺织品 | 船舶 | 钢铁 | 办公机器 |
| 3 | 船舶 | 汽车 | 船舶 | 半导体等零部件 |
| 4 | 衣服 | 金属制品 | 科学光学仪器 | 映像设备 |
| 5 | 收音机 | 收音机 | 金属制品 | 钢铁 |
| 6 | 短纤维纺织品 | 化纤纺织品 | 磁带录音机 | 科学光学仪器 |
| 7 | 汽车 | 科学光学仪器 | 收音机 | 汽车零部件 |
| 8 | 玩具 | 衣服 | 摩托车 | 原动机 |
| 9 | 鞋类 | 磁带录音机 | 原动机 | 音响设备 |
| 10 | 陶瓷 | 塑料 | 电子管等 | 通信设备 |
| 前十位行业占总出口之比 | 39.9% | 48.9% | 50.9% | 53.5% |

资料来源：日本財務省統計資料

## 3. 日本企业跻身世界 500 强

### 日本企业获得世界第一

在傅高义出版《日本第一》的 15 年之后，日本企业终于攀上了世界第一的宝座。

1995 年，美国《财富》杂志把工业 500 强和服务业 500 强的两张表合并为一，第一次公布了全球 500 强名单。在这份名单里，日本企业入选 149 家，在数量上仅比美国少 2 家，名列第二，但从销售额来说，日本企业以 38057 亿美元的成绩远远超过美国企业 29394 亿美元的合计销售额，稳稳地坐上了世界第一的宝座。傅高义在出版《日本第一》的时候，日本企业在世界500强企业中所占的比例只有美国的1/4左右，而这一次公布的全球500强名单，证明了傅高义“预测”的准确性。

1955年，《财富》杂志创立了“美国500强”（FORTUNE 500）排行榜，这个榜单很好地体现了美国企业在国际上的地位和其强大的国际竞争力。美国500强企业的榜单获得了巨大的成功，也促使了国际性企业排行榜的问世。1957年，《财富》杂志公布了美国之外的世界100强企业的榜单，也获得了好评。这份榜单在1963年增加到世界200强，1972年增加到世界300强，到1976年排出了美国之外的世界500强企业的名单。这样，《财富》杂志就同时公布美国500强企业和美国以外的500强企业两个榜单，随着美国企业压倒性优势的消失，这两个榜单的统合也就是时间的问题了。

1990年7月，《财富》杂志公布了新的“全球工业企业500强排行榜”，第一次把美国企业与其他国家企业混合在一起评判。由于这次评选局限在工业范围内，而主要发达国家的第三产业已经非常发达，所以在1991年8月，《财富》杂志又推出了包含美国企业在内的“全球服务企业500强排行榜”。不过没过多久，《财富》杂志就再次修改企业榜单的框架，囊括工业企业和服务业企业，公布了全新的世界500强企业排行榜。这不仅包括了美国和其他国家的企业，也包括了工业企业和服务业企业，成为评判世界大企业的单一排行榜。这个新的排行榜可以更加直观地显示各国企业在世界上的相应地位，便于大家对全球主要企业进行比较。

### 入围世界500强的日本企业

由于从1955年到1995年这段时期里，《财富》杂志多次修改了企业排行榜的评判框架，所以要比较1950年代以后日本企业的成长状况，需要重新编排《财富》杂志的世界500强排行榜。名城大学教授宫崎信二做了这样有意义的工作。宫崎根据《财富》历年的排行榜重新编辑了《财富》世界工业企业100强的排行榜（参见表6–4）。

**表6–4 《财富》世界工业企业100强日本企业**

| 1960年 | 1966年 | 1971年 | 1975年 | 1980年 | 1985年 | 1989年 | 1993年 |
|---|---|---|---|---|---|---|---|
| 70 日立制作所 | 63 日立制作所 | 19 新日本制铁 | 19 新日本制铁 | 36 丰田汽车 | 15 丰田汽车 | 6 丰田汽车 | 5 丰田汽车 |
| 96 八幡制铁 | 72 八幡制铁 | 26 日立制作所 | 34 丰田汽车 | 37 日产汽车 | 20 松下电器 | 9 日立制作所 | 6 日立制作所 |
| | | 33 丰田汽车 | 42 日立制作所 | 42 新日本制铁 | 21 日立制作所 | 12 松下电器 | 8 松下电器 |
| | | 38 三菱重工 | 44 三菱重工 | 44 日立制作所 | 27 日产汽车 | 17 日产汽车 | 12 日产汽车 |
| | | 39 日产汽车 | 47 日产汽车 | 45 松下电器 | 43 三菱重工 | 24 东芝 | 20 东芝 |
| | | 56 松下电器 | 67 松下电器 | 51 三菱重工 | 54 东芝 | 30 本田技研 | 24 本田技研 |
| | | 59 东京芝浦 | 70 出光兴产 | 70 出光兴产 | 55 日本石油 | 32 日本电气 | 27 索尼 |
| | | 76 日本钢管 | 76 住友金属 | 81 东芝 | 59 新日本制铁 | 43 三菱电机 | 29 日本电气 |
| | | | 77 东京芝浦 | | 71 本田技研 | 44 新日本制铁 | 36 富士通 |
| | | | 78 日本钢管 | | 82 出光兴产 | 49 富士通 | 37 三菱电机 |
| | | | 90 川崎制铁 | | 83 日本电气 | 56 三菱汽车 | 41 三菱汽车 |
| | | | 96 三菱化学 | | 94 三菱电机 | 57 索尼 | 43 三菱重工 |
| | | | | | | 62 马自达 | 45 新日本制铁 |
| | | | | | | 67 三菱重工 | 57 马自达 |
| | | | | | | 71 日本石油 | 60 日本石油 |
| | | | | | | 84 普利通 | 69 佳能 |
| | | | | | | 99 出光兴产 | 78 NKK |

续 表

| 1960年 | 1966年 | 1971年 | 1975年 | 1980年 | 1985年 | 1989年 | 1993年 |
|---|---|---|---|---|---|---|---|
| | | | | | | | 85 普利通 |
| | | | | | | | 95 三洋电机 |
| | | | | | | | 96 夏普 |
| | | | | | | | 97 日本能源 |
| | | | | | | | 98 五十铃汽车 |
| | | | | | | | 100 住友金属 |

资料来源：宫崎信二「「フォーチュン・グローバル500社」にみる日本企業の衰退（上）」『名城論叢』，2016

注：根据《财富》杂志1961～1994年相关数据编辑

在1957年《财富》杂志最早发布的美国之外100家最大工业企业的排行榜里，日本企业就已经在其中出现，分别是第52位的八幡制铁和第69位的富士制铁，还有1家是排在第82位的日立制作所。如果把美国和其他国家的排行榜合并起来计算的话，八幡制铁排在第183位，富士制铁排在第239位，而日立制作所排在第285位。

根据同样合并计算的排行榜，到1960年，日本企业已经有了很大的进步，日立制作所可以排到第70位，而八幡制铁可以排到第96位。当时入围《财富》杂志美国之外100家最大的工业企业排行榜的亚洲企业只有日本企业，说明日本企业以其迅速的发展把亚洲其他国家的企业远远地甩到了后面。

在日本经济高速增长时期，牵引日本经济发展的行业除了日本的钢铁行业和电机行业之外，汽车行业的发展也起到了带头作用，丰田汽车开始出现在《财富》杂志世界企业排行榜里。但一直到20世纪60年代末，美国企业依然拥有绝对性竞争优势，不仅日本企业，就是欧洲企业也很难与美国企业相提并论。但是到20

世纪70年代前后，美国企业的竞争力不再具有压倒性优势，尤其在汽车领域里，日本汽车企业的奋起直追取得了可观的效果。从合并后的《财富》杂志世界百强企业排行榜来看，进入20世纪70年代，日本入围企业大幅增加。1975年，美国企业在世界百强中的企业数量跌破50家，意味着在国际市场美国企业失去了绝对性竞争优势，而日本企业则增加到12家，欧洲企业也增加到36家，日本和欧洲企业的合计数量在世界百强中超过了美国企业。

1975年，世界百强排行榜里的日本企业分别是钢铁行业的4家企业，电机行业的3家和汽车行业的2家，另外是产业机械行业1家、石油行业1家和化学行业1家。这些行业在日本高速经济发展的前期起到了牵头的作用，同时也发展成世界著名企业。1973年和1979年两次石油危机给世界经济带来了很大的影响，欧美国家的经济都出现了停滞的状况，但日本经济却依然一枝独秀，日本的电机和汽车等产品畅销全球，在这些行业的出口带动下，日本迎来了经济稳定增长的阶段。20世纪80年代，世界百强排行榜的变动实际上如实地反映了各国竞争力此消彼长的事实。在世界百强企业中，美国企业的数量进一步减少，从1980年的45家企业减少到1989年的35家，而日本则是从8家增加到17家。另外，欧洲企业基本没有变化，维持42家的数量规模。

日本企业不仅大举入围世界百强榜单，他们的排位也稳步向前。最初入围世界百强企业的日本企业，排位非常靠后，但经过近30年的发展，到1989年，丰田汽车和松下电器首次入围世界十强企业。在这以后，越来越多的日本企业入围世界百强和世界十强，到1995年《财富》公布最新世界500强企业排行榜时，日本企业独占鳌头，从第一位到第四位竟然都是日本企业。可以说这个时候，日本企业才真正证明了傅高义所说的“日本第一”。

## 日本企业在世界 500 强的行业分布

值得注意的是，日本企业入围世界 500 强，并没有偏于某些特定行业，而是行业分布比较齐全，在流通、金融和建设等行业中的排位也是名列前茅的，这也意味着日本企业在很多行业都取得了长足的进步。

从《财富》杂志第一份世界 500 强的数据来看，占世界 500 强整体销售额约十分之一的流通行业几乎成了日本企业的天下（参见表 6–5）。入围世界 500 强的流通企业一共有 22 家，日本就有 14 家。而且流通行业的十强企业几乎都被日本企业所占据，日本企业不仅占据了流通行业从第一位到第九位的席位，还直接占据了世界 500 强第一到第四的席位，三菱商事不仅在流通行业中排名第一，而且在世界 500 强中排名第一。三井物产也获得了在流通行业以及在世界 500 强中排名第二的荣耀，紧跟其后的伊藤忠商事，也同时获得两个第三名的成绩，而住友商事则斩获了两个第四名。在流通行业排名第五的丸红在世界 500 强中排名第六，在流通行业排名第六的日商岩井在世界 500 强中排名第九。日本的综合商社在日本泡沫经济崩溃之际，依然是风光无限，曾经的商社无用论等论调这时候也都偃旗息鼓了。

与日本流通行业同样风光无限的，还有电机和电子机器行业。这个行业的全球销售额为 7811 亿美元，在世界各个行业中排在第五位。世界上有 31 家属于电机和电子机器行业的企业入围世界 500 强，而日本就有 10 家企业入围，并且在前十强中占据了 5 个席位。其中，日立制作所名列行业第一（世界 500 强排名第 13），松下电器名列行业第二（世界 500 强排名第 17），东芝行业排名第五（世界第 36），紧跟其后的是索尼，行业排名第六（世界第 43），另外日本电气（NEC）行业排名第七（世界第 48），三菱电机行业排名第十（世界第 62），三洋电机行业排名第十四（世界第 183），夏普行业排名第十五（世界第 185）。

**表 6-5　世界 500 强中日本企业分布**

| 行业 | 销售额/亿美元 | 全球企业数 | 日本企业数 | 排名最高的日本企业 | 排名最高的其他国家企业 |
|---|---|---|---|---|---|
| 贸易 | 13119 | 22 | 14 | ①三菱商事 | ⑩ VEBA GROUP |
| 汽车及零部件 | 9718 | 26 | 11 | ③丰田汽车 | ①通用汽车 |
| 商业银行 | 9613 | 59 | 18 | ③日本兴业银行 | ①德意志银行 |
| 炼油 | 8042 | 30 | 6 | ⑭日本石油 | ① EXXON |
| 电机・电子机械 | 7811 | 31 | 10 | ①日立制作所 | ③通用电机 |
| 保险（相互） | 5394 | 24 | 13 | ①日本生命保险 | ④州立农业保险 |
| 保险（股份） | 4826 | 28 | 6 | ⑭东京海上火灾 | ①安联控股 |
| 通信 | 4548 | 21 | 1 | ② NTT | ① AT&T |
| 超市・药妆店 | 3675 | 26 | 5 | ①大荣 | ③ KROGER |
| 综合零售 | 3317 | 15 | 3 | ⑦ NICHII | ①沃尔玛 |
| 电・煤气 | 2781 | 17 | 7 | ①东京电力 | ② EDF |
| 化学 | 2775 | 17 | 4 | ⑨三菱化学 | ①杜邦 |
| 食品 | 2619 | 12 | 2 | ⑨雪印乳业 | ①飞利浦・莫里斯 |
| 金属・钢铁 | 2586 | 16 | 6 | ②新日本制铁 | ① IRI |
| 土建 | 2022 | 13 | 9 | ②鹿岛 | ① CIE |
| 电脑・办公机械 | 1845 | 8 | 3 | ②富士通 | ①英特尔 |
| 工农业用机械 | 1486 | 10 | 4 | ①三菱重工 | ② INI |
| 邮递运输 | 1394 | 7 | 2 | ③日本邮政 | ①美国邮政 |
| 航空运输 | 1082 | 9 | 2 | ②日本航空 | ① AMR |
| 铁路运输 | 1074 | 8 | 4 | ① JR 东日本 | ②德国铁路 |

资料来源：宫崎信二「「フォーチュン・グローバル 500 社」にみる日本企業の衰退（上）」『名城論叢』，2016

注：企业名前○里的数字显示该企业在行业中的排名

保险行业的销售额紧随电机和电子机器行业，日本企业在这个领域中也有非常出色的表现。日本的保险公司独占了这个行业前三强席位，并且在前十强中只有两家美国保险公司入围，其余都是日本保险公司。日本生命保险是这个行业的龙头老大（世界 500 强排名第 14 位）。在这个行业排名第二的是第一生命保险（世界排名第 26 位），排名第三的是住友生命保险（世界排名第 35 位）。

金融行业中商业银行的销售规模在世界 500 强所属各行业中名列第三，有 59 家金融企业入围世界 500 强，其中日本的银行就有 18 家，而且银行业从第三名到第七名，也都是日本的银行。排名第三的是日本兴业银行（世界 500 强排名第 67 位）、排名第四的是富士银行（世界排名第 73 位），排名第五的是三菱银行（世界排名第 74 位）、排名第六的是住友银行（世界排名第 76 位）、排名第七的是三和银行（世界排名第 78 位）。除了在十强中占据 6 席之外，樱花银行正好排名第十一，日本长期信用银行则紧随其后，排在第十二位。

1995 年公布的世界 500 强企业里，日本企业占了 149 家。其中 59 家是金融和流通行业的企业，65 家是矿工业行业的企业，其余是交通运输等公共服务行业和土木建设行业的企业。几乎在所有行业里都可以看到日本企业的排名。在 149 家入围世界 500 强的日本企业里，有 41 家企业排名在百强之内。从这些排名和行业的分布来看，在 20 世纪 90 年代初，日本企业已经确立了在世界上的顶级地位。

## 4．持续增长的课题

### 德鲁克的警告

进入 20 世纪 80 年代，日本经济继续发展，世界第二经济体地位稳固，日本企业也持续发展，进入世界顶级企业行列，这让日本国民产生了日本已经进入了最完善的工业社会的感觉[①]，同时也蔓延了一种增长到达极限的气氛。然而，就在傅高义出版《日本第一》著作的同一年，德鲁克在日本经营协会编辑出版的《1979日本的经营》一书中，对日本企业将面临的问题发出警告。

德鲁克认为，到20世纪80年代，日本企业的经营层将会面临生产效率低下、人口问题和发展中国家的追赶等问题，而尤为关键的是企业对这些问题的漠视态度。生产效率低下实际上是一个世界性问题，而日本在这方面虽然表现得比其他先进国家还要好，但也已经进入停滞状态。从20世纪50年代到70年代的高速增长时期，企业只要能扩大生产就能解决很多问题，但到了1970年以后的经济稳定增长阶段，企业的各种问题逐步凸显出来，经营者需要考虑如何采取措施避免生产效率的下降。虽然进入20世纪80年代以来，因为环境保护以及对员工福利的重视，还有政府的各种规制等原因，企业经营层可能还感受不到生产效率下降所带来的压力，但这并不代表这样的问题不存在。比如，人口老龄化的压力会变得越来越大，以往企业的雇佣保障就必须根据现实的变化而调整，而这是一个非常困难的任务。但如果不落实更富有弹性的雇佣制度，那么日本企业很可能会像很多英国企业那样，只能在夕阳化中苦苦挣扎，而未来企业将面临着资本和劳动力的缺乏，这也是需要日本企业正面对待、认真应对的。

还有就是新兴国家开始发展起来，亚洲四小龙、墨西哥、巴西以及地中海沿岸国家，他们的潜在生产力已经超过20世纪60年代的日本，技术能力也有了很大的进步。虽然日本企业的产品依然具有很多优势，但新兴国家的企业必然会成长为日本企业有力的竞争对手。

对此，日本企业已经有所认识，《1979日本的经营》所载的论文显示，日本企业已经认识到20世纪70年代，尤其是石油危机之后，日本经济将从高速增长转入稳定增长阶段，不过日本企业并不认为所有行业都将减缓增长，而是各个行业之间出现不均衡的增长。比如像材料行业的钢铁、石化和纤维等行业

---

① 这是日本经济评论家堺屋太一在他的著作《日本的盛衰》（2002）中提出的一种观点。

已经过了增长的高峰期，在石油危机之后出现了很大的滑坡。这些行业进入了低增长、低收益的时代。而组装加工行业则呈多样化发展，将会持续高速发展。面对发展中国家的赶超，日本企业必须进一步研发技术，确保领先地位。同时，流通和服务行业也将会进入高速发展的时期，很多经营资源也会流向流通和服务行业，在这些行业里将掀起新的经营革新，唤起新的需求。

但是在20世纪80年代开始负责企业运营的经营者们，已经习惯了经济增长带来的企业发展模式，要在企业发展如日中天的时候去考虑即将到来的经营危机，并及时地采取具体的有效措施，确实是十分不容易的。即便是很有危机意识的经营者，在当时也只是考虑如何把企业的生产效率进一步提高。当时在日本企业中流行的办公室革命，则被认为是提高企业生产效率的有效手段。

### 注重提高效率的办公室革命

就是在日本的生产效率和产品质量都达到世界最高水平，日本企业的竞争力趋于世界顶级水平的时期，日本企业也认为，企业中白领的生产效率并不是世界一流的。当时参与经济同友会[①]对海外企业和日本企业经营进行比较研究的产能大学内藤洋介助教授就指出：与欧美企业相比，日本公司管理部门和营业部门的生产效率都要差很多。

一般来说,欧美企业的本部管理部门主要是以财务部门和经营企划为中心，人员不多，规模比较小。包括人事部门在内的其他管理部门，都附属在具有独立性的事业部内。但日本企业往往把所有的管理部门都集中在公司总部，形成中央集权的组织形态。同时，为了与客户企业保持密切的联系，公司总部还拥有大量的营业担当者。这些都让日本公司总部的规模变得越来越大。虽然日本企业一直在努力改善生产现场的效率，但是对坐在办公室里的白领的生产效率

① 1946年成立的日本企业经营者以个人名义参加的组织，与日本经济团体联合会、日本商工会议所并称为日本三大经济团体。与常常和日本政府密切配合的日本经济团体联合会不同的是，经济同友会对政府的批判比较多。

却一直不够重视。到 1980 年代，生产现场的效率与办公室里的效率反差越来越明显，使得日本企业不得不着手改善办公室效率，形成了一场办公室的革命。

本田技研是日本企业中关心办公室生产效率的先驱之一。为了提高办公室里白领的生产效率，本田技研在 1985 年建成的东京新办公大楼里全面引进了办公室自动化设备，形成了智能化办公系统。企业给员工平均每 5 个人配 1 台可以连接数据库的终端设备，这在个人电脑还没有普及的时代是非常先进的。办公室里的文件全部采用缩微胶卷，并且使用电子邮件系统，以减少纸类文件。同时，还积极使用可视图文系统和有线电视系统（CATV）等先进的通讯设备，还把每个月近 3 万张发货单和进货单的大部分改用电子化管理。本田技研把这场改革命名为 EX–O 运动，希望解决两个问题。第一，要尽可能地提高那些日常重复业务的效率；第二，改善关于项目计划、立项、策划等具有创造性的不定型的业务的效率。为此，本田技研对管理部门的业务内容也进行分析，重新定义和分配，削减不必要的业务同时强化核心业务，这样，本田技研公司总部的业务量削减了 20%。

在 20 世纪 80 年代，日本经济进入鼎盛时期，很多日本企业都希望通过用最新的办公设备来改造办公室，从而提高白领生产效率。除此之外，很多企业还开始考虑白领的健康与生产效率的关系，在创造舒适的办公环境的同时，也想办法缩短员工的上下班时间，以保证他们有更旺盛的精力投入工作。比如富士通就认为旧办公桌椅造成了员工在办公时的疲劳，于是全面更换了办公桌椅，仅为了更换川崎工厂研发中心的桌椅，富士通就花了 3.6 亿日元。还有一些企业为了缩短员工上下班时间，把原来集中在东京公司总部的一些部门分散到东京周边地区，让员工就近上下班。比如三菱金属就利用东京公司总部大楼重建的时机，把总部一分为七，分散到东京周边，使得很多员工上下班时间都不超过半个小时。由于电话会议系统开始完善，业务交流基本上不成问题，当时还出现了静止图像的电视会议系统和高速传真系统，让分散的部门之间也能够保持很好的联系。

办公室革命让很多日本企业的办公室焕然一新，先进的办公设备和通讯设备也让企业的各个部门缩短了空间的距离，这些对振作员工的精神、提高他们的士气都起到了很大的作用。但办公室革命对那些具有创造性的不定型业务，并没有带来明显的效率提高。

### 对经营战略的朦胧认识

日本企业在提高生产现场的效率方面卓有成效，在改善办公室部分通常业务的效率方面也取得了一定的成效，但是对如何有效地改善那些具有创造性的不定型业务的效率，似乎依然没有找到有效的途径，或许他们走错了方向。因为那些不定型业务里面主要是各类项目计划、立项、策划等内容，这些业务牵涉到企业的经营战略。而波特教授曾经明确地指出，日本企业除了索尼、佳能等本身都没有什么经营战略。

改善业务效率和制定合适的经营战略的确是不可同日而语的，改善生产效率的努力也是不可能代替企业制定经营战略的。根据波特的竞争理论，日本企业不能满足于如何提高他们的生产效率，更需要制定出合适的战略帮他们在竞争市场里找到最合适的位置。而企业能够采用的只有 3 种战略，要么发挥成本优势，要么实施差别化战略，还有可取的是集中经营资源在特定市场上展开竞争。

战略本来是一种军事术语，卡内基・梅隆大学的伊戈尔・安索夫教授在 20 世纪 60 年代就把这个概念引进到企业经营方面来，但是，在市场不断扩大的高速增长时期，几乎没有什么日本企业对经营战略感兴趣，因为只要能生产出比竞争对手更加价廉物美的产品，就可以赢得市场。而要达到这个目的，就需要想方设法地提高生产效率，就像丰田汽车那样，严格分析工人的作业时间，尽可能地解决生产中的浪费。这样的习惯思维，使得日本企业不自觉地把经营战略也当作了提高生产效率的一种手段。当 1980 年代中期，波特的竞争优势理论传到日本的时候，日本很多企业都非常关注。东京大学的藤本隆弘教授回忆说，在波特教授的著作传播到日本之后，他曾经和日本著名汽车企业企划室的干部一起认真研读了这些著作。不仅如此，这家企业还高价聘请美国的咨询顾问，帮助他们制定企业的中长期战略。尽管学遍战略理论，但他们制定出来的战略还只是会计部门报告的延长，即几年之后企业应该达到什么样的销售目标，而对如何达到这样的销售目标却语焉不详。这家著名企业的经营干部不得不承认，虽然企业拥有战略策划部门，但战略这样的思维方式并没有浸透到企业组织里，制定的战略浮在空中，完全游离于企业的实际经营。所以，波特教授对日本企业基本上都没有战略的批判，的确是一针见血的。

但是，没有经营战略的日本企业依然能在竞争中获得成功，这也是日本企业不重视经营战略的原因。本田技研最初进军美国的时候也没有战略，因为以本田技研的体量来说，进军美国市场本来就是一种奢望，如果在美国市场上获利那就是额外的收入，只要有一点业绩都是收获。当然一开始，本田技研也为进入美国市场专门设计生产了一款快速大马力的摩托车，但是这种产品在美国哈雷戴维森、宝马和其他传统的摩托车生产企业面前根本没有优势，很多摩托车经销商都拒绝销售。而侥幸销售出去的摩托车也是故障连连，为了维修这些故障摩托车，本田技研不得不从日本空运零部件，巨额的运输费用差点把企业搞垮。但没有想到的是，本田技研在美国的销售人员自己使用的小型摩托车——超级幼兽摩托车却引起了美国人的关注。美国市场上本来没有这种小型摩托车，用市场调查的方式也很难发现这个市场的存在，传统的思维限制了本田技研日本总公司的决策，虽然引起了美国人的关注，他们依然不予理睬，继续努力推销他们为美国专门设计的摩托车。然而美国人对超级幼兽摩托车的需求越来越多，显现了一个尚未开发的非干道行驶消遣性的摩托车市场。最终，这款不在计划内的幼兽摩托车让本田技研成功地打进了美国市场。

一直到 20 世纪 80 年代，敢于尝试的日本企业获得了很多的成功，而在这些成功的经验里面很少有经营战略的影子。对急于追赶的后起之秀来说，现有的市场永远是可以继续扩大的市场，经营战略并不重要。而一旦进入领先地位，企业就会感受到市场变化所带来的压力，这个时候，就凸显了经营战略的重要性。1980 年代进入“日本第一”时代的日本企业开始感受到这种压力，这迫使他们关注企业的经营战略。不过，一直到泡沫经济崩溃后的 1990 年代，业绩低迷的日本企业还没有学会在企业运营中真正地运用经营战略。

# 第七章 Chapter 7

# 政治的压力

## 1. 贸易摩擦

### 市场环境中的政治压力

日本企业的蓬勃发展冲击了美国企业，市场竞争形成了此消彼长的局面。在这个时候，美国政府开始出面帮助美国企业，试图通过政治手段来维持他们的竞争力。当“日本第一”的局面出现后，日本企业面对的政治压力就越来越明显了，美国和日本之间所谓的贸易摩擦就是显著的事例。虽然贸易摩擦是政府出面解决的问题，但实际结果都需要企业来承受，这就使得日本企业在出口美国的时候，不得不加上额外的限制，并不能进行公平竞争。面对这样的限制，日本企业只能忍受，然后想办法去克服，所以日本企业很希望能从美国传播过来的竞争理论中找到帮助，这也使得迈克尔·波特在1980年出版的《竞争战略》一书被日本企业奉为圭臬，风行一时。

波特在这本著作中提出了完整的企业竞争战略的理论，然而其著名的“5力分析法”却并没有强调政治的压力，所以尽管日本企业热衷学习波特的竞争理论，却依然找不到应对政治压力的有效措施。鉴于这种情况，一桥大学教授伊丹敬之和神户大学教授加护野忠男在1989年出版的《经营学入门》里着重提出了政治——这个企业生存环境中的重要因素（参见图7-1）。企业面临的不仅仅是上下游企业和同行之间的关系，政府更是可以左右市场参与者利益得失的基础要素，这在日本战后的企业发展过程中可以清楚地看到。在国际竞争市场上，政治的作用同样非常重要。竞争理论如果不提政治因素就会有非常严重的缺失，因为它可以改变现有市场的规则，使得企业面临完全不同的竞争环境。

从20世纪60年代到80年代，美国通过贸易摩擦问题迫使日本做出自我限制出口美国的规定。到90年代，美国则是通过美日之间全面的经济协议，直接要求日本开放市场。当时日本企业疲于应对政治的压力，但他们能够用的理论武器却不多。学术界对企业经营中如何应对政治因素的干扰，也没有给予应有的重视，相关研究也比较薄弱。虽然战略管理的开创者安索夫教授在1979年就反省了企业战略的狭隘性，他提出了企业必须根据不确定的外部环境变化而调整他们的战略和组织，但这样的论述没有得到重视，湮没在狭隘的企业战略论中。波特在1991年出版的《国家竞争优势》里虽然承认政府在基建和教育以及法律制定等方面的作用，但并不认为政府有能力创造出有竞争力的产业，能不能获得竞争力还是要靠企业自己。这个论述只指出了一半的事实，政府或许不能创造出一个具有竞争力的产业，但却能够扼杀一个具有竞争力的产业。事实上，

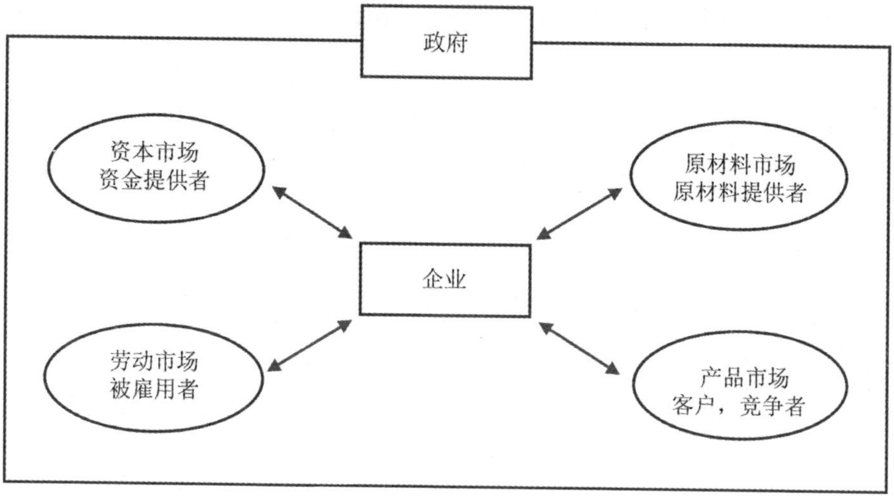


**图7-1　市场环境中的企业**

资料来源：伊丹敬之、加護野忠男『ゼミナール経営学入門』日本経済新聞出版，1989

政治压力在企业成长的任何阶段都是一个能够左右企业生存、不可忽视的重要因素。只是在战后的美利坚治世（Pax Americana）之下，美国的经营理论可以忽视政治的因素，但这让笃信美国经营理论的日本企业在遭遇这样的困境的时候，准备不足，疲于奔命。日本企业最后也只能依靠自己的能力和经验来应对市场因素之外的政治因素。

### 美日贸易摩擦的开始

从 20 世纪 60 年代开始，日本对美国的出口超过对美国的进口，贸易摩擦就成了日本企业挥之不去的恶梦。所谓的美日贸易摩擦，就是日本对美国贸易的出超让美国无法认同而要求日本减少出口所带来的纠纷。美日之间先后爆发了纤维、钢铁、彩电等行业的多次贸易摩擦，1980 年代之后还出现了汽车、半导体摩擦。这些贸易摩擦最后都是以日本接受美国的条件，限制日本企业对美出口而告终。虽然美国政治手段没有给美国企业带来实质上的竞争力的提高，但却给日本企业带来了实实在在的发展障碍。

战后日本的国际贸易属于政府管制的内容，日本贸易的自由化也是在欧美的压力下开始的。随着日本经济的复苏，欧美对日本外汇管制和进口管制政策的批判也越来越激烈。迫于这些压力，日本政府在 1960 年制定了《贸易外汇自由化大纲》，逐步进行开放。日本政府承诺，到 1965 年开放除了电脑之外的商品市场。对日本政府的这种决定，很多日本企业都担心外国商品将会冲击日本市场，从而使日本企业面临发展的危机。然而，就在日本全面开放贸易的 1965 年，日本对美国的贸易收支实现了逆转，实现黑字化。而美国则开始陷入了长期对日贸易的赤字状态（参见表 7–1）。这当然也是日本企业在战后奋发图强的结果。更具竞争力的日本企业形成了疾风暴雨般的出口态势（参见图 7–2），而美国希望通过政治的压力来扭转竞争市场上美国企业的劣势。这并不是日本企业第一次面临美国的政治压力，战后日本企业之所以能够得到如此迅速的发展，其实也是因为有美国的政治庇护。只是以前日本企业得到的是一种推动的力量，而这个时候，日本企业面临的是一种打压的力量。

表 7-1 日本对美国贸易状况

| 年份 | 对美国出口 | | 从美国进口 | | 顺逆差 / 百万美元 |
|---|---|---|---|---|---|
| | 金额 / 百万美元 | 占出口比率 /% | 金额 / 百万美元 | 占进口比率 % | |
| 1965 | 2479 | 29.3 | 2366 | 29.0 | 113 |
| 1970 | 5940 | 30.7 | 5560 | 29.4 | 380 |
| 1975 | 11149 | 20.0 | 11608 | 20.1 | -459 |
| 1980 | 31367 | 25.2 | 24408 | 17.4 | 6959 |
| 1985 | 65278 | 37.2 | 25793 | 19.9 | 39485 |
| 1989 | 93188 | 33.9 | 48246 | 22.9 | 44943 |

资料来源：経済産業省「通商白書」

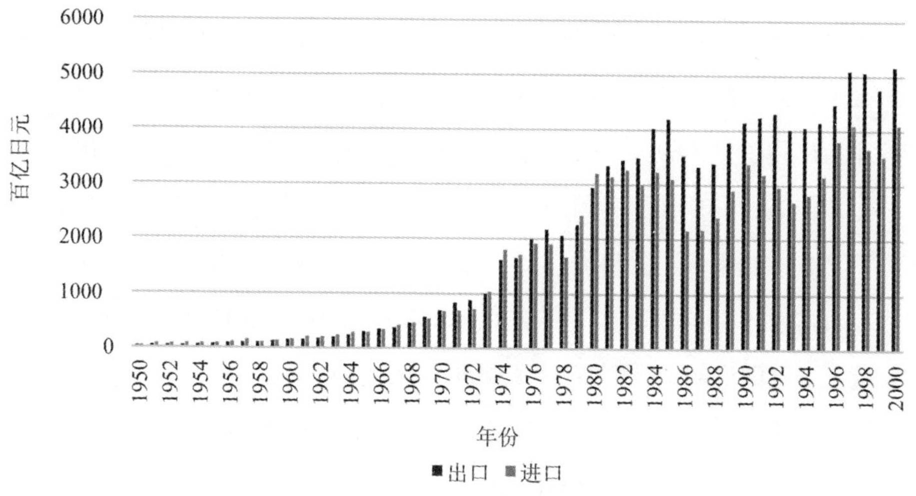


图 7-2 日本历年进出口量

资料来源：日本財務省

从 20 世纪 50 年代到 90 年代，美国为了化解日本企业在纤维、钢铁、彩电行业以及汽车、高科技产品等领域对美国企业的竞争优势，施展出一系列的政治手段，要求日本想办法减少对美国的贸易顺差。1972 年，当日本不愿意在美日纤维交涉中让步的时候，美国政府就威胁要用 1917 年通过的《对敌贸易法》来限制日本产品对美国的进口。这种威胁起到了作用，日本政府最后不得不做出让步，同意自我限制纤维产品的对美出口，并且还借口那是为了让美国归还冲绳而做的牺牲。在纤维产业方面成功地遏制住日本企业攻势的美国政府，很快又把目标对准了日本的钢铁行业。20 世纪 50 年代，美国的钢铁行业在世界上独步天下，成为战后经济复兴的主要生产部门。而美国的钢铁产业是典型的寡占体制，寡占企业控制了钢铁产品的价格，不需要认真地考虑成本问题，因为成本可以随时转嫁到价格里。同时，寡占企业对投资先进生产设备也毫无兴趣，虽然先进设备可以提高生产效率，但毕竟还是需要花钱的。这样，美国钢铁业的成本越来越高，到 1970 年代，美国钢铁业的人工成本竟然比美国制造业平均人工成本高出 60%，这自然严重损害了美国钢铁业的竞争力。而同一时期，日本的钢铁企业不仅劳动力成本比美国的低，还积极地引进先进的生产设备，生产效率不断提高，日本企业逐步获得了对美国同行的竞争优势。这时候，政治的压力出现了，1969 年，美国政府逼迫日本和欧洲签订了自主限制出口美国的协定。但是欧洲顶住了美国的压力，拒绝对欧洲钢铁产品出口美国做进一步的限制。日本则采取了妥协的态度，与美国签订了维持市场秩序的协定，进一步限制日本对美国的出口。日本的妥协鼓舞了美国钢铁业打压日本的信心，他们发起了对日的反倾销诉讼，希望美国进一步强化对日本钢铁产品的进口限制。为此，美国为日本量身定做了一系列政策，限制日本钢铁产品进口美国，从而使日本钢铁产品对美国的出口出现了大幅度下降的情况。

### 贸易摩擦的激化

美国推行的这些政策性措施不仅让美国的用户多支付了购货费用，也没有彻底解决美国的贸易赤字问题。美国经济一旦好转，进口量就大幅增加，贸易赤字也就急速地膨胀起来。进入“日本第一”的时代后，美日之间的贸易摩擦也进一步激化，电子产品、汽车等成了美日贸易摩擦的主要对象。可以说，美日贸易摩擦的对象也是随着日本出口产品的变化而变化的（参见图 7–3）。

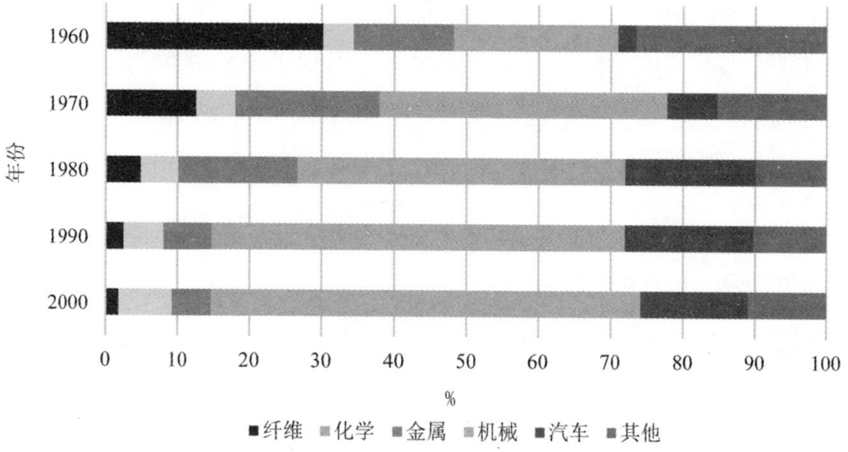


**图 7–3 日本出口商品构成的变化**

资料来源：大藏省「貿易統計」

1960 年，日本首次向美国出口黑白电视机，当年就遭到美国电子工业会反倾销诉讼。美国认为，日本企业一直在攻城略地，已经从美国企业手里夺取了晶体管、汽车无线电等市场的份额，必须要想办法阻止日本企业的进一步扩张。到 1968 年，美国电子工业会又对 11 家日本企业提出反倾销诉讼，要求得到法律的支持和经济的补偿。这次诉讼得到了美国政府的认同，1971 年，美国裁定这 11 家企业除了索尼，其他都有倾销的行为，必须受到一定的制裁。但这样的措施依旧不能阻止日本企业在美国市场的攻势。石油危机之后，更加符合美国家庭需求的日本生产的电视机呈爆发式增长，进一步扩大了在美国的市场份额。美国企业再次要求政府限制日本电视机的进口。1977 年，美国和日本签订了维持彩电市场秩序的协定，规定日本出口美国的彩电数量限定在 175 万台之内，日本企业只能再次接受政治压力带来的苦果。

为了不放弃美国巨大的市场，在维持彩电市场秩序协定签订后，日本企业纷纷去美国开设工厂生产电视机。这大幅度地减少了日本对美国彩电的出口量，但也并不意味着美国的电视机生产企业得到了保护，他们反而被在美国设厂生产的日本企业彻底击败。20 世纪 60 年代，美国本土有 20 多家电视机生产企业，但到 1980 年代，美国企业基本上全部退出了电视机生产领域。1995 年，韩国的 LG 并购了美国最后一家电视机生产企业 Zenith，使得美国本土的电视机生产企业不复存在。

然而美国并不以此为教训，反而继续以相同的方式压制日本企业。进入 20 世纪 80 年代后，美日贸易摩擦也涉及汽车领域。长期以来，美国的汽车行业一直走在世界的最前列。到 1950 年代中后期，日本和德国的小型汽车才开始进入美国市场。当时美国市场的主流汽车是大型汽车，那也是美国汽车企业的强项，所以美国汽车企业对小型汽车的进口并没有放在眼里。随着经济的发展，年轻人和有职业的妇女对小型汽车的需求越来越大，但美国的三大汽车企业对此依然不关心，他们还在努力地开发更加豪华的大型汽车。结果在石油危机之后，美国的大型汽车在耗油方面不敌外国企业的经济型汽车，尤其是日本生产的小型汽车，市场份额开始缩减。

更加节能的日本汽车大量进入美国，美国汽车生产企业却拿不出有效的对策，面临着深刻的经营危机。美国政府不得不在 1980 年宣布对美国三大汽车企业之一的克莱斯勒提供 15 亿美元的联邦保证金，从而避免了这家美国代表性的汽车企业破产。汽车企业的经营危机和汽车工人的大量下岗，让日本企业成为众矢之的。美国社会舆论认为，美国汽车陷入困境的罪魁祸首就是不断增加的日本汽车。全美汽车工会和福特汽车都向美国国际贸易委员会（ICT）提出申请，要求限制日本汽车的进口。美国汽车行业的产业工人占美国产业工人的 1/6，汽车产业在美国占有的重要地位不言而喻。美国政府当然不能无视汽车行业的诉求，就要求日本采取措施限制，减少日本汽车的对美出口。但是，日本以贸易立国，不愿意放弃到手的美国市场，况且汽车工业也是日本举足轻重的产业，不能轻易妥协。

在美日纤维贸易摩擦的时候，美国有很多的筹码可以使用，比如当时美国就用对冲绳的施政权“换取”了日本对美出口额度的自我限制。到钢铁和彩电的贸易摩擦时，美国就用国内法来威吓，迫使日本妥协。但是到了汽车贸易摩擦的时候，美国发现一味的高压并不好用，虽然在刚开始的时候，美国准备动用通商法 301 条来指证日本违反了公平贸易原则，但这种指证太过勉强，同时如果没有合理的理由来限制日本汽车的进口，也会损害美国消费者的利益，有可能被美国的消费者告上法庭。另外，限制低耗能的日本汽车也等于放弃节能的政策，只用要保护美国汽车行业这样的理由是很难被美国国民所接受的。所以美国对日本提出了促进进口美国汽车以及促使日本汽车到美国设厂生产的要求，希望以此来解决美日汽车贸易摩擦问题。由于日本已经在 1978 年就废除了整车进口的关税，即便是再废除汽车零部件的进口关税，对提高美国汽车出口日本市场也没有太大的意义。只有日本汽车生产企业去美国设厂生产，才可以对减少美日汽车贸易摩擦起到一定的作用。

在日本的汽车行业中，本田技研生产的汽车有 40% 是销往美国的，他们对在美国设厂生产并没有太多的顾虑，但丰田汽车和日产汽车出口美国的汽车只占他们生产的 20% 左右，要马上决策去美国投资工厂比较困难。实际上，当时的丰田汽车连在日本国内的其他地方投资设厂也非常消极，更不用说去经济和文化环境完全不同的美国进行投资。而且，当时美国三大汽车公司也在开发小型轿车，希望借此重新获得竞争力。所以，丰田汽车和日产汽车对去美国投资设厂都非常犹豫。但美国通过日本政府不断地施加压力，里根总统上任后，美国国会还为日本汽车设定了进口额度的法案。

美日汽车贸易摩擦也和其他贸易摩擦一样，最后也以日本接受限制出口量而告一段落。1981 年 5 月，在美国的压力下，日本和美国政府之间达成了协议：

削减 7.7% 的日本汽车对美出口量，并以 1980 年日本出口美国 182 万辆汽车为基准，规定了日本出口美国汽车的额度为 168 万辆。

然而，这样的政治手段并没有让美国企业因此获得竞争优势，反而使日本企业在受到挫折之后，想方设法地去克服种种障碍，从而获得了继续成长的机会。

### 危机下的增长

战后日本企业所面临的环境一直在不停地变化。日本贸易和资本自由化、尼克松冲击[①]、日元汇率改为浮动制、石油危机、日元大幅度升值、亚洲各国企业的追赶等等，政治、经济和社会环境时时刻刻都在发生变化。这些变化都曾经威胁到日本企业的发展，而来自美国的政治压力更是直接地打压日本企业。不过，日本企业凭着卓越的适应能力和坚韧不拔的经营，保持了继续增长的势头。

严格的尾气排放标准曾经使世界很多汽车生产企业望而却步，但日本汽车企业埋头研发，攻克技术难关。他们研发出的低耗油节能型汽车在石油危机之后获得了更多的市场份额。1968 年，日本通过了《大气污染防治法》，要求汽车生产企业改善汽车尾气的排放。1970 年，美国通过了更为严格的《马斯基法》，但欧美汽车企业都认为那样的规定是根本不可能达到的，在他们的游说下，《马斯基法》成了废案。日本汽车企业在游说美国政治家的能力和技巧方面比不上欧美企业，只能在别人游说的时候埋头研发技术，争取达到各国的排放标准。1972 年，本田技研发布了一款符合美国排放标准的 CVCC 发动机，给世界汽车行业带来了冲击，也为自己带来了更多的市场份额。

很多日本企业也如同本田技研那样，把危机当机会，努力技术革新，开发出很多低耗能的产品，抓住了 20 世纪 70 年代两次石油危机带来的新的发展机会。日本生产的彩电、家用空调等家电产品，耗电量比石油危机爆发前降低了 40%

① 1971 年 7 月，美国理查德·尼克松总统宣布访华，意味着世界秩序将发生巨大变化。同年 8 月，宣布停止美元兑换黄金，宣告了布雷顿森林体系的终结。美国总统的公告给世界带来了巨大的冲击，史称尼克松冲击。

多，双门电冰箱的耗能只有石油危机前的 1/3。日本企业不仅生产节能产品，而且也注意生产中的节能。比如日本钢铁业的能源消费比石油危机爆发前减少了 20% 多，石化产业减少了 30% 左右，而化纤产业更是减少了 35%。日本企业卓越的适应能力使得他们善于化危机为转机，增加了市场竞争力，

只是日本企业这样的竞争力却让美日之间的贸易摩擦看不到有终结的迹象，来自美国的政治压力更是一浪高过一浪，在汽车贸易摩擦之后，美国又挑起了高新科技摩擦，日本企业只能抱着顽强不屈的精神，克服困难继续前进。20 世纪 90 年代有位企业家曾经感叹地说过："如果让我把钢板的厚度减少一半，而强度增加一倍，我是可以做到的。但是你要换一种材料，我就没有办法了。"不幸的是，美国在不断给日本压力的同时，还真的改变了游戏规则，让日本企业措手不及。

## 2. 专利交锋

### α 冲击波

解决贸易摩擦体现了政治的作用，而改变游戏规则更是体现了政治的威力。20 世纪 80 年代，美国专利政策的变化给很多日本企业带来巨大的损失，其中有关自动对焦单反相机的专利，就把一家如日中天的日本企业逼到破产的边缘。

1985 年 2 月，日本精密机械制造企业美能达推出了世界上第一款自动对焦单反相机 α7000。沉浸在成功喜悦中的美能达根本不会想到，他们冲击了世界照相机市场的产品竟然会在美国的专利政策下几乎扼杀了自己。就在美能达发布 α7000 的半年后，美国里根总统发表了新贸易政策的行动计划，强调为了增

强美国产业的竞争力，需要对美国企业的专利加强保护。也就是说，美国在这个时候开辟了保护知识产权的新战场，通过这样的保护，美国不仅有效地遏制了日本企业以及其他国家企业的发展势头，也给拥有专利的美国企业带来了丰厚的收益。而美能达，就是美国保护专利政策下最著名的牺牲者。

日本的单反照相机市场在 1980 年达到 128 万台的顶峰后开始下滑，到 1984 年跌到了 52 万台。根据日本经济企划厅的调查，日本家庭照相机的普及率超过了 86%，消费者趋于购买全自动的傻瓜照相机，单反照相机已经属于增长缓慢的成熟产品。但是美能达推出的这款革命性的产品，给单反照相机带来了新的生机。

美能达的 α7000 是世界上第一款真正实用的自动对焦照相机。在此之前，市场上也曾经出现过自动对焦照相机，比如尼康的 F3AF、宾得 ME-F 等，但是这些自动对焦的单反相机都还是一些实验性产品，对焦时间较长，而且能用的镜头也只有一两种，并不实用。美能达的 α7000 单反相机不仅在对焦时间方面大幅度缩短，而且在对焦精度方面也超过一般用户的手动对焦，同时，随着 α7000 一起发布的还有 13 款新镜头，使得 α7000 几乎可以满足各种拍摄需求。不仅如此，由于搭载了只读存储器（ROM），α7000 可以根据变焦镜头画角的变化改变曝光程序，还可以改变闪光灯的照射范围。不仅功能先进齐全，这款革命性的照相机的售价也非常亲民。所以 α7000 的销售势如破竹，几乎一上市就出现断货现象，渴望早日拥有的用户只能预约等待，而这个时间大概需要一个月甚至更长，这还引发了一些商贩加价销售。可以说，这是日本照相机工业历史上空前绝后的现象，被称为 α 冲击波。

α 是希腊字母表中的第一个字母，具有事物初始的意义。美能达把原来的单反相机型号的 X 改变为 α，巧妙地利用了字形上的类似，更显示了他们从头开始开创新纪元的意志。同时，在天体物理学方面，通常把夜空中最明亮的星称为 α 星，这又使得美能达的这款相机成为开创单反相机新纪元最亮的明星。

两年之后，美能达的竞争对手佳能才推出可以和美能达 α 系列相竞争的产品 EOS 650。EOS 这个品牌虽然是电子光学系统（Electro Optical System）的简称，但也是希腊神话中黎明女神的名字。把黎明女神的名字 EOS 作为品牌名称来对抗美能达的 α，足见佳能对美能达的竞争心理是何等的强烈。在佳能的 EOS 自动对焦单反相机推出之前，日本其他照相机制造企业都没有拿出可以与美能达竞争的产品，实际上佳能曾经紧跟美能达 α7000 推出过自动对焦照相机 T80，但是由于系统不够完善，根本无法与 α7000 对抗。

由于市场旺盛的需求，竞争对手又拿不出可以对抗的产品，美能达 α7000 的紧俏状况竟然持续了一年以上。美能达不得不把生产量从每月 3 万台提高到每月 10 万台，并且在同年推出高端的 α9000，在第二年的 1986 年推出了廉价的 α5000，形成了 α 相机的系列产品。到 1995 年，美能达已经更新换代，推出了 α 系列的第四代产品。

## 全自动单反相机的专利问题

美能达的全自动单反相机不仅在日本受到用户的喜爱，在美国也受到了热烈欢迎。大概有 30% 的 α 系列单反相机是销往美国的，美能达以其引领世界潮流的崭新产品在美国市场上赚得盆满钵满。然而，正在美能达的 α 系列产品席卷全球时，美国的霍尼韦尔公司在 1987 年 4 月对美能达等日本制造自动对焦单反相机的企业提出了控诉。经过 5 年的专利之争，到 1992 年 2 月，美能达公司败诉，不得不向霍尼韦尔支付了大量的赔偿金。

日本产业界对这个专利诉讼一直耿耿于怀，他们认为霍尼韦尔的专利技术还非常粗糙，虽然可以判断相机有没有正确对焦，但是对如何对焦却无能为力。霍尼韦尔的专利是一个很基础性的专利，其他企业如果要开发自动对焦单反相机，很难绕开这个专利。美能达和霍尼韦尔在技术上原本是合作关系，但霍尼韦尔迟迟拿不出如何对焦的新技术，美能达只好独自来解决这些问题，最终开发出完全实用的自动对焦系统。也就是说，真正完成自动对焦系统的是美能达，而霍尼韦尔的专利技术最多只能在傻瓜相机上使用，这也是为什么在美能达推出 α7000 之前，没有一家企业能够用霍尼韦尔的专利技术来生产自动对焦单反相机的原因。

如果美能达只是在日本销售 α 系列单反相机，就不会遭到霍尼韦尔的控诉。因为日本不承认霍尼韦尔的专利技术有创新性，所以霍尼韦尔并没有在日本获得专利。但美能达 α 系列产品畅销美国市场，这就让在美国拥有专利的霍尼韦尔获得了一次从日本相机生产企业手中获得巨额赔偿金的机会。

尽管美能达拼命向美国的陪审员说明美能达技术和霍尼韦尔技术的不同之处，但都没有起到作用。1992 年 2 月，美国的法院判决美能达败诉，美能达必须按照 α 系列产品销售额的 10% 支付给霍尼韦尔作为赔偿。这个判决摧毁了美能达的意志，为了减少今后可能的诉讼费用，美能达选择了庭外和解，支付给霍尼韦尔专利赔偿和今后的专利使用费，共计 1.275 亿美元（165 亿日元），终结了这次长达 5 年的诉讼。

20 世纪 30 年代初，在聘用了数名德国技师的基础上成立的美能达，在日本照相机领域一直处在技术领先的地位。1962 年，美能达的照相机通过了美国国家航空航天局（NASA）的严格试验，成为宇航员使用的照相机。1980 年，美能达的 X-7 成为当年最畅销的照相机。1985 年以后的 α 系列更是让美能达的照相机在日本独占鳌头，并且畅销全球。然而，美能达在支付了巨额赔偿金之后元气大伤，业绩持续下滑一直没有起色，最终在 2003 年被柯尼卡合并。而霍尼韦尔在获胜之后并没有停止追击的脚步，继续对其他生产自动对焦单反相机的日本企业提出诉讼。鉴于美能达的败诉，其他日本企业也纷纷同意庭外和解，尼康向霍尼韦尔赔偿了 57 亿日元，旭光学赔偿了 25.2 亿日元，奥林巴斯赔偿了 42.3 亿日元。富士胶片等企业也都乖乖地支付了赔偿金，霍尼韦尔大获全胜。

美能达的败诉并不是日本企业最初的失败案例。1989 年，住友电工和美国康宁公司关于光纤专利诉讼的结果，也是住友电工败诉，住友电工因此撤离了美国市场。由于战后的日本企业往往就是依靠引进技术和技术改造而发展起来的，当美国祭起专利的大旗后，日本企业往往无法脱身，不得不支付巨额费用。巨额专利费的负担让日本企业轻则利益流失，重则经营困难。美国突然强化专利的保护政策，让日本企业猝不及防，在发展道路上平添了新的障碍。

## 技术贸易的较量

日本企业对美国设置的新障碍认识不足也是情有可原的，因为美国一直到20世纪80年代初，对专利的战略重要性也认识不足。虽然美国很早就制定了专利法，但是在20世纪30年代，当时的美国总统罗斯福为了克服全球性经济危机的冲击，严格实施了《反垄断法》，抑制了专利权的乱用。从19世纪末到20世纪初，欧洲技术遥遥领先。因为害怕技术的流失，欧洲各国颁布了各种法令加以阻止，英国甚至还明确规定，英国的纺织技术工人不得去美国工作。而美国在第二次独立战争以后就痛感技术上的落后，一直怀有发展美国工业的强烈愿望。为此，美国不惜代价地从欧洲引进技术，对欧洲的专利保护政策大加挞伐，终于如愿以偿。获得英国的纺织技术后，美国人加以改良，生产出更加价廉物美的纺织品，冲击了英国人把持的纺织品市场。三十年河东三十年河西，二战后，技术上远远落后于美国的日本也从引进美国技术开始，经过消化吸收，迅速地提高了日本的工业技术水平，大有超过美国的趋势。针对美国企业在与日本企业竞争中不断落败的状况，美国政府终于祭起保护知识产权的大旗，希望以此挽回不利的竞争局面。

美国政府依据著名的YOUNG报告①，制定并出台了专利保护政策，把专利

① 1985年，美国产业竞争委员会向里根总统提交了关于提高美国产业竞争力的建议报告。这份报告也称为YOUNG报告。报告指出，美国产业竞争力的衰退，是美国制造业竞争力衰退造成的。为了改善制造业的竞争力，必须要创造新技术并使其实用化，同时还需要强化对技术的保护。这份报告还包括了降低资本成本，人力资源开发等其他方面的内容。

与贸易挂钩，在阻碍其他国家商品进入美国市场上发挥了重要作用。由于这时期美国的专利保护政策主要就是针对日本，所以保护规定比当时联合国的相关规定还要严格。而拥有众多专利权的美国企业则纷纷乘机向尚未弄清方向的日本企业提出要求，索取专利费，迫使日本企业停止生产和销售。

在技术方面，先进国家比发展中国家具有历史性的优势，当美国开辟专利新战场之后，美国在技术贸易方面获得了巨大的成功。从 1985 年到 1999 年，美国的技术贸易出口额翻了 4 倍左右。而日本则一直到 1993 年，技术贸易才扭亏为盈，出口额第一次多于进口额（参见图 7–4）。实际上在 20 世纪 80 年代末，日本企业已经意识到他们很少拥有原创产品，即便是在国际市场上具有压倒性市场份额的家电产品如录像机、传真机等，也都是对欧美技术进行改造的成果。日本企业在家电的小型化和量产上获得成功，取得了价格的竞争优势，但还谈不上具有原创性。在美国突然强调保护专利面前吃足苦头的日本企业痛定思痛，也开始注重原创技术的研发。进入 20 世纪 90 年代，日本获得的专利数量就超过了美国（参见图 7–5），日本企业再一次以其不屈不饶的精神成功地跨越了新的障碍。

## 3. 汇率操作

### 广场协议与日元升值

1985 年，美能达推出了世界第一款真正实用的自动对焦单反相机，振奋了日本国民的精神。但同样是在 1985 年，美国制定了新的贸易政策，用专利保护政策挫败了日本企业。然而，这还不是全部，日本企业乃至日本经济在美国的

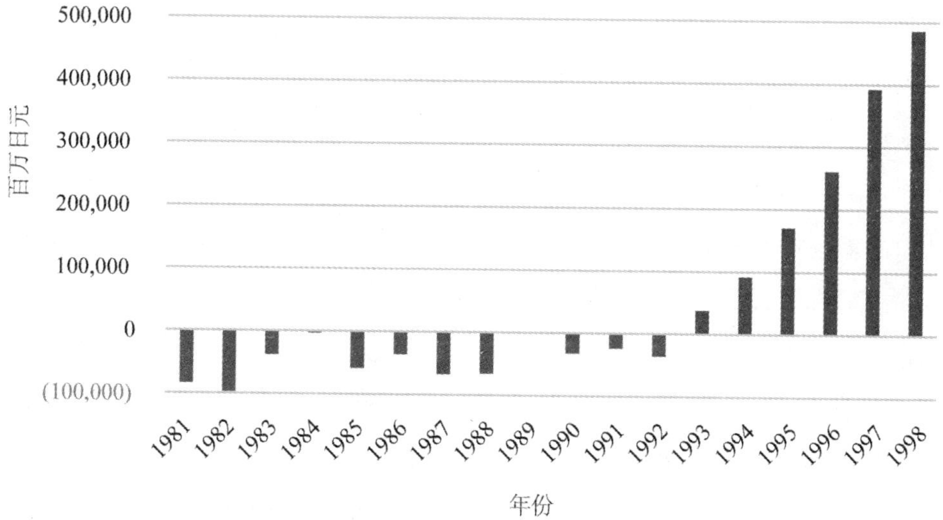


**图 7-4　技术贸易收支**

资料来源：文部科学省科学技術・学術政策研究所「科学技術指標 2015」

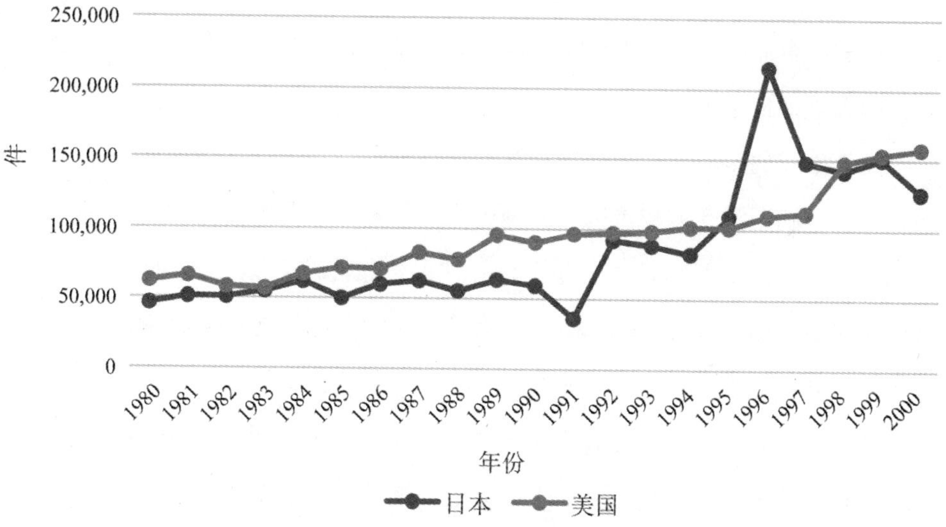


**图 7-5　美国和日本的专利获得数量**

资料来源：WIPO IP Statistics Data Center

策动下，进入了迅速膨胀后又迅速萎缩的新时期，即日本泡沫经济时期，其触发点就是广场协议。

第二次石油危机导致美国能源价格大幅上升，美国消费物价指数随之攀高，出现严重的通货膨胀，通货膨胀率超过两位数。比如在1980年年初把钱存到银行里去，到年末的实际收益率是–12.4%。为了解决严重的通货膨胀，美国实施紧缩的货币政策。这一政策的结果是美国出现高达两位数的官方利率和20%的市场利率。这种高利率政策最后平息了通货膨胀，也吸引了大量的海外资金流入美国，导致美元飙升，从1979年年底到1984年年底，美元汇率上涨了近60%，造成美国出口减少和进口剧增，带来了严重的贸易逆差。到1984年，美国的经常项目赤字达到1000亿美元，创下历史纪录。同时高利率政策也压抑了国内的企业投资，使得企业业绩下滑，这又造成了税收的减少。这样，美国虽然平息了来势汹汹的通货膨胀，却留下了贸易逆差和财政赤字的“双胞胎赤字”局面。

在美国企业的竞争力不断下跌的同时，日本企业获得了发展的机会，日本产品铺天盖地地进入到美国人日常生活的每一个角落。在日本，这种出口被称为疾风暴雨式的出口。为了解决双胞胎赤字问题，美国当然要拿日本开刀。美国人认为，利用汇率调控可以全面地解决与日本的贸易摩擦，因为战后制定的美元与日元的固定汇率对日本企业的出口非常有利，这点甚至连日本人自己也这么想（参见图7–6）。日本轴承企业美蓓亚的石塚严会长曾经说过，日本企业之所以有如此强的竞争力，不是因为日本人特别勤劳，也不是因为生产技术多么优秀，或者是对客户无微不至地关心，而是因为日元汇率对日本太有利。从实际情况来看，1美元兑换100日元是比较妥当的汇率，但当时的固定汇率是1美元兑换360日元。很多日本人都认同石塚这样的看法，认为在固定汇率时代，日本利用制度合法地实施了倾销。这种声音的出现，也为日本接受美国针对日本的外汇干预政策营造了气氛。

虽然是来自美国的压力，但日本政府似乎对日元的升值并不恐惧，当时的日本大藏大臣[①]竹下登就曾经说过，日元还可以升值20%。不过，根据日本主要银行之一的协和银行在1986年做的一份调查，受惠于日元升值的日本企业不到日本企业全体的16%，而受到负面影响的企业超过了3/4。尽管如此，缩减对美贸易顺差已经成为外交问题，日本政府和日本企业必须接受促使日元升值的政策。

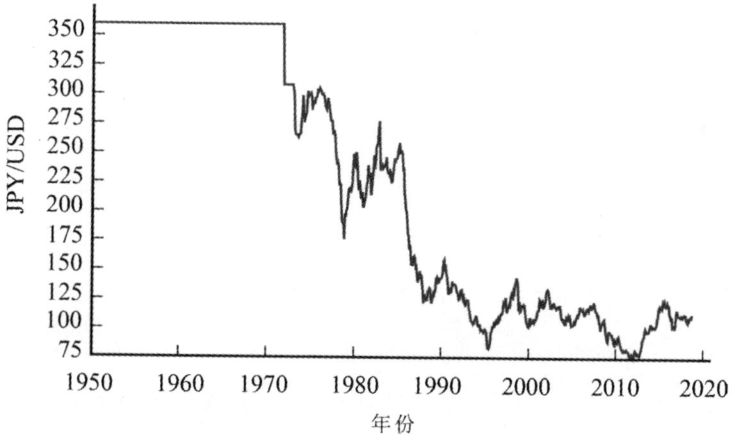


**图7-6 日元对美元汇率的推移**

资料来源：ja.wikipedia.org

1985年9月，美国、日本、西德、法国和英国这五个发达国家的财政部长及五国中央银行行长集合到纽约的广场饭店举行了会议。这次会议达成了五国政府联合干预外汇市场，使美元对日元和马克的汇率循序下调，帮助美国解决巨额贸易赤字问题的协议，这就是著名的广场协议。由于事先已经达成共识，所以这次具有历史意义的会议只用了20分钟就结束了。

广场协议立竿见影，公布后第二天，美元对日元就贬值了10%，一年之后，

① 大藏大臣，主管大藏省的日本政府内阁大臣。大藏省是1885年日本实行内阁制以来一直存在的内阁主要部门，是日本财政、金融、税收的最高行政机关。2001年，在中央政府机构改革时，大藏省被分割为财务省和金融厅而不复存在。

美元对日元差不多贬值了一半。但是，广场协议并没有给美国解决双胞胎赤字带来多少帮助。相反，却造成了日本的资产泡沫，日本社会进入了前所未有的繁荣阶段。而日本企业也改变了反对资本运作的态度，争相利用大规模融资来进行资本运作。在广场协议以前，日本企业是疾风暴雨般地出口产品，在广场协议之后，日元被迫大幅度升值，日本企业就转向疾风暴雨般地输出资本。

### 资本的运作

日元的大幅度升值让企业在增加进口的时候不觉费力，但在出口的时候明显感觉到价格缺乏竞争优势。然而日元的升值也增强了日本的资本实力，日本的资金已经成为可以左右世界金融界的力量。1989 年 10 月 13 日，道琼斯指数的暴跌引起了世界范围内的股票狂跌，究其原因，竟然是日本的银行拒绝融资给英国航空公司 BAC（British Aircraft Corporation），这家企业原本采用 LBO 方式[①]去并购美国联合航空公司的控股公司 UAL（United Airlines，Inc.）。这次并购的金额上限为 62 亿美元，其中需要从日本获得 24 亿美元的资金贷款。因为日本不愿意提供资金，使得市场投资者对 UAL 失去了信心，他们不仅争相抛售 UAL 的股票，还波及原来准备并购 UAL 的相关企业，他们的股票也被抛售。道指数在这一天惨跌 190 美元，成为 1987 年黑色星期一之后跌幅最大的一次。这足以说明日本的资金实力已经在世界金融界具有了举足轻重的地位。实际上就在 1989 年，日本的资金消化了美国当年发行国债的 1/3，这时候日本已经进入了泡沫经济最为鼎盛的时期（参见图 7–7）。

除了日元升值的原因之外，1981 年日本商法修订后，企业获得了发行附有认股证的公司债券的渠道，这种债券的融资成本甚至低于 1%。同年，日本企业在海外发行了总额为 443 亿日元的债券，到 1983 年，债券发行量增长到 3231

---

① LBO（Leveraged Buyout）方式即杠杆收购，又称融资并购。收购方以少量的自有资金作抵押，以被并购的资产或者将来的现金流作担保，从投资银行或者其他金融机构募集资金的一种企业并购方法。

亿日元，到 1986 年超过 1 万亿日元，之后，这样的债券发行速度进一步加快，1987 年达到 3.4 万亿日元，1988 年已经达到了 5 万亿日元。附有认股证的公司债券的发行，超过了日本企业债券发行总量的 1/4。

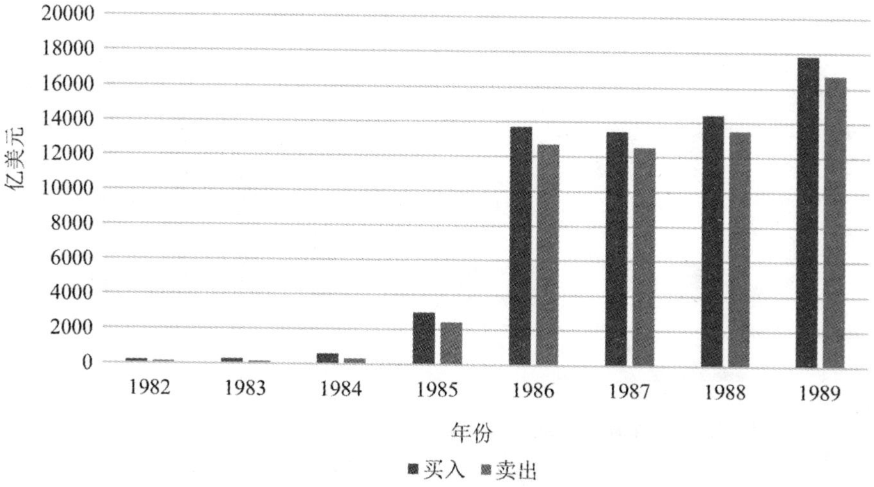


**图 7-7 1980 年代日本对海外证券的投资**

资料来源：日本経済新聞社編『ゼミナール現代企業入門』日本経済新闻出版，1990

日本企业获得的大量资金已经超过了他们设备投资所需的资金。在这以前，日本对企业不把资金投入生产而是投入到资本运作方面都是持批判态度的，认为这就是一种金钱游戏，对日本经济的增长并不会有贡献。然而到泡沫经济时代，随着日本政府放宽对金融行业的管理，大家开始认为在市场决定利率和汇率的时代，为了对冲风险当然需要进行资本运作。1989 年，三和综合研究所的调查报告明确地显示出，这种主张已经是当时的主流观点。本来很多日本企业是秉着这样的理念进行资本运作的：在市场不景气的时候，企业把剩余的资金拿出来去进行资本运作，到市场景气的时候，企业需要大量设备投资和扩大库存的时候，就可以把在资本市场运作的资金拿回来进行投资。但实际上，企业一旦开始资本运作，就会一发不可收拾。三和综合研究所的这份报告发现，在 1987 年日本企业克服了日元急剧升值的困难后，市场景气重新恢复，但日本企业并没有降低他们资本运作的水平，反而在继续扩大资本运作的规模。到 1989 年，日本企业用在资本运作方面的资金已经超过了 25 万亿日元（参见图 7–8）。

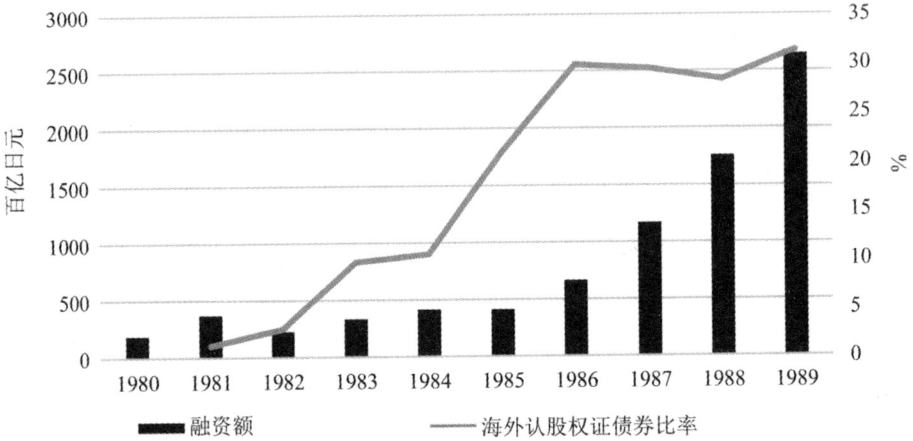


注：融资方式包括在日本以及海外的股票、可转股债以及认股权证债券的发行

**图 7–8　日本企业融资额**

资料来源：公社债引受協会「公社債月報」

东芝就是通过资本运作，度过了遭受美国直接打击的困难时期。1987 年，东芝因为控股子公司东芝机械向当时的苏联出口违禁产品而遭到美国的抨击，不仅美国议员当众砸毁了东芝的收音机，美国政府也宣布在 3 年内禁止采购东芝的产品。当时的东芝社长只能被迫辞职，东芝也对企业内部做了重大的结构调整，拆散了原来的主要收益部门——重电部门，把事业的重点转向了信息处理事业和半导体事业。不过，来自美国的打击并没有压垮东芝，东芝通过事业的调整，不仅收入得到增加，利润也获得大幅度增长。东芝的成功也与当时日本企业敢于大胆融资有关。为了实现事业的调整，东芝在 1989 年 11 月一次性从资本市场获得了超过 4000 亿日元的资金，这样的规模可谓空前。虽然这次融资让东芝拥有了 8000 亿日元的流动资金，但东芝认为这个数字仍低于他们的竞争对手日立制作所，还有进一步扩大的空间。日立制作所拥有 1 万亿以上的流动资金，经过资本运作，虽然在营业收益方面低于东芝，但在总体收益方面却

远远高于东芝。为了与对手竞争，东芝计划再次大规模融资，准备在金融收益方面赶超日立。这也说明在日元升值之后，日本企业的资产膨胀已经让日本企业不满足通过加强投资生产来获取更多的回报，他们更希望能够通过资本运作，带来更多的金融收益（参见表 7–2）。

表 7–2 1989 年度上半年日本企业资本运作收益排行榜

| 排名 | 企业名 | 金额 / 亿日元 | 排名 | 企业名 | 金额 / 亿日元 |
|---|---|---|---|---|---|
| 1 | 丰田汽车 | 864 | 11 | 三菱商事 | 108 |
| 2 | 松下电器 | 555 | 12 | 夏普 | 105 |
| 3 | 日产汽车 | 227 | 13 | 富士重工业 | 104 |
| 4 | 阪和兴业 | 173 | 14 | 日本石油 | 90 |
| 5 | 富士胶卷 | 162 | 15 | 日本胜利 | 89 |
| 6 | 三洋电机 | 120 | 16 | 积水化学 | 87 |
| 7 | 麒麟啤酒 | 119 | 17 | 味之素 | 82 |
| 8 | 三菱重工业 | 117 | 18 | 村田制作所 | 77 |
| 9 | 索尼 | 114 | 19 | 大日本印刷 | 75 |
| 10 | 住友商事 | 113 | 20 | 武田药品 | 74 |

资料来源：日本経済新聞社編『ゼミナール現代企業入門』日本経済新闻出版，1990

## “土地本位制”的经营

日本企业之所以能够得到银行的大规模融资，主要是日本企业拥有土地作担保。战后日本经济高速增长时，不仅留下了制造业的神话，也创造了土地的神话。经济的发展带来各方面对土地的需求，但是由于日本国土狭窄，土地不可能无限量供给，所以土地价格也就越涨越高。到日本泡沫经济鼎盛时期，银行融资的前提条件不是企业的经营状况以及融资项目的前景，而是企业有没有土地作担保。只要企业拥有大量的土地，即便是不需要融资，银行的人也会踏破门槛，争相提供融资。银行的这种融资造成了很多日本企业“土地本位制”

的经营。

1988 年，西武赛颂集团（Saison Group）[①] 出资 21.5 亿美元收购世界著名酒店集团的洲际酒店。为了这次收购，赛颂集团下属 8 家企业共同出资 7 亿美元成立了一家壳公司，再通过这家壳公司向银行融资了 15 亿美元。实际上，8 家企业共同提供的 7 亿美元资本金也是向银行融资来的。洲际酒店当时拥有的酒店不动产资产价值不到 18 亿美元，酒店运营所产生的税后利润不到 0.5 亿美元，赛颂集团这次收购所能得到的回报率只有 2%，但承担的融资利率超过 6%。这次并购怎么看都得不偿失，为什么日本的银行还是毫不犹豫地提供了全额融资呢？答案很简单，就是银行看中了赛颂集团拥有的超过 2 兆日元的土地资产。按照当时的汇率，这些资产超过了 150 亿美元，有这样的担保，银行当然是不用担心风险而愿意提供融资的。

1957 年创业的大荣集团也是靠这种"土地本位制"的经营把握了机会，迅速地从一家创立于神户的地方超市发展成日本最大的超市连锁集团。在日本经济高速增长时期，各行业都需要融资，作为地方性的零售企业很难从银行获得大笔融资。大荣集团巧妙地利用了土地的价值，争取到所需的融资。他们往往在开店之前，以 2 倍的土地价格收购大量的土地，当大荣公布了开店消息之后，这些土地价格立刻暴涨，大荣也乘机把多余的土地再高价卖出，从而得到开店的资金。这样的成功吸引了银行对大荣集团的支持，使得大荣集团顺利地在日本全国大量开设连锁超市。1987 年，除了岛根县之外，大荣集团的连锁超市已经遍布日本全国，这在日本流通企业里是第一家。不过，通过"土地本位制"的经营开展的扩张活动，还是给企业的经营带来了困难，但是日本的银行根据大荣集团在开店过程中获得的大量土地，继续向大荣集团提供大量融资。20 世纪 90 年代日本泡沫经济崩溃后，土地价格暴跌，靠"土地本位制"经营的大荣

---

① 以西武百货商店为核心的日本最大的流通集团，拥有西武百货商店、西友超市、良品计划（无印良品）、全家便利店等品牌。在泡沫经济时代，以土地为担保的过度融资下，集团急剧扩张。但在泡沫经济崩溃后，因负债过多，在第一劝业银行的主导下，于 2001 年解散。

集团迅速衰退，在2004年最终被日本永旺集团吸收。

在日本泡沫经济鼎盛时期，日本最大的“土地王”既不是拥有东京车站与日本皇宫之间大量土地的三菱地所，也不是拥有10亿平方米土地的王子制纸[①]，而是一家销售额不到1000亿日元的非上市企业：国土计划。实际上这家企业就是日本大型私有铁路集团西武铁路的核心企业。国土计划是后来担任过日本第44代众议院议长的堤康次郎在1920年创立的，当时企业名为箱根土地，主要业务是在1912年设立的武藏野铁道沿线开发房地产。1932年，武藏野铁道发生经营危机，被箱根土地乘机收购。1943年，箱根土地又收购了西武铁道。1944年，利用铁路沿线的土地成立了食量增产株式会社。1945年，武藏野铁道与西武铁道和食量增产合并成立了西武农业铁道，一年后改名为西武铁道。1944年箱根土地改名为国土计划，作为非上市企业控制了西武铁路集团。在这段时间里，堤康次郎率领下的西武铁路集团以非常低廉的价格获得了大量的土地，包括战后失去特权、生活贫困的日本旧贵族拥有的东京市中心的大量土地。西武铁路集团利用这些土地积极地进入了酒店、滑雪场、高尔夫球场等度假事业领域，并在东京周边开发了大规模的郊外房地产。到1990年，这些土地的市场价格超过了20兆日元，相当于当年日本GDP的5%。拥有如此之多的土地可以作担保，银行是没有理由不提供融资的。银行源源不断地大规模融资，让拥有如此巨额资产的国土计划因为巨额负债，不仅不用缴纳法人税，还有可能利用税制的漏洞从政府那里得到补贴。这也是西武铁道集团把众多的土地资产挂在一家非上市企业名下的原因，堪称“土地本位制”经营的王牌。

这样以土地作担保而获得融资的日本金融信用体系，也迫使日本企业不得不想方设法地购买土地。20世纪80年代后期，日本土地价格急剧上升，成为日本泡沫经济的一个象征。而“土地本位制”的经营也成为泡沫经济崩溃后，

① 1873年创立的日本最大的造纸企业。王子制纸创立后，经过合并其他企业等积极的经营，在二战前，获得了日本国内市场80%以上的份额。战后被拆分为苫小牧制纸等3家企业。1952年，苫小牧制纸改名王子制纸工业，1960年改名王子制纸。

日本企业难以恢复元气的主要原因之一。

### 海外并购掀高潮

日元的急剧升值以及融资成本的降低，让日本企业拥有了丰厚的资金，他们不仅在日本国内进行资本运作，也开始向海外输出资本。1986 年以后，日本企业掀起了海外并购的高潮。

从 1980 年到 1985 年，日本每年的对外投资总额基本上在 50 亿美元到 100 多亿美元之间，增长非常缓慢，但从 1986 年开始，日本的对外投资每年都要增加 100 多亿美元，这显然与 1985 年广场协议后日元大幅升值有关（参见图 7–9）。日元升值之后，日本企业发现海外并购的成本急剧下降，而在此以前，在海外并购取得成功的一些案例又进一步刺激了日本企业海外并购的愿望，并购案件的规模也越来越大。1989 年，三菱地所以 8.5 亿美元并购了洛克菲勒家族的不动产企业 RGI，第一劝业银行以 15 亿美元并购了美国商业银行的金融子公司 CIT，西武集团以 21.5 亿美元并购了国际著名酒店连锁企业洲际，而索尼更是以合计 41 亿美元的代价并购了哥伦比亚电影公司。

然而，其兴也勃其亡也忽。随着日本泡沫经济的崩溃，进入 20 世纪 90 年代，日本企业的海外并购也出现断崖式下降。而更重要的问题，是在泡沫经济鼎盛时代完成的海外并购案件都先后出现了问题，这让很多企业付出了惨重的损失。

摩根斯坦利曾经分析指出：企业并购（M&A）对美国和日本企业来说，含义不完全相同。对美国企业来说，M&A 既是重组企业事业的一种方式，也是资本游戏的一种策略，他们可以灵活使用 M&A 来应对企业出现的问题。但对日本企业来说，M&A 是一种对企业未来的豪赌，希望借此机会让企业获得新的发展台阶，所以对眼前的成本并不会过分在意。这就是日本泡沫经济时代日本企业海外并购的主要特征。然而日本企业这样的豪赌，却因为日本企业对国际资本市场运作缺乏经验，而面临着极大的风险。

由于日本股价和土地价格都出现疯狂的上涨，以及日元汇率的急剧上升，让日本企业充满了称霸世界的自信，所以他们并不考虑成本而是看重品牌价值，往往积极去并购他们憧憬的欧美企业。而松下电器并购MCA更有一种攀比心态。松下电器和索尼一样都是生产家电和音响等硬件产品的企业，当索尼公司为了进军内容事业而并购哥伦比亚电影公司后，被日本人揶揄为模仿能手的松下电器也在1990年并购了另一家美国电影公司MCA，所费成本是61亿美元，比索尼还高出1000多亿日元。但是，这样的攀比并没有带来理想的结果。

1989年，索尼斥巨资并购了美国哥伦比亚电影公司，但在美国人眼里，以暴发户形象出现的日本企业竟然要并购美国文化象征的电影事业，仿佛就是收购了美国的灵魂。索尼遭到了空前的攻击，再加上索尼对哥伦比亚电影公司毫无管理能力，造成了这家电影企业连年亏损，以致在并购5年之后，索尼不得不在财务方面做出了3000亿日元以上的亏损处理。不过，索尼并没有把这家亏损的子公司转手卖掉，而是继续经营着，到2000年之后，哥伦比亚电影公司扭

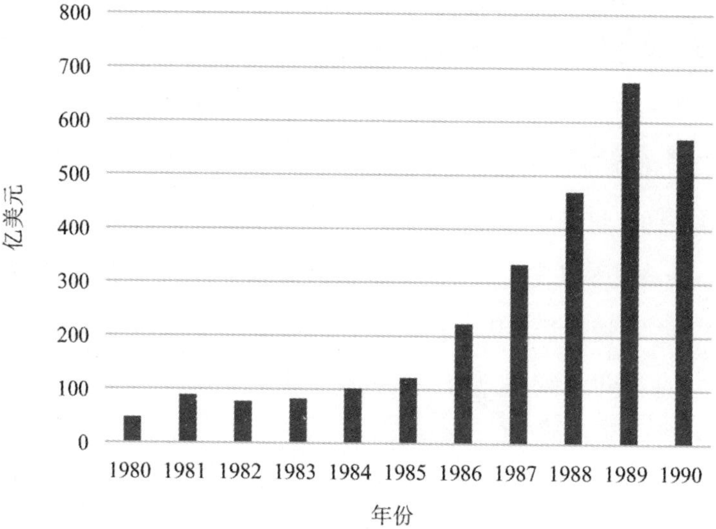


**图7-9 日本企业海外投资状况**

资料来源：日本大藏省

亏为盈，给当时在电子行业中连续滑坡的索尼做了一定的支撑，可以说，这是当时并购时完全没有意料到的结果。

相比之下，松下电器并购 MCA 则什么目的都没有达到。在收购 MCA 5 年后，不堪亏损的松下电器把持有的 MCA 股份以 57 亿美元的价格转卖给加拿大饮料企业，虽然说用美元来结算的话，还是盈利的，但是用日元来算的话，还是会出现 2000 亿日元的亏损。为了避免汇率带来的损失，松下电器只能把出售 MCA 股份所获得的美元继续留在美国进行硬件方面的投资，这也意味着松下电器准备进军音响和影像等内容方面的战略完全失败了。再后来，经过 MCA 数次增资后，松下电器对 MCA 拥有的股份被稀释到 7.66%，最终在 2006 年这部分股权全部转让了出去，松下彻底地放弃了内容事业。

在泡沫经济时代，日本企业并购美国企业的代表性事例中，三菱地所更是一个完全失败的典型。在日本泡沫经济鼎盛时期，用东京 23 区的地价就可以购买整个美国的土地，日本企业自信心的膨胀可想而知，作为日本代表性地产企业的三菱地所仿佛承担了这样的历史使命，在 1989 年以 1200 亿日元的价格收购了纽约地标性建筑洛克菲勒中心。而这一收购被美国人看成是日本资本“买美国”的标志性事件，引起了美国人的普遍反感。但比美国国民的反感更为恐怖的是，美国经济的下滑造成了办公楼需求的大幅度减少，洛克菲勒中心的租金收入远远不能支付融资的利息。即使三菱地所还投入了 2000 亿日元运营费用也无济于事，洛克菲勒中心的运营企业 RGI 宣布破产，不得不把并购时所获得 14 幢大楼中的 12 幢转让出售，三菱地所的账面上则增加了超过 1500 亿日元的特别亏损。也就是说三菱地所趾高气昂地并购洛克菲勒中心所付出的资金，几乎都打了水漂。

当然，也不是所有日本企业的海外并购都失败了，1990 年伊藤洋华堂对美国 7-11 的并购就是一个成功的案例。不过面对这个成功的案例，日本学者认为是因为在连锁便利店的运营方面，伊藤洋华堂的能力更胜一筹，美国的 7-11 只是拥有品牌而已。而且伊藤洋华堂并购 7–11 完全是依靠自有资金，没有从市场融资一分钱，这也使伊藤洋华堂可以更自由地规划和执行这个并购计划。

1988 年，普利司通并购美国的凡士通轮胎公司也算一个成功的案例。由于意大利企业参与竞争，普利司通最终不得不以最初价格的 3.5 倍即以约 26 亿美元（相当于 3300 亿日元）的代价才成功地并购了凡士通。而普利司通之所以能够顺利从银行得到融资，也是因为普利司通在日本国内拥有多处工厂，而其中任何一家工厂的土地价格都超过了 4000 亿日元。可以说，正是泡沫经济时代土地价格的狂涨，促使了普利司通下决心用巨额资金来并购凡士通。凡士通在世界上 20 个国家拥有 28 家工厂，全部从业人员有 5.3 万人。而普利司通只有 1.6 万人。普利司通之所以能够以小吃大，就是因为凡士通的经营不善，对设备投资毫无计划，企业一直处于亏损状态，竞争力每况愈下。为了改造凡士通，普利司通不仅投入了大量的资金，还派遣了超过 100 人的团队去培训凡士通的员工。从总体成本管理到生产管理，都以普利司通的方式对凡士通进行了改造。这次并购给普利司通带来非常大的负担，扣除并购凡士通融资成本、凡士通的亏损以及各种折旧成本，普利司通在 1990 年的净利润只剩下 45 亿日元，而在 1988 年，普利司通有 400 亿日元的净利润，两相比较净利润减少了近 90%。不过，在普利司通的努力下，4 年后凡士通终于扭亏为盈，但是麻烦也接踵而来。对普利司通解雇员工政策的不满引起了凡士通员工的罢工，而这场罢工运动又引发了政治干预，当时的美国总统克林顿也发表声明谴责普利司通，使一个企业的罢工演变成了美日贸易摩擦的导火索。

因为日元的升值而迅速扩大的日本企业对外并购，随着日本泡沫经济的崩溃也迅速地萎缩起来。对这样的海外并购，当时的批评家认为，日本企业到文化背景完全迥异的海外去并购，去经营那些与日本人生活习惯完全不同的外国人所组成的企业，其困难程度超过了想象。派遣到被并购企业的日本人管理者大都是对日本总公司惟命是从，并不太关心如何去与当地的员工进行交流，这是日本企业并购海外企业的普遍现象。不过海外并购的失败并不能归罪于文化的不同。实际上，海外并购牵涉企业、市场和政治等多方面原因，而日本企业是在日元快速升值之后急急忙忙地去海外进行并购活动的，在这样非常短的时期内，日本企业并没有真正地做好去海外并购的准备（参见表 7-3）。

表 7-3　1985—1990 年日本企业主要国际并购案件

| 企业名 | 交易形态 | 被收购企业名 | 金额 / 亿日元 | 公告时间 |
|---|---|---|---|---|
| 索尼 | 收购 100% 股权 | 哥伦比亚电影公司 | 6440 | 1989. 9 |
| 普利司通 | 收购 100% 股权 | 凡士通轮胎公司 | 3337 | 1988. 3 |
| 赛颂 | 营业转让 | 洲际酒店 | 2880 | 1988. 9 |
| 索尼 | 收购唱片部门 | CBS 唱片 | 2697 | 1987. 11 |
| 第一劝业银行 | 收购股权 | CIT | 2000 | 1989. 9 |
| 青木建设 | 收购 100% 股权 | 威斯汀酒店 | 1900 | 1987. 10 |
| 住友商事 | 收购股权 | 库克有线 | 1900 | 1989. 2 |
| 日本矿业 | 收购 100% 股权 | Gould | 1485 | 1989. 8 |
| 三菱商事 | 收购 100% 股权 | Aristech | 1276 | 1990. 2 |
| 三菱地所 | 收购 51% 股权 | RGI | 1200 | 1989. 10 |
| 百乐满工业 | 收购股权 | Rheem Manufacturing | 1050 | 1988. 3 |
| 藤泽药品 | 收购 99% 股权 | Lyphomed | 1050 | 1989. 8 |
| 日本矿业 | 营业转让 | Conoco | 1000 | 1988. 4 |
| 东京银行 | 收购 100% 股权 | 联合银行 | 975 | 1988. 2 |
| 山之内制药 | 收购股权 | Shaklee | 950 | 1989. 4 |
| 京瓷 | 收购股权 | AVX | 805 | 1989. 9 |
| 日本生命保险 | 收购 13% 股权 | Shearson Lehman | 800 | 1987. 3 |
| 大日本油墨化学 | 收购 100% 股权 | Reichhold | 778 | 1987. 8 |
| 三得利 | 收购 100% 股权 | Cerebos Pacific | 620 | 1990. 2 |

资料来源：日本経済新聞社編『ゼミナール現代企業入門』日本経済新闻出版，1990

## 4．生产转移海外

### 更好的控制成本的方法

日元的急剧升值也给日本企业带来了成本上的竞争劣势（参见表 7-4）。而亚洲新兴工业国和地区纷纷模仿日本的成功经验，推行出口导向型战略，重点发展劳动密集型的加工产业，并取得了成功。这让日本企业感受到背后的竞争压力，只能选择把生产搬迁到海外去。

表 7-4　夏普编制的各国经营资源的价格指数比较

| 项目 | 日本 | 美国 | 欧洲 | 泰国 | 中国 |
|---|---|---|---|---|---|
| 年利率 | 100 | 110 | 220 | 230 | 300 |
| 土地价格（㎡） | 100 | 8 | 4 | 1 | 10 |
| 兼职成本 | 100 | 73 | 56 | 45 | - |
| 人工费（月） | 100 | 65 | 32 | 6 | 4 |
| 集装箱公里运输费 | 100 | 19 | 15 | 25 | - |
| 进出口通关费用 | 100 | 13 | 130 | 33 | 130 |
| 仓库租赁费 | 100 | 20 | 10 | 20 | 20 |
| 电力 | 100 | 30 | 25 | 45 | 28 |
| 自来水 | 100 | 19 | 4 | 100 | 1 |
| 办公费用与销售额之比 | 100 | 45 | 35 | 50 | 20 |
| 法人税（基本税率） | 100 | 91 | 88 | 80 | 88 |

资料来源：日本経済新聞社編「ゼミナール現代企業入門」日本経済新闻出版，1994

注：① 根据当地典型工厂的数据进行指数化
② 中国的土地价格为土地租赁价格，泰国的水为水车搬运
③ 日本 =100

对日本企业来说，把生产搬到海外本来并不是首选项。在日元升值后，日本企业首先考虑的是如何从价格方面来应对，日元升值必然会使出口产品涨价，但实际上这样的涨价依然跟不上日元升值的幅度。从协和银行的调查报告中可

以看到，虽然很多日本企业随着日元升值而不得不提高价格，但在1985年日元升值之后的一年之间，日元升值了32%，日本企业出口价格却并没有同幅度上升。以日本主力出口产品汽车来说，1985年之后的一年里，出口价格只提高了14%左右，远远达不到32%的程度。即便生产企业把汽车的出口价格提了上去，但是在销售阶段，经销商也会采用大幅度打折的手段来吸引消费者，事实上把价格又重新拉了回来。这也意味着提高产品价格就会削弱他们在国际市场上的竞争力。所以日本企业无法简单地用提高出口价格来应对日元升值，在出口价格无法紧随日元升值幅度而上升的情况下，出口就意味着利润的下降。为了保证一定的盈利水平，日本企业就需要想方设法地压缩生产成本。

在压缩成本方面，日本的外包企业再次承担了调节作用。日元急剧升值之后，日本企业都要求其零部件生产企业降低价格，但由于长期以来，外包企业实际上并没有价格决定权，零部件的供应价格都被压得很低，在这个基础上再大幅度降价实际上是非常困难的。如果是临时性的措施，中小外包企业可能会短期承受，但日元升值已呈不可逆的趋势，外包企业的忍痛降价难以长期维持，这最终导致了日本外包系列关系出现了巨大的裂痕。20世纪90年代，在卡洛斯·戈恩率领下，日产汽车进行改革，干脆取消了很多外包系列关系。

1985年的日元汇率是1美元兑换239日元，到了1987年升值到1美元兑换128日元，而到了1995年，更是创造了1美元兑换95日元的历史新纪录。这样的汇率变化使日本企业无论在国内怎么努力，也无法对付海外企业的价格竞争。从海外进口的低廉商品又冲击了日本国内的价格体系，迫使日本企业的同类产品要么大幅度降价，要么直接退出市场。实际上被迫降价也意味着日本企业无利可图，退出市场也就是迟早的事了。所以日本企业只能选择把生产转移到成本更低的海外去。TDK台湾子公司的和田修社长曾经指出，当日元汇率高于1美元兑换130日元的时候，日本机械行业的企业在国内各种降低生产成本的努力都会失去效果，所以TDK不得不改变方针，把生产转移到台湾去。

这样不仅可以规避日元升值带来的价格变相上涨问题，还可以利用海外的廉价劳动力，取得生产成本的优势。但问题是，海外的环境与日本大不相同，日本企业并不适应，而且在此之前进军海外的日本企业在石油危机之后都出现了大规模亏损，所以对日本企业来说，把生产转移到海外去绝不是一件轻易可以决定的事。当时在日本企业中，流行着凯撒在公元前 49 年率领大军越过卢比孔河与庞培决一死战前所说的一句话："越过此河，将是悲惨的人间世界；但若不越过，吾将毁灭。"这种悲壮气氛如实地反映了日本企业对去海外设厂的踌躇状态。

尽管如此悲壮，日本企业还是在东南亚找到了很好的生产基地。他们在那里设厂生产的产品主要出口欧美市场，同时日本企业发现，这些在东南亚生产的产品运回日本国内也具有很强的价格优势，这就形成了海外日本企业的产品进口回日本的一种所谓"逆向进口"的现象。日本企业生产的海外转移也已经成为一种不可逆的趋势了（参见图 7–10）。

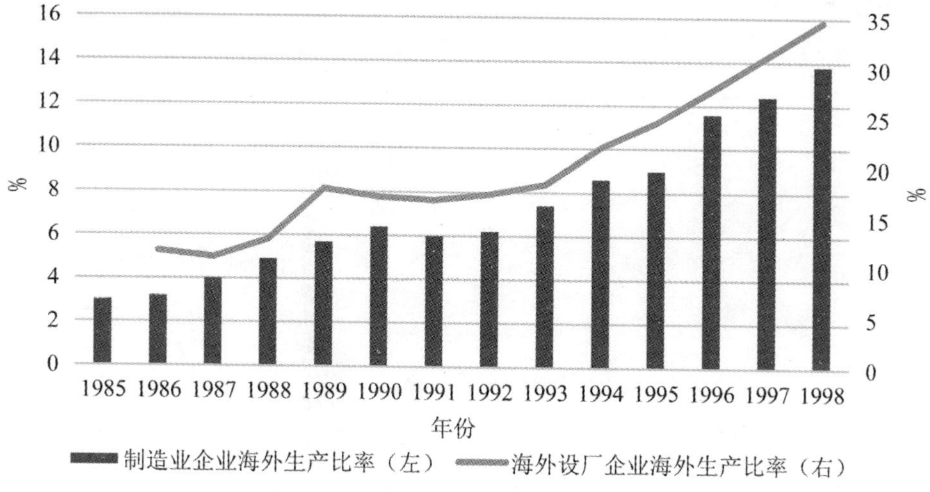


**图 7–10　日本企业生产的海外转移**

资料来源：経済産業省「第 28 回海外事業活動基本調査結果概要」，1999

## 日本企业海外生产的不同阶段

在日元升值之前，也不是没有日本企业到海外设厂进行生产。从 20 世纪 60 年代开始，日本企业也到韩国、台湾、东南亚投资建厂，因为这些地区对进口海外产品都有严格的限制，同时这些地方出口日本的商品比较少，对日贸易呈全面的赤字，所以也都采取了禁止进口日本商品的措施。为了进入东南亚国家的当地市场，日本企业只能在当地投资建厂，生产在当地销售的产品，不过投资规模也与当地市场的规模相匹配，都比较小。而在同一时期，日本企业很少去欧美先进国家投资建厂，主要原因是先进国家的劳动力成本过高，日本企业很难发挥自身的优势。但是迫于美国的政治压力，20 世纪 70 年代初，索尼在美国圣迭戈建设了组装工厂，日本企业开始转移部分生产到美国。而在这一时期，因为美元的升值，美国企业正在加速把生产转移出美国，敢于逆风而上进军美国的日本企业自然是凤毛麟角。

20 世纪 70 年代之后，韩国等国家和地区为了扶植自己的企业，强化了对外资的限制。加上石油危机带来的影响，在海外的日本企业都面临着严峻的困难。从日本国内的劳动力成本和日元汇率等方面来看，日本企业在日本国内生产显然更为有利，所以日本企业纷纷缩小了在海外的生产，甚至出现了生产回归日本的现象。

1985 年广场协议之后，日元大幅度升值，迫使日本企业更加努力地削减成本，提高效率。甚至很多日本企业还想方设法地引进外国劳动力，采用外国的零部件。这些努力到达一定极限后，日本企业就不得不到海外去寻找生产基地。

既然去海外寻找生产基地，就不会是一种临时性的措施，而是应该有比较长期的发展计划。这些在海外设立的企业需要融入当地的社会，成为当地的企业。1990 年，野村综合研究所参考美国企业国际化的发展过程，认为日本企业进军海外也需要经历 4 个发展阶段。第一阶段，是在当地成立销售和服务企业。

第二阶段，是设厂进行生产。第三阶段，是让海外子公司具备研发、融资等企业运营能力，离开母公司也能健康运营。第四阶段，是在海外独立上市，成为当地的企业（参见表 7–5）。野村综合研究所也指出，进军海外的日本企业已经处在各自相应的阶段。不过，他们遗漏了松下电器和佳能的事例。从野村综合研究所编的这张表来看，佳能应该处在第二阶段，而松下电器应该已经到达第三阶段。

**表 7–5　处在跨国企业不同阶段的日本企业**

| 所处阶段 | 事业内容 | 财务活动 | 主要企业 |
|---|---|---|---|
| 第一阶段 | 成立销售、服务企业<br>资本投入<br>短期融资<br>信息收集 | 发行商业票据 | 奥林巴斯光学、Star 精密、尼康、东京电机、清水建设、三井不动产、日本邮船 |
| 第二阶段 | 设立生产据点<br>通过并购进军海外<br>长期融资<br>产生资金运用的需求<br>日本总公司管理 | 介绍并购案件<br>发行长期债券<br>资金运用 | 三菱金属、丰田汽车、日产汽车、柯尼卡、美能达照相机、三洋电机、日立玛克塞尔、富士通、夏普 |
| 第三阶段 | 形成完整的现地企业<br>为新事业而并购<br>融资、资金运用多样化<br>设立现地经营企业<br>设立研发据点<br>独立经营 | 设立金融子公司<br>确立管理公司为顶点的经济组织<br>并购 | 三井物产、日本电装、东芝、日立制作所、NEC、索尼、TDK、鹿岛建设、先锋 |
| 第四阶段 | 美国企业化<br>上市 | 公开企业的财务战略 | |

资料来源：野村综合研究所

在野村综合研究所制作这张表的时候，还没有日本企业在海外上市，但是截至 1993 年，已经有超过 100 家的日本企业在海外上市。不过其中在欧美上市的只有 3 家，其中 2 家是并购了上市公司。日本企业在海外上市主要集中在亚洲，这些在亚洲证券市场上市的日资企业，在销售和资产方面只有其母公司的 1% 左右，但税后利润却在 15% 以上。可见日本企业在亚洲各地都比较赚钱，这与一般的日本企业不讲究收益率有很大的不同。但是，这些日资企业能不能融入当地社会，仍面临着很多问题。

### 进军海外最初的认识误区

日本企业把生产向海外转移一开始是迫于日元升值的压力，是一种被动的应对，而且还有时间方面的紧迫性。正因为如此，很多日本企业并没有深入地研究世界各地不同的状况，而只是简单地把海外生产当作日本国内生产的延续。当时日本企业都希望把日本工厂的经验直接搬过去，从而可以用相同的质量标准来生产。这显然存在认识上的误区，因为日本企业在海外生产一直没有达到国内生产的效率，在不断的挫折中日本企业也认识到了这个问题。

1988 年，松下电器提出的“国际协调行动计划”，就是基于把海外工厂当作日本国内工厂的延续这一思维而形成的庞大计划。松下电器的佐久间二副社长曾经指出，在世界各地用同样的成本同样的质量进行生产，那就是松下电器梦想的体制，因为这样就能机动地应对汇率风险和贸易摩擦等问题，成为最好的对冲机制。根据这个计划，松下电器准备把他们在海外销售的产品一半投放到海外生产。但显然，松下电器对各国不是同质的劳动力以及产业基础的落差并没有充分的认识。虽然松下电器早在 20 世纪 60 年代就到海外设立工厂进行生产，而且他们的海外工厂遍布亚洲、非洲、美洲和大洋洲，由于松下电器当时在这些国家设厂主要是针对当地市场的，所以能结合当地的社会环境进行生产。但是，当松下电器把遍布世界的各地工厂都作为松下电器国际化经营的一个环节，谋求同一质量和同一成本进行生产的时候，却忽视了各地的实际情况而难以落实计划并直接导致松下电器的销售无法达到原定的目标。虽然到 1993 年，松下电器在海外的生产额从 1988 年的 5400 亿日元上升到 9500 亿日元，但还是只占海外销售额的 38%，没有达到“国际协调行动计划”设定的 50% 的目标。

松下电器制定“国际协调行动计划”的时候，正是日本泡沫经济鼎盛时期，这家大企业是充满了必胜的信心，然而泡沫经济的崩溃也冲击了松下电器在日本国内的事业。1994 年，面临经营危机的松下电器不得不承认“国际协调行动计划”的失败，从而发表新的企业再生计划。这个再生计划主要是削减企业总部 30% 的管理费用，这等于要削减 6000 名员工。这样的壮士断腕没有解决越来越复杂的国内外生产体制所带来的问题，1990 年代，松下电器的业绩依然非常低迷。

松下电器在广场协议后对全球化的认识和采取的应对措施，实际上也反映了当时日本企业普遍的特点。除了把生产转移到海外时制定的方针策略出现盲目乐观的问题外，日本企业对在海外的实际生产状况也有认识上的误区。基于同一成本同一质量的理想，日本企业在海外设厂进行生产的时候，也想把日本式经营传播过去。比如说，日本钢管在并购美国国家钢铁公司（National Steel）后，希望通过引进日本式经营来对这家企业进行改造。首先，日本钢管在 1986 年企业与员工签订了新的劳动合同，提出了以后不解雇员工但需要员工配合提高生产效率的要求。美国企业在业绩出现问题时是可以解雇员工的，但美国企业的经营者却很难按照需求调换员工的工作岗位。日本钢管反其道而行，要求美国的员工配合企业对岗位的调配以换取雇佣的保证。虽然钢铁公司的工会同意了日本钢管的条件，但真正地用保证雇佣的条件来换取员工工作的积极性却并不那么容易。因为雇佣可以用制度来保证，但生产积极性却并不能用制度来保证。乐观的日本钢管虽然花了很多精力来挽救这家美国企业，但最终还是没有成功。2002 年，负债超过 1200 亿日元的国家钢铁公司被日本钢管转让给美国最大的钢铁企业美国钢铁（US Steel）。

当然，日本钢管对国家钢铁公司的经营失败，不一定都是移植日本式经营不力所造成的，但至少说明，日本企业的海外工厂照搬日本式经营是不现实的。对于日本企业试图把日本式经营移植到海外工厂去的实际状况，东京大学的安保哲夫教授曾经组织一批学者对日本企业海外工厂进行了调查，结果发现，几乎没有一家工厂能完全移植日本式经营。用 5 分满分来打分的话，日本企业海外工厂移植的日本式经营平均为 3 分左右。这也呈现出日本企业对移植日本式经营的努力和实地情况的复杂性之间存在客观的矛盾。

日本企业在把生产转移到海外的时候还有一个理想，就是希望能够融入当地社会，成为当地的企业。不过这样的构想也很难实现。比如虽然本田技研在 20 世纪 80 年代，在美国市场曾经一度超越克莱斯勒成为美国第三大汽车生产企业，但美国汽车制造业协会（MVMA）以会员必须是美国企业为由劝说本田技研退出这个协会。本田技研原以为自己已经把足够多的经营资源集中到了美国，给美国带来了更多的雇佣岗位，也向美国缴纳了很多税金，可是到头来还是不被认为是本土企业。这当然不是本田技研一家企业的遭遇，也是当时日本企业在海外投资时都曾面临过的尴尬。

日本企业开始大规模进军海外的时候，遇到了认识不足、措施僵化等问题，实际上这也是经验不足导致的。所以在最初阶段，日本企业在海外的投资效益并不理想。然而，由于日元汇率已经无法回到广场协议之前的状态，而日本对美国的贸易顺差却没有改善的迹象，美国对日本的政治压力也越来越强。日本企业不得不加快进军海外的速度，在这一过程中，日本企业失去了很多，但也得到了很多。

第八章 Chapter 8

# 走向大竞争

## 1. 挑战规制政策

### 宅急便概念的诞生

在企业发展过程中，政治的压力无所不在。有时候政治的压力能够推动企业的发展，有时候也会阻碍企业的发展。在战后经济高速发展时期，日本政府曾经以各种调控手段引导着日本企业的发展，但在日本经济转入稳定发展时期后，这些政策逐渐落后于形势的发展，慢慢地影响了企业的效率。这样的政府导向型政策被称为规制①政策而遭到了批判，引发了20世纪80年代的规制缓和②，让日本企业也参与到世界性的大竞争潮流中去。

当然，规制政策行之有年，也有一定的效果，要改变这样的规制，需要有创新的概念来突破。大和运输以宅急便（即快递）这样的创新概念，成为突破规制政策的先驱。宅急便是个人包裹的运输配送业务，这种业务原来主要是由邮局来承担的，还有一部分是由当时的国有铁路来承担的。日本在1871年创建邮政制度后，从1892年开始了小包裹邮寄的邮包业务，到20世纪70年代已经有80年左右的历史。国有铁路很早就有托运旅客手提行李的服务，后来这个服务进一步发展到运送一般的小包裹。不过国有铁路的包裹运送基本上都是送到离用户最近的车站，需要客户到车站去取件，所以一般常用的还是邮局的邮包

① 规制（Regulation）是指政府通过发行牌照以及相关手续等手段对一些经济活动进行限制。
② 规制缓和（Deregulation）是指在企业的经济活动方面逐步缩小政府的管控，而引进竞争机制。

服务。

虽然并没有什么法律明确规定其他企业不能经营邮寄包裹的业务，但要提供个人包裹邮寄服务还是有一些障碍很难克服。比如说日本全国的邮局数量在1967年就超过了2万家，要在短期内设立超过邮局的包裹收取店，对任何一家企业来说都是难以完成的任务。而没有这些收取包裹的网点，个人包裹的运输业务就无法展开。更重要的是，配送这些包裹需要卡车运输，但是卡车运输是需要根据不同的情况领取不同的牌照，而政府部门管控着这些牌照，所以要进入现有的运输市场几无可能。况且，邮局的邮包业务长期以来都是处在亏损状况中，日本的运输企业也都不愿意进入邮包服务市场，他们更喜欢货物比较集中的企业客户。所以一直到20世纪70年代初，并没有企业试图参与个人包裹邮寄的市场。

但就是在这个被认为没有希望的个人包裹邮寄市场上，大和运输的小仓社长看到了希望。大和运输通过对市场的分析认为，到70年代，日本个人客户的货运已经有1200多亿日元的市场规模，这对当时销售额在300亿日元左右的大和运输来说是一个很有魅力的市场。而且个人客户的货运单价比企业货运还要高，同样1kg的货物配送，个人包裹的配送价格远远超过大客户的货物运输，使得个人包裹的配送具有一定的盈利空间。问题是个人客户的需求过于分散，只有解决了这个问题，个人包裹的配送事业才有起步的可能性。

如何把这些分散的客户有效地汇集起来？大和运输的小仓社长想到，只有去克服邮局邮包服务中的缺点，才能获得个人客户的认同和支持。当时的邮包服务存在着很多的不方便，客户必须把包裹送到邮局去而且还有重量的限制，同时邮局的运输价格主要是针对企业客户制定的，对个人客户来说非常难懂，寄送包裹的时间也较长。针对这些问题，小仓组织了公司内部人员进行探讨，最终形成了“只要一个电话哪怕是1件包裹也会在第2天送达”的宅急便概念。“只要一个电话”和“1件包裹”意味着便利，“第2天送达”意味着快速，如此便利如此快速的快递是前所未有的新概念。这个新概念让一家企业冲破了规制政策的种种阻碍，形成了一个新的市场。

## 快递市场的网络外部性[①]

大和运输从1972年开始摸索宅急便运营，但一直到1976年才正式落实运营。之所以进展缓慢，主要还是在考虑宅急便到底能不能为企业带来盈利。因为无论怎样去做，宅急便一开始的业务肯定是非常亏损的，如果不能尽快扭亏为盈，大和运输就有可能无力支撑而造成企业的破产倒闭。到 1970 年代，大和运输虽然营业收入有300亿日元左右，但利润率只有0.1%。而且，大和运输的主要客户，铁路配送和百货商店季节性配送的货物量都在减少，1919 年创立的大和运输那个时候已经面临严重的经营危机。大和运输急需经营改革，但稍有不慎，则万劫不复。

促使小仓社长下决心进入宅急便市场的，是他出差去纽约时发生的一件事。小仓在曼哈顿街头看到 UPS 有 4 辆货车停在一个十字路口，突然顿悟。网络型货运事业能不能超过盈亏平衡点，实际上要看配送货物的每一辆货车是不是能超过盈亏平衡点，因为整个事业的总收支就是这些货车收支的总和。每一辆货车每天的运营成本大致相同，只要提高每一车配送的货物量，就能获得盈利。而每一辆货车的效率与他们所行走的区域有关。在美国，可以一个街区配一辆货车，但日本的道路比较窄，密度比较高，最好配小型货车，负责比较窄的区域。比如一辆车负责 0.2 平方公里的区域，一天能够配送上百个包裹的话，那么在 5 年之内，就能超过盈亏平衡点。这也是小仓社长最终能说服企业内部的“密度”概念。所谓的“密度”，就是在一定的区域内尽量地配送更多的包裹，从运输成本上来看，运送 1 件包裹和运送 1 车包裹的成本是一样的，尽量多地收集包

① 网络外部性（network externality）指选用商品或服务时所获得的使用价值与使用该商品或服务的其他用户人数具有正比关系时，即人数越多使用价值越大，那么，此商品或服务即被称为具有网络外部性。

裹来运送，就能做到盈利。包裹越多，就意味着企业的固定费用和间接费用都会下降，也就是范围经济的效应越来越明显。实际上，在明治时代日本邮政系统创办时期，当时主管邮政事务的驿递权正前岛密就提到过“密度”这个概念。正是因为从这个思路出发，日本才顺利地建成了全国的邮政系统。当然，“密度”的形成也需要时间，最初由于密度比较低，对企业来说会发生亏损，但是随着密度的增大，运输效率就会极大地改善，最终可以让企业获得可观的利润。虽然小仓社长对网络经济的概念并不是那么明晰，但是他的“密度”概念非常符合网络外部性的原理，让宅急便有了诞生和发展的可能。

个人包裹的配送业务面临着非常分散的困境，一家企业短时期在全国建立接收包裹的网点是不现实的，所以，大和运输委托街区的米店、酒店等居民生活区里现有的商店作为网点来受理个人客户的包裹。由于这些商店既可以得到代理费，又能因为客户顺手的购买而增加销售量，所以，代理店制度很受街区商店的欢迎，大和运输去除了进入快递市场的最后一道障碍。

1976 年 1 月，大和运输开始了宅急便新业务。第一天运送的包裹只有 11 个，这也是预料之中的事。而宅急便事业很快得到了大家的认同，第一年的包裹运送量原定目标为 20 万个，但实际上超过了 170 万个，远远超过了预计目标（参见图 8–1）。而代理店数量的迅速上升，又为宅急便带来了更多的用户。到 1999 年，大和运输的宅急便代理店已经超过 29 万个，而当时日本邮局设置在全国的邮筒数量也只有 17 万个。宅急便快递市场已经远远超过了传统的邮局寄送的邮包市场。

### 新市场的激烈竞争

快递市场是运输市场上一个不为人所知的缝隙市场，一经大和运输发掘，就得到了迅速的发展。1980 年，大和运输的企业利润率达到了 5.6%，超过了卡车货运时代最好的 3.5%。这成了同行们效仿的对象，很多运输企业开始进入快

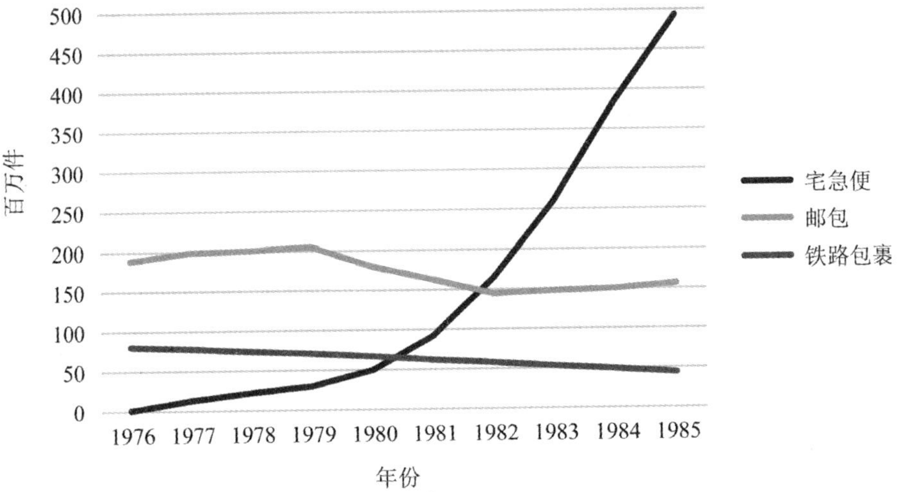


**图 8-1　日本包裹配送市场推移**

资料来源：大和运输

递市场，形成了激烈的竞争。

由于快递服务与既有运输服务有一些部分是重合的，而大和运输通过代理店建立收集包裹的全国网点这一做法也很容易模仿，所以很多运输企业可以比较顺利地进入这个市场。大和运输推出宅急便服务的第二年，日本通运和西农运送就开展了同样的快递业务。1981 年之后，一些比较小的运输企业也开始快递业务，到 1990 年代，有 35 家企业在快递市场进行激烈的竞争。其中，日本通运是大和运输最大的竞争对手。

日本通运是 1937 年成立的国营运输企业，战后民营化，但与当时的国营铁路关系密切，具有半官半民的性质。正因为这种原因，日本通运也具有了其他运输企业不具备的能力，是日本唯一一家具有陆海空运输能力的运输企业。日本通运拥有比大和运输还要优越的运输网络条件，但却让大和运输占得先机，开拓了快递市场，因此，身为日本第一综合运输企业的日本通运充满了危机感。在大和运输开始宅急便业务后的第二年，日本通运就宣布进入快递市场。日本通运不仅财大气粗，而且市场经验丰富，他们很快地掌握了快递市场的原理，利用自身的经营资源扩充代理店，比如通过伊藤洋华堂的关系，争取到日本最大的连锁便利店 7-11 作为其代理店等。这样到 1983 年，日本通运的代理店数量达到 6.8 万家，超过了当时拥有 6 万家代理店的大和运输。同时，在大和运输还没有形成全国网络的时候，日本通运利用本身运输网络的优势，在 1982 年就率先实现了全日本的快递配送。而且，日本通运的财务实力也强于大和运输，还采用了价格战来与大和运输竞争。日本通运在进入快递市场的 10 年后，市场占有率超过了 28%，而大和运输的市场占有率已经跌破 40%，这两家企业的市场占有率差距缩小到 10% 左右。

在这样的急速扩张中，日本通运的快递业务收益率越来越低。为了提高收益率，日本通运削减了一批中小配送中心和营业所，采用大型配送中心展开快递服务。而这种不自觉地违背了网络经济原理的措施，不仅降低了日本通运的服务质量，而且造成了在“密度”上落后于大和运输的局面，这让日本通运失去了与大和运输持续竞争的能力。1990 年代以后，因为大型配送中心带来的配送迟缓，日本通运的快递服务质量不断下降，7-11 便利店开始转为大和运输的代理店，这也使得日本通运的市场份额大幅度减少，业绩也迅速恶化。与网络经济脱节的日本通运进入了难以自拔的恶性循环，到 2007 年，日本通运快递业务出现 1 天亏损 1 亿日元的局面。难以为继的日本通运只好把快递业务转给民营化后的日本邮局，与邮包业务合并。

在日本通运失去快递市场的增长势头后，大和运输并不能高枕无忧，因为在 1998 年，佐川急便进入快递市场，并一举获得市场第二的地位，成为大和运输强有力的竞争者。

1957 年创业的佐川急便在日本运输行业中属于后起之秀，创业之初只能从事其他运输企业不屑一顾的中小规模商店的货物运输业务。佐川急便填补了小批量货物运输市场的空缺，而此得到了很多批发商和商店的支持，业绩也不断得到提高。到 1976 年，大和运输开拓了快递市场之后，与快递业务比较接近的佐川急便并没有像其他同行那样急于进入快递市场，反而非常冷静地看到了佐川急便的小规模货物运输与快递业务在本质上有很大的不同。佐川急便的客户主要是企业，为了满足企业对货物运输低价、快速的要求，佐川急便采用的是大规模配送中心模式，使用了大型自动分类机械设备。同时对每辆运货卡车也要求尽量多装货物，这些与大和运输的宅急便系统完全不同。所以佐川急便坚持了自己的事业方针，决定不进入快递市场。

进入 20 世纪 90 年代，随着电视购物和网络购物的兴起，佐川急便得到了进入快递市场的机会。电视购物和网络购物的发货者都是企业，这是佐川急便拿手的客户，而且面对企业客户，不需要建设类似大和运输那样的包裹收集网点，具有效率高成本低的优势。2002 年，佐川急便的包裹运输平均单价为 543 日元，远远低于大和运输 712 日元的平均单价。电视购物和网络购物的收货者是分散的个人消费者，佐川急便需要建设末端的配送系统，这本来也是需要时间和成本的，但是佐川急便巧妙地利用了各地运输企业的运送能力，委托他们做末端的配送。由于各地的运输企业基本上都承担过百货商店给个人客户的配送业务，所以，对快递的末端配送也比较熟悉，完全可以胜任。这样的系统构成，让佐川急便在进入快递行业后迅速地扩大了市场份额。随着业绩的提高，佐川急便也及时地建立了相应的网点和末端配送系统，很快地取代了日本通运，成为大和运输宅急便的强有力的竞争对手。

众多竞争对手的出现使得大和运输的市场份额大幅度下降。对快递业务逐步成为主要收益来源的大和运输来说，市场份额的下降攸关企业的生死。大和运输也积极采取措施与对手竞争，尤其是强化了高度的信息网络建立。在 1974 年，大和运输就在日本最早引进包裹追踪系统 NEKO，到 1994 年，大和运输已经对 NEKO 系统进行了 4 次升级换代，使得运输现场的操作变得更加简便，缩短了配送的时间，提高了行业竞争力。

在建设和改造信息系统的同时，大和运输不断地推出新的服务，继续开拓快递市场。1983 年，大和运输接连推出国际宅急便服务、P 尺寸宅急便（对抗邮政包裹）和滑雪宅急便，到 1984 年，大和运输的宅急便配送的包裹超过了 1 亿个。从 11 个包裹到 1 亿个包裹，大和运输用了 8 年时间，而在下一个 8 年之后，大和运输的包裹配送量超过了 5 亿个，推出的新服务也超过了 10 种。进入 21 世纪之后，大和运输的宅急便一直保持了快递市场 30% 以上的市场份额（参见图 8–2，图 8–3）。大和运输成功地运用网络经济的原理，不断提高服务质量

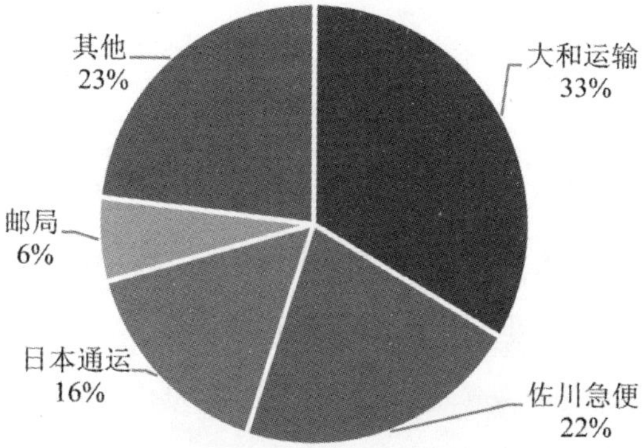


**图 8–2 日本快递市场分布（2000 年）**

资料来源：日本国土交通省，日本邮政公社

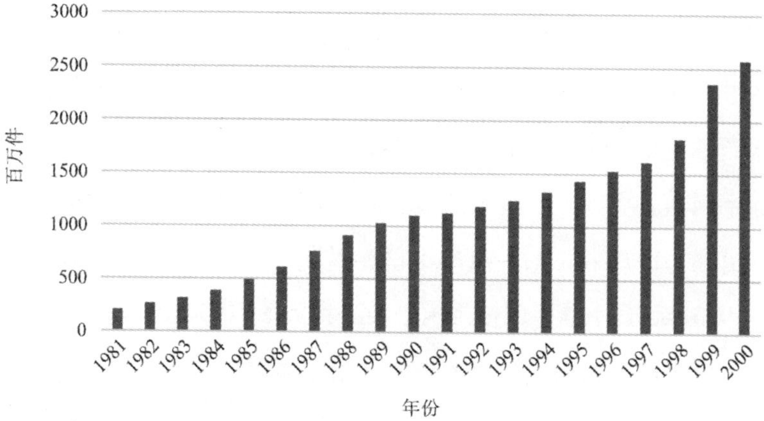


**图 8–3 日本快递市场推移**

资料来源：大和运输，日本国土交通省

和开发服务品种，不仅使之在快递市场上保持了领先的地位，也促进了快递市场的健康发展。

## 2．从规制走向大竞争

### 规制缓和的浪潮

如果说宅急便是民营企业对国营企业系统的一个成功挑战，那么，日本国营铁路的民营化就是政府主动的一种改革。1987 年，日本国营铁路民营化，其主要理由是巨额的亏损，但日本国营铁路的亏损是长期以来的现象，为什么在 1980 年代日本政府才开始改革呢？这和世界上新自由主义经济的重新兴起有密切关联。1979 年，撒切尔夫人担任英国首相后，举起了新自由主义的大旗，把英国的国营企业相继民营化。1980 年，里根就任美国总统后，也以小政府为口号，实施了新自由主义的经济政策。这种新自由主义经济政策基于对政府的臃肿化、效率低下的认识形成了把国营企业民营化的潮流。英美实施的新自由主义经济政策也冲击了日本，让日本经济也从规制体制走向更加开放的竞争体制。

由于石油危机的冲击，1975 年，时隔 10 年日本再一次发行了 2 兆 905 亿日元的赤字国债。实际上，日本的财政法是禁止发行赤字国债的，但日本政府采取特例措施，1975 年之后，日本不仅连年发行赤字国债，而且发行规模越来越大。到 1980 年，日本赤字国债规模已经达到 7 兆 3150 亿日元。石油危机之后，日本经济结束了高速发展，政府的税收开始萎缩而财政支出却依然刚性增加，政府不得不依靠发行赤字国债保证财政的正常运行。同时，日本政府为了尽快地摆脱这样的状况，1978 年就任首相的大平正芳提出了增设消费税的构想，希望通过直接增加国民的负担来压缩赤字国债的发行，但是这个构想在一片反对声中夭折。一直到 10 年之后，日本才引进了消费税。大平首相只能在减少发行赤字国债方面进行努力，以期让财政早日摆脱对赤字国债的依赖。然而，大平首相在全国大选中操劳过度去世，把这些工作留给了继任的铃木善幸首相。

铃木首相在 1981 年设立了第二次临时行政调查会，组织产学研各界人士针对日本的经济问题提出改革的建议。日本经济团体联合会名誉会长土光敏夫担任了这个调查会的会长，所以这个调查会也被称为土光临调。

经过两年的调查研究，土光临调的报告指出，针对社会经济形势的变化，日本政府应该精兵简政，放宽对经济的各种规制，从而让民间企业能够进一步发挥主观能动性。基于这个前提，日本政府应该把现有的国有企业即日本国有铁路、日本电信电话和日本专买公社实行民营化。土光临调提出的改革，牵涉到日本政府各部门之间的利害关系，遭到了政治家和官僚们的抵抗，但是，迫于现实的压力和世界新自由主义经济政策的流行，日本国有铁路、日本电信电话和日本专买公社这 3 家国有企业先后实行了民营化。这也意味着战后卓有成效的规制经济体制开始瓦解，而日本企业也将面临更加全面的竞争市场。

## 扭亏为盈的国有铁路民营化

日本铁路的历史是从 1872 年引进英国资本和技术，建设新桥到横滨之间的铁路开始的。由于国内的西南战争造成明治政府财政的恶化，日本政府开始鼓励民间资本建设铁路。然而，民间资本在铁路的设计和运营方面都错误百出，同时竞争激烈、经营恶化，没有能够形成干线铁路。到 1906 年，日本制定了铁路国有法，让日本的国营铁路比率从原来的 32% 上升到 91%，奠定了日本铁路的格局。由于日本的铁路国有化与战争也有很大的关系，军事运输在战前的铁路运输中所占比率逐年增加，铁路的盈亏也就不再是最重要的经营指标。战后，日本的铁路以服务国民的宗旨重新出发。1949 年 6 月，日本的国有铁路从运输省分离出来，成立了日本国有铁路公社，作为一种公共事业体采用独立核算制度进行运营。但是国有铁路实际上仍旧处在运输大臣的全面监督之下，并没有经营的自主权，在各地争相以公共事业为名的要求下，国有铁路不得不继续建设根本不能盈利的铁路，同时又不能发展其他业务来填补铁路的亏损，结果，日本国有铁路在1964年出现亏损之后就再也没有实现过年度的盈利。

与此同时，在日本经济高速发展时期，汽车运输突飞猛进，国有铁路的运输量在1970年代之后迅速萎缩。虽然提出过基础经营改善计划，但都无济于事，到1980年代初，日本国有铁路的年度亏损达到了1兆日元以上，而日本政府不得不每年支付超过6000亿日元的巨额补助金，财政负担越来越重。

为了改变填补不满的国有铁路亏损情况，必须对国有铁路进行彻底改革，而英美实施的新自由主义经济政策正好成了日本改革的榜样。1982年，土光临调就对国有铁路的改革提出了建议，要求拆分国有铁路并实施民营化。日本政府根据这一建议，决定在5年内完成对国有铁路的改革。

由于与铁路相关的利害关系非常复杂，需要有足够的时间来处理这些问题。到1985年，日本政府终于决定了对国有铁路拆分和民营化的方案，在提出8个关联法案后，于1987年4月1日实施。

就这样，具有115年历史的日本国有铁路在1987年结束了历史使命，国有铁路被拆分为12个法人单位，它们包括东日本旅客铁道、西日本旅客铁道、东海旅客铁道、北海道旅客铁道、四国旅客铁道、九州旅客铁道和日本货物铁道等7家铁路运输企业以及铁道通信、铁道信息系统等相关企业。原来日本国有铁路的英文名称为Japanese National Railways，简称JNR。改革后去掉了代表国有的National一词，简称为JR。东日本旅客铁道简称为JR东日本，东海旅客铁道简称为JR东海，等等。同时，这些新成立的企业都采用股份公司形式，一开始股权全部属于日本政府，但是日本政府逐步卖出了这些股权，使得拆分后成立的铁路运营企业成了名副其实的民营企业。

而民营化最大的特点就是企业有了经营自主权。当时JR东日本的社长曾经说5年内车票不会涨价，这让运输省的官员非常不满，但是由于JR已经有了经营自主权，运输省的干部也只能干瞪眼。而且，JR的事业范围也不再局限在铁路事业，可以根据实际的经营情况，开拓新的事业领域，这对增强JR的财务状况有重要的作用。而获得经营自主权的JR各家企业也得以自主录用和解雇员工，民营化后JR各企业只吸收了国有铁路27.7万员工中的20.1万人，其余7.6万人由政府负责。政府部门接纳了部分员工，其他的经过斡旋，全部转职到民间企业。

由于日本国有铁路累积了37兆日元以上的债务，如果让新生的JR各家企业全部继承，会让这些企业为还清债务而疲于奔命，所以日本政府只让JR东日本、JR东海和JR西日本以及JR货物及新干线保有机构承担了11.6兆日元的债务，其他由新组建的国铁清算事业团来负责处理。这样的措施，使得新生的JR各企业能够轻装上阵，改善原来国有铁路的经营状态。但是，JR北海道等3家地方性铁路运营企业由于旅客人数的不足，很快出现巨额亏损，日本政府又成立了经营安定基金来补助3家地方性JR企业。而新干线具有很高的盈利能力，日本政府就让新干线归属新设立的特别法人，将其部分盈利用来偿还国有铁路的债务。

虽然国有铁路被拆分，但是从乘客利益出发，JR各企业必须维持全国性服务，即乘客在任何一个车站都可以买到去全国各地的车票，烦琐的结算由JR各企业来承担。乘客不会因为国有铁路的拆分而感到出行的不便。、

日本铁路的改革起到了立竿见影的效果。

在 1987 年改革之前的 5 年，国有铁路乘客运输量的平均增幅为 0.6%，而改革后的 7 年间，平均增幅为 3.4%。乘客普遍认为 JR 的服务态度明显好于国有铁路，而且车辆、车站也更加干净了，因而他们更愿意利用铁路交通出行。改革前的 1986 年，日本铁路的乘客运输量为 1982 亿人千米，到 1996 年则达到了 2517 亿人千米（参见图 8–4）。

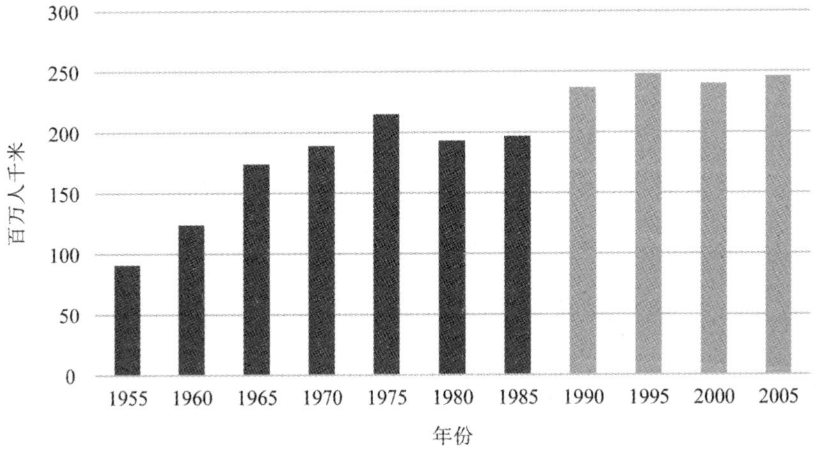


**图 8–4　铁路乘客运输量**

资料来源：日本国土交通省

随着对业务内容的彻底改革，引进机械化和计算机系统，日本铁路推进了铁路运输的生产效率。比如在 1987 年度的运输效率为 113 万人千米 / 人，到 1996 年提高到 162 万人千米 / 人，到 2005 年更是达到了 205 万人千米 / 人，是 1987 年的 1.8 倍。生产效率的提高，不仅使得国有铁路时代几乎年年上涨的车票价格基本没再上涨，而且企业营收从改革后的第一年就扭亏为盈，到 2005 年，7 家 JR 企业的盈利总和超过了 5000 亿日元（参见图 8–5）。

日本国有铁路拆分成 JR 之后，1993 年，JR 东日本率先在东京证交所上市，1997 年，JR 西日本上市，次年，JR 东海上市，把亏损的国有企业变成盈利的民营企业，这意味着日本国有铁路的改革获得了成功。但是，从引进竞争体制

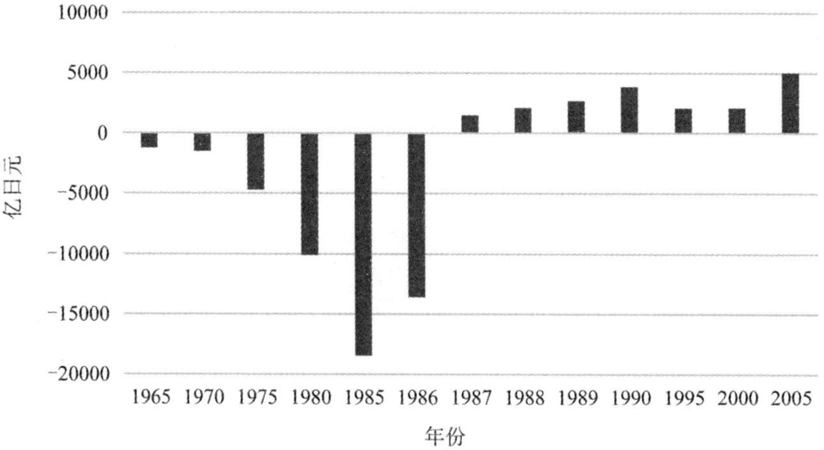


**图 8-5 国铁和 JR 的盈亏情况**

资料来源：日本国土交通省

的角度来看，这次改革并没有起到什么作用。这是因为铁路建设需要庞大的资金，而国有铁路的改革正处在日本泡沫经济时代，土地价格飞涨，其他企业几乎没有建设新铁路的可能性，所以产生不了新的竞争者。国有铁路被拆分后新成立的 JR 各企业因为受区域不同的限制，彼此之间也无法展开竞争。不过，轰轰烈烈的国有铁路改革，给日本社会带来的心理冲击比较大，比较显著的影响就是政府部门窗口的服务态度自此以后有了明显的改善。国有铁路的改革成功，还带动了其他的国有企业的民营化改革，哪怕这些国有企业一直处于盈利状态。所以，日本国有铁路的民营化改革具有非常深刻的历史意义。

## 在受管制的竞争中开始的通信自由化

为了使铁路运输扭亏为盈，日本对国有铁路进行了民营化改革，这也是对日本规制政策进行的初步性改革，促进了日本政府进一步缓和规制。而真正地引入市场竞争机制的改革，是在通信自由化的改革中呈现出来的。

通信自由化之前，日本有两家电信电话企业，一家是以国内通信为范围的电信电话公社，另一家是国际电信电话株式会社（KDD）。这两家企业分别独占了国内通信和国际通信业务，具有很强的盈利能力，以致电信电话公社的员工也都希望早日民营化，这样企业就能摆脱国营企业员工薪资平等化的束缚，可以根据电信电话公社的高收益来提高员工的收入水平。不过，这也说明日本通信业的收费比较高，而且在没有竞争的情况下，很难降低这种收费，也很难提高服务质量。所以，土光临调的报告也把电信电话公社的民营化列为行政改革的主要内容。1985 年，比国有铁路先行一步，日本电信电话公社被改组成电信电话株式会社（NTT），开始了民营化之路。但这只是第一步，接下来还需要吸引其他资本进入通信市场，形成竞争局面。为此，日本规定 NTT 必须把通信系统租赁给还没有自己通信系统的新通信企业（New Common Carrier，简称 NCC），并且对 NTT 做了很多限制，以确保 NCC 能迅速进入通信市场。

1986 年，NCC 纷纷成立。在长途通信市场里出现第二电电（DDI）、日本高速通信和日本通信，在市内通信市场领域里出现了东京通信网络等服务提供企业。1988 年之后，汽车电话和移动通信领域里出现了日本移动通信（IDO）等运营企业，在国际通信领域里出现了日本国际通信、国际数码通信等。

与铁路改革时几乎不能建设新铁路不同的是，通信业的改革从一开始就需要 NCC 建设新通信网络。不过，在短时间内建设全国性网络还是非常困难的，所以 NCC 只是建设城际通信网络，市内电话网络还是借用 NTT 的市内电话网络。由于日本的通信费是按照距离来设定的，长途电话费高，市内电话费低。这样的通讯费设定使得实力相对薄弱的 NCC 可以凭自己建设的城际通信网络，与实力雄厚的 NTT 打价格战，从而顺利地进入了通信市场。

到 20 世纪 80 年代末，日本的通信市场从市内电话到国际电话、卫星电话等各个领域都出现了新的参与者，呈现了竞争的市场局面。市场竞争带来了通信业企业效率的增加（参见图 8–6），获得了一定的成功。但是囿于政策的限制，通信行业的这些企业都被局限在各个事业领域里，无法充分形成和发挥各自的

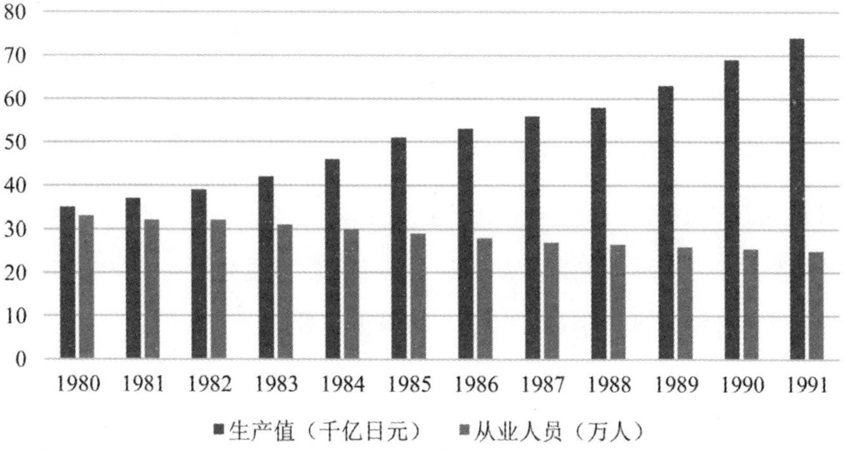


**图 8-6 通信自由化的效果**

资料来源：郵政省「通信白書」，1995

竞争优势，所以，当时的这种竞争被称为在管理下的市场竞争，形成了 NTT 一家独大与众多弱小企业相对峙的不公平竞争局面。

## NTT 的拆分与通信市场的重组

1985 年开始的通信自由化让电信电话公社实现了民营化，但这只是着眼于如何解决巨大的寡占企业所具有的积弊，同时解除对国有企业的种种制约和束缚，让民营化的 NTT 拥有经营自主权，从而更有效率地提供通信服务。虽然通信自由化也引进了竞争体制，但新成立的几十家 NCC 被局限在各个事业领域里，体量都非常小，与继承了国有通信事业巨大资产的 NTT 完全不在同一个竞争水平上，因此并不能展开公平的市场竞争。

而日本政府也一直以需要维护技术性统一和网络质量为理由，不愿意提出拆分 NTT 的方案。虽然 1984 年制定的《电气通信事业法》曾经规定 3 年内要重新审视通信自由化的内容，但一直到 1995 年，日本政府也没有真正地重新审视通信自由化的内容，NTT 的拆分也就一直没有提到议事日程上来。

到20世纪90年代中期，通信市场发生了巨大的变化。1994年前后，日本的移动市场得到进一步发展，手机用户超过了430万户，另外互联网也开始得到普及，用户也超过了260万户，ISD用户也超过34万户。虽然这个时候移动通信市场和互联网市场方兴未艾，但是传统的电话市场已经受到挤压而萎缩，1994年的传统电话市场规模与1990年相比已经减少了30%，这种巨大的萎缩也让通信服务企业和政策制定者都感到有必要重新审视通信自由化的实际状况，日本政府终于开始着手制定对NTT进行拆分的新政策。

1997年日本国会通过NTT法的修正案，决定把NTT按照地区进行拆分重组，成立了NTT东日本和NTT西日本。同时成立一家控股公司，拥有NTT东日本和NTT西日本的全部股权，组成了NTT集团。从竞争的角度来看，这次改革并没有实质性的变化。而且，NTT集团还拥有移动通信的NTTdocomo，从而继续经营从市内电话到移动通信的综合性通信事业。

虽然NTT的拆分重组有换汤不换药的嫌疑，但这个时候的通信市场已经发生了翻天覆地的变化。包括PHS在内的移动通信的用户在2000年的时候超过了固定电话用户，互联网用户也在1999年的时候超过了2000万人，移动通信和互联网成为日本通信市场上新的主角，NTTdocomo在移动通信方面以超过50%的市场份额，让其他通信企业都感受到前所未有的压力。实际上在这个时候，日本政府对通信市场按照不同领域的划分和限制已经失去了作用，通信市场已经开始重组。2000年，长途通信企业DDI和国际通信企业KDD以及IDO等合并为一家新的电信运营企业KDDI，运营包括市内电话和移动通信的综合性通信事业。两年之后，日本通信吸收日本国际通信等国际和国内通信的企业以及移动通信企业，重组成新的日本通信集团。这次合并组合，使得日本通信市场出现了3个大型综合通信企业集团①，这标志着日本的通信市场进入了新的竞争

① 2000年以后，日本通信市场的重组继续进行。2003年英国移动通信企业沃达丰收购日本通信的移动通信子公司，成立沃达丰株式会社。2004年，软银收购日本通信，2006年收购沃达丰株式会社，最终形成了软银通信集团。至此，日本市场上的3大通信集团分别是NTT集团、KDDI集团以及软银集团。

阶段。

## 大竞争波及其他行业

20 世纪 80 年代的民营化和自由化的影响也波及了航空领域。

日本战败后被禁止进入航空领域，一直到 1951 年才得以解禁，在得到占领当局的许可后，日本各地先后成立了多家航空公司。为了防止过度的竞争，日本政府认为民航企业有 1 家经营国际航线，2 家经营国内航线的格局最为理想，所以鼓励这些航空企业合并重组。经过漫长的协调，日本政府在 1972 年确定了具有国有企业性质的日本航空负责经营国际客运航线以及国际货物航线，民营企业的全日空主要经营国内航线以及地方性航线，也可以经营近距离国际租赁班机业务，而另一家航空公司东亚国内航空经营国内的地方性航线，从而明确地对这 3 家航空企业进行了分工。但是随着航空市场的迅速发展，这种 3 家企业分工的格局越来越不适应市场的需求。1978 年，美国率先开始缓和各种规制，允许航空公司自由设定航线。由于美国有许多航空公司可以运营飞日本的航线，而日本只有日本航空有国际航线，这显然对日本非常不利。1985 年，日本政府决定修改有关航空业的政策，允许全日空和已经从东亚国内航空改名为日本航空系统（日本佳运航空）的这两家航空公司进入国际航线，同时也把具有国有性质的日本航空完全民营化。这样，日本的航空运输业也进入了竞争的时代。

进入 1990 年代，自由化波及更多的领域。

1994 年，在日本市场上，从啤酒、可乐、胶卷、洗衣粉等日常消费品到家电、汽车等耐久消费品，甚至在生产材料等方面都出现了价格大幅度下降的现象。日本把这种在各个领域里都出现的价格下降现象称为价格破坏。价格破坏的原因除了泡沫经济崩溃后带来的萧条因素，还有日元升值、规制缓和以及信息通信的革新等各种因素。而且，东西冷战的终结让原来的东欧社会主义国家、中国以及印度等劳动力成本比较低的国家也参与到世界市场上来，让世界经济进入了大竞争时代。很多日本企业把生产转移到海外，并把在海外生产的价格低廉的产品反向进口到日本，更是促进了价格破坏的深化，也促进了日本很多行业的自由化。

价格破坏直接促成了日本流通行业的变化。长期以来，日本的生产企业一直控制着产品的最终销售价格，但是量贩店和超市随着销售量的扩大，逐步获得了话语权。零售企业开始跳过多层级的批发流通渠道，节省了中间批发环节的费用，促进了商品价格的下降。1994 年前后，伊藤洋华堂、大荣等超市纷纷委托海外生产企业定制自有品牌的产品（PB 商品），这使得伊藤洋华堂等超市的 PB 商品价格远远低于日本企业在日本生产的商品。比如伊藤洋华堂的 PB 洗衣粉的价格比花王等品牌商品（NB 商品）便宜一半左右，因此，PB 商品的市场份额不断扩大。花王等生产企业也不得不紧跟其后，大幅度调低 NB 商品的市场售价，并且付出巨额的促销费用。这些措施让花王等生产企业几乎无利可图，只能研发性能更高的产品来与 PB 商品进行竞争，而这种强调高性能高品质的竞争战略成为 1990 年代以后日本生产型企业的主要战略。

虽然生产企业可以利用雄厚的研发能力，不断地开发出在市场上领先的新产品，但是传统的生产企业对产品价格的控制机制已经失去了作用，进而又影响到了传统的流通渠道的运作。由于生产企业减少了促销费用的支出，很多依靠促销费用而存在的批发商面临着生存的危机。雪上加霜的是，信息技术的发展让流通渠道再次遭受重创。24 小时营业的便利店纷纷采用电脑管理系统，使得业绩不断攀高。1994 年，7-11 连锁便利店以年度 880 亿日元的盈利额超过了其母公司伊藤洋华堂，盈利水平跃居零售企业的第一位。7-11 便利店平均面积为 100 平方米，店铺数量超过 5500 家，销售的商品超过 2500 种。要在非常紧凑的店铺合理地展开多种多样的商品销售，POS 机（即时销售信息管理系统）起到了重要的作用。利用 POS 机可以让畅销的商品得到及时补货而保证正常的销售，让销路不好的商品能够被及时剔除。这种电脑系统对便利店的发展起到了至关重要的作用，同时也让传统的流通渠道变得不那么重要了。

新技术和市场竞争促进了日本流通渠道变革，同时，日本政府对流通方面的规制也在逐步缓和。为了保护中小店铺的经营，日本在1974年实施了《大规模零售店铺法》（简称《大店法》），对百货商店、大型超市的新店开设做了很多规制。《大店法》对流通渠道的规制引起了相关企业的不满，而美国为了美国零售企业能够进入日本市场，也要求日本修改《大店法》。所以进入1990年代，日本开始缓和对大规模店铺的种种规制，引起了新店开设的热潮。仅1994年，日本全国申请开设营业面积不满1000平方米的店铺的数量超过了860件，这是《大店法》缓和前的4倍多，零售企业之间的竞争日趋激烈（参见表8-1）。

**表8-1 《大店法》实施与开店申请数量**

| 年度 | 第1种店铺申请数/件 | 第2种店铺申请数/件 | 主要事件 |
|---|---|---|---|
| 1979 | 576 | 1029 | 实施修订后的《大店法》 |
| 1981 | 194 | 308 | 要求企业自我限制开店 |
| 1985 | 158 | 349 | |
| 1989 | 332 | 462 | 通产省发表90年代流通愿景 |
| 1990 | 881 | 786 | 放松了对大规模店铺的种种规制 |
| 1991 | 486 | 906 | |
| 1994 | 426 | 1501 | 开店自由化，营业时间延长到晚上8点 |
| 1999 | 401 | 1280 | 修订后的《都市计划法》实施 |
| 2001 | 227 | | 《大店法》废除 |

资料来源：経済産業省「大店立地法の届出状況」

注：营业面积超过1500㎡的为第1种店铺，不满1500㎡的为第2种店铺，1994年以后超过3000㎡的为第1种店铺，不满3000㎡的为第2种店铺

## 金融大爆炸

20世纪90年代，日本自由化也波及了经济的核心——金融业。1994年，日本银行的利息设定完全自由化，战后日本政府对银行利息的规制完全取消，意味着日本金融界开始进入了竞争的时代。

不过，日本金融界的自由化并不是日本金融界自身去争取来的，也不是日本政府主动推动的，而是在美国金融当局的强硬压力下实施的。1985年，美国和日本的美元—日元委员会在提出的报告中指出，日本必须实施银行利息的自由化，因为美国认为日本对银行利息的规制是资金从日本流向美国从而使日元贬值的原因，为了不让日元贬值，美国要求日本落实利息自由化。日本政府接受了美国的要求，从1985年开始逐步开放银行利息的自由化，到1994年全部完成。

利息的自由化刺激了日本金融企业的竞争意识，但护送船团方式依然存在，日本政府对金融界的规制依然很多。护送船团方式本来是一种军事术语，是指船队以最慢的船的速度为标准，保持整个船队的前行速度。也就是说，日本政府会照顾到经营业绩比较差的金融机构，保证不让一家金融机构破产倒闭。所以日本政府对金融界在利息设定、店铺分布和新金融产品的设计方面进行规制，防止金融界过度地竞争。

但泡沫经济崩溃后，外国的银行和证券公司纷纷撤离日本，而日本的银行在业务方面也开始依赖海外市场，纷纷建立了纽约、伦敦、香港之间的金融交易系统，不再重视东京的金融地位，造成了日本金融空洞化。而这种金融空洞化的形成除了东京的办公费用居高不下、证券交易税率全球最高等原因外，护送船团方式的规制也是重要的原因。也就是说日本虽然落实了银行利息的自由化，但与世界其他国家相比，自由度并不高，要求废除护送船团方式的呼声日益增多。1995年，木津信用组合成为第一家破产的金融机构，紧接着兵库银行成为战后日本第一家破产的银行。这等于宣告护送船团方式的金融政策已经失灵了。在这样的情况下，日本政府在 1996 年决定进行全面的金融改革，在自由、公平和国际化三项原则下，开放金融市场。政府放弃了对金融业的管控，引进了竞争机制。因为英国在撒切尔首相时代曾经把对证券制度的改革称为大爆炸（Big Bang），所以日本也把他们的金融改革称为金融大爆炸。到 2001 年为止的第一次金融大爆炸废除了护送船团方式的规制，从 2002 年开始的第二次金融大爆炸进一步废除了对金融业的各项规制，日本金融界进入了全面的大竞争时代。

## 3. 竞争中的创新

### 通常性创新的效果

大竞争时代也是大浪淘沙的时代，很多日本企业认为只有企业规模足够大才能避免在这样的时代被淘汰掉，所以在 20 世纪 90 年代以后，日本企业之间的合并也日益增多。然而比企业规模更为重要的是经济效益，不断扩大的企业规模并不一定能带来更好的经济效益，而合适的商业模式则能让小企业也获得很强的竞争力。1990 年代以后网络企业的兴起证明了商业模式的重要性，而日本电子游戏行业则更早地做了这样的证明。

在微软以当时全球市值最高企业的身份参与到电子游戏市场之前，曾经是中小企业的任天堂等日本游戏企业统治着这个市场（参见图 8-7）。微软并没有以其巨大的规模压倒日本企业、独占电子游戏市场，这是因为日本企业已经建立了平台型商业模式，从而确保了自己的竞争力。所谓平台型商业模式，是指企业建立商业平台让其他企业参与其中，利用网络外部性原理而长期维持竞争力的一种经营模式。

任天堂是始建于1889年主要生产花札和扑克牌的中小企业。1956年，任天堂第三代社长山内博去美国参观世界上最大的纸牌企业，没想到世界最大的纸牌企业却是一家规模很小的企业，这让山内感到纸牌行业没有发展的空间。回国后，山内开始扩大业务范围，从经营情人旅馆、组建出租车公司，一直到创建速食食品企业。这些业务与原来的纸牌业务毫不相干，对纸牌企业来说，没有相应的关联技术，无法取得相辅相成的经营效果，最终投资全部失败了。其实，类似任天堂这样的企业在日本可谓比比皆是。根据日本总务省对日本企业的统计，在20世纪80年代，日本有近700万家企业，其中99%是中小企业。而中小企业为了存活下去，往往会依附于大企业，成为大企业外包系列中的一员，或者形成自己比较专项的技术。但是纸牌行业本身就不大，也没有可以依靠的大企业的存在，所以，任天堂感到了危机。正是这样的危机意识，让任天堂走上了创新的道路，最终以小企业撬动大市场，获得了巨大的成功。

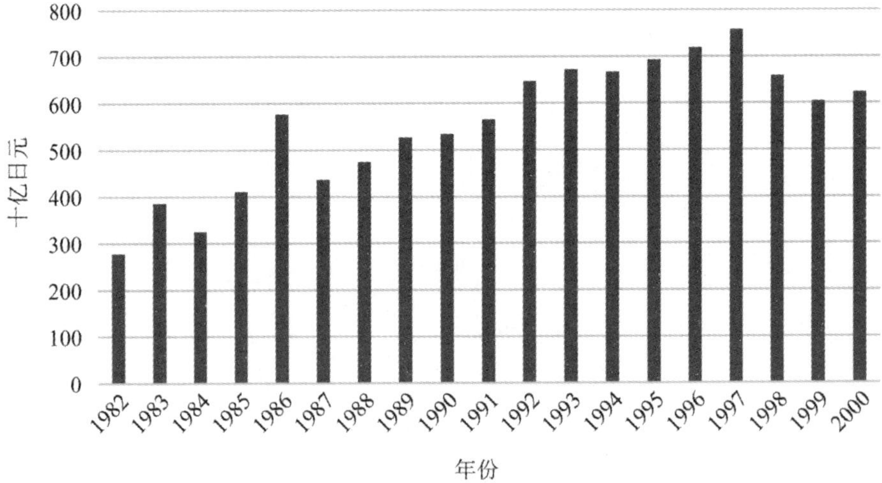


**图 8-7　日本家庭游戏机市场规模**

资料来源：電通総研「情報メディア白書」

不过，任天堂并不是依靠革命性的技术获得成功的，而是利用了既有的技术，甚至是过时的技术创造了一个全新的电子游戏市场，其成功的关键是任天堂完善了平台型的商业模式。实际上任天堂的这种实践也是一种更具有普遍意义的创新。哈佛大学的阿伯纳西和吉姆·克拉克两位教授从企业的现有能力和现有关系的两个轴线勾勒出创新的4种类型（参见图8-8），并进一步指出，创造出缝隙市场的创新，产业结构性创新和革命性创新会比较容易被认识到，但实际上，所谓通常性的创新才具有更加普遍性的意义。从本质上来说，创新就是要打破现有的条条框框，绝不会有程式化的东西，使用什么样的技术并不是关键，关键是利用技术创造出什么样的新概念。而企业之所以能创新，通常是因为在发展过程中遇到各种困难需要克服。敢于打破成规也就赢得了创新的先机。任天堂在电子游戏行业的成功，正是这种通常性创新的典型。

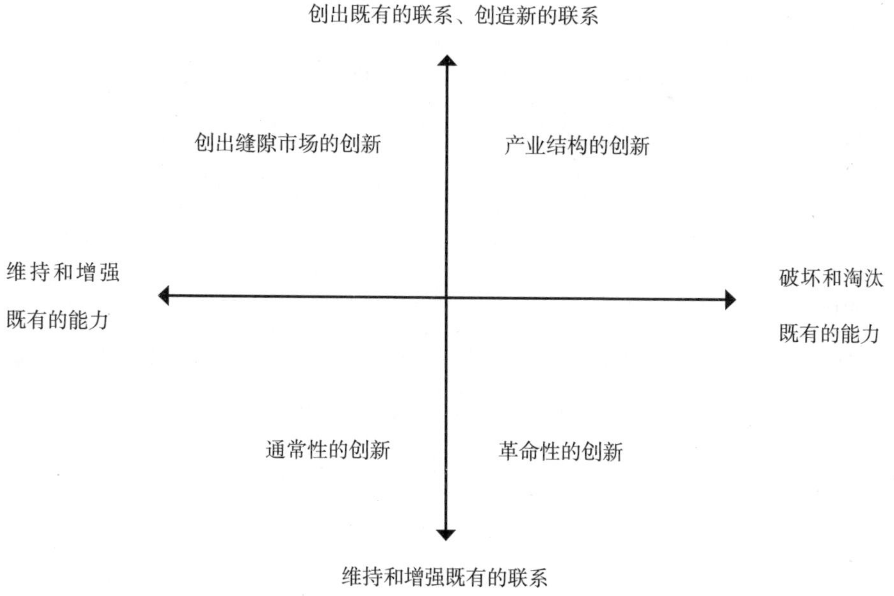


**图8-8 创新种类图**

资料来源：Abernathy, W. J., & Clark, K. B. *Innovation: Mapping the winds of creative destruction*.( Research Policy, 14, 3 - 22 ) ，1985

## 平台型商业模式的形成

1983 年是日本电子游戏市场的一个分水岭。任天堂在这一年发售了一款家用游戏机：Family Computer（红白机），由于采用 ROM 卡带[①]，可以把游戏软件和硬件分开销售。而这种把硬件和软件分开销售的方式不仅改变了游戏行业的历史，而且还创造性地形成了平台型商业模式。因为在那个时候电子产品基本上都是软件和硬件混为一体的商品，1984 年，苹果推出风靡一时的苹果 II，就是把软件和硬件捆绑在一起来销售的，这也是当时电脑行业的常规做法。不过，这种创新的平台型商业模式是在游戏机企业遭到重大失败之后才形成的。

世界上最早的家用游戏机是 1972 年美国 Magmavox 公司开发的 Odyssey。虽然这款在硬件中捆绑了数款游戏软件的游戏机销量并不多，但形成了美国企业争相开发游戏的局面。由于这时期开发的游戏机都是某种游戏的专用机器，缺乏扩张性，玩家用不了多长时间就会失去兴趣。1976 年，美国飞兆半导体公司（Fairchild Semiconductor）采用本公司生产的 MPU，开发出 ROM 卡带型游戏机 Channel F。硬件和软件的分离让游戏机具有了扩张性，可以通过更换 ROM 卡而不断更新游戏内容。所以，这样的 ROM 卡带型游戏机大受玩家欢迎，也为游戏机行业制定了硬件和软件分离的新发展方向。1977 年，美国雅达利公司（Atari）向市场推出了畅销的游戏机 ATARI VCS，也采用了 ROM 卡带方式。由于雅达利公开了游戏软件的编程，吸引了很多软件企业参与游戏软件的编制，使得 ATARI VCS 很快就拥有了超过 1500 种游戏软件。再加上雅达利本身收购和移植的很多畅销街机游戏软件，玩家对此欲罢不能，ATARI VCS 的销售节节攀高，到 1982 年，其销量已经达到了 1800 万台。ATARI VCS 的成功也带动了美国游戏产业的兴起。

当时很多游戏软件制作者都认为，只要挤进 ATARI VCS 平台就能很容易

① ROM 卡带（ROM cartridge），由拆卸式外壳保护的只读存储器（Read-Only Memory，缩写：ROM）构成，可以储存电子游戏软件等应用程序数据。

地获利，所以他们只求数量而不求质量地制作了很多游戏软件。由于雅达利没有对大量出现的游戏软件进行质量管理，导致了大量粗制滥造的游戏软件充斥市场。当时对游戏软件测评的第三方也很少，只有买回家玩家才能知道这款游戏软件到底好不好，粗制滥造的游戏软件让很多玩家吃了哑巴亏，导致玩家对ATARI VCS游戏失去了信任，游戏机销售急剧下降，造成了1982年那场被称为雅达利大崩溃的冲击，美国游戏机行业也因此而一蹶不振。

就在雅达利大崩溃后的第二年，任天堂向市场推出了硬件与软件分离的红白机，宣告了日本游戏产业将开始兴隆，取而代之。不过，这也是任天堂从自己失败的教训中找到的方向。

任天堂在1970年代后半期成功地进入电子游戏领域，并且乘胜追击在美国设立了任天堂美国公司。一开始，任天堂美国公司也是把几乎所有的资金都押在任天堂的街机上，但是，街机捆绑的游戏软件数量有限，很快就让玩家失去了兴趣，结果卖不出去的街机只能堆积在仓库里。为了处理这些库存，任天堂美国公司想了一个方式，更换ROM让这些库存摇身一变成为新的街机品种。这个想法获得了成功，还催生了大金刚游戏系列的产生。换装ROM的方式不仅顺利地解决了任天堂美国公司的库存问题，同时也为任天堂正式采用游戏软件和硬件分离的方式奠定了基础。

换装ROM的方式让任天堂感到玩家追求的其实不是游戏机硬件而是游戏软件，玩家是为了玩游戏才购买游戏机硬件的。美国雅达利似乎没有认识到这点，只注重硬件质量而忽视了游戏软件的质量，造成了市场的大崩溃。只是任天堂虽然明白了这个道理，但要把硬件和软件都做好，绝非是一家企业所能轻易做到的，况且，作为中小企业的任天堂，本身的资本和技术实力都非常有限。好在当时日本的一些游戏开发商找到任天堂，希望任天堂采用他们开发的游戏软件。这让任天堂最终形成了开发平台型商业模式的可能。任天堂决定开发具有价格竞争优势的游戏机，以吸引更多的游戏玩家，游戏软件则交给众多的游戏软件开发商去做，这可以带来大量的游戏软件，巩固和扩大任天堂游戏机的玩家数量。与雅达利不同的是，任天堂还负责对这些游戏软件进行把关，不让粗制滥造的游戏软件去伤害游戏玩家的热情。

在 1984 年之后，任天堂与游戏软件开发商通过正式合同规定了新的游戏软件提供规则，其主要内容有 4 点：

1）游戏开发商承认红白机是任天堂的创造物；

2）销售游戏软件需要得到任天堂的认可；

3）游戏开发商需要向任天堂支付商标使用费及其他相关许可费用；

4）设定每年可销售游戏软件的上限。

任天堂只给签有以上协议的游戏软件开发商提供开发程序，没有和任天堂签订这种协议的游戏开发商也就无法进入红白机这个游戏平台。

由于采用了硬件和软件分离的开发方针，任天堂就可以把游戏机硬件的售价尽可能地降低，以吸引众多的玩家，为游戏软件的销售创造了条件。虽然硬件有可能不会盈利，但任天堂依然可以靠软件来盈利（参见图 8–9）。占据了

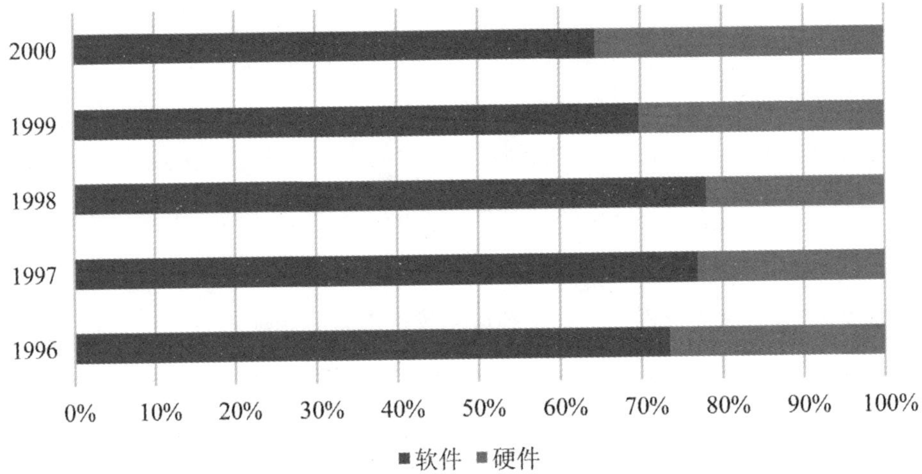


**图 8–9 日本游戏市场软件和硬件的市场比率**

资料来源：コンピュータエンターテインメント協会「CESA ゲーム白書」

平台优势的任天堂也很快地拥有了比其他竞争对手更多的游戏软件，这对吸引游戏玩家起到了关键的作用，而吸引的游戏玩家越多，又越能调动游戏软件开发商的积极性，开发出更多的游戏软件。这样的良性循环给任天堂带来了巨额的收益。

### 过时技术与小企业

把软件与硬件分离开发，实际上也是实力不足的任天堂不得已的选择，同样，实力不足的任天堂当初也只能采用过时的技术。令人匪夷所思的是，这些不利的因素反而促成了任天堂的成功。

任天堂进入电子游戏行业本身就是出于一种无奈，因为传统的纸牌市场没有发展的空间，而作为中小企业的任天堂也没有其他经营资源帮助他们转行。1964 年东京奥运会举办之后，日本经济出现了奥运会后的萧条，而纸牌行业则更受打击，任天堂的销售额急剧下降。在不得已的情况下，任天堂只能寄希望于与纸牌市场相近的玩具市场，希望在那里找到发展的道路。不过，传统的机械类玩具市场竞争也非常激烈，一直生产纸牌的任天堂在这个市场上根本没有优势，想要获得成功是非常困难的。幸运的是，当时电子玩具开始兴起，传统的机械类玩具企业对此也没有技术的积累，任天堂与他们处在同一个起跑线上，而任天堂的一个研发人员抓住了这样的机会。

这个研发人员就是任天堂录用的第一个大学毕业生，横井军平。本来像任天堂这样生产纸牌的中小企业是不需要录用大学生的，只是因为当时日本修改了相关法律，要求使用超过 30 千伏安设备的企业必须配备电子主任技术员，所以任天堂不得已录用了京都同志社大学毕业的横井。然而工厂里并没有什么实际的工作可做，感到无聊的横井就利用车间里的工具和设备，给自己制作玩具打发时间。正在为任天堂如何在玩具市场上有所突破而苦苦寻觅的山内社长，独具慧眼地看到了这个粗糙玩具的市场价值，当机立断，下令把这个玩具以超级怪手的名字进行量产，推向市场。市场证明了山内社长判断的正确性，超级怪手很受儿童们的欢迎，在一款产品销售量达到 10 万个就是畅销品的玩具世界里，超级怪手的销售超过了 140 万个，成了超级畅销品。

超级怪手的成功，让任天堂坚定了进军玩具行业的信心。任天堂特地为横井设立了只有 1 个成员的开发科，让他专心研发，同时任天堂直接派了一个董事来担任开发科的财务，优先保证研发费用。可以名正言顺地进行玩具开发的横井不断冒出很多游戏的想法，其中一部分变成了任天堂推向市场的产品，也获得了好评，比如 1968 年开发的超级机器也销售了 200 多万个。进入 1970 年代，任天堂更是乘胜追击，推出了激光射击系统，为此，任天堂几乎是在豪赌未来般投资了激光射击的游戏场。如果成功，不仅可以还清企业所有的债务，还能一举跳出玩具这个范畴。然而，石油危机的爆发改变了消费者的消费意愿，激光射击游戏场门可罗雀。这次投资的失败几乎让任天堂破产倒闭，幸好三菱电机邀请任天堂一起开发彩色电视游戏机，让任天堂得到了一个翻身的机会。而这次与三菱电机的成功合作，也让任天堂进入了家庭用电视游戏机市场。

1980 年代电脑开始普及，游戏开发企业也抓住这个动向，纷纷朝电脑靠拢。任天堂也跟随了这个潮流，并把他们新的家庭用游戏机命名为 Family Computer（红白机）。当时电脑还是新生事物，价格都非常高，而与电脑沾边的游戏机价格也都在四五万日元以上。不过，任天堂认为游戏机并不是生活必需品，这样高的价格是很难得到玩家认可的，所以，任天堂对未来的家用游戏机的售价限定在 1 万日元以内。不过，任天堂的开发者当时对此也都没有自信。

这时候，横井的过时技术运用理念发挥了作用。横井认为，游戏玩家追求的不是最先进的技术，而是有趣的游戏。所以生产游戏机完全不需要使用最高端的技术。本着尽量压缩生产成本，尽量压低产品价格的宗旨，采用过时的技术是最好的选择。在这种过时技术运用的理念下，任天堂放弃了电脑化的高端设计思想，采用了以游戏功能为中心的设计思路，从而开发出价格低廉的游戏机硬件。这款游戏机之所以使用红白两种塑料，也是因为这两种颜色的塑料价格是最便宜的。

当任天堂以 1.5 万日元的价格销售他们的全新游戏机时，就有一些竞争对手分析后指出，红白机的合理售价应该超过 3 万日元。也就是说，任天堂以这个价格来销售红白机，即便不亏损，也很难盈利。事实上，山内社长也在代理商大会上承认了这点，不仅任天堂自己很难盈利，就是这些中间的代理商也很难赚钱。硬件赚不到钱，就需要在软件上赚钱。任天堂以超低的硬件价格来吸引游戏玩家，游戏玩家越多，游戏软件的销售也就能水涨船高。事实证明，任天堂的这种模式获得了成功。

### 游戏行业的淘汰

游行机行业的平台型商业模式很快就发挥了巨大的作用，在平台建设方面取得优势的企业可以持续保持这个优势，而在平台竞争中失败的企业则很难翻身。在任天堂推出红白机的时候，游戏机行业还有很多企业在生产游戏机硬件。玩具行业以及家电行业的一些企业，基于他们在硬件的研发和生产方面的优势，纷纷进入电视游戏机市场，但都因为在建设平台型商业模式方面遭到失败，不得不退出这个市场。

日本玩具行业的龙头企业万代也是在 1983 年发售游戏机的企业之一，销售的是美国爱默生无线电（Emerson Radio）授权的家用机，不过，这款游戏机不仅版权归属不太清楚，产品寿命也只有 18 个月，不受市场欢迎。到 1990 年代，万代推出了 Playdia 新款游戏机，但也非常不成功。之后，万代与苹果公司联合开发了 Pippin，虽然性能出类拔萃，但售价也高得惊人，结果 1 年之后就停止了生产。基于电子行业的生产基础，卡西欧、夏普等也都推出过他们的游戏机产品，但都在平台型商业模式的竞争中铩羽而归。

1987 年，日本电气子公司 NEC-HE 和老牌游戏公司 Hudson 合作，推出游戏机 PC Engine。由于这款游戏机的硬件性能非常卓越，有着非常健全的图像镶嵌处理能力，同时，这款家用机也是世界第一款可选配 CD-ROM 的家用机，所以这款游戏机在刚刚问世的时候，销售量一度超过了任天堂的红白机。然而，硬件性能的强化并不是平台型商业模式的杀手锏，由于游戏软件的数量比不上任天堂，在任天堂超级红白机问世后，PC Engine 就逐步处于下风。虽然 NEC-HE 还推出了升级产品 PC Engine Duo ，但还是因为游戏软件数量不足的问题，依然无法与任天堂抗衡，1994 年，NEC-HE 不得不停止生产家用游戏机。

松下电器在 1970 年年末也想进入电视游戏机市场，他们原定开发出 2 万日元的游戏机，但是没想到任天堂 Game6 的售价只有 9800 日元，松下感觉产品没有竞争力因而不得不放弃开发。1994 年，松下电器制造了美国 3DO 公司设计的游戏机，终于进入了电视游戏机产业，但因为这款游戏机售价太高，最终也没有得到市场的认可。此后，松下电器就没有再进行任何尝试。

这样，日本家电行业的翘楚除了后来的索尼获得成功之外，其他企业进入电视游戏机市场的尝试最终都失败了。到 1990 年中期，电视游戏机市场只有任天堂、世嘉和索尼这 3 家企业在进行激烈的市场竞争，其他企业都逐步撤离了这个市场（参见图 8-10）。

曾经是任天堂在日本最主要竞争对手的世嘉，由于没有充分认识到游戏机行业的商业模式是一种平台型商业模式，也没有努力地去构建这样的平台，结果世嘉逐步走向失败，以致最后退出游戏机硬件市场，转而向其他游戏机企业提供游戏软件。也就是说，世嘉最终不得不放弃构建平台，不再与任天堂进行正面的竞争。非常巧合的是，世嘉的家庭用游戏机 SG-1000 和任天堂的红白机竟然在同一天发售，然而由于对平台型商业模式的认识不同，这两家企业的命运也是天壤之别。

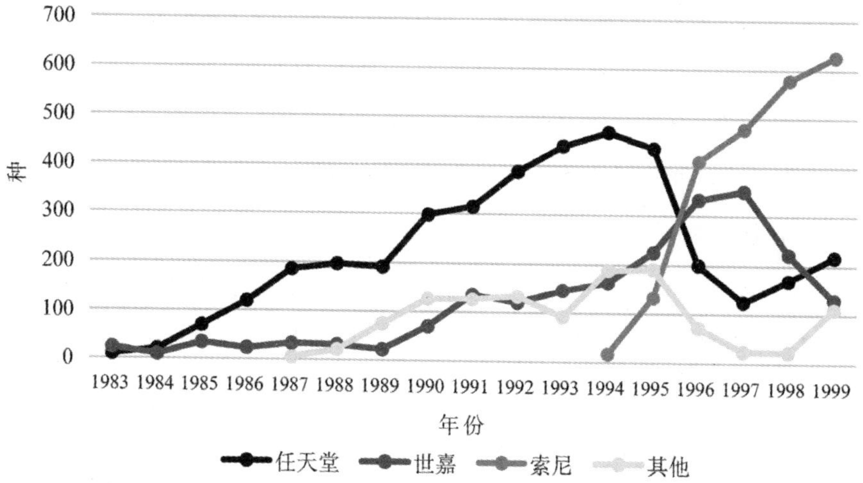


**图 8-10 日本游戏平台每年销售的游戏软件种类**

资料来源：さやわか『僕たちのゲーム史』星海社，2012

## 平台型市场的进入门槛

平台型商业模式具有网络外部性，成功的平台会迅速地扩大，而失败的平台会迅速地衰退。任天堂和世嘉不同的命运证明了这点。同时，这也意味着平台型市场的进入门槛随着平台的扩大而变得越来越高，索尼进入电子游戏机市场的过程也证明了这点。

在 20 世纪 90 年代初，索尼是日本代表性的成功企业，也是一家世界著名品牌企业。他们很担心如果在游戏机市场上败给一家做纸牌出身的企业，会颜面尽失。所以索尼原本没有直接进入家庭用游戏机市场的打算，但当时日本两大家用游戏机企业的不经意动作，促成和挽救了索尼的游戏机项目，让索尼进入了这个门槛极高的市场。

第一件事是任天堂对索尼的毁约，激发了索尼参与家用游戏机市场的决心。

成功地建立了平台型商业模式的任天堂也是日本无工厂企业（fabless）的

先驱，不仅生产加工几乎全部委托外包企业，而且主要零部件甚至基础设计也都外包出去。索尼作为电子行业的佼佼者，有很多零部件可供任天堂采用，而且索尼也希望通过向任天堂提供零部件，获得任天堂游戏机通用机型的生产机会，所以非常积极地向任天堂推荐，但任天堂只同意采用索尼的 CD-ROM 转换器。索尼非常看重这次合作，特地把供应给任天堂的 CD-ROM 转换器命名为 PlayStation，并注册了商标。在 1991 年的芝加哥消费电子展上，出现了任天堂和索尼共同研制的 Nintendo PlayStation 游戏机样机。虽然这个样机还没有来得及使用索尼的 CD-ROM，但无疑是索尼实现生产任天堂游戏机通用机型梦想的第一步。但是在这个样机公开后的第二天，任天堂突然宣布采用飞利浦的零部件而撕毁了和索尼的合同。这次毁约迫使索尼做出选择，要么让自己的游戏机事业半途而废，要么只能与已经建立起平台的业内领先企业全面竞争。这让索尼比较踌躇，很难抉择。最终索尼的选择，是把已经做出的游戏机样机商品化，进入家用游戏机市场。

第二件事是世嘉请求索尼来帮忙，结果让索尼的游戏项目得以起死回生。

要进入家用游戏机市场，索尼还需要解决更重要的问题，那就是与任天堂全面对决，建设自己的游戏平台。虽然索尼拥有游戏机硬件生产的优势条件，但是在平台型商业模式之下，游戏软件开发企业基本上都被绑定在了现有的平台上，建设新的平台非常困难。如果没有游戏软件开发企业的配合，哪怕索尼能够开发生产出卓越的游戏机硬件，在电子游戏领域里也很难获得成功。而且还有一个问题，索尼基于自身的优势而开发的 PlayStation 更适合 3D 游戏，但当时市场上的游戏以 2D 为主。因为 3D 游戏的开发费用远远高于 2D 游戏，与任天堂或者世嘉合作的游戏软件开发企业都不太愿意承担风险来为索尼的 PlayStation 开发游戏。这使索尼一时找不到更多的游戏开发企业合作，平台建设举步维艰，游戏机项目也面临终止的命运。但就在这个时候，世嘉需要在东京游戏展上宣传他们的 3D 游戏 Virtua Fighter，就请索尼来帮忙。结果这次合作，让索尼的游戏项目避免了胎死腹中的命运。

后来还获得了多种奖项的 Virtua Fighter 是世界上第一款 3D 格斗游戏，其非常逼真的格斗图像，让很多玩家为之惊叹，也让第一次看到 3D 游戏这样有趣的游戏的软件开发企业看到了市场的潜力。他们发现 PlayStation 更适合 3D 游戏，于是纷纷找索尼进行合作开始开发 3D 游戏。这样，索尼的 PlayStation 项目也得以起死回生。

在硬件的生产方面，索尼显示了其卓越的竞争力。PlayStation 所有的零部件基本上都是索尼企业内部生产的，与任天堂和世嘉相比，索尼在硬件的生产成本控制方面明显具有优势。当后来与世嘉展开家用游戏机价格竞争的时候，索尼的成本控制优势被发挥得淋漓尽致，而被迫应战的世嘉缺乏控制生产成本的机制，产品一再跌价就意味着亏损的增加，这样的亏损压垮了世嘉，让世嘉不得不退出了家用游戏机硬件生产的领域。

与任天堂采用储存卡，世嘉采用 GD–ROM 不同，索尼采用了自己公司的产品 CD–ROM 来供给游戏软件，这种选择也让索尼得以发挥控制成本的优势。索尼 PlayStation 游戏软件的价格通常在 5000 日元左右，远远低于竞争对手。而且 CD 制作时间也比较短，能够及时应对市场需求的变化。当时日本 CD 销售渠道已经建立起来，PlayStation 游戏软件可以在日本 6000 多家 CD 贩卖店里进行销售。也就是说，索尼采用 CD–ROM，可以利用现有的生产设备和流通渠道，低价格、迅速地进行销售，从而有效地占领市场。

不过先行者的经验已经告诉索尼，没有大量出色的游戏软件作支撑，新的游戏平台是建立不起来的。游戏数量的多寡，也是游戏平台成败的关键。在游戏开发企业已经与任天堂和世嘉合作的时候，要获得游戏开发企业的支持，就需要以不同于这些先行者的商业方法来进行开拓（参见图 8–11）。

任天堂为了控制游戏软件的质量，确保自己的盈利，不仅向游戏软件开发企业收取授权费，还规定游戏商品化的生产必须委托任天堂来进行，并预先收

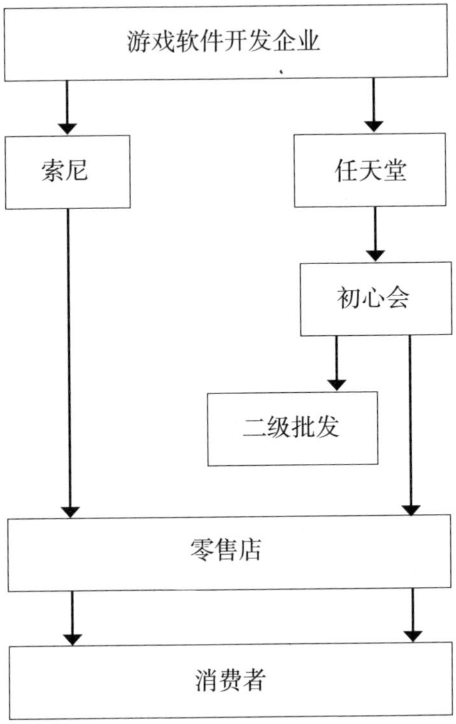


**图 8-11　任天堂与索尼不同的流通结构**

资料来源：真木圭亮「日本のビデオゲーム産業におけるビジネスモデルの変遷」（ASB Case No.2）早稲田大学アジア・サービス・ビジネス研究所，2011

取费用。为了尽可能地获得游戏软件开发企业的支持，索尼降低了第三方游戏开发的门槛。首先，索尼采取了收购第三方开发的游戏的方式，这大幅度减轻了游戏软件开发企业的经济负担。同时，为了吸引更多企业为 PlayStation 开发游戏软件，索尼还提供了软件开发的工具。当时任天堂提供的游戏软件开发工具的价格超过 1000 万日元，而索尼就以任天堂价格的 1/10 提供游戏软件开发工具，让小企业以及个人也能参加游戏软件的开发。不仅如此，索尼还建立了游戏开发的支援体制，与众多的软件开发企业分享游戏开发的技术，使得这些游戏软件开发企业有可能去冒险开发不同的游戏。通过这些与任天堂完全相反的做法，索尼迅速地获得了大量游戏软件开发企业的支持，在 PlayStation 推出不久，就成功地建立了PlayStation商业平台，并击败了任天堂和世嘉，成为游戏机行业的龙头企业。

索尼游戏机的成功，除了竞争对手不经意的刺激和帮助之外，主要还是充分利用了平台型商业模式的缘故。或许，一开始索尼并没有这样明确的认识，但种种不利的条件迫使索尼从一开始就不得不摸索自己的平台型商业模式。虽然其中充满了很多不确定因素，但索尼在雄厚的资金实力和技术实力等经营资源的支持下，从建设游戏平台着手，最终成功地进入了这个市场。到1990年代末，索尼已经是世界上最大的游戏机生产企业了。

这样，在上个世纪90年代进入全球大竞争时代，日本企业凭借其对商业模式的创新，成功地在家用游戏机领域取得了不可动摇的优势。

# 第九章 Chapter 9

# 成长的极限

## 1．企业的寿命

### 市场的消失

20世纪80年代，日本进入最完善的工业社会，很多日本企业也在克服了多重困难之后，成长为世界性企业。索尼、东芝、日立等众多的品牌也都成为优质产品的代名词，获取这样优异业绩的日本企业成为世界各国学习的榜样。然而，就在日本式经营被奉为圭臬的时候，日本企业却面临着还能不能持续成长的问题，因为他们突然发现，市场消失了。

从战后一直到1980年代，日本企业不断取得成功，其中有一个很重要的背景因素，就是市场的不断扩大：朝鲜战争的特需拉动了日本经济的起飞，而巨大的美国市场和其他国际市场都为日本企业提供了活跃的舞台。即便日元升值使得外销受到打击，日本国内的市场依然保证了日本企业的增长。很多日本企业都是在市场不断扩大这个前提下发展起来的。日本企业善于抓住这样的机会，也善于应对市场上各种需求，从而在激烈的市场竞争中立于不败之地。但进入1990年代，日本企业面前的市场开始萎缩，一部分市场甚至消失了。市场的消失对企业来说是生死攸关的事，我们在序章提到过的日本音响行业，就是这样的典型。

在日本泡沫经济最为盛行的年代，音响行业的发展也达到了一个顶峰，也诞生了许多著名品牌，产生了一大批拥趸。SANSUI 就是当时著名的音响品牌，拥有这个品牌的山水电气凭单一的音响产品就曾在 20 世纪 80 年代获得超过 500 亿日元的营收业绩。在 1980 年代，山水电气与先锋（Pioneer）、建伍（Kenwood）被誉为日本音响御三家①。

然而，随着日本泡沫经济的崩溃，音响行业也迅速地跌入低谷，日本音响御三家无一幸免，几乎是全军覆没。虽然有外资注入山水电气，但并没有能让音响事业起死回生，结果山水电气虽然维持了上市公司的地位，但是股价惨不忍睹，成为特殊操盘手喜欢拨弄的股票。同为音响御三家的先锋也无法独立存在下去，不得不把全部股权转让给另一家音响机器企业安桥（ONKYO），主业改为车载音响。而长期亏损的安桥最终也在 2009 年投身了丰田汽车集团。虽然御三家中的建伍还在继续生产音响，但已经和 JVC 合并成一家主要生产汽车电子产品的新企业。在这个行业最为繁荣的时期，索尼、松下电器、东芝、日立、夏普，几乎所有日本著名的家电企业都曾参与了这个市场的竞争，更不用说还有安桥、天龙（DENON）、爱华（AIWA）②等音响专业企业参与其间。然而在不到 10 年的时间里，这个巨大的音响市场迅速地缩小，上述那些日本企业无论多么努力，也没能挽救这个行业的没落。

音响不是生活必需品，行业的消长或许不说明什么问题，但是，从日本国内零售市场来看，市场的消失绝不是小问题。日本国内零售市场规模在 1991 年的时候达到了最高峰，然后随着经济的低迷，规模一路下滑，不断萎缩，这就意味着有数以万亿的市场消失（参见图 9-1）。而且这并不是短期的波动，而是一个长期的趋势。习惯了市场不断扩大的日本企业不得不努力寻找在市场萎

① 日语中御三家原指江户时代德川本家外的三支分家，他们都有幕府将军的继承权。现在引申为同一领域中的三强。

② 天龙，1939 年创立，1963 年被日本哥伦比亚吸收合并。2001 年日本哥伦比亚被美国并购基金 Ripplewood Holdings LLC 并购，同年，天龙被分割出来重新独立运营，依然使用 DENON 品牌。爱华，创立于 1951 年，1969 年成为索尼子公司，2002 年被索尼吸收合并。2008 年索尼取消 AIWA 品牌。2017 年为索尼生产收音机的十和田取得 AIWA 商标使用权，重新成立了爱华株式会社。

缩情况下持续发展的新模式。

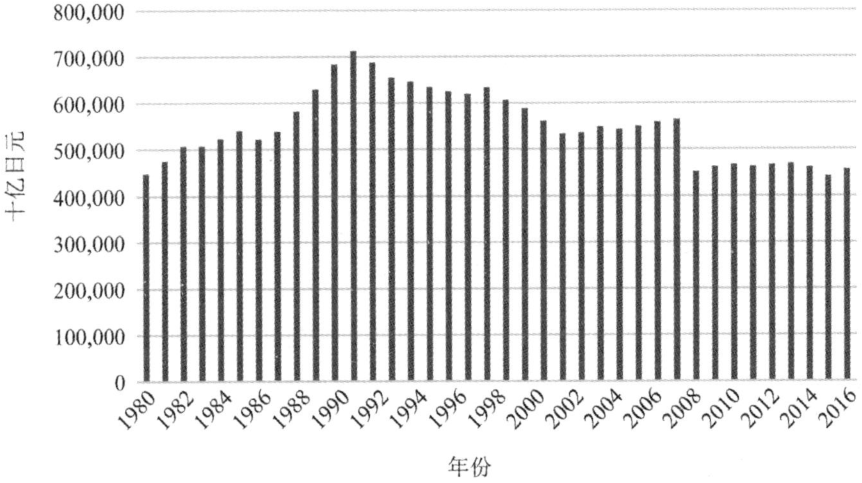


**图 9-1　日本国内零售市场规模**

资料来源：经济产业省「商業動態統計」

## 市场增长中的市场失败

如果说，市场总体需求的萎缩导致部分企业面临着市场消失的困境还情有可原的话，那么，在市场还在增长，日本企业的技术依然领先的时候，他们的产品仍失去了市场，那又情何以堪。比如说半导体 DRAM 的市场消失就让日本企业，乃至日本政府都为之扼腕。DRAM 市场本是日本企业经过刻苦奋斗，凭借其领先的技术，好不容易才获得的。但是在 20 世纪 90 年代个人电脑市场持续增长的情况下，日本企业引以为傲的高质量 DRAM 却突然失去了市场。

半导体储存器行业是从 1971 年英特尔公司发明 1KB 动态随机存取存储器（Dynamic Random Access Memory，DRAM）时开始的，技术领先的美国企业在 20 世纪 70 年代一直享受着技术优势带来的市场份额。当时流行着“半导体是产业的粮食”这样的认识，所以日本企业也迅速地投入到半导体存储器的研发中来。1972 年，日立、富士通、三菱电机和东芝等日本主要企业都着手研发 DRAM，先后在 1974 年完成了 4KB 的 DRAM 的开发，在 1976 年完成了 16KB 的 DRAM 的开发，并且很快投入量产，大规模地向美国出口。促使日本 DRAM 行业出现爆发式增长的还有一个大环境的条件，就是 1973 年的石油危机也冲击了当时的半导体行业，从 1974 年到 1975 年，半导体行业非常不景气，这也成为日本半导体行业迅速崛起的一个机会。

首先，日本的生产企业在半导体行业不景气的时候不得不改变客户对象，把 DRAM 的目标客户集中在大型计算机领域。而日本大型计算机，尤其是超级电脑的发展为 DRAM 提供了有力的市场。

其次，为了更加有效地进行研发，日本企业放弃了单打独斗的体制，组织研发超大规模集成电路（Large Scale Integration：LSI）的共同组合，设立了共同研究所，从政府那里申请研究经费，强化 DRAM 的研究。在参加共同研究的同时，富士通和日立以及三菱电机共同成立了电脑综合研究所（CDI），从需求的角度研发存储器。日本电气和东芝联合设立了信息系统研究所（NTIS），也对半导体的用途进行研发。可以说，对 DRAM 的研发是日本产官结合而形成的日本技术力量的集结。

1970 年以后，大型计算机市场迅速扩大，市场对 DRAM 的需求也急剧上升。而日本 DRAM 的研发和生产在充足的资金保证和各家企业的努力下，发展非常顺利，市场份额不断扩大，在 1982 年终于超过了美国。日本企业没有停下脚步，日立制作所在 64KB 市场上，日本电气（NEC）在 256 KB 市场上，东芝在 1MB 市场上先后获得市场第一，到 1986 年，日本的 DRAM 已经占据世界市场 80% 的份额，取得了压倒性的胜利。而这个市场的开拓者英特尔在 1985 年宣布退出 DRAM 市场，专攻 CPU。

然而，日本的 DRAM 是其兴也勃，其亡也忽（参见图 9–2）。日本产官研的密切配合，使得日本的 DRAM 行业用了不到 10 年的时间就把美国同行远远

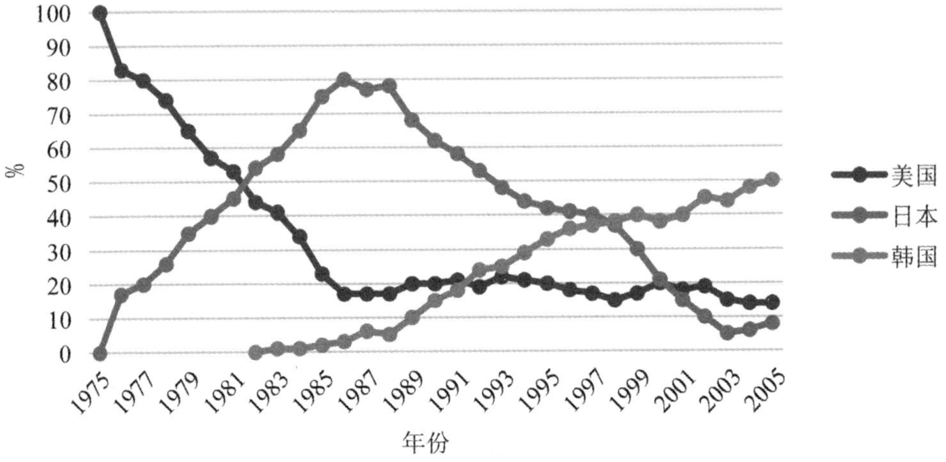


**图 9-2 美日韩三国 DRAM 市场份额推移**

资料来源：湯之上隆「エルピーダとは一体何だったのか」JBpress，2012

地抛到了身后，但他们在这个领域的优势并没有保持很长的时间，很快又被韩国企业超越。1992 年，三星电子的 DRAM 的市场份额超过了东芝，成为世界第一。从此，日本的 DRAM 行业步入迅速衰落的时期，到 1998 年，韩国企业在 DRAM 市场的整体份额超过了日本。而日本的 DRAM 生产企业则发生了重大变化，曾经是世界最大 DRAM 生产企业的东芝再也没有得到重振雄风的机会，在 2002 年宣布退出 DRAM 市场。而在此前，日立和 NEC 已经把 DRAM 生产部门分割出去，合并成立了一家专业的 DRAM 生产企业尔必达。但这样的举措也没有重振日本的 DRAM 行业，2003 年，尔必达又吸收了三菱电机的记忆体部门，2013 年，尔必达被美国的镁光并购，标志着日本 DRAM 行业的彻底落败。

### 技术领先与市场消失

令日本 DRAM 企业郁闷的是，他们在继续保持技术领先的时候失去了市场，或者说，是被技术更加落后的韩国企业夺取了市场。

由于大型计算机需要安装大量的 DRAM 芯片，当其中的一块芯片发生故障时，要在大量的芯片中找出这块故障芯片绝非易事，所以，大型计算机的客户企业都希望 DRAM 具有更长的寿命，最好超过 25 年。比如，当时日本的电话电信公司（现在的 NTT）就要求 DRAM 的使用寿命不低于 23 年。与当时一般产品的使用寿命通常只有数年的标准相比，对 DRAM 的这种要求就显得非常苛刻，但是这并没有难倒日本企业。日本企业考虑的不是在检查阶段排除次品，而是在生产阶段就不出现次品。所以不仅一开始就重视产品质量，同时也重视提高生产效率。为此，日本企业改进了生产流程，在极限的细微加工技术方面形成了很多的技术革新，同时也开发出各种新的生产设备，不仅能生产出高质量的 DRAM 芯片，还大幅度地降低了生产成本。日本企业的成功使得美国企业不得不来日学习。实际上不是在检查阶段排除次品，而是在生产阶段就不出现次品的方针，本来就是 1946 年爱德华兹·戴明博士来日本时，对日本企业进行质量管理培训的核心内容，所以也可以说，在半导体芯片的生产方面，日本这个学生终于超过了他们的美国老师。

但就在日本企业获得 DRAM 市场 80% 的市场份额时，美国让日元升值，使得日本 DRAM 芯片在国际市场上的价格越来越高，价格竞争力越来越弱。而更重要的是，随着个人电脑的兴起，DRAM 市场发生了巨大的变化。

在 20 世纪 80 年代，个人电脑开始兴起，但市场份额远远落后于大型计算机，但是到 90 年代之后，个人电脑市场迅速崛起，到 1996 年，日本市场上个人电脑的市场规模超过了 2000 亿日元，而大型计算机的市场规模则跌到了 500 亿日元左右（参见图 9–3）。个人电脑和大型计算机所采用的 DRAM 的要求并不相同，由于个人电脑的寿命一般只有几年，所以对 DRAM 芯片质量的要求没有大型计算机的要求高，而是要求尽可能低价。高质量高价格的日本企业的 DRAM 显然已经不符合市场的要求，而这个时候，在技术方面落后于日本的韩国企业，恰恰能生产这种技术要求不是太高的 DRAM，可以满足市场的需求。所以，伴随着个人电脑市场的迅速扩大，韩国的 DRAM 企业也得到了迅速的发展。

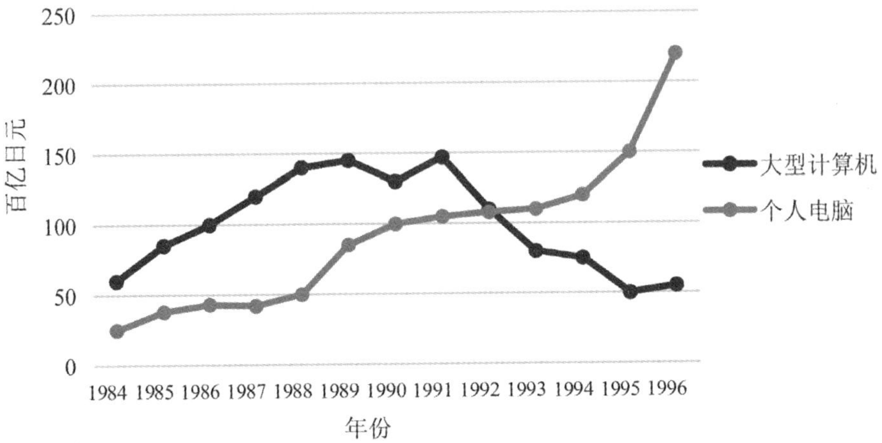


**图 9-3 日本国内大型计算机和个人电脑的生产额**

资料来源：日本電子計算機株式会社編著『JECC コンピュータノート 1997 年版』，1997

具有讽刺意义的是，实际上韩国企业正是利用了日本企业开发出来的芯片生产的套装技术，以更低的生产成本进行生产，从而满足了市场对低价 DRAM 的需求，迅速地占领了 DRAM 市场。而具有先进技术的日本企业却很难把生产技术降低到韩国企业的水平，对个人电脑来说过剩的高质量成为进入这个市场的障碍，日本企业只能眼睁睁地看着曾经是他们几乎独占的市场，迅速地被韩国企业夺去。

### 成长的极限与企业的努力

市场的消失并不是某些特殊领域里才会发生的事，在日常生活的很多方面，也会出现这样的情况。啤酒是日本最受欢迎的一种酒，占据了日本酒类市场 1/3 的消费量。然而就是这样的大众消费品，也面临着市场萎缩的严峻局面。针对这样的萎缩，日本的啤酒生产企业也是想方设法地努力应对，但是收效甚微。

20 世纪 80 年代末，朝日啤酒曾经以一种超爽的新口味掀起了日本啤酒市场的超爽热，带动了啤酒市场的整体扩大。但在泡沫经济崩溃后，啤酒市场也随之萎缩，虽然朝日啤酒保持了增长，但日本的啤酒市场持续下滑，20 年间萎缩了一半以上。日本的啤酒企业不断开发新的产品，也没有能够扭转这样的萎缩趋势（参见图 9-4）。

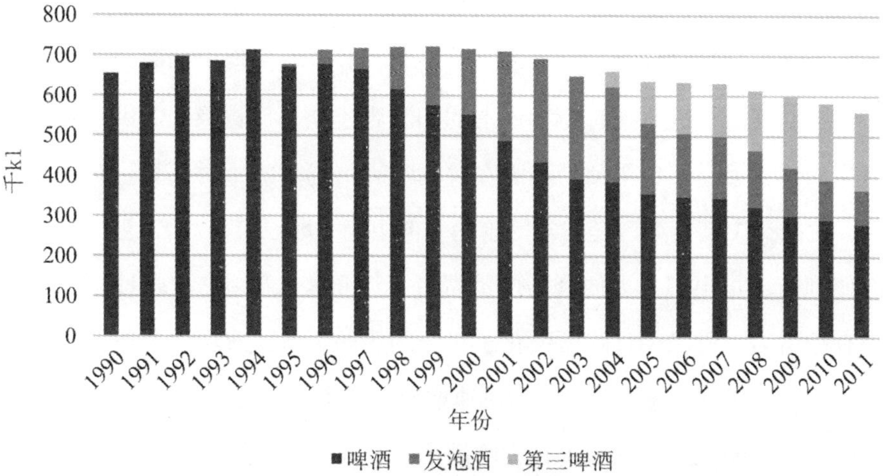


**图 9-4　日本啤酒市场的变化**

资料来源：国税庁「酒のしおり」

从 1970 年到 1990 年，拥有日本酒类销售渠道优势的麒麟啤酒一直稳居市场第一，市场占有率超过 60%。同时，也是日本主要啤酒生产企业的朝日啤酒却与啤酒市场的发展相脱节，业绩出现下滑。为了摆脱颓势，朝日啤酒希望能开发出一种新的啤酒来与麒麟啤酒竞争。通过市场调查，朝日啤酒发现日本人的饮食习惯已经发生重大变化，很多消费者对日本市场上销售的重厚型啤酒不满，希望有如同葡萄酒那样，有比较高的酒精度同时口感又非常轻快的啤酒。所以，朝日啤酒决定开发一种流经喉咙时感觉超爽，苦味和甜味都有所减少，口感轻快的啤酒，这就是后来成为日本最畅销啤酒的“朝日超爽”。这款新产品准确地把握住消费者的需求，投入市场后立刻引起巨大反响，消费者争相购买，以致朝日啤酒还前无古人地刊登了断货道歉的广告。第一年，“朝日超爽”

的销售超过1300万箱，第二年更是以453%的增幅扩大了销售。

1996年，“朝日超爽”第一次夺得月度销售冠军，为此，朝日啤酒的濑户雄三社长在员工面前流下了感慨万千的眼泪。紧接着在1997年，“朝日超爽”终于夺得年度销售冠军，把长期独占日本啤酒市场鳌头的麒麟啤酒甩到了后面。“朝日超爽”之所以如此畅销，与朝日啤酒开拓了新的销售渠道密切相关。日本的酒类销售都是需要政府的专卖许可证书，并且有地域性的限制，防止相互竞争。麒麟啤酒与这些拥有专卖证书的烟酒店建立了比较稳固的供货关系，正是这样的销售渠道保证了麒麟啤酒在日本啤酒市场上的绝对优势。对朝日啤酒来说，挑战这个销售渠道是非常困难的，但由于1980年代以后，被允许销售酒类的便利店大量出现，而便利店的消费者又以年轻人为主，“朝日超爽”对他们更有吸引力，所以朝日啤酒强化了与便利店的关系，成功地开拓了便利店流通渠道，对“朝日超爽”销售量的迅速增长做出了极大的贡献。

朝日啤酒的跃进，刺激了日本啤酒生产企业，尤其是市场份额一直领先的麒麟啤酒。面对朝日啤酒不断地夺取原本属于麒麟啤酒的市场份额，麒麟啤酒不得不彻底地重整团队，研发可以与“朝日超爽”分庭抗礼的产品。

麒麟啤酒研发的出发点还是日本人的味觉。研发人员认为，日本人非常讲究纯粹，他们以此为线索，去开发纯粹口感的啤酒，即高档的苦味，超爽的流进喉咙的感觉和清爽的余味。他们发现，在啤酒制作过程中，榨出的第一道啤酒汁最能满足这些条件。但是，通常的啤酒生产是会把第一道和第二道两次榨出的啤酒汁混合起来去销售的，如果只采用第一道榨出的啤酒汁，就会提高生产成本。所以有人建议如果只采用第一道榨出的啤酒汁，那就提高啤酒的售价，当作高级啤酒来卖。但是研发者们认为，如果变成高级啤酒，就无法与“朝日超爽”做正面的竞争，不适合作为新一代的常销产品。最终，麒麟啤酒采纳研发人员的意见，不提高这款命名为“一番榨”啤酒的售价，作为麒麟啤酒的常规产品投放市场。迎合了日本人追求纯粹口味的“一番榨”一经问世，也立刻引起了市场的追捧，在投放市场 3 个月后，销售量就突破了 10 万千升。为了能向市场提供更多的产品，麒麟啤酒扩大了产能，从 7 个工厂的生产体制增加到 11 个工厂生产。

啤酒企业之间的竞争，让日本的啤酒企业不仅在产品开发方面硕果累累，还开拓了更多的销售渠道，扩大了啤酒市场。但到 1992 年之后，啤酒市场还是不可逆转地萎缩了。到 2016 年，日本啤酒的市场规模只有 1992 年的 40%，60% 的啤酒市场消失了。

日本啤酒市场的萎缩与日本泡沫经济崩溃的时间吻合，说明经济的低迷影响了日本人的消费。为了挽救萎缩的啤酒市场，三得利在 1994 年向市场推出了全新概念的啤酒：发泡酒。之所以把这种新啤酒称为发泡酒，是为了绕开政府对啤酒的税收政策，从而降低这种新啤酒的售价，让消费者更容易接受。日本对啤酒的税收是根据麦芽含有比率来征收的。传统啤酒的麦芽使用量为 67% 以上，税率为 46.5%，也就是啤酒价格中一半是税金。三得利的发泡酒所采用麦芽的比例为 65%，从而大幅度地减少了税金的比率，使得市场销售价格只有传统啤酒的 60%。果然，三得利的战略获得了成功，这种口味与传统啤酒相差不大，价格却非常便宜的发泡酒很受消费者的欢迎，取代了一部分啤酒的消费。

三得利啤酒在日本市场上一直没有超过 10% 的份额，长期处于亏损的状态。但发泡酒的销售量很快地弥补了啤酒销售的不足。针对三得利的成功，麒麟啤酒采取了积极参与的战略，他们研发的“麒麟淡丽”以绝佳的口味迅速地赢得了消费者的欢迎，很快就获得了发泡酒 50% 的市场份额。由于“朝日超爽”的配料与发泡酒比较接近，口味也比较接近，所以朝日啤酒一开始对这个新市场并不关心，直到 2001 年才正式进入发泡酒市场。这样，日本的啤酒企业都参与了新啤酒市场的竞争，新产品也层出不穷地被开发出来。

发泡酒的市场开拓，在一定程度上弥补了啤酒销售的萎缩，但啤酒企业的努力最终还是没有扭转啤酒市场总体减少的趋势。虽然啤酒企业在 2004 年以后又向市场投入“第三啤酒”的新品种，但这个新品种并没有拉动市场的增长，只是取代了发泡酒甚至是啤酒的消费，2001 年之后，日本啤酒（包括发泡酒和第三啤酒）的市场仍然持续下滑。

### 企业平均寿命说的冲击

日本啤酒市场的萎缩说明了市场的消失并不是什么特殊的事情，而是在社会发展中常见的现象。这样的事例还有很多，照相机所用的胶卷，也是一个市场消失的典型产品。根据富士胶片提供的资料，彩色胶卷的全球需求在 2000 年达到顶峰，但到 2010 年，市场需求只有 2000 年的 1/10，也就是有 90% 的市场蒸发了。市场的消失往往也意味着企业失去生存的空间，昔日世界最大的胶卷生产企业柯达虽然不断地用削减员工人数来应对这样的市场巨变，但勉强支撑到 2012 年，不得不宣布破产。

企业的破产有各种各样的原因，经营不善导致的破产当然不能怨天尤人，但是市场的消失而带来的破产往往令人惋惜，同时也带来了一个全新的命题，那就是企业到底有没有寿命。在 20 世纪 80 年代流行的日本式企业经营观里，追求企业的永存是日本企业经营者最为优先的目标。在他们的眼里，企业是没有成长极限的。然而，经常发生的市场消失，却明白无误地说明了企业成长是有极限的。

就在山水电气的营销额超过 520 亿日元，创造历史新纪录的 1984 年，日本经济新闻社出版了一本似乎在预示山水电气命运的著作，由《日经商业》杂志编写的《企业的寿命：盛者必衰之理》，引起了日本社会的骚动。1980 年代初，《日经商业》通过企业是否永存以及企业的寿命这两个课题对企业的兴亡盛衰进行了实证研究。他们在对自明治维新以来日本百强企业的调查中发现，一共 413 家企业曾经名列百强企业，这些企业维持在百强排行榜中的平均时间不到 30 年，大多数百强企业在 10 年之间就从百强榜中消失了（参见图 9–5，表 9–1）。这样《日经商业》公布了他们惊人的分析结果：不仅企业有寿命，而且企业的平均寿命只有 30 年。后来有研究从破产企业的统计中发现，在 20 世纪 80 年代初期，破产企业的平均寿命为 30 年，这个研究结果进一步支撑了企业寿命 30 年的说法。

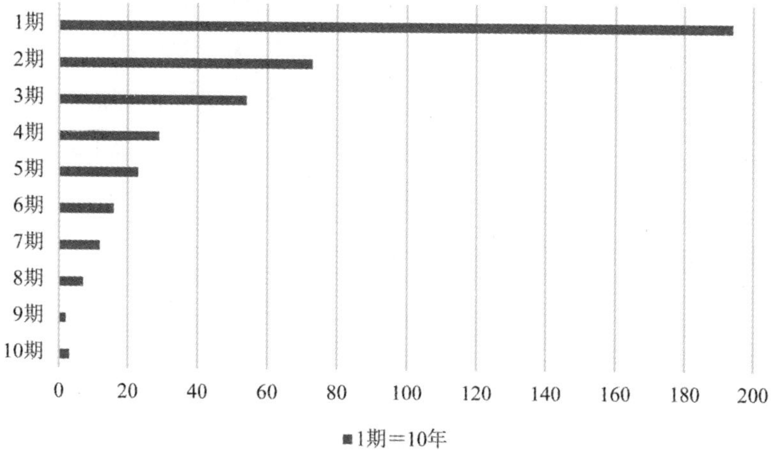


**图 9-5　百年之间维持百强地位的企业数**

资料来源：日経ビジネス編『会社の寿命』日本経済新聞社 1984

**表 9-1　战后销售额前 10 位日本企业**

| 1950 | 1960 | 1972 | 1982 |
|---|---|---|---|
| 东洋纺织 | 日立制作所 | 新日本制铁 | 丰田汽车 |
| 八幡制铁 | 八幡制铁 | 丰田汽车 | 日本石油 |
| 富士制铁 | 东京芝浦电气 | 日产汽车 | 日产汽车 |
| 钟渊纺织 | 富士制铁 | 松下电器产业 | 新日本制铁 |
| 三井矿山 | 日本钢管 | 日立制作所 | 松下电器产业 |
| 日本钢管 | 日本石油 | 三菱重工业 | 日立制作所 |
| 大日本纺织 | 松下电器产业 | 日本钢管 | 丸善石油 |
| 三菱矿业 | 丰田汽车 | 东京芝浦电气 | 东京芝浦电气 |
| 吴羽纺织 | 新三菱重工业 | 日本石油 | 三菱重工业 |
| 川崎制铁 | 三菱电机 | 住友金属工业 | 日本钢管 |

资料来源：日経ビジネス編『会社の寿命』」日本経済新聞社 1984

在日本经济高速增长时期，并不是没有出现过日本企业破产倒闭的现象，但是在经济持续发展的状况下，这些似乎都是过眼烟云。在日本经济高速增长的 1965 年，发生了山阳特殊钢负债 500 亿日元而破产的事件，并牵涉到一些关联企业相继破产倒闭，这是战后日本最大规模的企业破产，日本甚至为此修改了破产法。同年，日本四大证券公司之一的山一证券出现经营危机而面临倒闭，大藏省和日本银行及时发出联合申明，为证券企业实施无限制无担保的紧急融资，最终避免了山一证券的破产。虽然这些企业的破产新闻冲击了日本社会，但是蒸蒸日上的日本经济并没有因此停止高速增长，反而取得了更加壮观的成就，出现了长达 4 年零 9 个月的“伊奘诺尊景气”①，使得日本在 1968 年 GDP 超过了当时的西德，成为世界第二大经济体。这个时候，日本社会已经开始希望能结束长期以来埋头苦干努力赶超的状态，因为日本国民有了可以追求悠闲生活的宽裕。到 1980 年代，日本经济持续增长，已经处于“日本第一”的时代，谁还会想到企业寿命只有 30 年呢？可想而知，《企业的寿命》所公布的论述给当时的日本社会带来了多么巨大的冲击。

在 20 世纪 80 年代，日本每年有 10 万家企业诞生，同时也有 8 万家企业倒闭（参见图 9–6）。当然这其中很多都是中小企业甚至是微型企业，但是，企业有寿命的限制还是不争的事实，只是大家都关注那些长期存在的企业，而对消失的小企业漠不关心。在日本经济最为繁荣的时代，《企业的寿命》的出版，无疑是给日本企业的经营者们带来了一贴清醒剂。

① 是指 1965 年 11 月到 1976 年 6 月的日本经济繁荣。根据日本神话，伊奘诺尊为天照大神，是开天辟地的神祇。

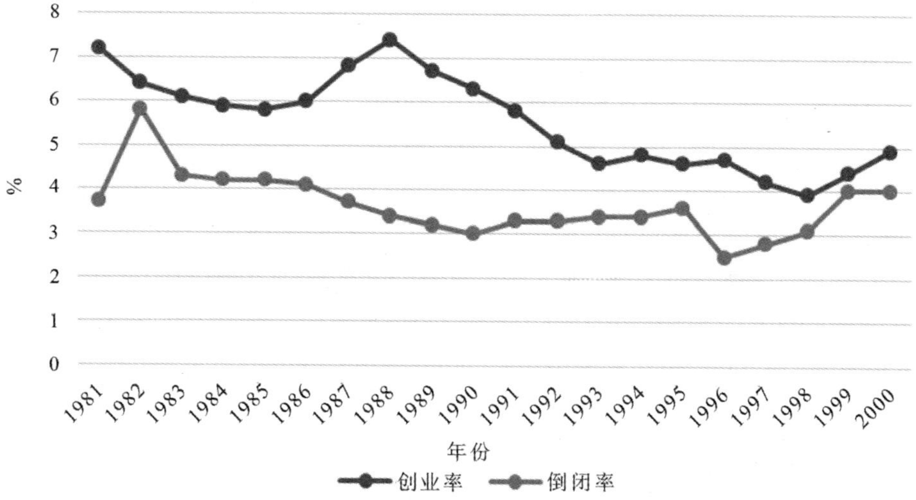


注：创业率＝当年新设企业数 / 上一年底现存企业数

倒闭率＝当年倒闭企业数 / 上一年底现存企业数

图 9-6　日本企业创业和倒闭状况

资料来源：厚生劳働省「雇用保険事業年報」

## 2. 持续成长的可能性

### 多角化经营与企业成长

对那些克服了千难万苦取得市场成功的企业来说，在事业的顶峰时期，预测这个市场是否很快会消失是非常困难的。一般的企业为了保险起见，可能会采取扩大事业的多角化经营战略，这既可以利用现有的资源来扩大企业的事业范围，又能在某一事业领域面临市场消失或者竞争失利时，以其他事业领域作为适当的补充。

以自由阔达为创业理念的索尼，从一开始就以开拓者精神勇敢地挑战新的事业领域。索尼创业者井深大希望索尼不要局限在电器产品里，而是要发扬开拓者精神，勇敢地挑战新的领域，把索尼发展成世界性的企业集团，所以，索尼很早就开始摸索多角化经营。

1961 年，索尼为了建设索尼商品展示厅的索尼大楼而成立了不动产管理公司。这家不动产管理公司在经营管理不动产这一主要业务的同时，逐步展开了销售进口商品、高级法式西餐厅、旅行社和保险代理店等业务，这家索尼子公司的多角化经营成为索尼母公司多角化经营的先驱。1965 年，索尼与美国主要电子测试测量企业泰克公司合资，成立了索尼泰克，生产电子测量仪器。这个合作本来只是为满足索尼自身研发新产品的需求，结果让索尼进入新的事业领域。

1975 年，索尼和美国大型化工企业 UCC 合资成立了索尼永备，专门生产干电池。索尼借助世界最大的干电池生产企业永备的技术与品牌效应，成功地进入了干电池行业，并因为最早在日本生产纽扣电池，在这一领域里名利双收。刚开始的时候，索尼只是负责销售合资企业的产品，但他们很快就积累了新事业领域的技术研发能力，能够独自研发新产品，还青出于蓝而胜于蓝，在研发和生产方面都超过了合资的美国企业。所以在与外资解除合资协议之后，索尼依然能在这两个领域中持续发展。

测量仪器是研发新产品必需的工具，而干电池则是可携带家电产品所需的电源，这两种事业领域与索尼的电器产品关系密切，索尼进入这两个事业领域对他们的主营业务也起到了推动作用。基于同样的原理，1968 年，索尼与美国 CBS 公司合资成立 CBS 索尼唱片，并且在 10 年后成为日本最大的唱片公司，因为音响硬件的发展与音乐等内容事业的发展也是相辅相成的关系。在 CD 出现之后，CBS 索尼从内容方面支援了索尼 CD 硬件产品的发展，CBS 索尼也如同母公司索尼那样，在音乐这个主业之外，还开拓了通讯销售、出版、形象授权等事业，丰富了索尼的多角化事业内容。

在硬件和软件两方面的事业都取得了可喜成绩之后，索尼考虑到他们还需要金融事业。因为在日本，企业所需资金的来源大都是金融机构的融资，所以对索尼来说，未来事业的发展需要金融事业来做保证。不过，日本的金融业完全处在日本政府的保护之下，基本没有进入和退出的自由，更何况索尼是一家民用电子制造企业，几乎没有进入金融领域的可能性。但是，索尼巧妙地借着日本被迫开放资本市场的时机，利用和外资合资的机会，花费了 5 年时间，首先进入了保险事业，然后又花费了 25 年的时间，最终进入了银行业。

随着日本经济进入稳定发展时期，市场需求也日益多样化，索尼有效地发挥了他们的经营资源，包含人员以及品牌。从 20 世纪 70 年代后半段起，索尼进军了很多与电器产品基本没有关系的领域，从化妆品到体育用品，从出版到教育，涉及范围非常广泛，从而让索尼成为日本企业中子公司最多的企业，也使索尼成为日本企业在成长时期多角化经营的一个典范。

### 多角化经营的两种途径

索尼的多角化经营实际上也是很多日本企业成长的一个写照。在日本经济进入高速增长期之后，随着市场的不断扩大，很多日本企业都利用自己的经营资源扩大了经营范围，走上了多角化经营的道路。比如照相机行业中佳能、尼康等企业的多角化经营也是非常典型的事例。这些企业基于光学技术这样的核心技术资源开展了多角化经营，并取得了成功，不仅开拓了新的领域，也强化了他们原来的主营业务。

1937 年创业的佳能是日本最早的专业照相机生产企业，其前身是 1933 年设立的精机光学研究所。佳能从模仿徕卡照相机开始，走上了照相机国产化的道路，一直保持技术的不断进步，目标就是成为世界上最大的照相机生产企业。1949 年，佳能的照相机获得了全美照相机展示会一等奖，在国际市场上赢得了声誉。照相机行业是战后日本政府为了获取宝贵的外汇而扶植的行业，到 1950 年代，日本出现了很多照相机生产企业，市场竞争非常激烈。佳能利用自身的光学技术开拓了复印机等办公设备市场，并且进一步扩张到半导体晒相装置等领域。到 1980 年，照相机事业的销售额在佳能总销售额中的比例已经跌破 50%。1990 年以后，佳能的销售额突破 1 兆日元，其中照相机事业销售额还不满 20%，做出最大贡献的是办公装备和电脑周边产品等事业部门。

以光学兵器国产化为目的在 1917 年创立的尼康，在日本战败后转向民用光学产品领域，开始生产照相机、测量仪、眼镜等民用光学产品。1950 年，《纽约时报》对尼康的照相机和镜头进行了全面的介绍，极大地鼓舞了尼康以及其他日本照相机生产企业。1959 年，尼康开发的 Nikon F 照相机更是奠定了尼康在专业照相机领域的领先地位。在此之后，尼康更加专注于高级照相机和高品质镜头的研发。1980 年代，受到竞争对手多角化经营成功的刺激，尼康也加快了利用光学技术的多角化经营，到 1990 年，尼康的照相机事业的销售下降到 42%，而半导体关联机器上升到 33%，其他光学机器占 25%，尼康的多角化经营取得了明显的成果。

1919 年创立的奥林巴斯最初是生产显微镜的企业，1930 年代开始生产照相机，成为日本主要的照相机生产企业之一。早在 1950 年代，奥林巴斯就利用他们的光学技术研发了世界首创的实用胃镜。到 1960 年代，奥林巴斯的 Olympus pen 系列照相机成为市场的畅销品，工业内视镜也得到了突破。这样，在光学技术的基础上，奥林巴斯成立了照相机、显微镜、测量仪器和医疗器械等事业部门，走向了综合光学生产企业的发展道路。在照相机行业中，领先一步展开了多角化经营。

日本的照相机行业的主要企业开展多角化经营的一个契机，是 1965 年东京奥运会后的市场萧条。由于照相机市场的规模有限，而日本照相机行业由于得到了政府的扶植而快速发展，造成了生产过剩的现象。为了获得更多的生存空间，日本的照相机生产企业就利用各自的光学技术，进入了光学设备、办公设备、医疗设备、信息设备和半导体制造等领域（参见表 9–2）。到 1990 年，多角化程度最低的宾得，其非照相机产品的销售比率也接近 40%，而多角化程度最高的佳能，其非照相机产品的销售比率已经超过了 80%。

**表 9-2 日本主要照相机企业的多角化经营进程**

| 企业 | 1960 年代以前 | 1960 年代 | 1970 年代 | 1980 年代 |
| --- | --- | --- | --- | --- |
| 奥林巴斯 | 胃镜<br>测定器 | 带光纤的内视镜<br>眼底照相机<br>微型盒式磁带录音机 | 生化学自动分析装置 | 微型盒式磁带<br>光磁记录媒体<br>数据处理系统 |
| 佳能 | 同步阅读器 | 十字键计算器<br>复印机 | 普通纸复印机<br>半导体晒相装置<br>办公室电脑<br>激光电影印刷机<br>传真机<br>眼底照相机 | 文字处理机<br>自动眼屈折力测定器<br>彩色墨盒打印机<br>个人电脑<br>欧文电子打字机<br>新生儿听觉检测装置<br>工作站<br>半导体曝光装置 |
| 尼康 | 镜片<br>测量机<br>测定器 | | 眼镜架<br>自动眼屈折力测定器 | 半导体曝光装置<br>人工牙根开发<br>光磁气（MO）记录媒介 |
| 宾得 | | | 眼镜镜片<br>自动制图机<br>气管光纤内视镜<br>电脑设计系统 | 人工齿根<br>电子内视镜<br>电子 SV 照相机 |
| 美能达 | 投影天文馆建成 | 复印机 | 电子复印机<br>普通纸复印机<br>光学医用机器 | 商业文字处理器<br>高速传真机 |

资料来源：飯島正義「カメラメーカーの経営多角化について」（経済科学研究所紀要 34 号），2004

在担忧市场前途的时候，照相机行业的企业利用他们的光学技术展开了多角化经营，而纺织行业的企业则是通过研发或者并购等方式，同样展开多角化经营，进入了新的事业领域。

战后最早恢复活力的纺织行业曾经是日本出口创汇的主力军，但在 1950 年代就被认为是夕阳行业，在进入 1970 年代之后迅速地衰退，也证实了那样的论调。由于日本纺织企业很早就具有对市场的忧患意识，所以他们也比较早地开始探索多角化经营，积极开拓非纤维事业，非纤维事业的比率也逐年增加（参见表 9–3）。

表 9–3　纺织企业的非纤维事业比率

| 企业 | 1970 年 | 1980 年 | 1990 年 | 1998 年 |
|---|---|---|---|---|
| 东洋纺 | 0 | 10.8% | 24.3% | 42.7（光学薄膜、医疗器械等） |
| 钟纺 | 22.6% | 32.6% | 48.5% | 88.6（化妆品、医药品等） |
| 尤尼吉可 | 3.7% | 24.2% | 33.6% | 49.8（树脂、玻璃纤维等） |
| 日清纺 | 17.4% | 26% | 51% | 65（汽车刹车、纸制品等） |
| 仓敷纺 | 6% | 9.8% | 23.4% | 33.8（聚氨酯、建材等） |
| 日东纺 | 29.7% | 42.3% | 55.3% | 78（玻璃纤维、建材等） |
| 富士纺 | 0 | 1.7% | 5.4% | 7.1（无纺布、卫生材料等） |
| 大和纺 | 7.3% | 7.6% | 6.4% | 12.1（帆布、橡胶制品等） |
| 敷岛纺 | 0 | 0 | 8.7% | 27.3（帆布、过滤布等） |

资料来源：合田昭二「繊維生産縮小期における紡績大企業の立地変動」（岐阜大学地域科学部研究報告），2001

注：括号内为非纺织事业的部分产品

日本最大的纺织企业东洋纺从 1963 年开始摸索生产塑料薄膜，1968 年设立了化成品事业部。到 1972 年以后根据多角化经营的需要，改组了企业内部结构，成立了非纤维事业本部，加速了非纤维事业的发展。在两次石油危机后，东洋纺的塑料事业获得了高速的增长，1979 年，东洋纺把非纤维事业本部改名为塑料事业本部。1980 年代，东洋纺的纤维事业和非纤维事业都取得了发展，但是纤维事业的利润率却不断恶化。日本泡沫经济崩溃后，纺织行业更是雪上加霜，东洋纺也只能加快对事业结构的调整，大胆地关闭了技术设备最为先进的忠冈工厂，进一步缩小了纤维事业，而把中兴企业的希望寄托在非纤维事业上。

为了多角化经营的发展，东洋纺一直保持了每年近 100 亿日元的研发投资，其中大多数用于非纤维事业领域。然而，一直到 1990 年代末，东洋纺的非纤维事业并没有像预计的那样迅速地成长，没有能够完全填补纤维事业缩小带来的营收缺口，东洋纺的营收从 1992 年的 4000 万亿日元以上的规模下跌到 2000 年的 2600 万亿日元。不过，东洋纺开发的光学薄膜在 2000 年以后，在爆发式增长的液晶电视的带动下得到了飞速的增长，终于成为东洋纺的主力产品。

日清纺在战争期间也曾经利用石棉生产技术生产飞机刹车片，战败后日本被禁止生产飞机，日清纺就在 1946 年转向汽车刹车领域。不过一直到 1960 年，日清纺的纤维部门的销售额仍占整体销售额的 90%，在企业里占据绝对的主导地位。1960 年后，随着日本经济进入高速增长阶段，日清纺的非纤维部门也得到了发展。除了刹车方面引进英国 Small and Parks（现 TMD Friction）的技术之外，日清纺还进军了化学品领域和精密仪器领域，到 1980 年，日清纺非纤维事业的销售比率已经达到 26%。虽然日清纺依然保持了对纤维事业的积极投资，尤其是在衬衫材料方面长期保持着市场领先地位，但他们的多角化经营也在顺利展开，到 1990 年，日清纺非纤维部门的销售额也已经超过纤维部门。

纺织行业是一个很早就成熟的行业，所以纺织企业都具有对未来的忧患意识。而亚洲其他国家和地区纺织企业的迅速成长则进一步缩小了日本纺织企业的市场空间，使得他们不得不采用研发或者并购的方法，加快了多角化经营的步伐。

### 程式化的发展战略

多角化经营为很多日本企业所采用，是因为多角化经营本来就是一种企业成长的模式。安索夫教授从企业产品和客户市场双轴所组成的企业成长矩阵中，推导出企业可以利用新产品开拓市场，从而拥有多角化成长战略（参见图 9–7）。不过，从日本企业多角化经营的历程中可以看到，企业最初都是利用企业内部现有的资源展开多角化经营的。早在 1950 年代，美国约翰·霍普金斯大学的安蒂思·潘罗斯教授就发现企业在成长过程中会产生资源的过剩，包括生产技术资源、管理技术资源、营销资源等，而有效地利用这些过剩的资源就能促使企业进一步成长，日本企业多角化经营的发展也证明了潘罗斯的理论。随着企业的发展，企业内部产生的过剩资源也越来越多，采用多角化经营也成为一种必然的趋势。不过，企业之所以展开多角化经营，并不完全是出于对剩余资源的利用，有时候是出于对现有事业未来的担忧，而这点，更符合安索夫所提倡的多角化经营。

| | | 产品 | |
|---|---|---|---|
| | | 现有产品 | 新产品 |
| 市场 | 现有市场 | 市场浸透战略 | 产品研发战略 |
| | 新市场 | 市场开拓战略 | 多角化战略 |

**图 9-7 安索夫的企业成长矩阵**

资 料 来 源：Ansoff, H. I., *Corporate Strategy : An Analytic Approach to Business Policy for Growth and Expansion* , Penguin Books，1965

虽然安索夫在企业成长矩阵中提出了用现有产品深挖现有市场或者开拓新市场、用新产品来深挖现有市场或者开拓新市场4种企业成长战略，但是很明显，其他3种战略都没有用新产品开拓新市场，即多角化战略那样干脆利落。所以只要有条件，企业都愿意展开多角化经营。日本企业从战争的废墟中重新站起来之后，就纷纷展开多角化经营。日本企业多角化经营比例从1950年代的40%上升到1990年代的70%，企业规模越大，多角化经营的程度也就越高。比如丰田汽车在汽车生产方面的专业化程度非常高，但丰田汽车却并不否认自己是一家多角化经营的企业，在丰田汽车的网站上可以找到丰田汽车事业多角化的具体内容（参见表9–4）。

丰田汽车认为，为了维持企业的活力，让企业持续得到发展，挑战新事业是十分重要的课题。丰田汽车从20世纪60年代开始摸索多角化经营战略。除了主营业务的汽车制造之外，还开拓了住宅、金融和信息通信等新的事业领域。1980 年代之后，丰田汽车更是开拓了与汽车相关的事业领域，并进一步发展了新时代的移动性事业领域。1990 年代之后，丰田汽车还进入到生物技术和环境能源领域。丰田汽车摸索这样的多角化经营，充分说明了多角化经营在企业发展过程中的重要作用。

类似丰田汽车、索尼这样的日本代表性大企业，无一不是采用多角化经营战略的。日本企业中多角化经营的普及，也说明了多角化经营已经成为日本企业持续发展的程式化经营战略。

**表 9-4　丰田汽车的多角化经营**

| 信息 | 1984 年以前 | 1985—1989 年 | 1990—1995 年 | 1996—2001 年 | 2002—2011 年 |
|---|---|---|---|---|---|
| 开拓领域 | 住宅运输关联<br>节能<br>资源能源 | 汽车关联成长领域 | 新兴移动领域 | 未来有成长性的领域 | 未来有成长性的并且能够活用丰田竞争优势的领域 |
| 重点对象 | 住宅<br>资源<br>能源 | 工程<br>FA<br>ITS<br>信息通信<br>金融<br>半导体<br>生物技术 | 水上事业 | 生物技术<br>水上事业<br>空气力学优化的汽车零部件<br>天使投资 | 生物技术<br>水上事业<br>环境・能源 |

资料来源：日本丰田汽车官网

### 世纪末年的“选择与集中”

在多角化经营的战略之下，日本企业的规模得到了持续的扩大。但是，企业规模的扩大并不意味着企业盈利的增加，有时候也会带来负债的增加，多角化经营开始呈现出越来越多的问题。

神户大学教授吉原英树曾经对 100 多家不同类型的、开展多角化经营的企业进行了调查分析，他发现，与不开展多角化经营的企业和专业关联程度较低的多角化经营企业相比，业务密切关联的多角化经营企业，往往可以取得很好的业绩，但是从企业的销售成长率方面来说，业务关联程度越低的企业，越能获得更好的成绩。也就是说，多角化经营并不能在收益和成长这两个方面同时获得成效。企业展开多角化经营，要么追求更高的收益，要么追求企业规模扩张。由于战后日本企业的股东地位不高，日本企业可以放手去扩大企业的规模而不太重视收益率的提高。所以在日本经济高速增长时期，追求规模扩张的多角化经营就成为日本企业普遍采用的战略，以致到20世纪80年代，多角化经营已经不是一种可选的经营战略，而是企业发展所必须采用的战略了。

日本泡沫经济崩溃后，业绩受到打击的日本企业不仅没有为了获得更高的收益而收缩战线，反而出现了收益越是下滑，多角化经营越是扩大的倾向。因为企业在业绩下降的时候，都迫切希望能找到新的事业增长点，以此给企业带来新的发展。所以在这一时期，越来越多的日本企业采取并购的方式来展开多角化经营。它们不仅通过并购获取新的经营资源，比如技术、人才，还获取原来没有的市场。这样，业务关联程度比较低的多角化经营虽然带来了销售额的增加，但是另一方面，压迫了企业的收益率。

其实，多角化经营的问题很早就显现出来了。20世纪60年代，出于对纤维事业未来的担忧，钟纺先后进入了化妆品、药品、食品和住宅行业，与原有的纤维行业形成了五角化经营的模式，试图分散单一事业的风险。但是，钟纺各种事业的发展并不同样顺利，不得不用快速发展的化妆品事业带来的盈利去填补其他事业的亏损。这样不仅影响了其原来主要业务的纤维事业方面的投资，还错过了纺织行业在战后的发展时机，使得钟纺一直无法摆脱纤维事业的长期亏损。同时，也造成了钟纺企业内部的涣散气氛，各部门都认为他们的亏损总有其他部门来填补，所以缺乏应有的危机感。石油危机之后，日本纺织行业遭到重大冲击，钟纺也不得不清算亏损事业，放弃了五角化经营。但是，进入1980年代，钟纺几乎又重复了五角化经营的失败经验，他们在日本泡沫经济繁盛时期进入了信息系统、电子、生物化学等新领域，虽然扩大了营收，但也因为积极的设备投资而增加了更多的负债。当泡沫经济崩溃后，沉重的负债压垮了钟纺的经营，进入1990年代，钟纺就开始把各种事业逐步分拆出去，最终比较彻底地放弃了多角化经营。

钟纺在业绩下滑时不断地分拆企业，放弃了多角化经营。但是索尼在业绩下滑的时候，反而加快了多角化经营的脚步。索尼在1989年并购的哥伦比亚电影公司经营不善，出现了巨幅赤字。而高度依赖海外市场的家电事业也因日元升值而遭受打击，为了减少这种打击的冲击度，索尼加快了海外子公司的设备投资步伐。1987年，索尼海外子公司的总资产为1.6兆日元，而到了1992年，已经超过了4.9兆日元，5年内增加了2倍以上。这些投资加重了索尼的负债，1987年索尼的利息负债额为0.34兆日元，到1992年则达到了1.7兆日元，5年内增加了4倍以上。在这一阶段，索尼的收益大幅度下降。因为索尼的业绩不断下滑，2004年，索尼的出井伸之社长被美国《商业周刊》评为世界最差的经营者。

20世纪90年代，尤其是后半期，由于日本企业收益的恶化，经营者急于找到能够让企业扭亏为盈的途径，往往采用并购的方式而扩大多角化经营的范围。但业务关联程度比较低的多角化经营扩大，反而会降低企业的生产效率，损害企业的竞争力。在泡沫经济崩溃后的日本，这种情况尤为严重。日本的企业家痛定思痛，开始考虑如何摆脱多角化经营既有的、程式化的发展模式。2000年前后，日本企业开始摸索摆脱对多角化经营的依赖。多角化经营已经消耗了日本企业太多的经营资源，他们不得不缩小和清算亏损事业，开始把经营资源集中在能够取得竞争优势的领域。从1990年代末开始兴起的选择与集中战略，逐步被很多日本企业所采用。

不过，就一些成熟行业的企业而言，由于主营业务缺乏成长的潜力，采用多角化经营依然不失为企业持续成长的重要战略手段。而随着信息技术的深入发展，相关联的信息通信行业和电子零部件行业以及各种装置行业还具有相互融合的发展潜力，这方面的多角化经营也势在必行。所以，尽管在1990年代后期，日本企业的多角化经营呈现出更多的问题，但日本企业不会也不可能彻底放弃多角化经营,而如何解决多角化经营带来的问题,则是日本企业面临的课题。

## 3．寻找新的突破口

### 技术经营的实践

虽然日本企业在20世纪90年代末举起了选择与集中的战略大旗，但因为选择的困难，许多企业不敢贸然把经营资源押在某个选定的事业上来。实际上在2000年以后，日本企业多角化经营的趋势还是有增无减，这也说明多角化经营可能不再是企业成长的重要手段，却是有一定规模的企业正常的经营方针。也就是说，企业的持续成长还需要找到新的发展模式。

1990年，一种新的企业经营理论开始为日本企业所接受，那就是基于企业经营资源基础的经营理论[①]。顾名思义，这个理论就是根据企业拥有的经营资源来制定企业的发展方向和道路。对于1990年代的日本企业来说，他们拥有的最宝贵的经营资源是生产技术。早在1979年出版的《日本第一》中，傅高义就已经指出了日本企业的生产技术具有卓越的竞争力。20世纪80年代，美国的哈佛大学、斯坦福大学等都纷纷开设了技术经营(Management of Technology)课程。到1990年代，资源基础论和技术经营的经营战略几乎同时传到日本，对正在摸

---

① 20世纪80年代中期，沃纳菲尔特（B.Wernerfelt）、格兰特（R.M.Grant）、巴尔奈（J.Barney）等学者对企业资源进行了系统的研究，他们的研究成果构成了企业经营管理新的理论——资源基础论（Resource-based View）。

索持续成长问题的日本企业来说，不啻是一场及时雨。

自从 1985 年美能达的照相机受到美国专利方面的打击后，日本企业都提高了对专利的重视程度，到了 20 世纪 90 年代，日本企业申请的专利数量每年都达到 40 万件左右，而美国只有 20 多万件。但这些研发力量并没有给日本企业的竞争力带来有力的帮助，根据经合组织（OECD）的分析研究，在 OECD 的成员国里，日本的研发与生产性提高的脱钩最为严重。不过，这并不是说日本企业没有更多的新产品投入市场，实际上 1990 年代，日本企业每年都会推出大量新产品，有些还是具有创新意义的新产品，但日本企业并没有因此获得比较高的盈利。在 2001 年到 2002 年的财政年度里，日本的 5 大电机企业日立、东芝、三菱、NEC 和富士通的盈利总和还不及韩国的三星和美国的英特尔。也就是说，日本企业所拥有的生产技术的优势并没有转化为企业的竞争力。这让很多日本企业感到，他们缺乏的就是技术经营。所以 1990 年代末，日本企业对技术经营的呼声日益高涨。

技术经营实际包含了两层含义，第一层是技术开发的管理，第二层是以技术为基础的经营管理。第二层含义实际上包含了第一层含义，通常所说的技术经营指的是第二层含义。也就是说，技术经营不仅是要求在研发和生产过程中具有高效的管理，更重要的是要根据企业所拥有的技术，来制定企业的发展战略。但在日本企业里，往往是第一层含义具有实际的意义。日本企业在研发和生产过程中已经具有很高的生产效率，丰田生产方式可以说就是这样技术经营的成果。问题是，如何把在研发和生产过程中的有效管理，扩大到整个企业的经营层面上来。20 世纪 90 年代，日本企业的技术经营方兴未艾，展开了各种尝试，高清电视、简易携带型电话（PHS）、先进摄影系统（APS）等都曾经以其领先的技术风靡一时，然而这些轰轰烈烈的尝试最终在商业上都遭到了失败。实际上，这些尝试也都是制定技术标准的尝试，可以说是技术经营的典型做法。因为在企业的竞争中，能制定技术标准不仅意味着在竞争中获得主动权，还意味着依靠技术标准能够获得巨额利润。但是，能够制定出技术标准，却并不意味着市场一定会接受。这不仅仅是技术能力的问题，还有政治的问题，而进入市场的时机更是影响技术经营的关键指标。日本企业在技术经营方面的尝试，如实地反映了这些问题。

## 日本高清电视没能成为世界统一标准

几乎是现代家庭必备的电视机从诞生以来就是技术发展的结晶，每一次新技术的采用都推进了市场的扩大。20 世纪 60 年代，电视机实现了彩色化之后，在其生产过程中便积极地运用半导体产业技术发展带来的成果。日本企业采用集成电路和微机扩大了电视机的功能，采用遥控技术极大地提高了电视机的便利性。1970 年代初，电视传播进入了立体声时代，新的技术要求催生了新的市场需求。各家企业纷纷推出具有多重声道功能的电视机。到 1980 年代，日本企业利用计算机设计和模拟方法（CAD），成功地解决了显像管显示屏的直角平面问题，从而产生了电视机屏幕尺寸超大型化的趋势。这样从 1985 年开始，日本电视机进入了显示屏大尺寸化时代，松下电器在 1987 年就推出了 43 寸电视机，突破了当时显像管只能有 40 寸的极限尺寸。

但是电视机的大尺寸化又带来了一个重要的问题，就是需要更高水平的解像度，即需要有高清电视机，电视机的大尺寸化才有意义。而对高清电视机的研究本身也是一种技术标准的制定过程。如果日本高清电视的技术标准能成为世界标准的话，无疑，参与其中的日本企业将获得极为有利的竞争地位。

日本高清电视机的开发是在日本 NHK 技研主导下展开的。NHK 技研在日本广播电视的普及方面起到了非常重要的作用。该研究所不仅开展广播电视器材的基础性研究和应用型研究，而且还对这些器材的商品化也进行研究。在这家研究所的主导下，日本的家电生产企业也加入了研发，NHK 为此投入了 290 亿日元，而各家企业的研发费用合计超过 1 兆日元。

一直到20世纪80年代，欧美企业并没有重视高清电视的研发，所以日本在这方面一直处在世界领先的地位，高清电视所需要的摄像机、高清显像管、录像机以及编辑设备都得到了发展。1982年，高清电视的MUSE制式开发出来之后，高清电视首先从卫星电视开始试验，到1994年日本开始了高清电视的实用化试验播放。

高清电视技术不仅发展了电视传播的方式，也促进了电视机生产的发展。1979年，日立制作所就开始了高清电视机的研发，在NHK技研的技术指导和帮助下，成功地开发出一系列的高清电视产品。东芝也不甘落后，从1981年开始投入到高清电视的研发行列中，引发了日本电视机生产企业全面进军高清电视的热潮。1988年，日本胜利、索尼和松下电器纷纷推出了内置MUSE解码器的高清电视产品，但是，这些产品的价格高得惊人。比如松下电器在1990年推出的36寸高清电视机，价格竟高达450万日元，这当然不是普通老百姓可以接受的价格。不过，有了这样的开始，后面的事就容易多了。日本企业所擅长的在制造方面的“减法”技术再一次得到淋漓尽致的发挥。到1993年，东芝推出的32寸高清电视的价格就降低到100万日元以下，其他企业也纷纷推出价格更为低廉的产品，这样，高清电视机很快就进入到普及阶段。

高清电视在日本取得一定的成果之后，NHK就把眼光投向世界，他们希望他们开发出来的高清电视规格能够成为世界的统一标准，就把高清电视翻译成High Definition Television，用欧美人更容易接受的名词，积极地向欧美推销。但是，美国由于电视台与电视节目制作的体制问题，迟迟得不出是否接受日本规格的结论，而欧洲为了保护自己的企业，明确地反对日本的规格。再加上高清电视的传输技术规格MUSE是基于模拟技术的一种规格，在方兴未艾的数码技术时代已经落伍，2000年以后，美国的ATSC、欧洲的DVB-T标准与日本的ISDB数字广播系统技术都成为国际上通用的高清电视标准之一。日本研发的高清电视标准最终没有成为世界统一的标准。

## 简易携带型电话的昙花一现

虽然结合日本产业界技术能力而研发出来的高清电视标准没有成为国际统一标准，但还是在国际标准里保留了一席之地，为争取下一代的国际标准保留了可能性。同样集结了日本产业界技术能力的简易携带型电话（PHS）就没有那么幸运，虽然也曾经被寄予厚望，在日本获得一定的市场，并且也走出了国门，在世界一些国家得到运用，但最终这个日本研发的移动通信系统生不逢时，不敌手机的发展而迅速消亡。

在个人信息时代黎明期的20世纪90年代，日本为这个时代的到来开发了一套价廉物美的简易携带型电话系统。之所以有这样的名称，主要有两个原因。一个原因是当时已经有移动电话的服务，而这种移动电话已经有十多年的历史了，新电话系统需要与移动电话在称呼上有所区别。还有一个原因是这种新电话系统是利用已经实用的固定电话无线子机的技术衍生开发出来的，可以说是电话无线子机的一种延长。与移动电话具有完整的网络系统相比，新电话系统还要依靠原有的固定电话网络，自身的网络还比较简易。但是日本政府和企业并没有小看这套系统，反而对它抱有极大的希望，他们认为，这套系统虽然简易，但是完全可以打败已经在运营中的移动电话系统。为此，日本政府在把简易携带型电话系统定名为PHS（Personal Handy-Phone System）后，并没有立刻同意正式运营，而是有意地将PHS正式运营时间往后拖了一年，就是要留出时间让现有的移动电话系统能抓紧时间采取措施，来巩固他们的市场。

日本政府在那个时候充满信心当然是有理由的。因为PHS具有以下一些技术方面的优势，比如，由于PHS是电话的无线子机的延长，所以终端的功率比较小，基站结构也比较简单，成本也比较低。当时，移动电话的基站设置费用超过1亿日元，而PHS的基站设置费用只有数十万日元，这些因素可以让PHS的利用费比手机费低很多，具有价格竞争优势。而且PHS利用现有电话网络，可以在当时手机还无法使用的地铁、地下商业设施和地下通道等场所使用。由于功率比较小的缘故，还可以在禁止使用手机的场所如医院等地方使用。在震灾比较多的日本，移动电话的广域基站一旦受损，就会影响很多人。但 PHS 的基站覆盖范围比较小，在某个基站受损后，利用者只要多走几步路就有可能接通电话。在通话质量方面，PHS 更是比手机质量高。虽然那个时候，手机的通信技术也已经转成数码技术，但是由于采用的是分组方式，大家的通话混合使用同一条线，相互很容易受到干扰。而 PHS 则是采用单独使用一条线的方式，不会有其他的干扰，通话质量比较高。也就是说，与移动电话系统相比，PHS 具有价格便宜、网络适用环境多和通话更加清晰的优势，而这些优势应该可以让 PHS 在市场上最终战胜移动电话。

鉴于开发的顺利，邮政省于 1994 年发布了 PHS 正式运营的政府方针。1995 年 10 月，三家运营商正式开始提供 PHS 的服务。由于 PHS 完全是日本独创的通信系统，日本政府也非常乐见其他国家和地区也来采用这种系统。所以在 PHS 的概念推出来后，日本企业就立刻向世界推销这种系统。1995 年，PHS 的运营商已经开始与印度尼西亚和香港的电信公司合作，在当地进行 PHS 的试验。1996 年，NEC 和他们的中国子公司与天津市内电话局合作，投资数亿日元在天津的繁华街道和平路一带设置了 40 个基站，配置了大容量交换机和 200 台 PHS 终端，进行了为期 1 年的试验。后来 PHS 在中国被称为小灵通，有了正式运营的机会。同年，三井物产与 NEC 携手从泰国的民营电话公司得到订单，为该公司在曼谷首都圈 1500 平方公里的范围内提供 PHS 系统。这也是日本的 PHS 首次在海外得到正式的运营机会。到 1990 年代末，已经有数十个国家引进或者准备引进 PHS 系统。

但是，这个日本独创的通信系统不仅没有像预计的那样大受市场欢迎，出现爆发式的增长，反而昙花一现，在手机获得市场绝对优势的时候，悄悄地退出了市场。虽然一开始大家都看好这个新系统，从日本政府的邮政省到运营企业、设备生产企业都踌躇满志，但很快就遇到了运营上的困难，PHS 运营事业难以为继。

PHS 从 1995 年 10 月开始正式运营后，用户数量急剧上升，但在 1998 年就到了用户数量的最高峰，接近 700 万人，而当时手机用户已经达到 3150 万人。PHS 的用户数量不仅远远不及手机用户，而且也永远没有机会赶超手机用户了。

PHS 刚开始运营的时候，基站设置很不够，连接经常出现问题，这使得本来以通话质量为宣传点的 PHS 因为常常接不通而失去了通话质量的优势，而这点又因为手机通话比较畅通而更显得致命。同时，手机运营商为了扩大用户数量，采用了多种多样的促销活动，大幅度降低了终端设备的价格和使用费用，使得 PHS 很快失去了在价格方面的优势。随着手机技术方面的进步，PHS 的优势不复存在，同时，这种新电话系统的名称所带来的商品印象不佳，也是一个致命的要素。当时日本主流媒体在提到 PHS 的时候，一般都会用括号加上简易电话系统这样的说明，这让用户对 PHS 产生了一种廉价手机的印象。在贫富差别不是很大的日本社会，大家的消费习惯有趋同的现象，一旦 PHS 被认为是廉价版手机，那么上班族就不太好意思在同事或者客户面前使用，结果 PHS 差不多成为高中学生专用的产品，失去了为主流社会所接纳的机会。

然而，PHS 的失败不仅仅是技术的问题，也不能简单地归为品牌的问题。PHS 事业的最终失败，应该归罪于在企划这个事业的时候，过于迷信这个系统的优越性而埋下祸根。事实上，很多时候大家都认为某种新技术具有十分可观的未来发展才去投资的，但是只看到自己手上的技术，而不顾别人其他技术的发展，那就是十分危险的。因为其他技术也是会发展的，当其他技术发展的速度更快的时候，自己手里的技术就可能迅速陈腐化并遭到淘汰。

### 用 APS 新标准创造市场的失败

如果说 PHS 还是基于对技术的迷信所产生的一种新规格，那么先进摄影系统( Advanced Photo System 简称 APS ),则是为了开拓市场而形成的一种技术迷信。从奥斯卡・巴纳克在 1913 年开始使用 35mm 的电影胶卷为照相机胶卷之后，这种标准的胶卷就一直是照相机市场的主要标准。虽然经过近百年的发展，胶卷技术和照相机技术都取得了巨大的进步，然而这种标准却一直没有变化。与此同时，照相机市场却日益成熟最终开始萎缩。为了进一步刺激消费者的需求，保持照相机市场的继续扩大，照相机生产企业认为他们有能力通过引进一套新的标准，来让照相机市场再次出现增长趋势。

由于传统的胶卷照相机在使用中还有很多问题，比如忘记装胶卷、装上之后不能中途调换、在洗印出来之前不知道拍摄效果等，这些都让使用者感到不方便。针对这些问题，富士胶卷以可在拍摄途中更换胶卷（MRC）为目标进行了技术开发。MRC 控制技术实际上包括了填装胶卷、中途更换胶卷（防止双重曝光）、用磁气记录的信息判断胶卷是否全部拍摄完毕等内容。这与传统胶卷有很大的区别，让照相机生产企业看到了采用 MRC 技术形成与传统胶卷市场不同的市场可能性。在为了维持胶卷和照相机市场增长的同一目标下，富士胶卷和柯达以及照相机生产企业佳能、美能达、尼康，都愿意结合 MRC 等新技术，制定出一种新的胶卷技术标准来开拓新市场。由于这个新标准可以解决传统胶卷常常出现的问题，还有信息记录等数码时代的新功能，所以这个标准被命名为先进摄影系统（APS）。因为美国的柯达也参与其中，所以 APS 自然地就成了世界标准。

因为 APS 成功地解决了传统胶卷使用中令人尴尬的问题，而且照相机的尺寸可以做得更小，更加轻便，所以照相机行业的企业都深信，新的标准能为他们带来新的市场。照相机生产企业纷纷投入 APS 规格的照相机，佳能最初推出的是 IXY 超小型 APS 照相机，以其设计和质感赢得了市场的关注，成为一时的畅销产品。而美能达更是在 APS 照相机方面投入了更多资源，不仅一下子就推出了小型 APS 照相机和单反 APS 照相机，还为单反 APS 照相机设计了新镜头的 V 卡口，以便设计体积更小的镜头。尼康和其他没有参与联合研发的照相机企业和胶卷企业也推出了各自的 APS 产品，参与这个新市场的竞争。

APS 胶卷是这个新标准系统里最具特色的产品。与传统胶卷不同的是，APS 胶卷完全封装在胶卷暗盒里，不仅不用手工安装胶卷，手指也不会触摸到胶卷，从而避免了对胶卷的污染。APS 胶卷暗盒上有各种标记显示拍摄情况，而胶片上也记录图像信息和曝光时的设置数据，在冲洗的时候系统可以根据这些信息进行调整。所以，这也需要对冲洗设备进行更新。如果 APS 标准能够按照设计时的路线发展下去的话，照相机行业将会迎来一次升级换代的市场扩容。

然而，APS 虽然解决了一些传统胶卷的问题，但依然保留了需要购买胶卷和冲洗胶卷的不便，而由于使用的胶卷画面只有传统胶卷画面的一半，照片的画质不太好。更重要的是，在 APS 标准推向市场的时候，数码照相机已经处在起步阶段，更加便利和更有发展空间的数码照相机很快就淘汰了 APS 照相机。APS 照相机在 1996 年问世，仅仅过了 5 年，美能达、尼康、柯达就宣布停止生产 APS 照相机、胶卷。到 2012 年，富士胶片也宣布停止生产 APS 胶卷，APS 彻底退出了市场。

虽然制定 APS 也是以一定的市场需求为基础的，但总的来说，完全是照相机和胶卷生产企业根据自己的技术来制定的，推出 APS 的照相机和胶卷仅仅是企业基于技术的一种经营尝试。但是，这种技术经营的尝试完全失败了。

### 技术经营尚未带来突破

到 20 世纪 90 年代的时候，日本企业发现他们最强的经营资源就是先进的技术。这些技术就是日本企业的核心竞争力，也是他们赖以持续发展的基本资源。如何有效地利用这些技术的经营资源，成为全国上下关心的焦点，日本政府专门发布技术经营的建议书，鼓励日本企业往技术经营的方向发展，而日本各个大学也纷纷开设技术经营的专业课程，培育这方面的专业人才。到 2000 年以后，技术经营成为日本最为流行的一种经营方式。日本有一个创业者曾经说过，我们公司销售的不是生产出来的产品，而是固有的技术。

然而，拥有卓越的技术却无法在市场上获取更多的成功，正是日本企业所面临的问题。日本长野县的诹访地区曾经被誉为日本的瑞士，因为诹访西北面是日本的北阿尔卑斯山脉，冬天白雪皑皑，是滑雪圣地，而诹访湖也像瑞士日内瓦湖那样风光明媚。不过更重要的原因，是这个地方曾经是日本钟表行业的主要产地，曾经研发出最早的石英电子手表，并且以这种新技术让瑞士手表行业一度面临生存的危机。但是诹访地区并没有真正地成为日本的瑞士。日本企业掀起石英革命，日新月异的技术进步让手表的走时更加准确，价格更加低廉。这让瑞士手表业遭受到毁灭性的打击，他们不得不放弃在走时准确方面与日本企业竞争，而是彻底改变战略，不再把手表仅仅看作是计时工具，而看作是满足人们各种需求的装饰品。他们在设计理念方面有所突破，强调手表机械运动的巧夺天工，进而形成了手表的高端市场，同时，瑞士手表企业也运用时尚的设计占领了低价的时尚手表市场。而日本的手表行业却依然坚持把手表看作是计时工具，在计时的准确性方面下苦功。他们不仅追求计时的准确性，还挑战手表厚薄程度的极限，争相开发出更薄的手表[①]。但是，计时技术更加精湛的日本手表企业不仅无法动摇瑞士同行在高档手表市场上的地位，反而被后来居上的香港手表在产量上远远超过，形成了在技术方面遥遥领先，但在市场上表现一般的状态。所以，日内瓦湖边聚集了瑞士很多著名的手表企业，而诹访湖边却没有什么手表企业可以和瑞士分庭抗礼。这也说明，日本企业还没有解决技术经营的核心问题，即没有把优势的技术真正地转化为市场的竞争优势。

① 西铁城在 2019 年发售的 The CITIZEN 手表年误差为 1 秒，是世界上最精准的手表。同年发售的 Eco-Drive One 手表厚度只有 2.1mm，是世界上最薄的光动能手表。

# 第十章 Chapter 10

## 失去了什么

## 1. 企业观的变化

### 员工不再是个宝

战后的日本企业创造了奇迹般的业绩，让 Made in Japan 成了神话，也形成了富有日本特色的企业观，那也是日本企业竞争优势的基础。一直到 20 世纪末，日本企业重视员工的程度远远超过重视股东的程度。在 1970 年代第一次石油危机发生后，松下电器的经营管理层为了维持给股东分红而计划大量解雇企业员工，松下电器的创始人松下幸之助获悉这个计划后，立刻反对，他高声疾呼，企业员工才是企业的宝贝，不能轻易解雇。这种员工是个宝的企业观充分发挥了员工的主观能动性，让日本企业获得更强的国际竞争力。当这种企业观被摒弃后，战后日本企业所形成的竞争优势便趋于瓦解。

在日本式经营被高度赞美的 1980 年代末，通过与美国企业观的对比，日本的企业观得以清晰地展现出来（参见表 10–1）。欧美企业大都采用股份制，企业是由股东投资并所有的，企业的员工只是把劳动力当作商品卖给企业的劳动者而已，所以经营者只对股东负责。虽然日本企业也采用股份制，但是战后企业制度的改革让日本企业基本上忽略了股东的存在，而都认为企业属于企业的员工，企业所创造的价值应该归属于企业员工。

对日本企业的经营者来说，最大的责任不是考虑给投资者带来多少利益贡献，而是如何确保企业的永存。1987年，在美国严厉追究东芝事件[①]的时候，母公司东芝的社长和会长都承担责任而引咎辞职。这对欧美企业来说简直不可思议，他们从没有想到母公司的最高层会为子公司的问题而引咎辞职。但时任东芝社长的渡里杉一郎说，为了让东芝永远存在下去，就必须做这样的决定。因为这次事件对东芝的冲击非常大，最高层引咎辞职实际上是带走了责任，企业可以轻装上阵，继续向前发展。

追求企业的永存并不是为了股东，而是为了员工。这从日本企业注重销售规模而不注重利润的经营中也可以看出来。扩大销售规模意味着工作岗位的增加，不追求利润意味着对股东分红不太重视。在进入21世纪之前，日本企业录用员工通常是不签劳动合同的，这不仅意味着企业将会长期雇用这个员工，而且从一开始，就没有把员工当作单纯的劳动力商品来看待，而是希望通过教育和培训，让员工掌握更多的业务能力，从而为企业创造更多的价值。

1997年11月，日本四大证券公司之一的山一证券在其创业正好100年之际，因经营不善而破产倒闭，全体员工都立刻失去了工作。野泽社长无力保护员工，只能对着电视转播镜头嚎啕大哭，他呼吁：员工绝没有问题，有问题的是我们经营层，所以请求大家帮忙让山一证券的员工再找到工作。这种对员工的拳拳之心，正是日本企业观的一个经典展现。

不过，类似野泽社长那样在新闻发布会上的哭诉在此之后再没有发生过。这不是因为日本企业没有再出现破产倒闭的情况，也不是因为破产倒闭现象越来越多以致麻木不仁，而是因为日本企业的企业观发生了变化。在世纪之交，日本企业制度发生巨变，股东的地位重新确立，员工是个宝的企业观逐步失去了存在的空间。

---

① 东芝事件，即东芝的控股子公司东芝机械违反巴黎统筹委员会（CoCom）的协议，向苏联出口九轴联动数控机床的事件。美国认为这严重影响了美国的国家安全。为此，三名共和党议员在国会大厦前用大锤砸毁一台东芝RT-6016型收音机，显示了事态的严重性。1988年3月22日，东京地方法院判决东芝机械罚款200万日元，相关经营干部有期徒刑1年等。东芝总公司的社长和会长因此引咎辞职。不过后来日本政府指出，虽然东芝机械的出口有可能帮助苏联改善了潜水艇的噪音问题，但并没有确凿证据。

表 10-1 日本和美国的企业观对照

| 企业制度观念 | 日本 | 美国 |
|---|---|---|
| 资本主义观 | 企业·资本主义 | 资本·资本主义 |
| 企业的目的 | 追求永存 | 追求利润 |
| 企业属于谁 | 企业成员（经营层+员工） | 股东 |
| 股权 | 相互持股 | 股东·控股公司 |
| 战略·战术 | 长期 | 短期 |
| 社长 | 员工的代表 | 股东利益代表 |
| 决策机制 | 由下而上 | 由上而下 |
| 人事 | 定期录用，年功序列，稳定型 | 猎头，提拔，流动型 |
| 萧条对策优先度 | 停止分红，削减薪资，解雇 | 解雇，停止分红 |
| 工会 | 企业内工会 | 跨企业按工种形成的工会 |
| 生产系统 | 综合性（TQC[1]，CIM[2]） | 分工性 |
| 劳动者观 | 多能工，成长性生产要素 | 单能工，非成长性生产要素 |
| 利益分配 | 再投资，重视潜在资产 | 分红优先，重视实际利益 |
| 融资途径 | 间接融资为主，直接融资为辅 | 自我资本为主，借贷为辅 |
| 并购 | 为了扩大事业（反对敌对并购） | 为了追求利润（支持敌对并购） |

资料来源：日本経済新聞社編『ゼミナール現代企業入門』日本経済新闻出版，1990

## 股东地位的重建

日本企业股东的地位，是在日本政府护送船团方式的金融政策失灵之后，才得以重新确立的。

一直到 20 世纪 90 年代初期，在护送船团方式的金融政策下，日本没有发生过金融机构倒闭的事件，从而形成了金融机构不会破产的神话，这也使得股东在比较依赖银行融资的日本企业里地位不高。但在日本泡沫经济崩溃后，银

① TQC（Total Quality Control），全公司品质管理，即指从经营者到现场工人，企业各部门密切联系共同进行质量管理的一种行动。

② CIM（computer integrated manufacturing），计算机集成制造，是利用计算机网络等资讯科技，整合生产过程中的所有活动的系统。

行因吸收了过多的不良资产而自身难保。虽然金融机构也在努力处理这些不良资产，但是不断增加的不良资产还是让日本金融机构未处理的不良资产规模每年都超过 30 万亿日元，对此，大藏省和日本银行也爱莫能助。1995 年以后，特别是木津信用组合等金融机构破产后，日本政府被迫实施了改变原有金融体制的“金融大爆炸”。这也意味着经营不善的金融企业不再得到保护，会被清理出局。1997 年后，北海道拓殖银行和日本长期信用银行相继破产，日本金融界不得不进行内部整合，对他们融资对象的影响力也大幅度地弱化了，战后行之有效的主银行制度逐步失去了效力。随着银行地位的下降，股东地位得到了强化。

在主银行制度出现问题的同时，日本企业之间的相互持股制度也开始分崩离析。根据大和综研的推算，从 1991 年到 2002 年之间，日本企业的相互持股比率出现大幅度的下降。相互持股的金额从 27.7% 下降到 8%，股份数量从 23.6% 下降到 7.9%。日本企业之间的相互持股本来并不是为了募集资金或者是控股其他企业，而是为了保护现有的企业经营体制。在企业发展比较稳定的时候，这样的相互持股不存在很大的风险，但在泡沫经济崩溃后的时代，日本股市极其低迷，持股的风险与成本问题也就日益深刻。到 1995 年，日本金融企业出现破产倒闭之后，这种风险更加突出。在这样的情况下，日本企业之间的相互持股制度迅速瓦解，这为股东掌握股权，从而介入企业经营扫清了道路。

另外，美国政府要求日本进一步开放市场，以便让美国企业可以通过股权收购来并购日本企业。受到这样的压力，日本不得不对现有的相关法律法规进行修订（参见表 10–2），并准备制定强化股东地位和作用的《公司法》①。作为在《公司法》公布之前的过渡，日本政府对 1899 年制定的《商法》进行了多次修订，以便企业适应从以债权者为中心的《商法》体系，转向以股东为中心

① 公司法在日语中称为会社法。日本本来并没有独立的公司法，有关公司法的相关内容散见在《商法》等一些相关法律里。2005 年，日本国会通过《公司法》，2006 年开始实施。

的法律体系。这些措施也意味着企业股东地位开始得到重建。

**表 10-2　20 世纪 90 年代与 21 世纪初期日本商法的部分修订内容**

| 时间 | 日本商法的部分修订内容 |
| --- | --- |
| 1990 年 | 引进最低资本金制度 |
| 1993 年 | 降低股东代表诉讼的起诉费用<br>强化监事制度 |
| 1994 年 | 允许购买本企业发行的股票 |
| 1997 年 | 引进期权制度<br>引进简易合并制度，简化并购手续 |
| 1998 年 | 扩大作为购买本企业发行股票而付出去的资金为资本准备金 |
| 1999 年 | 引进股票交换制度 |
| 2000 年 | 引进企业分割制度 |
| 2001 年 | 引进单元股份制度<br>解禁金库股份<br>引进新股预约权制度<br>允许通过互联网行使股东表决权<br>股东代表诉讼的合理化 |

资料来源：「日本経済新聞」2005 年 3 月 9 日

股东地位的重建还表现为对企业所创造的价值进行分配。在世纪之交，日本引进美国式市值会计制度，让日本企业开始重视股票市场上的评价，如何提高企业的市值成为很多日本企业经营者最关注的事项。长期以来，日本企业的设备投资额与现金流的变化保持了稳定的一致性，在现金流增加的时候，设备投资额也会增加，而现金流减少的时候，设备投资额也会减少。但是到 20 世纪 90 年代末，这两者的关系不再保持稳定的一致性。即便现金流增加，企业的设备投资也不会跟着增加，很多日本企业更愿意把盈利作为股东的分红分配给股东，因为提高股东分红是提高市值的有效手段。同时，日本企业的经营者也开始积极利用企业所创造的盈利来回购发行出去的股权。比如 2003 年，丰田汽车的股东分红和回购股权的资金占到企业利润的 75%。虽然在这一时期，日本企业对设备投资的意愿不足也有对市场缺乏信心等原因，但回馈给股东的分配比率之高，也证明了股东受到了更高的关注，股东地位得到了真正的提高。

## 新企业观的形成

随着股东地位的重建，新的企业观也开始形成。从股东的角度来看，企业是由资本和负债所组成的，而企业必须用投入的资本在市场上进行价值创造活动。2000 年出版的《经营财务入门》一书很形象地描绘了站在股东立场上企业创造价值的结构（参见图 10–1）。也就是说，企业从市场上购买所需的经营资源，比如原材料、机械设备、技术，当然还包括劳动力，然后用这些经营资源创造出具有新价值的产品和服务，并把这些产品和服务投放到市场销售，从而获得资本的回报。从资本市场的角度来看，企业如何对原有的资本进行增值是评价这家企业的第一要务。也就是说，无论企业采取什么样的方法，只要获取更高的资本回报，就是一家优良企业。

在这样的企业观里，强调的是资本的效率，这要求企业必须以更低的成本来快速地生产产品，从而获取更多的价值。而市场也不重视市场参与者的资格和条件，只要能提供更好、更便宜的产品，市场都是欢迎的。这也鼓励了企业不断地进行创新，以便在激烈的竞争市场上获得立足之地，同时也催化了市场的淘汰。因为资本总是追逐资本效率更高的机会，而不关心企业是否永久存在下去，所以企业只能强调追求更高的利润，不能因为要保障员工的利益而放弃追求利润的机会。在新的企业观里，差不多已经找不到员工的地位了。

实际上在新的企业观里，企业的员工只是可以从市场上购买到的经营资源的一部分，这对企业来说有了重新核定生产成本的机会，解雇员工的各种手法得以重新采用。虽然由于长期的商业习惯的存在，在这个变化过程中，日本企业采用了多种委婉的方式，比如在提高退职金[①]和减少薪资的两种选择中让员

① 退职金是指员工在退职时获得的一笔金钱。这是终身雇佣制度下，鼓励员工长期服务的一种奖励，也是后期补偿性薪资的一部分。退职金并不是法律规定的制定，而是长期以来的习惯。

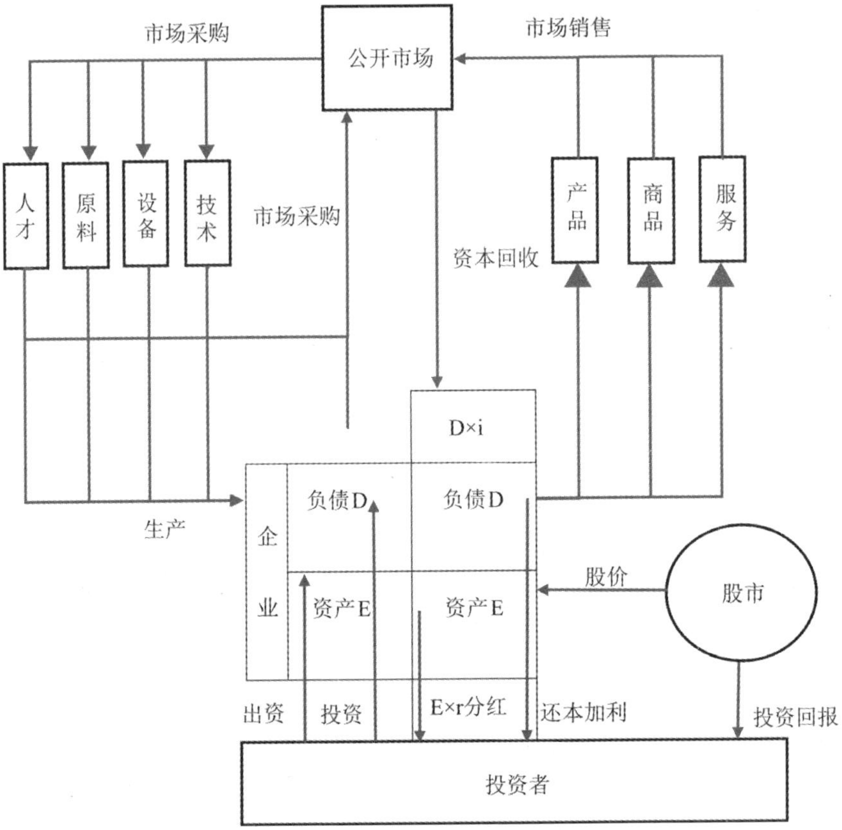


**图 10–1　通过市场进行价值创造的企业**

资料来源：井手正介、高橋文郎『経営財務入門』日本経済新聞出版，2000

工自我选择去留。随着日本企业解雇员工的现象越来越普遍，这样的选择也越来越少。而日本企业为了避免今后对正式员工的解雇，同时也为了节省费用，从 1996 年以后更加大量地录用非正式员工，到 2004 年，日本企业采用的非正式员工比例已经突破 30%（参见图 10–2），并且这个比例还在增加，说明日本的流动劳动力市场的规模已经越来越大了。

日本企业的股东地位在 2005 年日本制定的《公司法》里得到了全面的体现，与此同时，员工在新的企业观里失去了重要的地位。虽然流动性的雇佣在短时

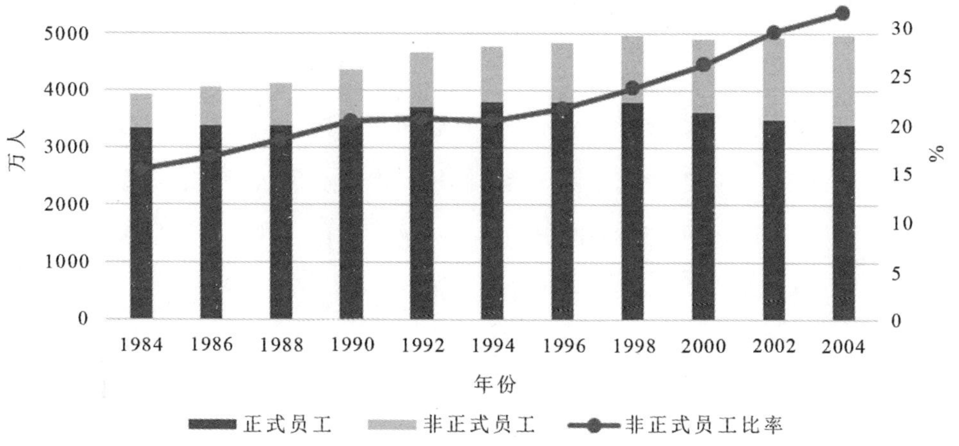


图 10-2 日本企业雇佣形态

资料来源：総務省の労働力調査

期内为日本企业节省了开支，但对注重现场主义，注重磨合生产的日本企业来说，这也意味着竞争优势的流失。

## 2. 失去时代[①]的持续努力

### 模拟技术的最后辉煌

日本的新《公司法》体现了新的社会潮流，也必然会否定日本企业的传统习惯，给日本企业带来很大的混乱。然而，日本企业卓越的适应能力让他们在

① 1990 年代日本泡沫经济崩溃后，日本进入了经济长期低迷的失去的十年时代（The lost decade），而在这一时期进入社会的一代人被称为迷失世代（Lost Generation）。在这一时期，企业不断地缩小雇佣，使得很多刚刚从学校毕业的年轻人找不到工作，对未来都比较悲观。Lost Generation 原指第一次世界大战后自甘堕落的一代年轻人，含义与日本并不相同。

经济长期低迷、制度急剧变化的困难环境中，依然能不断地推出各种新产品。

作为20世纪最为璀璨的家电产品——彩电，在世纪之交也出现了革命性的变革，即平板显示屏取代荧光显示屏。这也可以看作是模拟技术向数码技术转换的一个象征。就在这种革命性转换之际，日本企业依然努力地发挥他们的传统技术优势，创造了模拟技术时代的最后辉煌，其代表性产品就是索尼的直角平面荧光屏电视机——WEGA电视机。

虽然采用平板显示屏的液晶电视机早在20世纪80年代就已经有产品推向市场，比如1984年精工就推出了2寸的彩色液晶电视机，紧接着在1986年，松下电器也向市场推出3寸的彩色液晶电视机。但是一直到90年代末，采用平板显示屏的电视机不仅辉度和使用寿命等技术指标不尽理想，而且价格也非常昂贵，还无法成为家庭实用的电视机。在当时的市场上，荧光显示屏依然是电视机的主要选项。所以当1998年夏普提出他们生产的电视机，将全面采用液晶显示屏的时候，持怀疑态度的人为数不少。实际上，夏普发出液晶电视机宣言也有其不得已的苦衷，因为在传统的荧光屏电视机领域里，索尼已经做到了极致，夏普几无可能在这个传统市场与索尼相抗衡，只能另辟蹊径。

把夏普等电视生产企业逼到墙角的索尼依靠的是特丽珑彩电技术，而索尼要继续扩大市场份额也只能靠自己来革新技术。荧光显示屏最后的技术难题就是直角平面。一般的荧光显示屏都有一定的弧度，如果要拉平的话，显示屏四角部分就会出现影像模糊的现象。但是，索尼的特丽珑显示屏技术有克服这些困难的基础，于是索尼在这个基础上积极研发，终于实现了完全的直角平面化。1997年，索尼用WEGA的新品牌推出了他们的直角平面彩色电视机。

WEGA电视机采用了日本制定的高清电视的各种技术规格，不仅屏幕更加大型化，画面质量也达到了一个新高度。可以说，索尼的WEGA电视机就是模拟技术时代电视机最高技术的代表。但WEGA电视机开始向市场推出的时候，电视机的显示屏技术正在发生革命性的变革，尽管WEGA电视机解决了荧光屏电视存在的种种问题，也获得了极大的市场成功，但这对平板显示屏来说根本就不是一个问题。在平板显示屏迅速发展的冲击下，WEGA 电视机的辉煌时代很快就结束了，到2007年，索尼宣布全面停止WEGA电视机的生产。更重要的是，因为 WEGA 电视机取得极大的成功，导致了索尼在平板显示屏电视机方面的落后，在后续的市场竞争中，失去了有利的地位。

## 细胞式生产方式的诞生

日本企业在 20 世纪 90 年代，除了创造类似 WEGA 电视机那样的模拟技术时代的杰出产品之外，在生产现场也展开了一场轰轰烈烈的革新运动。这场革新的标志，就是在生产车间里拆除百年来作为现代工业生产象征的传送带流水线。

在 20 世纪初，美国的汽车生产企业使用传送带流水线后，生产效率显著提高。到 1914 年，福特汽车在生产 T 型汽车时全面采用了传送带流水线，这成了日后大家争相效仿的经典案例。不过，福特汽车的传送带流水线之所以具有极高的效率，实际上还包括了不显眼的零部件供应合理化机制，只是这些不显眼的部分不为人注意，前来取经的人基本上都认为，福特生产方式就是传送带流水线。于是取经回去的企业家都开始建设传送带流水线，在世界各地的工厂里，传送带越来越长。传送带流水线的优点非常明显，但同时缺点也很明显：在显著提高了生产效率的传送带流水线上，工人只是机器的一个组成部分，工人既没有发挥主观能动性的可能性，也无法产生发挥主观能动性的动机。

日本自由撰稿人镰田慧曾经到丰田汽车的工厂做了半年的临时工，并且以这样的体验写出了一本长期畅销的《绝望的汽车工厂》。镰田写道："你别看流水线上传送带好像速度很慢，实际上不是那么回事。你必须集中精力努力去做，但这还是不够的，还是会跟不上传送带的速度。你必须彻底地改造自己所有的动作，一直做到没有任何多余的动作时，才能赶上传送带的速度。那样的话，你就可以在 2 ～ 3 秒内拧上 6 颗螺丝。”

对这样极限速度的传送带流水线很早就有人提出批判，尤其是传送带流水线对人性的否定，更是遭到了社会的批判。卓别林的《摩登时代》可以说是这种社会批判的代表性作品。在这样的批判声中，很多企业也开始摸索如何在实际的生产中改进传送带流水线。沃尔沃汽车针对传送带流水线对人性的否定这点进行了大胆的改革，诞生了著名的 Uddevallad 生产方式[①]。但由于这种生产方式忽视了生产效率，结果无法在竞争的市场中站稳脚跟，沃尔沃汽车不得已在 1992 年关闭了这家生产工厂。

沃尔沃大胆的实践失败后，很多企业采取了比较现实的做法，即根据工人的适应能力而调整传送带的速度。然而由于个人能力的不同，对传送带的速度也有不同的认识。比如佳能的御手洗富士夫社长最早也曾在车间的流水线上实际操作过，一开始，1 分钟移动 1.2 米的传送带看上去非常快，让他手忙脚乱，但是一旦熟悉和习惯之后，也就游刃有余了。这让御手洗感觉到传送带流水线存在的局限，也就是说，传送带并不会在工人适应后再提高传送速度，工人也就无法进一步提高生产效率。怎样才能突破传送带流水线的生产效率的瓶颈呢？丰田生产方式的提倡者大野耐一曾经说过，最不会产生浪费的生产方式，是根据订单来生产的单件生产方式，而浪费最多的就是传送带流水线生产。只有摆脱了这样的生产方式，才能达到最有效的低成本的生产。也就是说，拆除传送带流水线是提高生产效率的最好方法。

在经济持续增长、企业保持增收的情况下，无人敢去改变传送带流水线。只有在泡沫经济崩溃后，日本企业出现增长困难的时候，才有人敢去做这样的实验。而且在 20 世纪 90 年代，经过泡沫经济熏陶的日本消费者的需求也日趋

---

① 沃尔沃认为丰田汽车的传送带流水线缺乏人性，需要改进。1974 年，沃尔沃拆掉了 Kalmar 工厂里的传送带，改用短小的生产系统生产小批量产品，给予现场工人更大的自主权。之后，沃尔沃把这种经验推广到其他工厂。在 1990 年建成投产的 Uddevallad 工厂里，完全取消了传送带流水线，由工人组成自我管理的班组进行汽车生产，这被称为 Uddevallad 生产方式。这种生产方式虽然提高了工人的士气，但生产效率却非常低。

多样化，同时市场激烈的竞争提高了手机、电脑等消费产品的更换频率。适合大量生产的传送带流水线已经很难满足消费者多样化的需求了。同时，海外企业以更低的生产成本参与了市场的竞争，日本企业也必须进一步摸索低成本、短周期的生产方式，以维持他们在日本国内的生产体制。在这样的背景下，细胞式生产方式开始得到关注。

大野耐一的弟子山田日登志，作为生产管理的咨询顾问在NEC长野工厂做了小规模实验，他们拆掉了工厂里长长的传送带流水线，改用一个人负责几道工序的方式进行生产，实际上这也是深化了丰田汽车重视多能工的思想。这样的生产是以工人的熟练程度为基础进行的，工人的能力可以得到充分的发挥，因而工作积极性也得到提高，结果，他们的生产效率高于传送带流水线。

这次试验的成功增强了山田的信心，1994年，山田就在索尼的美浓加茂园地①进行了大规模的生产线改造，拆除了多条数十米长的传送带流水线，改用U字形的生产场地配置。根据生产的产品、环境和人员的不同，配置不同的顺序进行生产。在美浓加茂园地，这种生产方式被称为细胞式生产方式（参见表10-3）。

**表10-3 细胞式生产方式的不同形式**

| 方式 | 分割方式 | 巡回方式 | 1人方式 |
|---|---|---|---|
| 示意图 | 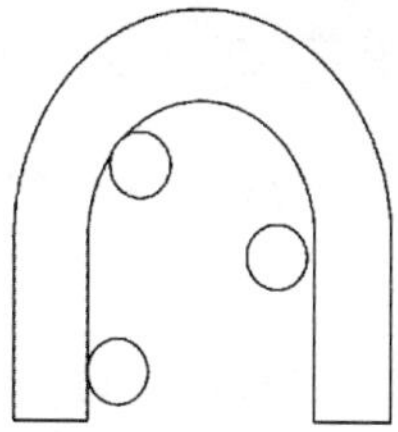 | 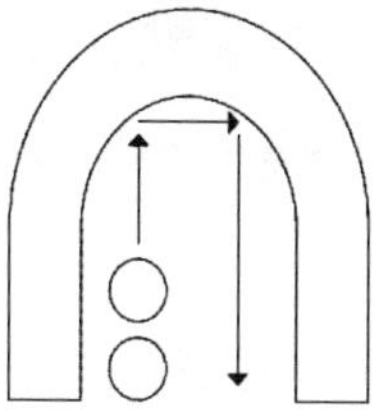 | 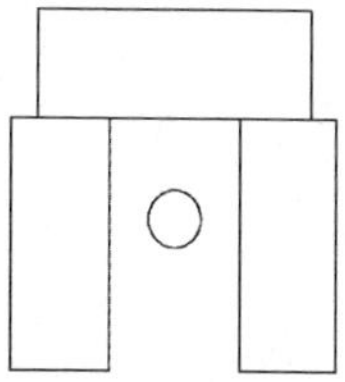 |
| 工人数量 | 复数 | 复数 | 1个人 |
| 操作形态 | 细胞单位内部分工 | 没有分工 | 1个人完成 |
| 对应工作量增减 | 调整工人人数 | 调整工人人数 | 增减细胞单位 |

资料来源：岩室宏『セル生産システム』日刊工業新聞社，2004

① 1980年，索尼在岐阜县美浓加茂市设立的生产基地，主要生产索尼的主力产品摄像机、PlayStation2等。由于索尼逐步把生产转移到海外，这个生产基地在2013年被关闭。

拆除了象征现代工业的传送带流水线，并不是回到以前的生产状态中去，而是在尊重人性的基础上，进行更有效率的生产。这是细胞式生产方式的特点。

丰田汽车曾经对工人的作业时间进行了测试，结果发现，工人在工作中无效的劳动时间超过了80%。所以丰田汽车很早就采取对策，竭力减少这些无效的劳动时间。正如大野耐一所指出的那样，传送带流水线的存在影响了这种努力的成效。受到大野耐一熏陶的山田牢牢记住了这点，所到之处，他都在竭力地发现和解决无效的劳动。比如对生产过程中零部件的搬运，就应该从工人移动距离最短的角度着眼，这样就可以减少很多移动时间。为了做到让工人移动距离的最短化，最合适的生产设备配置就是U型配置，而这样的配置也能够让工人更好地发挥劳动积极性。

也就是说，细胞式生产方式可以最大限度地减少员工做无用功的时间，同时，又可以根据每个员工不同的熟练程度来调整生产速度，不会让传送带的统一速度束缚员工的手脚。同时，细胞式生产方式更需要工人之间的默契配合，而日本企业中的人际关系也更适合这种生产方式。

### 佳能对细胞式生产方式的推进

虽然索尼是世界上第一家引进细胞式生产方式的企业，但后来人们却有“细胞式生产方式＝佳能”的认识。可以说，是佳能让细胞式生产方式得到了社会的认可。

1998年，佳能的御手洗富士夫社长听说索尼采用了细胞式生产方式，他非常感兴趣，于是带领了佳能的经营层去参观。在索尼工厂里，御手洗社长直截了当地要求工厂负责人不要讲解细胞式生产方式的原理，而是让他自己在现场观看。这次参观给御手洗社长带来强烈的震撼，以致使他对佳能工厂的现状感到了愤怒。

当时正值日元升值，日本国内经济低迷，日本企业的产品竞争力普遍下降，如何削减成本是每家日本企业的当务之急。那个时候，一般大企业削减成本的主要方式就是要求零部件生产企业降价，降价幅度达到 10% ～ 20%。外包系列企业不得不接受这种非常残酷的价格转嫁要求，但这并不足以解决日本企业所面临的问题。参观索尼工厂后，具有现场操作经验的御手洗社长敏锐地感到细胞式生产方式有可能克服传送带流水线的缺陷，让工人得以进一步提高生产效率。提高生产效率就意味着生产成本的削减，这正是御手洗社长需要的结果。但几乎和其他企业一样，佳能经营层的其他干部都不认为细胞式生产方式比传送带流水线生产方式更有效率，囿于各自的生产指标，他们对引进细胞式生产方式都有很大的抵触情绪。在这样的情况下，御手洗社长也只能在自己的企业里找一个地方先进行实验。

1997 年，佳能在滋贺县的长浜工厂进行了细胞式生产方式的实验，但结果并不理想，生产效率不及原有传送带流水线的生产效率。不过，现场的员工却要求继续实验，因为他们感受到这样的生产方式可以发挥他们的主观能动性，应该是能提高生产效率的。事实证明，当现场的员工开始适应这种新生产方式后，生产效率就得到了明显的提高。在事实面前，那些对引进细胞式生产方式持反对意见的工厂负责人也开始改变态度。在御手洗社长的主导下，佳能在其他工厂里也先后引进了细胞式生产方式。

佳能引进细胞式生产方式之后，拆除了 20 多公里长的传送带流水线，空出了 87 万平方米安置传送带以及配套仓库的空间，这直接带来了仓库租赁费用的削减，让佳能每年可以节省约 20 亿日元的租赁费用。而效益更明显的是，本来工厂加工途中的在制品通常需要库存 20 多天的量，在细胞式生产方式引进之后，这种库存只需要 4 天的量。所谓的在制品，就是指在生产线上处在生产加工阶段的产品，虽然在会计统计上，这种在制品被计入流动资产，但实际上由于在制品没有交换价值，这种在制品积压得越多，对企业的生产来说就越是一种累赘。所以如何减少生产中的在制品，关系到生产效率能不能得到真正的提高。引进细胞式生产方式后，佳能的在制品减少了1/4，追求效益的御手洗社长非常满意，因为这样的减少也就意味着减少了1/4的运营资金，大幅度地提高了现金流的效率。

随着细胞式生产方式的深入推进，现场工人对这种新的生产方式越来越熟悉，也越来越习惯，生产效率不断提高，使本来需要30人完成的工作，改进后只需20人就可以完成了。这样，随着细胞式生产方式的引进，现场工作的工人人数也得以大幅度减少。佳能在引进细胞式生产方式的5年内，减少了2.2万个工作岗位，效果非常明显。

到21世纪初，“细胞式生产方式 = 佳能”这样的认识已经深入人心。但事实上佳能既不是第一家引进细胞式生产方式的日本企业，也不是唯一一家引进这种生产方式的日本企业。之所以能够拥有这样的形象，是与该企业自上而下地推进，全面运用这种新的生产方式并取得明显的效果密切相关的。随着佳能的成功，日本其他企业也纷纷引进细胞式生产方式，总体上给日本企业带来了比传统流水线的生产效率提高30%的效果。现在，细胞式生产方式已经在日本企业中非常普及，不仅电机行业，就连汽车行业也可以看到细胞式生产方式的运用，甚至他们的海外子公司也都引进了这种细胞式生产方式。一个工人或者几个工人密切配合的细胞式生产方式的形成和普及，也是日本企业在模拟技术时代所创造出的另一种辉煌。

### 被动式的ISO认证的流行

日本企业之所以愿意引进细胞式生产方式，实际上也是对现有的生产体制失去了信心。泡沫经济崩溃后的低迷，急剧变化的法制环境，让很多日本企业处在病急乱投医的状态，这种状态在引进国际标准化组织的ISO认证时表现得更为突出。1990年代下半期，日本形成了争相引进ISO认证的高潮，因为日本企业害怕如果产品没有ISO认证，就会被从欧洲市场上剔除出去。当时只有充满自信的日本汽车企业对ISO认证不太感兴趣。

诞生于 1987 年的 ISO9001 系列认证也就是产品质量的认证，但是在保证产品的质量方面，日本企业与欧美企业所走的道路并不一样。日本企业从设计产品的时候就已经考虑到如何在生产中尽量不出次品，在生产过程中还有现场的 QC 小组活动，也就是说日本企业是通过在生产过程中各部门相关人员的相互配合来确保产品质量的。但 ISO 认证恰恰对这样的保证完全不认同。ISO 认证要求对生产过程进行全面的书面记录，对无法用书面表达的东西无论多么有效，也一律不予理睬。所以最初日本企业对 ISO 认证并不在意，因为他们对自己生产的产品质量充满自信。但是进入 1990 年代下半期，低迷的业绩让日本企业失去了自信，开始寄希望于 ISO 认证来为他们的产品质量背书。这种不自信具有很强的传染力，到 1990 年代末，日本企业争相要求获得 ISO 认证，形成了一个获取认证的高潮（参见图 10–3）。

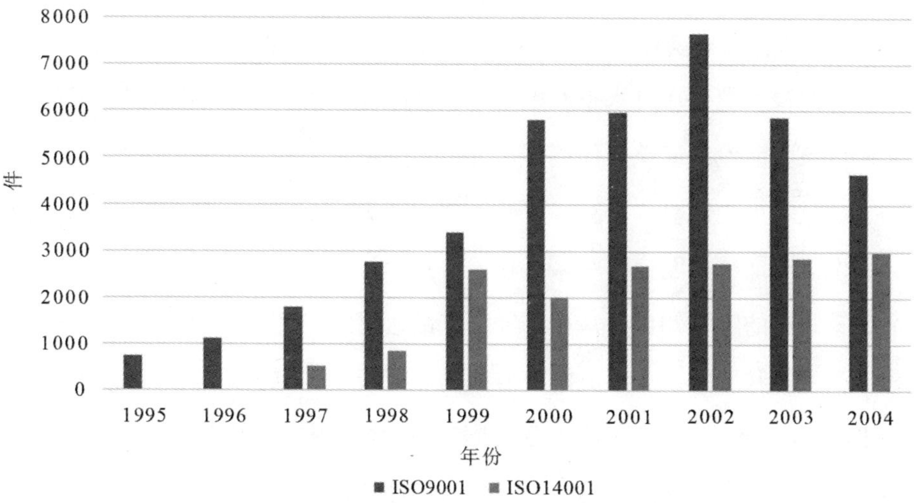


**图 10–3　日本企业历年新增 ISO 认证数量**

资料来源：日本適合性認定協会

ISO 主张紧抓产品过程本身就是产品质量的保证，这一理念实际上与日本企业对产品质量保证的理念相差无几，但是 ISO 要求这个过程必须全部书面化，这与日本企业日常的生产活动有很大的不同。因为日本企业强调的是人与人之间的默契配合，很多都不是用文字所能表达的。为此，很多日本企业还专门聘请顾问公司来帮助他们获取 ISO 认证。

对于日本企业中普遍存在的，那种难以用文字明确表达出来的经验和行为，日本一桥大学的野中郁次郎教授曾经用“隐性知识”[①] 的理论来说明。

“隐性知识”是迈克尔·波兰尼在 20 世纪 50 年代提出的一种哲学概念。波兰尼认为：人类的知识有两种。通常被描述为知识的，即以书面文字、图表和数学公式加以表述的，只是其中的一种。而未被表述的知识，像我们在做某事的行动中所拥有的知识，则是另外一种知识。他把前者称为显性知识，而将后者称为隐性知识。野中郁次郎稍微改变了隐性知识的原义，把隐性知识重新定义为是基于经验和感觉基础上的知识，很难用语言表达出来；并且把这个隐性知识和可以用语言来传递的知识，也就是显性知识对立起来，构建了他的知识经营管理理论。而隐性知识与显性知识之间的转换，正是知识管理的前提。

野中教授发现，在日本企业中，个人的隐性知识向集团的隐性知识转化，在技术传承方面发挥了重要作用。比如，在本田汽车的新车开发中会有很多集中的头脑风暴，他们会集中在一个地方住好几天，不仅讨论开发的产品，也通过共同生活增加彼此的信赖关系。在这一过程中，很多属于个人的隐性知识会变成大家共有的隐性知识，这在开发新产品时可以发挥很大的作用，在这样的过程中，参与开发的人会形成同一方向的心智模型。也就是说，虽然开发者的水平不同，担当也不同，但是在一起共同生活的过程中，会产生相同的设计语言，自然地拥有对新车的共同概念。同时，从显性知识向隐性知识转化的内在化，也具有重要意义。通过行为的学习，使得个人的体验共同化、表面化，然后以心智模型和技术性的诀窍为形式，再一次转化为个人的知识。

这种隐性知识的理论，很好地说明了技术传承过程中无法用语言来表达、

① 隐性知识（Tacit knowledge），日语翻译为暗默知。

难以用文字来记录的重要特征，而这些正是日本企业的重要特征。日本企业往往会形成非常特殊的企业氛围，在这样的氛围中，员工之间能够比较容易地了解和接受他人的想法，并能很快形成大家共同的知识，这种共有绝不是用电脑组成的信息系统所能做到的。或者可以说，这也是模拟技术时代日本企业的强项。

然而，ISO 认证却是从制度上与野中教授用隐性知识概念所概括的日本企业优势针锋相对。但在日本泡沫经济崩溃后，业绩趋于低迷的日本企业不希望失去欧美市场，不得不走一条削足适履的道路，用书面的文字记录来说明生产过程，并按照这些文字说明的规定来进行实际的操作。从 1990 年代后半期开始，获取 ISO 认证的日本企业开始增多，形成了一次获取 ISO 认证的小高潮。

不过，日本企业也很快地认识到 ISO 认证虽然是强化产品质量的管理证明，但获取 ISO 认证与增强企业竞争力并没有直接关系。比如在汽车领域，美国汽车企业比日本汽车企业更加热衷于获取 ISO 认证，但这并没有让美国的汽车企业取得比日本企业更强的竞争力。而 2000 年以后，磨合生产概念给了日本企业很大的自信心，使得日本企业也慢慢地失去了争取 ISO 认证的积极性。

### 日本企业竞争力的源泉

为了解决泡沫经济崩溃后的各种问题，日本企业做了很多尝试，比如引进绩效薪资制度，积极使用非正式员工等。这些措施也比较符合在 1990 年代开始形成的新企业观，也就是说企业员工的地位急剧下降，所谓的日本式经营也难以为继。然而也就是在这个时候，日本企业的优势和短处更加清晰地呈现了出来。

细胞式生产方式在日本企业中的展开，显示了日本企业比较适应这种能够发挥人的主观能动性的生产方式。在细胞式生产方式里，个人的能力以及和其他人的默契配合是非常关键的因素，由于日本企业善于利用隐性知识，员工之间的默契配合程度非常高，所以细胞式生产方式能够很快地给日本企业带来生产效率，提高经济效益。实际上，发挥员工的主观能动性以及员工之间的默契配合早就给日本企业带来了竞争优势，比如，在汽车生产领域，日本企业的研发和生产周期都比欧美同行要短。其他如模具开发或者试生产的周期，日本企业也都要比欧美企业短一半左右。日本企业之所以能够比欧美同行节省时间，是因为日本企业在开发过程中往往多道工序齐头并进，与欧美企业一棒接一棒地安排多道工序相比，当然在时间方面就会有缩短的可能性（详见第六章说明）。

但这样的多道工序信息交叉、齐头并进，在组织方面是比较难把握的，如果没有很好的沟通就会引起混乱，影响产品的开发。擅长隐性知识交流的日本企业却能在这方面游刃有余，表现得非常出色。东京大学藤本隆宏教授把这种能力称为磨合生产，这就是日本企业竞争优势的源泉。进入 21 世纪之后，磨合生产的概念被日本社会普遍接受，给日本企业带来了很大的自信心。

但是磨合生产这一概念，却是在说明日本企业有擅长和不擅长的领域时诞生的，比如在个人电脑的生产中，磨合生产就发挥不了什么作用。因为采用数码技术的个人电脑生产往往不是采用特制的特殊零部件，而都是采用市场上可以购买到的通用零部件，需要的是产品规格标准，而不是磨合。藤本教授发现，现代工业的生产基本上可以分为封闭式和开放式两种方式的分工合作。如果零部件是特制的，那么企业之间的合作关系就是封闭式的；如果零部件是从市场上购买的通用零部件，那么企业之间的合作关系就是开放式的。同时，模拟技术需要对零部件进行统合，而数码技术则是利用零部件的模组化来生产的。通过这些要素结合起来的矩阵（参见图 10–4）就可以清楚地看到，磨合生产适用于封闭统合型行业，也就是说擅长磨合生产的日本企业能够在汽车、家电等封闭统合型的行业中拥有竞争优势。

磨合生产的基础是员工之间的默契配合，而这样的默契配合需要雇佣制度的保证。所以在日本企业更愿意使用非正式员工的潮流中，引进细胞式生产方式的佳能就宣布要维持对员工的终身雇佣制度，因为细胞式生产方式是离不开

零部件设计不同的相互依存度

企业之间的合作度

| | 统合型（磨合） | 模组型（组合） |
|---|---|---|
| 封闭型（专用） | 封闭统合型<br>适合行业：<br>汽车<br>摩托车<br>轻薄短小型家电 | 封闭模组型<br>适合行业：<br>主机<br>机床<br>乐高（玩具） |
| 开放型（标准） | | 开放模组型<br>适合行业：<br>个人电脑<br>金融产品<br>自行车 |

**图 10-4 生产的基本模式**

资料来源：藤本隆宏『日本のもの造り哲学』日本経済新闻出版，2004

人与人之间的磨合的。而这点也说明了日本式经营的三种神器之一，终身雇佣的重要性。

同时，磨合生产的概念还说明了日本企业更擅长在模拟技术方面取得竞争优势，而不擅长在数码技术时代取得竞争优势。所以，磨合生产的概念不仅是对日本企业在模拟技术时代的最终评价，也是对日本企业在数码技术时代到来时的一个警告。日本企业在信息社会到来时，需要重新摸索如何构建他们的竞争优势。

## 3. 数码时代的曙光

### VAIO 与数码时代的生产

日本企业对数码技术时代的到来早有感知。

1997 年，索尼向市场推出了 VAIO NOTE 505 笔记本电脑，以惊人的轻薄程度引发了一场笔记本电脑的新潮流。从索尼把个人电脑（PC 机）的品牌命名为 VAIO，就可以看到索尼对即将到来的数码时代充满了信心。VAIO 虽然是“Video Audio Integrated Operation”（影音互动）的缩写，但索尼给这个品牌赋予了更多的含义。VAIO 这个品牌的 LOGO 分为两个部分，前面部分的 V 和 A 字母呈正弦波代表了模拟信号，而后面的 I 和 O 字母就好像 1 和 0，象征二进制代码中的数字信号。这样，VAIO 所表示的就不仅是影音互动，而是模拟技术和数码技术的优势组合了（参见图 10–5）。

然而 20 世纪末，数码技术方兴未艾，对当时的人们来说，这种技术到底会发展到什么样的程度是并不清楚的。虽然索尼已经认识到数码时代的变革，他们实际上也做了技术上的准备，但正如当时大贺典雄会长所说的那样，索尼之所以取得如此巨大的成功，可以归结为两点。第一，在产品企划时就制定了独自的技术标准，第二，基于日本精湛制作精神的小型化技术能力。这恰恰是模拟技术时代最为典型的竞争能力。索尼当然不会轻易放弃这种积累下来的竞争优势，这也成了索尼对模拟技术和数码技术的融合显得犹犹豫豫的原因。

模拟技术是基于信号无论从时间上还是从强弱变化上都是连续的这一特征而形成的信号传递、加工和处理的技术，各种关系的连续性，让善于磨合的日本企业更有用武之地。但数码技术则是基于信号无论从时间上还是从强弱变化上都是离散的，或者说都是不连续的基础上形成的处理技术，分散组合是其特点。这实际上是对磨合生产的否定。所以虽然索尼希望把 VAIO 笔记本电脑当做索

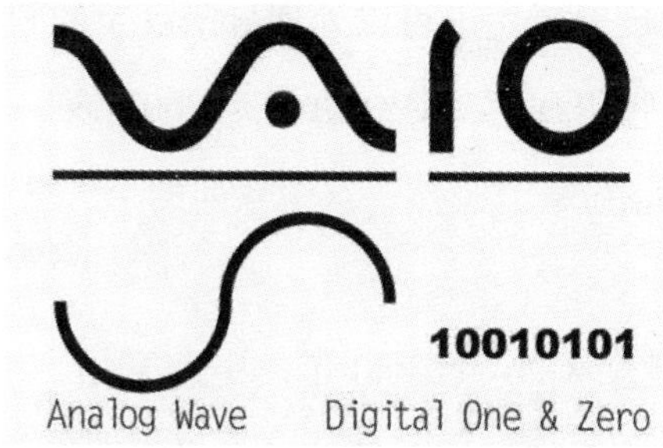


**图 10-5 VAIO 商标的含义**

资料来源：ソニー説明資料

尼数码产品的核心产品，从而把其他产品有机融合起来，但在模拟技术时代获得巨大成功的企业氛围，却无法让索尼作为一个整体，顺利地过渡到数码技术时代。就这样，曾经获得日本笔记本市场 60% 份额的 VAIO 电脑无法持续维持其竞争力，在日本市场上跌出了三甲之列，在全球市场上业绩更差。

实际上，20 世纪 80 年代个人电脑分散组合型的生产方式已经引领了数码技术时代的开放性生产。1982 年，IBM 公开了 IBM 个人电脑上除 BIOS 之外的全部技术资料，从而形成了 PC 机的开发标准，使不同企业生产的标准零部件可以互换。这样的开放标准聚拢了大量板卡生产企业和整机生产企业，生产出大量的采用 IBM 开发标准的 IBM PC 兼容机，显著地促进了个人电脑的产业化发展速度。而这样开发标准的公开，开启了一个全新的数码技术时代，让在模拟技术时代善于自我完善的日本企业遇到了真正的麻烦。

比如日本电气（NEC）的 PC-9800 系列就是这样的典型。1899 年创立的 NEC 是日本第一家与外资合办的合资企业，一直是日本电话交换机等通信机器的主要生产企业。1980 年代，被称为中兴之祖的小林宏治会长提倡的 C&C（Computer & Communication）口号成为企业的理念，NEC 加大了对个人电脑的开发，在 1982 年，他们推出了盛极一时的 PC-9800 系列电脑产品。由于欧美企业生产的个人电脑无法进行日语处理，所以在日本市场不受欢迎。NEC 就在这个技术缺口上加大力度，研发出可以处理日语汉字的软件，从而完成了可以使用日语操作的个人电脑的开发。NEC 的 PC-9800 系列一经问世就席卷了日本市场，获得压倒性的市场份额。当然，这个系列的个人电脑完全是用 NEC 自己的规格来生产的。

但是在全球市场上，从 20 世纪 80 年代中期开始，IBM PC 兼容机开始普及，这种个人电脑的生产成本远远低于 NEC 个人电脑的成本，加上在 1990 年代 DOS/V 和 Microsoft Windows 系统可以让 IBM PC 兼容机安装日语汉字处理软件，用日语操作，这样廉价的 IBM PC 兼容机就开始冲击 NEC 所构建的日本个人电脑市场。而且，由于 DOS/V 和 Microsoft Windows 是为 IBM PC 兼容机设计的，NEC 的 PC-9800 系列产品很难采用这种软件系统，这使得 NEC 个人电脑的生态环境日益恶化。到 1997 年，NEC 不得不宣布停止生产独立规格的 PC-9800 系列，放弃自己的规格标准而加入了 IBM PC 兼容机行列。

长期在日本市场保持了销售冠军地位的 NEC，因为很晚才加入 IBM PC 兼容机行列，所以在世界市场上的业绩一直不够理想，一次也没有进入到世界十强行列。而同样是日本企业的东芝因为无法与 NEC 在日本国内市场上抗衡，不得不很早就开始生产 IBM PC 兼容机，结果到 2007 年的时候，还保持了世界市场第五的地位。东芝个人电脑的“因祸得福”也说明了在数码技术时代，这种开放式生产比磨合生产更具威力。虽然日本企业在这方面并不拿手，但迫于世界性的潮流，不得不在这方面努力摸索。

### i-mode 的光与影

日本是世界上最早推出移动通信服务的国家，早在 1979 年，日本电信电话公司（1985 年后改为 NTT）就在东京市区开始了汽车电话的服务，这足以说明日本的移动信息通信技术很早就具有世界领先地位。1988 年，NTT 开通了第一代移动通信标准 HiCAP 的移动通信网络，使得日本的移动通信市场迅速发展。

到20世纪90年代末，在属于模拟技术领域里的移动通信领域，日本一直走在世界前列，1999年，松下通信的手机夺得了世界市场份额第二的成绩。

日本的移动通信是在运营商主导下发展而来的，运营商在制定网络标准方面占据了极大的主动权。1988年，日本国内通信行业的自由化也波及移动通信领域，市场上出现了日本移动通信、DDI蜂窝电话集团等竞争者。原来一家独大的NTT也把移动通信事业分割出来，在1991年成立了NTT移动通信网集团（NTTdocomo）。NTTdocomo不仅占有网络的优势，也占有品牌的优势，更具有技术方面的优势，所以一直占据了日本移动通信市场一半以上的份额。其他移动通信运营商想方设法地与NTTdocomo竞争，促进了日本移动通信市场的发展。日本的手机用户数在1995年就突破了1000万户，而到1997年又超过了3000万户，普及的速度非常快。虽然市场竞争激烈，NTTdocomo却一直稳稳地维持着接近60%的市场份额。也就是在这个时候，NTTdocomo的经营层认识到语音通信市场的增长将会放缓，而数据通信则会呈现爆发式增长。为了在数据通信市场中继续领先，NTTdocomo成立了i-mode项目研发小组。

1997年成立的i-mode项目研发小组一开始只有一个人。这也说明当时的企业对如何开发数据通信服务，以及最终的目标是什么都是模糊不清的。几经整理，NTTdocomo认为他们的目标应该是用移动通信的方法实现上网功能。而为了让用户能够用手机上网，需要形成一个门户网站。这个需求催生了i-mode系统。

这个新系统的研发实际上是一个具有革命性的项目。首先，i-mode采用了分组交换的通信技术，改变了电路交换的通信方法，不仅替用户节省了通信费用，还不需要建设通信的专线。不过，作为运营商的NTTdocomo单独研发这个新系统有很大的困难，所以委托了NEC、富士通等4家企业进行共同研发。在NTTdocomo的主导下，只用了1年时间，无线分组交换的通信系统就研发完成了。但这个系统研发的成功只是i-mode成功的一半，另一半就是i-mode所需要的各种内容。

为了让更多的内容提供商能集结到 i-mode 上来，NTTdocomo 放弃了移动通信界已有的 WAP、HDML、WML 等技术规格，而采用了在互联网方面更加普及的 HTTP 和 HTML 技术规格，这给内容提供商的开发提供了便利。同时，NTTdocomo 采用了销售分成的方式，减少了自己的风险，也提高了内容提供商的开发积极性。这样的分成方式，后来也成为互联网时代被广泛使用的商业模式。

1999 年，NTTdocomo 开始提供 i-mode 服务。刚开始的时候，i-mode 网络系统里只有 67 个手机网站可以利用，但是由于费用比传统的短信等更低，又能使用互联网，所以很快就吸引了大量的手机用户。同时，i-mode 上手机网站的发展速度非常惊人，很快就有十多万个网站加入了 i-mode 网络。这也显示了网络外部性的威力。通过 i-mode 网络系统，手机用户可以永远在线，可以访问互联网，可以通过网络银行购买股票，查阅交通地图，与朋友交换照片，购买火车票和其他更多业务。到 21 世纪初，NTTdocomo 已经是世界上增长最快、也是最先进的移动通信企业，同时也成为日本最大的 ISP（互联网服务提供商）。

i-mode 网络系统的建设是日本企业为进入数码技术时代的一种尝试，并且获得了巨大的成功。但网络时代需要拼规模，i-mode 在这方面没有百尺竿头更进一步，更主要的是，i-mode 只是 NTTdocomo 手机上的附属功能，无法与智能手机相比。由于日本的手机运营商只能使用日本独自的 PDC（Personal Digital Cellular）标准[①]，结果导致日本的手机在世界市场上日益孤立，规模不断缩小。而附属在日本手机上的 i-mode 也在智能手机普及后，成为一种过渡性技术而迅速地退出了市场。

---

① 本来日本并没有计划开发移动通信数码技术的技术标准，但是第 2 代标准的 GSM（global system for mobile communications）迟迟不能推出，NTTdocomo 只能自己开发技术标准。由于日本法律的限制，NTTdocomo 没有及时在全球推广 PDC 标准，结果在 GSM 普及后，PDC 失去活力，日本也失去了在制定移动通信技术标准方面的话语权。

## 第 3 次创业潮的起伏

在所谓失去的十年里，由于日本企业的业绩低迷，日本国内对日本企业制度能不能适应全球化时代的大竞争，能不能有效地应对亚洲新兴国家的追赶，能不能处理好国内产业空洞化都产生了怀疑。在这样的环境下，日本产生了一种战后半个世纪来的增长模式已经到了最后一章，后面就不会继续增长了的论调。而日本 GDP 增长率也从 1988 年的 6.6% 降低到 1993 年的 - 0.2%，也给这样悲观的社会气氛找到了最好的注脚。

但是，人还是会寻求突破的，20 世纪 90 年代初，日本形成了第 3 次创业热潮。这次创业热潮的特点是追求新产业的机会和新的商业模式。东京新商业协议会（NBC）[①] 在 1994 年举办的第一届新商业展会吸引了超过 8000 人来参观，日本通产省的外围组织风投企业中心（VEC）[②] 举办的创业讲座也吸引了超过预定人数几倍的听众。VEC 推出了提供上限为 8000 万日元的债务保证，鼓励大家创业，申请的创业企业连年增加。1993 年，一些被企业解雇的企业管理干部组织了东京管理者联合所，为那些被企业解雇的管理干部自己创业提供各种帮助。本来这些被企业解雇的管理干部意气消沉，对未来失去了信心，但在东京管理者联合所的帮助下，他们开始利用自己的特长，加上政府的各种政策，纷纷走上了创业的道路。而很多找不到工作的大学毕业生以及在职场受到排斥的女性也都开始关心如何创业（参见图 10–6）。

1994 年，日本软银在东京证交所的场外市场 [③] 上市，日本软银社长孙正义所持股份的价值超过了 2000 亿日元，一举成为第 3 次创业热潮的宠儿，刺激了

① 1985 年成立的社团法人东京新商业协议会（The Tokyo New Business Conference，简称 NBC），主要工作是向政府提出振兴新商业的政策建议，提供各种新商业的信息，支援新商业的创业等。2005 年与日本各地新商业协议会合作成立日本新商业协议会联合会（Japan New Business Conference，简称 JNB）。

② 风投企业中心（Venture Enterprise Center，简称 VEC），1975 年成立，1994 年改为现在名称。主要业务是给创业企业在融资时作债务保证。

③ 东京证券交易所 1963 年针对新兴企业所创立的证券市场。这些新兴企业的股票不通过证券交易所，而只在证券公司交易，日语称为店头市场。2001 年改称 JASDAQ。

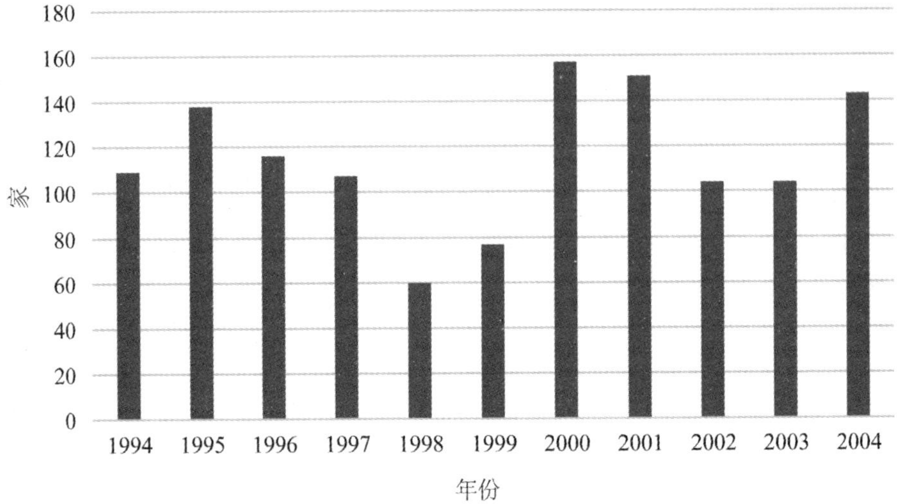


注：JASDAQ、Mothers、Nippon New Market Hercules 的合计数据

**图 10-6　1990 年代以后的日本新上市企业数量**

资料来源：ディスクロージャー実務研究会編『株式店頭上場白書』亜細亜証券印刷，平成 13 年版 – 平成 16 年版

准备创业的日本人。孙正义是在 24 岁时创业的，事业开始的资金来源于一款翻译软件的销售。这款软件的销售成功也为孙正义找到了一个对未来市场的切入口。1980 年代末，基于半导体技术的计算机具有无限的未来性，日本的大型企业也纷纷投入巨资进行研发，积极开拓新的市场。准备创业的个人无论在资金、技术、市场等各个方面都无法与这些大型企业直接竞争，但是，计算机还需要软件才能运行，而软件是凭借个人能力可以开发的。企业和个人开发出来的众多软件需要找到很好的流通渠道，但在 1980 年代，这个市场还没有形成，而意识到这个市场的人也不多。孙正义看到了计算机软件市场的可能性，大胆地进行了投入和开拓，到 1994 年上市之前，日本软银已经拥有了日本软件流通市场 50% 的市场份额，发行的各种计算机杂志超过了 250 万本，销售额也达到了 900 亿日元。这充分说明日本软银在上市之前，已经是一家非常成功的新兴企业。

但是，在 1990 年代初第 3 次创业热潮中创业的企业，大多数还只是利用个人原有的人脉资源，在原有的行业里进行创业。正如东京管理者联合所帮助创业的那样，很多创业者是被企业解雇的管理干部，他们拥有一定的人脉资源和市场资源。不过在经济低迷的环境中，他们要想有所作为也非常困难。由于局限在原有的行业里，创业者们想要复制日本软银的成功模式也很困难，所以第 3 次创业热潮并没有维持很长时间，到 1995 年之后，新上市的创业企业数量也就减少了很多。

### 网络企业的兴起

20 世纪 90 年代中期，正当第 3 次创业潮开始后退时，网络企业异军突起，再一次推动了日本的创业热潮。而这些勃然兴起的网络企业很快地获得了市场话语权，开始影响日本的经济结构。

从 20 世纪 60 年代末美国试验互联网开始，经过 20 多年的发展，到 90 年代初，互联网进入了商业运作的新阶段。1992 年，日本开始提供互联网接入服务，企业和个人、团体都可以使用互联网，第二年在日本就出现了网店。位于广岛的一家家电量贩店在网上开店销售欧美的书籍，但没有引起多大的关注。一直到 1995 年，日本的电脑产品零售企业 sofmap 在互联网上开店，网店才逐步引人注目。1996 年，石桥乐器店和朝日啤酒药品贩卖、塔唱片等企业纷纷开设了网店，到 1997 年，味之素、友都八喜（淀桥照相机）等越来越多的企业加入了网络销售的大军。到这个时候，在互联网上可以开店销售产品的概念也越来越受到日本企业的重视，甚至连赞岐乌冬面的老牌企业田屋也开出了他们的网店，但这些偏于自产自销的网店还缺乏足够的宣传力让互联网用户知晓他们的存在，所以，集结网店的网上商城也就应运而生（参见图 10–7）。1997 年，乐天的前身 MDM 成立，乐天市场正式开张。最初乐天市场里只有 13 家店铺，而乐天本身也只有 6 名员工，1 台服务器。乐天创始人三木谷浩史出身日本兴业银行，而这家银行是日本精英所向往的一家具有政府背景的银行，从日本兴业银行辞职无疑需要极大的勇气。但是三木谷看到了网上购物具有非常大的发展潜力，所以，义无反顾地辞职创立了乐天。

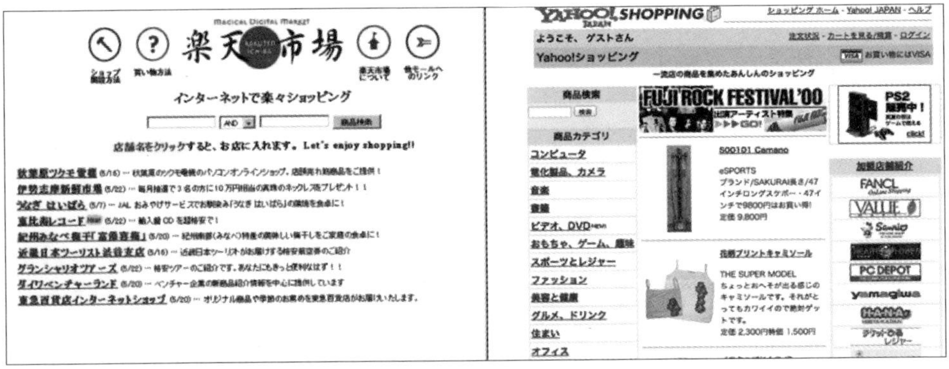


1997 年乐天市场网站　　　　2000 年雅虎售货网站

图 10-7　乐天与雅虎的网上商城网站页面

1999 年，当时在日本拥有最多访问量的雅虎网也开设了网上商城，雅虎售货（shopping.yahoo.co.jp），有食品、服装、手表、健康器具、乐器等各个行业的 17 家企业的店铺入驻，提供的商品数量超过了 1.5 万个品种。雅虎网在同一个月里又开设了雅虎拍卖，让个人商品也能参加网上交易。同年设立的 DeNA 也开设了网络拍卖的网站 bidders。这些网站都吸引了很多日本用户的关注，促进了网上交易的发展。

从 1993 年日本开始出现网店之后，这种崭新的销售方式逐步得到了日本企业和个人的认同，到网上开店的也越来越多。1999 年创立的 Estore 提供了在网上开店的软件包 store tool，让有意愿开设网店的用户能够很简单地在网上开设自己的网店，这个软件包促进了日本网店的进一步发展。到 2000 年 4 月，日本的网店数量已经突破 2 万家，而网店的增加速度也得到了提高（参见图 10-8）。

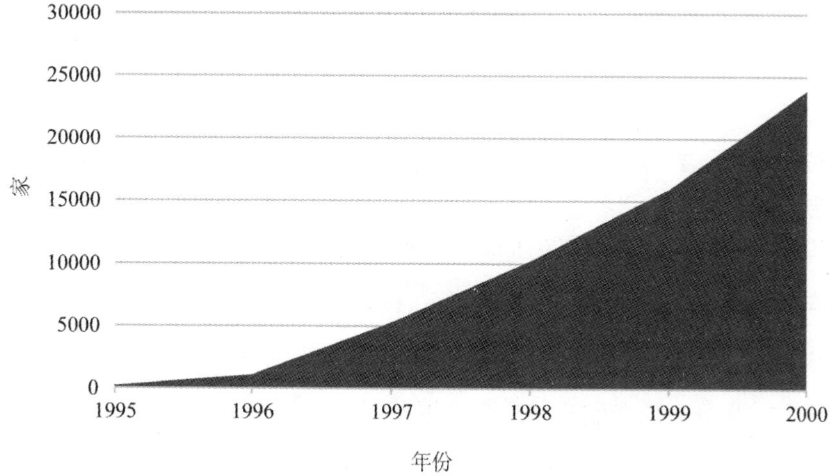


**图 10-8 1990 年代日本的网店数量增长状况**

资料来源：インプレス刊「インターネット白書 2000」

实际上乐天的创业者们也并不是一开始就准备专攻网上商城的，他们当初曾经考虑帮助地方性啤酒进军全日本市场，还准备进口美国的酵母在日本展开连锁店业务，甚至还考虑过进口隐形眼镜等。不过，他们把准备投资的标准定为不需要很多原始资本，又具有发展潜力，同时还能为社会创造新价值。按照这个标准，他们选择了网上商城这一崭新的事业。三木谷认为，他们的网上商城之所以能够满足他们的评定标准，是因为：第一，互联网会越来越简单便利；第二，互联网会呈爆发式增长；第三，日本人也会使用互联网购物；第四，互联网会改变流通体制。然而，当时日本的互联网基本上都是用电话线连接的，通信速度非常慢，也就是说网络技术还无法提供比较舒适的购物环境。所以，当时相信三木谷这种说法的人并不多。

## 4. 竞争力的重新构建

### 失去的是竞争力

20 世纪 90 年代，对日本来说是失去的十年时代，对日本企业来说失去的是竞争优势。在瑞士国际管理发展学院（IMD）所发布的《世界竞争力年鉴》里，日本从 1989 年到 1992 年的排名第一跌到 2000 年的第 21 位，如实地反映了日本不断失去竞争力的严酷状况。而日本在国际贸易体系中的占比也有很大的滑坡，从 1990 年的占比 8% 左右跌到 2005 年的 5% 左右（参见图 10–9）。如果把这些排名和统计结合《财富》杂志公布的世界 500 强排名（详见第六章）来看，可以比较完整地看到日本企业从急起直追到领先世界，然后又从盛转衰的历程。

1990 年代，实际上也是数码技术准备取代模拟技术，社会将从工业社会进入信息社会的转换时期。类似个人电脑开发的组合式生产方式将越来越普遍，而磨合式生产方式能适用的范围将大幅度缩小，这也意味着日本企业的竞争优势将不断地消失。

虽然社会的变化也让日本的企业制度出现了巨大的变化，但长期以来的思维习惯并不会马上改变，日本企业的经营战略依然把长期的增长作为基本思想，这显然与日本式的经营一脉相承。日本企业的经营者大多数还是通过内部晋升上来的，而晋升的关键条件就是在所在部门获得有目共睹的成绩。基于这些成功的经验，日本企业的经营者更关注企业的研发，1990 年代的日本企业经营者普遍相信技术是他们竞争力的最后保障。然而，技术经营并没有带来可观的效果，日本企业的竞争力依然在下滑。其实这也是哈佛大学教授克里斯藤森所揭露的，管理良好的企业依然会失败的问题。克里斯藤森所说的那些具有很强烈的竞争意识、认真听取用户的意见、大胆对新技术进行投资、管理完善的企业，却失去了市场的主导地位，这似乎非常适用于曾经创造过神话的日本企业。在战后

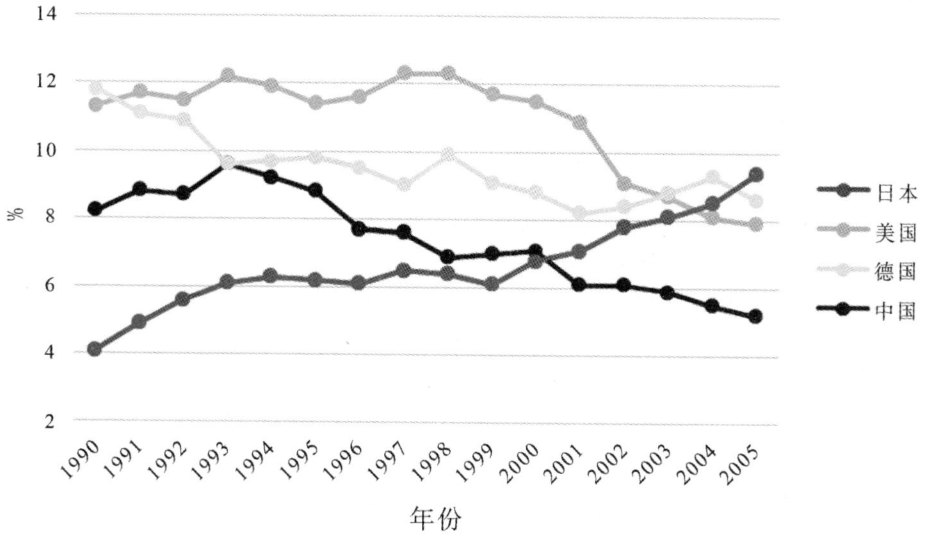


**图 10-9 日、美、德、中四国在世界贸易中的占比变化**

资料来源：日本内阁府「年次経済財政報告」，2006

的废墟上重新站立起来的日本企业，固守着成功的经验而逐步地失去了在市场上的竞争优势。

## 重新出发的起点

日本企业的竞争优势本来也是在特定的社会环境中逐步积累起来的。从工业社会转向信息社会，环境发生了巨变，这意味着日本企业必须在新的环境中重新培育和积累竞争优势。但是，认识到这点可能比做到这点更难。

2001 年，日本首相森喜朗组织了日本政府的 IT 战略本部，准备推动日本的信息技术发展。政府的 IT 战略本部邀请索尼、富士通、丰田汽车、日本电话电信、东京三菱银行等日本代表性大企业的经营者以及东京大学等教育机构的知名教授参加会议，探讨问题。在第一次会议上，一些大企业的经营者纷纷指出，日本的 IT 之所以落后欧美，是因为政府的规制和通信费用太高的缘故。但新兴企业的代表则指出，日本 IT 落后的原因恰恰是日本的大企业的经营者对正在进行中的革新不甚了解，也不愿为此进行投资。到底是因为规制的原因，还是企业没有投资意愿的原因，似乎成了先有鸡还是先有蛋的问题。而这样的责任推诿，使得日本政府迟迟不能制定出推动日本信息技术发展的有效政策。

20 世纪 90 年代初，虽然大家已经相信未来信息比资本更重要，但是在创业的时候，最重要的还是资本，设备投资在创业的资本金里占据了极大的比重。而地价和人工费的不断上涨，给企业经营带来了困难，也为新企业的创立设置了很高的门槛。同时，互联网时代的新型企业的运作原理和传统的工业社会的企业运作原理有着截然不同的机制，比如说，传统工业社会的企业评估标准是企业的总资产，而在互联网时代企业的评估标准是市值。在缺乏参考的 21 世纪初，要日本政府制定出有效的、推动信息技术发展的政策，似乎也是勉为其难的。

不过，企业的发展，从来都是更依赖自己的努力。日本企业要重建竞争优势还是要靠不断的摸索。孙正义在场外市场上市后曾经宣言说，要成为现代的财阀。因为“财阀”这个词在现代日本社会具有较多的贬义，况且当时软银的实力还根本无法与战前的财阀相比，所以大家对孙正义的宣言都是听听而已。然而经过不断地并购，孙正义实现了他的愿望，创造了一个网络时代的财阀。实际上，暗暗努力的企业当然不会只有软银一家。1992 年，索尼在创业以来第一次出现年度赤字。这让索尼感到原有的企业制度不利于捕捉市场的不同需求从而创造出新的价值，于是从 1994 年开始组织改革，引进了企业内公司制的方式，希望以分权分散型的组织形式来重新构建索尼的竞争力。

所谓企业内公司制，是指企业内部各部门以独立的公司形式运作的一种组织形式。与以往日本企业普遍采用的事业部制最大的不同就是企业内公司可以完全自己做决策，这可以使企业能更加敏捷地应对市场的变化，有利于新价值的创造。但是，完全的分权让企业内部变成了激烈的竞争场所，为了在短期内出成绩，各个企业内公司都争相生产类似产品，重复的投资浪费了企业的资源。虽然索尼每年都对这个制度进行修改，但还是无法重新获得更强的竞争力，最终到 2005 年，索尼废除了企业内公司制，宣布这次改革的失败。

虽然索尼敏锐地看到了分权分散型组织应对市场的能力，但是他们所采用的企业内公司制，却是一种似是而非的组织形式，因为企业内公司必须对企业总部负责，本质上并不是真正的分权分散的形式。不过，谁也没有嘲笑索尼这样改革的资格，因为在刚刚开始的信息时代，还没有一定的成功模式。实际上，虽然克里斯藤森教授已经指出了管理良好企业也会失败的原因，但是却并没有为企业描绘出一个成功的创新模式。

或许，只有认为遭到了完全的失败，才是重新出发的起点。

# 后　记

最初开始构想本书还是在8年前。那时拙著《买日本》出版后，收到一些读者的反馈意见，希望能更深入地了解日本企业。但在草拟了提纲，并撰写了部分书稿之后，笔者发现对日本企业各种特征的描述还需要有更多的历史背景说明，才能让读者真正地了解日本企业。实际上，这也是有史可鉴的。

在20世纪80年代，美国的麻省理工学院耗资500万美元，组织了世界上17个国家的专家、学者，花费5年时间对丰田生产方式进行了彻底的调查研究，最后总结出一套精益生产方式可以供所有企业学习。而美国汽车企业克莱斯勒公司也高价聘用咨询顾问，引进了丰田生产方式。虽然这些活动促进了美国企业对丰田生产方式的引进，但是效果却让人无法恭维。就在克莱斯勒的董事长兼CEO罗伯特·伊顿宣布已经学完了丰田汽车所有优点的1994年，他的部下在考察了丰田汽车在美国肯塔基州的工厂后却感叹说，克莱斯勒实际上对丰田的生产方式什么都没有学会。之所以会出现这样的问题，有可能是完全忽视了丰田的生产方式是歪打正着产生出来的，具有一定的历史因素，丰田生产方式被简单地抽象化和理想化了。如果对这样的历史背景没有什么理解的话，是很难真正地理解丰田生产方式的真谛的。

浙江大学出版社大众图书出版中心的徐婵老师阅读了笔者的部分书稿后，就以其敏锐的市场洞察力，建议笔者用企业史的观点来撰写，让笔者下决心改变了写作的思路。这个建议实际上也触动了笔者的另一根心弦，2002年离世的恩师桥本寿郎教授曾希望笔者能在日本企业史方面多花一些工夫，而笔者却迟迟没有拿出什么成绩。这次修改方向，或许能够实现“今年何以报君恩，一路繁花相送、过青墩”，以告慰恩师在天之灵。

然而，真正开始撰写日本企业史的时候，以前没有从企业史的角度来写日本企业的原因也就显现出来了。这是因为战后日本企业史的现存资料非常繁芜，涉及面极其广泛，要从中整理出一部简明扼要的战后日本企业盛衰史，几乎不是一个人所能胜任的工作。实际上就是在日本出版的一些企业史，往往也是很多作者合编的。不过，既然做了这样的选择，也只能义无反顾地走下去了。好在专家学者对日本企业的各种研究争奇斗艳，硕果累累。笔者也得以靠在先行者的大树下汲取养分。由于笔者的工作重心转到了日本，所以也能就近求教于师友，获益匪浅。

在原小学馆外国语辞典编集部编集长、现任中国分析综合中心代表、大正大学客座教授大泽升先生的引荐下，笔者得以多次拜访原民主党代表海江田万里先生。海江田先生曾经担任过经济产业大臣，主管的就是日本企业，所以对笔者关于日本企业兴衰的研究也十分关心，希望把日本企业的经验整理好，给正在发展的中国企业带去一些启迪。为此，海江田先生还专门选用中国的简体字为笔者题写了书名。这既显示了他对中国文化的深厚造诣，也寄托了他对本书的殷切期望。

既然是战后日本企业兴衰史，就需要比较全面地反映这一历史阶段日本企业的状况,涉及的内容自然就比较多,要合理地对这些内容进行取舍也殊为不易。虽然笔者尽量压缩,但本书的内容量依然非常庞大,这也加大了编辑的工作量。本书编辑张婷也迎难而上，不仅对本书的章节调整提出了很有价值的意见，而且也花费了很大的工夫对本书的文字进行了修改。她的辛勤工作，也让本书能以更加雅俗共赏的面貌呈现在读者面前。

一本书虽然是一个人在写，但完全离不开师友和编辑的帮助和支持，也离不开爱妻贺强和娇儿允光对笔者的忍耐、鞭策和鼓励,笔者在此表示衷心的感谢。本书虽可谓是十年磨一剑，但也只是粗具规模，尚需精炼。如能给读者带来一些启迪，那是笔者莫大的欣慰，如能得到读者的批评指正，笔者也将从善如流。

眼下，全国上下众志成城，正在防控肆意流行的新冠病毒。让我们加油，早日取得防控的全面胜利。

2020 年 2 月 20 日

于三鹰井之头